电子商务概论（第3版）

荆林波　主编

国家开放大学出版社·北京

图书在版编目（CIP）数据

电子商务概论/荆林波主编. —3版. —北京：国家开放大学出版社，2022.7

ISBN 978-7-304-11383-4

Ⅰ.①电… Ⅱ.①荆… Ⅲ.①电子商务-开放教育-教材 Ⅳ.①F713.36

中国版本图书馆CIP数据核字（2022）第116196号

电子商务概论（第3版）
DIANZI SHANGWU GAILUN
荆林波　主编

出版·发行： 国家开放大学出版社
电话： 营销中心 010-68180820　　总编室 010-68182524
网址： http://www.crtvup.com.cn
地址： 北京市海淀区西四环中路45号　　**邮编：** 100039
经销： 新华书店北京发行所

策划编辑： 李晨光　　**版式设计：** 何智杰
责任编辑： 苏雪莲　　**责任校对：** 冯　欢
责任印制： 武　鹏　沙　烁

印刷： 天津嘉恒印务有限公司
版本： 2022年7月第3版　　2022年7月第1次印刷
开本： 787mm×1092mm　1/16　　**印张：** 22　**字数：** 415千字

书号： ISBN 978-7-304-11383-4
定价： 46.00元

（如有缺页或倒装，本社负责退换）
意见及建议：OUCP_KFJY@ouchn.edu.cn

第3版前言

PREFACE

我们非常感谢国家开放大学尹晓娟老师提供的这个写作机会，让我们全体编写人员能够有机会梳理我们的研究，与同行进行交流。

2000 年教育部批准设置普通高等学校本科专业——电子商务专业，到 2022 年，我国开设电子商务专业的学校超过 1 100 所，而出版的有关电子商务的教材也有数百种。

我们在 2012 年推出了《电子商务概论》，作为中央广播电视大学（现国家开放大学）的教材。之后，我们在 2018 年推出了第 2 版，此次出版的是第 3 版。

本教材针对当前电子商务教学的要求，结合电子商务知识体系的特点，坚持理论与实践相联系，把重点放在概念、方法和结论的实际应用上，强化学生运用基本理论和方法解读电子商务发展过程中出现的新现象、新问题的能力，注重学生实践能力的培养。

本教材编排新颖独特，内容实用，辅助学习资料丰富，可以提高学生自主学习的积极性和有效性。通过对本教材的学习，学生能够深入了解世界和中国电子商务发展的现状、趋势，理解电子商务产业运作的一般机理，实现个人知识结构在电子商务领域的更新。此次修订，我们有针对性地补充了近年来电子商务的新动态，增加了新的案例。与时俱进，探讨新问题，探索新模式。

本教材由中国社会科学院荆林波研究员主持编写，国家开放大学尹晓娟老师协调编写组任务分配、整体推进。参与修订的人员包括：中国社会科学院黄浩研究员、中国社会科学院赵京桥博士、北京联合大学李立威教授和商务部国际贸易经济合作研究院洪勇副研究员等。

本教材既可作为高等院校电子商务、市场营销、工商管理专业或其他相关专业的教材，也可作为相关行业从业人员的自学参考书及培训教材。由于电子商务发展迅速，加上编者水平有限，教材中出现疏漏、不妥之处在所难免，恳请读者批评指正。我们的电子邮箱是 jinglinbo@ sina. com，微博地址是 http://weibo. com/linbojing。

荆林波

2022 年 3 月 9 日

第2版前言

PREFACE

我们非常感谢国家开放大学尹晓娟老师提供的这个写作机会，让我们全体编写人员能够有机会梳理我们的研究，与同行进行交流。

本教材针对当前电子商务教学的要求，结合电子商务知识体系的特点，坚持理论与实践相联系，把重点放在概念、方法和结论的实际应用上，强化学生运用基本理论和方法解读电子商务发展过程中出现的新现象、新问题的能力，注重学生实践能力的培养。本教材编排新颖独特，内容实用，辅助学习资料丰富，可以提高学生自主学习的积极性和有效性。通过对本教材的学习，学生能够深入了解世界和中国电子商务发展的现状、趋势，理解电子商务产业运作的一般机理，实现个人知识结构在电子商务领域的更新。

本教材由中国社会科学院荆林波研究员主持编写，执行主编中国社会科学院黄浩副研究员负责总体实施。这次修订由黄浩副研究员、中国社会科学院赵京桥助理研究员、北京联合大学李立威副教授和商务部国际贸易经济合作研究院洪勇副研究员等负责。借此修订的机会，与各位分享一下我们对电子商务引发的流通革命以及我国流通产业未来发展趋势的思考。

“流通革命”的完整概念由日本流通专家林周二教授在其1962年出版的《流通革命：产品、路径及消费者》一书中提出，反映了第二次世界大战后日本两次流通领域的典型变革。如今，我国也面临新一轮的流通革命，这场流通革命将为现有的传统流通产业带来前所未有的挑战，甚至颠覆性的革命。在这里，我们大胆预测我国流通产业的未来发展趋势体现在以下六个方面：

第一，融合化。这是指线上线下O2O模式有效对接。线上线下如何对接已经成为全球商业发展的重要趋势，我国流通产业发展中遇到同样的问题。在过去的十多年里，我国在这个领域取得了长足进步。比如，在电子商务的支撑下，我国电子商务交易量呈现数十倍的增长，2016年我国电子商务交易总额达到26.1万亿元，同比增长超过20%，其中网络零售交易额达到5.16万亿元，同比增长26.2%，占全社会消费品零售总额的12.6%。我国电子商务无论是市场规模还是发展速度，都位居世界首位。随着大数据、云计算、物联网等新一代信息技术的发展和运用，以及生活服务、分享经济、社交电子商务的蓬勃发展，我国电子商务呈现出多元化、服务化、规范化、国际化的新趋势。与此同时，越来越多的线下企业利用自己的线下优势进行对接。这种对接不仅有效减少了交易环节，降低了流通成本，提高了流通效率，而且有利于将更多散、小、弱的交易主体纳入商品交易。从这个角度来看，未来将没有纯粹的线上网店，也没有纯粹的线下实体店，因为二者早已彼此融合，无法分割了。

第二，平台化。这是指流通企业由中间商向平台提供商转变。一直以来，流通企业被认为是通过中介交易、赚取商品差价维持正常运转。国际、国内流通业发展的趋势越来越表明，流通企业正在从传统的中间商向平台提供商转变，比如京东商城、苏宁易购等的平台化趋势就非常明显。和传统的中间商相比，平台提供商能有效降低交易成本，将更多的产品和交易主体纳入商品流通，不仅可以有效降低商品交易中的信息不对称，加速商品流通，提高商品流通效率，而且能有效推动产业整合。因此，我国传统的批发零售商要逐步转变理念，适应国际流通业发展趋势，逐步向平台提供商转变。

第三，定制化。消费的个性化特征和市场的碎片化，使得在此背景下的商业模式创新必然走向定制化。互联网经济及新技术以及买方市场的形成，使得买方与卖方之间的关系发生了颠覆性变革，消费者拥有了前所未有的力量并逐步参与价值链。消费者个性化、定制化时代的到来，使得流通企业不得不从关注供应链转向关注需求链。正是这种变革推动了C2B模式在中国的兴起。此趋势也必将推动中国制造业的变革。

第四，智能化。2017年3月5日，李克强在第十二届全国人民代表大会第五次会议《政府工作报告》中明确指出："全面实施战略性新兴产业发展规划，加快新材料、新能源、人工智能、集成电路、生物制药、第五代移动通信等技术研发和转化，做大做强产业集群。"这是"人工智能"这一表述第一次进入《政府工作报告》。其实，我们的流通业也面临智能化的趋势。

如今，百度、阿里巴巴、腾讯等公司在语音识别、神经网络、图像识别、自然语言处理等方面都有重要的突破，小米也设立了探索实验室。京东之家里所有价签使用的都是电子墨水屏，与店内基站连接，所有商品与京东线上实时同价。店内商品支持自动结账，消费者用微信或京东 App 扫描价签上的二维码，可以跳转到京东页面，了解商品的详细情况及用户评价，并可选择当场提货或京东配送。我们坚信，大数据、云计算、物联网乃至人工智库将在未来的流通业发挥更大的作用。

第五，跨界化。这种跨界体现在两个层面，第一个层面是各业态之间的跨界，第二个层面是指流通企业与其他物流企业乃至金融企业、高科技企业等进一步融合。

第一个层面的跨界是指未来我们已经很难按照现有的业态进行明确的划分。但无论怎么发展，其一定还是会紧紧围绕“成本、效率、体验”。而且，我们可能看到更多的是各种业态的交叉产物，如百货店向购物中心的变形、大型超市的微型化反转等。

第二个层面的跨界是流通企业必将通过信息流、物流与资金流进行跨界整合。如果仅仅依靠传统流通企业，没有更多地关注资金流、涉足金融业，流通企业在未来将很难做大做强。过去，我们以为产业融合距离流通企业很远，但是，2013 年来势凶猛的互联网金融，使得各行业都感受到了产业融合的威力。互联网金融，从广义的角度来看，是指通过互联网做金融，形成具有“开放、平等、协作、分享”互联网特质的金融业态；从狭义的角度来看，是指货币流通的相关层面，也就是依托互联网实现资金融通的方式方法。因此，流通企业必须把关注的重心从仅仅解决供需信息的问题，向解决物流与资金流等问题靠拢，占有更大的主导权。

第六，大型化乃至垄断化的趋势。尽管我们不愿意看到这个场景，但是技术领先者必然占据更多的市场份额，进而形成技术垄断。在美国，有从沃尔玛一枝独秀到亚马逊独步天下的转变，我国也可能出现类似的趋势。当然，流通革命不会一蹴而就，它将借助信息技术不断渗透和深化，引发产业之间的融合、业态的不断裂变。这种创新的竞争结果必然要遵循新的游戏规则。企业要保持领先，就必须时刻否定并超越自己，只有行业的前三名甚至前两名才能够存活。正如《重新定义公司：谷歌是如何运营的》一书的序言所言：这是一个革命的时代，而不是一个渐进的时代！让我们拭目以待吧！

本教材既可作为高等院校电子商务、市场营销、工商管理专业或其他相关专业的教材，也可作为相关行业从业人员的自学参考书及培训教材。由于电子商务发展迅速，加上编者水平有限，教材中出现疏漏、不妥之处在所难免，恳请读者批评指正。我们的电子邮箱是 jinglinbo@ sina. com，微博地址是 http://weibo. com/linbojing 及 http://t. qq. com/jinglinbo。

荆林波

2017 年 10 月

第1版前言

PREFACE

以《国务院办公厅关于加快电子商务发展的若干意见》(国办发〔2005〕2号)和《关于开展国家电子商务示范城市创建工作的指导意见》(发改高技〔2011〕463号)的发布为标志，中国的商业发展正在经历着有史以来最为剧烈的转型。当前，电子商务以年均50%的速度增长，预计“十二五”末，网络零售总额将占全社会商品零售总额的9%以上。更为重要的是，电子商务广泛地渗透到生产、流通、金融、消费等各个领域，推动着经济活动向集约化、高效率、高效益、可持续方向发展。经过十多年的发展，无论是在技术基础还是在商业模式等方面，电子商务的面貌都完全不同于十多年前，电子商务的基础理论和产业实践取得了巨大的进步。与此同时，传统电子商务教科书的内容略显陈旧。在这样的背景下，编写一本能够反映电子商务发展的最新理论和实践动态的教材显得尤为必要。

本教材针对当前电子商务教学的要求，结合电子商务知识体系的特点，坚持理论与实践相联系，把重点放在概念、方法和结论的实际应用上，强化学生运用基本理论和方法解读电子商务发展过程中出现的新现象、新问题的能力，注重学生实践能力的培养。本教材编排新颖独特，内容实用，辅助学习资料丰富，可以提高学生自主学习的积极性和有效性。通过对本教材的学习，学生能够深入了解世界和中国电子商务发展的现状、趋势，理解电子商务产业运作的一般机理，实现个人知识结构在电子商务领域的更新。

本教材由中国社会科学院财经战略研究院荆林波研究员主持编写，孟晔副研究员参加了前期的框架设计，执行主编黄浩副研究员负责总体实施，具体分工如下：第一章由赵京桥编写，第二章由李立威编写，第三章和第九章由黄浩编写，第四章由苏会燕编写，第五章由李征编写，第六章由洪勇编写，第七章和第八章由周佳编写。荆林波对全书进行了统一审读与修改。教材在编写过程中得到了国家开放大学教学资源管理处杜若副处长的大力支持，以及国家开放大学经济管理学院副院长蔡云蛟老师、陈凌明老师的悉心指导，尤其是尹晓娟老师的全程帮助。同时，我们要特别感谢三位审定专家：中国电子信息产业发展研究院互联网研究所李成钢博士、北京邮电大学张静老师、首都师范大学荣毅虹老师，他们对书稿进行了精心评审。

本教材既可作为相关高等院校电子商务、市场营销、工商管理专业或其他相关专业的教材，也可作为相关行业从业人员的自学参考书及培训教材。由于电子商务发展迅速，加上编者水平有限，教材中出现疏漏、不妥之处在所难免，恳请读者批评指正。我们的电子邮箱是 jinglinbo68@ sohu. com，微博地址是 http://weibo. com/linbojing 及 http://t. qq. com/jinglinbo。

荆林波

2012 年 5 月

目 录

CONTENTS

第一章

导　论

导　言

电子商务正在引领全球商业革命，它改变了传统的贸易方式、商务模式和消费形式。利用电子商务，人们可以实现远程交易，不受时间和空间的限制。从某种意义上讲，电子商务的影响与工业革命的影响不相上下。因此，学习电子商务理论和实践经验，具有非常重要的理论与现实意义，一方面可以更好地适应社会经济的发展，另一方面可以洞悉电子商务发展的未来。导论部分将为大家介绍电子商务的概念和基本知识，展示电子商务的全景，以便大家更好地熟悉和掌握第二章至第九章的知识。

学习目标

1. 掌握电子商务的概念、流程及影响。
2. 了解电子商务发展环境及现状。

导入案例

阿里巴巴集团——中国电子商务引领者

阿里巴巴集团是中国电子商务的引领者，诞生于20世纪末，其发展见证了中国电子商务从萌芽到高速发展的全部历程。阿里巴巴集团经历了21世纪初互联网泡沫的洗礼，并最终发展成为中国最大的电子商务公司，打造了中国最具影响力的电子商务生态系统。

经过多年的发展，阿里巴巴集团不仅经营业务广泛，而且能够从关联公司的业务和服务中取得经营商务生态系统上的支援。当前其主要电子商务相关业务范畴包括批发贸易、零售、大数据和云计算、金融、本地生活服务、物流、移动商务服务等。

1. 批发贸易业务

批发贸易是阿里巴巴集团最先创立的业务，阿里巴巴集团主要通过两大业务平台开展批发贸易业务。

（1）阿里巴巴国际站（www. alibaba. com）创立于1999年，目前已经成为全球领先的B2B（business to business，企业对企业）电子商务平台。阿里巴巴国际站为来自中国和全球的供应商提供与批发买家之间的询盘、线上交易、数字化营销、数字化供应链履约等服务。批发买家一般是贸易代理商、批发商、零售商、制造商和开展进出口业务的中小企业。截至2021年3月31日，来自约190个国家的超过3 400万买家在阿里巴巴国际站寻求商机或完成交易。

（2）1688. com（www. 1688. com，前称“阿里巴巴中国交易市场”）创立于1999年，是中国领先的综合型内贸批发交易市场，为国内的产地工厂及批发商卖家在服装鞋包、饰品、数码电脑、包装材料和家装建材等方面提供与批发商买家之间的撮合及线上交易服务。

2. 零售业务

零售是阿里巴巴集团取得成功的核心业务，主要通过五大业务平台开展业务。

（1）淘宝网（www. taobao. com）。淘宝网成立于2003年，是中国领先的电子商务平台。淘宝网拥有超过5亿的注册用户，每天有超过6 000万的固定访客，同时每天的在线商品已经超过8亿件，平均每分钟售出4.8万件商品。淘宝网最初定位是成为中国领先的C2C（customer to customer，消费者对消费者）购物平台。随着淘宝网规模的扩大和用户数量的增加，淘宝网从单一的C2C购物平台变成了包括C2C、分销、拍卖、直供、众筹、定制等多种电子商务经营模式在内的综合性移动商务平台。

（2）天猫（www.tmall.com，前称“淘宝商城”）。天猫成立于2008年4月，2011年6月从淘宝网的C2C购物平台独立出来，是我国领先的B2C（business to customer，企业对消费者）购物平台。天猫占全国B2C网上零售市场超过50%的份额，是中国最大的第三方品牌和零售商平台。

（3）盒马。盒马创立于2016年，为阿里巴巴集团的自营零售连锁商超。它整合线上和线下零售能力，利用店面作为仓库来履约线上订单。通过有效地管理库存和线下资源，盒马满足了店内和附近社区的消费需求。盒马的自有配送系统支持在30分钟内为门店半径3公里范围内的客户送货上门。截至2021年3月31日，阿里巴巴集团在中国自营盒马门店257家，主要分布在一、二线城市。

（4）全球速卖通（www.aliexpress.com）。全球速卖通成立于2010年4月，是阿里巴巴集团旗下唯一面向全球市场打造的在线交易平台，被广大卖家称为国际版“淘宝”。

（5）LAZADA（www.LAZADA.com）。LAZADA创立于2012年，2016年被阿里巴巴集团收购，是东南亚领先且快速增长的电子商务平台，为当地消费者连接到东南亚中小企业、当地及国际品牌。截至2021年3月31日，LAZADA帮助消费者触达品类丰富多样的产品，服务超过1亿名年度活跃消费者。

3. 大数据和云计算业务

阿里云（www.alibabacloud.com）创立于2009年，为阿里巴巴集团的数字技术与智能骨干业务，向全球客户提供全方位云服务，包括弹性计算、数据库、存储、网络虚拟化、大规模计算、安全、管理和应用、大数据分析和机器学习平台等。根据IDC提供的数据，按2020年收入计算，阿里巴巴集团是中国领先的公有云服务（包括PaaS和IaaS服务）提供商。而根据Gartner2021年4月的报告提供的数据，按2020年收入计算，阿里巴巴集团是世界排名第三、亚太地区排名第一的基础设施即服务提供商。

4. 金融业务

阿里巴巴集团最早的金融业务始于支付宝。支付宝（中国）网络技术有限公司成立于2004年，是国内领先的独立第三方支付平台。出于金融监管需要，2014年，蚂蚁金融服务集团成立，成为阿里巴巴集团的关联公司，其旗下拥有支付宝、余额宝、花呗及网商银行等品牌金融服务。

5. 物流业务

菜鸟网络是领先的物流数据平台运营商，物流是阿里巴巴集团的关联业务。2013

年5月28日，阿里巴巴集团、银泰集团联合复星集团、富春控股、顺丰集团、“三通一达”（申通、圆通、中通、韵达）、宅急送、汇通，以及相关金融机构共同宣布，“中国智能物流骨干网”（China smartlogistic network，CSN）项目正式启动，合作各方共同组建的“菜鸟网络科技有限公司”正式成立。公司希望用5~8年的时间，努力打造遍布全国的开放式、社会化物流基础设施，建立一张能支撑日均300亿元（年度约10万亿元）网络零售额的智能骨干网络。自成立以来，菜鸟网络与物流合作伙伴深度合作，持续建立并运营全球化的物流履约网络，提供国内及国际一站式物流服务及供应链管理解决方案，以规模化的方式满足广大商家和消费者的多种物流需求。截至2021年3月31日，菜鸟网络与270多个物流伙伴合作，在全球范围内提供履约服务。

6. 本地生活服务业务

饿了么是本地生活服务及即时配送平台，阿里巴巴2018年收购饿了么。消费者可以通过饿了么、支付宝、淘宝和口碑App实现在线下单，购买正餐、食品、日用品、快消品、鲜花和药品。此外，饿了么的即时配送网络——蜂鸟即配给新零售业务提供“最后一公里”配送服务，包括为盒马、高鑫零售和阿里健康配送食品、日用品、快消品和药品。

7. 移动商务服务业务

阿里巴巴集团移动商务服务业务主要通过两个平台实现。

（1）阿里妈妈（www. alimama. com）创立于2007年11月，是阿里巴巴集团旗下一个全新的“跨平台，跨屏幕，跨渠道”的全域营销平台，已经发展成为国内领先的大数据营销平台。阿里妈妈通过自有技术，匹配阿里巴巴生态体系内所有平台上的商家、品牌和零售商的推广需求，与阿里巴巴集团旗下资源以及第三方媒体资源合作，使阿里巴巴的商业、数字媒体及娱乐以及生态体系内其他业务所提供的价值得以变现。通过阿里妈妈的营销联盟计划，商家还可以选择在第三方App和网站进行营销展示，触达阿里巴巴集团旗下平台以外的资源和用户。

（2）钉钉是一个数字化协作办公及应用开发平台，为现代企业和包括学校和教育机构在内的组织提供全新的工作、分享和协作方式。数百万的企业和用户通过钉钉保持联系和实现远程工作。根据QuestMobile的数据，按2021年3月的月活跃用户数量计算，钉钉是中国领先的企业效率类App。

这七大业务范畴、十三个子平台和关联平台是阿里巴巴集团通过新设、收购、整合、拆分等方式形成的。阿里巴巴集团的业务及关联业务设立、整合与拆分是其实现集团战略目标的重要策略，也是其在中国电子商务发展道路上的探索实践。

资料来源：阿里巴巴集团．阿里巴巴集团业务范畴．（2022－03－30）．[2022－04－10]．https://www.alibabagroup.com/cn/about/businesses．引用时有修改

思考：

1. 为什么阿里巴巴集团在我国发展电子商务能够取得成功？
2. 阿里巴巴集团的业务都包括哪些电子商务商业模式，涵盖哪些电子商务流程？

Section 1

第一节 电子商务的内涵与外延

一、电子商务的内涵

（一）电子商务的概念

电子商务是企业或个人基于信息技术，在法律允许的范围内，运用电子化手段进行的各种商务活动的总称。这是广义的电子商务（e－business）定义，其范畴涵盖了所有商务活动①。但在实际中，我们更多地使用狭义的电子商务（e－commerce）定义，即企业或个人通过互联网或其他计算机网络，在法律允许的范围内，以电子化手段进行的各种交易及与交易相关活动的总称，其范畴主要是经济活动中的商业活动。相较于广义的电子商务，狭义的电子商务强调了网络渠道及商业活动范畴，其并不包括企业内部信息化。广义的电子商务与狭义的电子商务的关系见图1－1。本教材所指电子商务概念为狭义的电子商务。

从电子商务的概念可以看出，电子商务的主体是商业活动，电子技术是手段。因此，并不是最先进的电子技术应用于商务活动就可以获得成功，企业或个人必须从商务活动的主体需求出发，采用为合适的电子技术。盲目追求最先进的电子技术有可能使企业面临成本过高和技术成熟度低等问题。

① 最早把电子商务分为广义的电子商务与狭义的电子商务的是IBM公司。

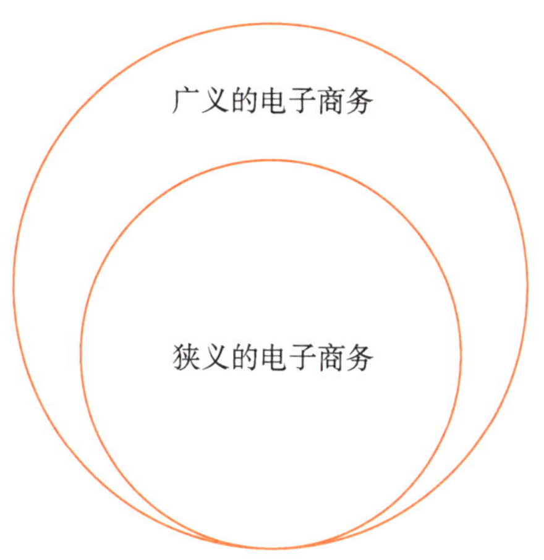

图 1－1　广义的电子商务与狭义的电子商务的关系

（二）电子商务的流程

电子商务是商务活动的电子化，因此，电子商务的流程与传统商业活动的流程类似，包括交易配对、支付、发货、收货和评价五个环节（见图 1－2），但电子商务的五个环节有不同的内容。交易配对是指交易双方利用可获取的商品信息和信用信息选择交易对象。交易配对在电子商务中非常重要。在虚拟网络中完成交易配对，要求有高可信度的商品信息和信用信息。在完成交易配对后，买方通过第三方支付平台或者银行支付平台进行支付（电子支付的详细内容见教材第六章）。卖家获得支付信息后，通过物流（实体产品）或网络（数字产品）发货。买家确认收货并对此次交易进行评价。评价虽然是最后一个环节，却具有重要意义。评价是指对交易双方、商品、交易过程等与此次交易相关的信息进行披露。对于评价方来说，对交易进行评价并不能增加其短期收益，甚至会花费其时间成本，但对于整个电子商务交易来说，历史交易信息的累积可为其他电子商务参与者提供更多交易配对所需的商品信息和信用信息。因此，我们提倡电子商务参与者积极贡献与分享自身的交易体验。①

但电子商务流程所包括的上述五个环节并不一定全是电子化的。比如，基于会员制的阿里巴巴、中国化工网等一些 B2B 电子商务平台，供需双方往往只通过电子化手段完成交易配对，其支付、发货、收货等环节都可以在线下完成。我们把部分环节电子化的电子商务称为不完全电子商务。在实际运行中，不完全电子商务占了绝大多数。

---

① 现在越来越多的网站开始对交易评价采取相应的奖励措施。

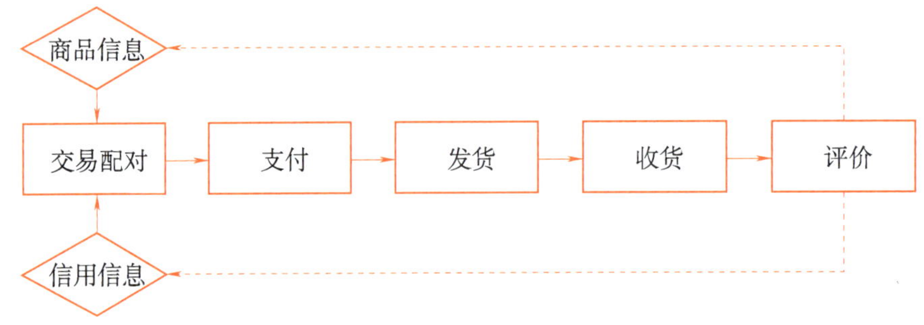

图1-2　电子商务的流程

（三）信息流、资金流和物流

电子商务对传统商业活动的革命本质上是对传统商业活动的信息流、资金流和物流（“三流”）的革命，从而使“三流”在时间和空间上可以分离。因此，对信息流、资金流和物流进行分析是学习和了解电子商务的重要方法。

电子商务信息流是指电子商务交易双方的信息传递，它伴随着电子商务的全过程。计算机技术、互联网的应用使得信息的生产、收集、传播等环节在时间和空间上都发生了变革。交易双方、商品等数字化信息的出现使得信息与实体相分离；数字化信息通过网络的传播，使得远程交易成为可能。电子商务对信息流的革命，极大地扩大了交易双方的配对范围。通过互联网，交易双方可以在全球任意可以登录互联网的地区实现交易；同时，通过支付信息和物流信息的动态交流，交易双方还可以对资金流和物流进行动态监控。

电子商务资金流是指电子商务活动中的货币流动。电子支付的出现和普及极大地提高了资金流动效率。网络银行、第三方支付平台的大量涌现，解决了电子商务交易的支付问题。特别是具有担保功能的第三方支付平台，大大提升了电子商务交易的安全性，对电子商务的发展起了重要作用。

电子商务物流是指电子商务活动中的商品流动。虚拟产品和服务产品并不需要实体物流，但对于实物商品，物流在电子商务中起基础性作用。相较于信息流和资金流，物流受时间和空间限制，其规模扩张受到土地、资金、交通基础设施等多方面因素的影响，同时物流又是线下连接交易双方的纽带。因此，物流的服务能力、效率、服务质量直接影响电子商务的交易规模和服务质量。

电子商务信息流、资金流和物流尽管在时间和空间上实现了分离，但在电子商务中三者存在密不可分的关系（见图1-3）。信息流贯穿整个电子商务流程，资金、商品的信息都要通过信息流在买卖双方之间交流。

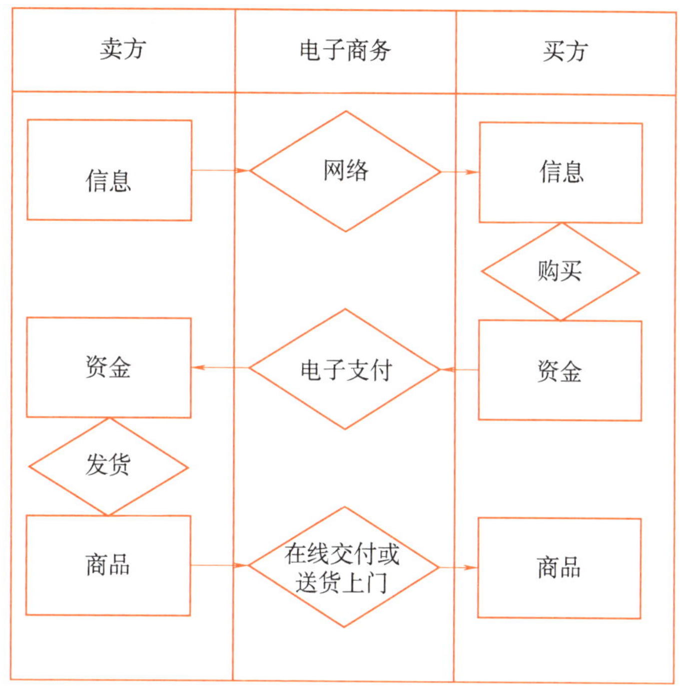

图1-3 电子商务信息流、资金流和物流的关系

二、电子商务的外延

电子商务的外延非常广，几乎涉及所有产业、企业和个人，包含多种技术、商业模式。整个电子商务系统的运行并不像上述五个环节和“三流”那么简单，而是在不断发展中形成一个庞大的体系。

根据在电子商务中功能的不同，电子商务基本功能体系可以分为基础层、服务层和应用层（见图1-4）。

（一）基础层

电子商务的基础层包括：

（1）网络基础设施，如宽带、移动网络、有线电视网、局域网等；

（2）电子支付基础设施，如银行卡、电子支付安全协议等；

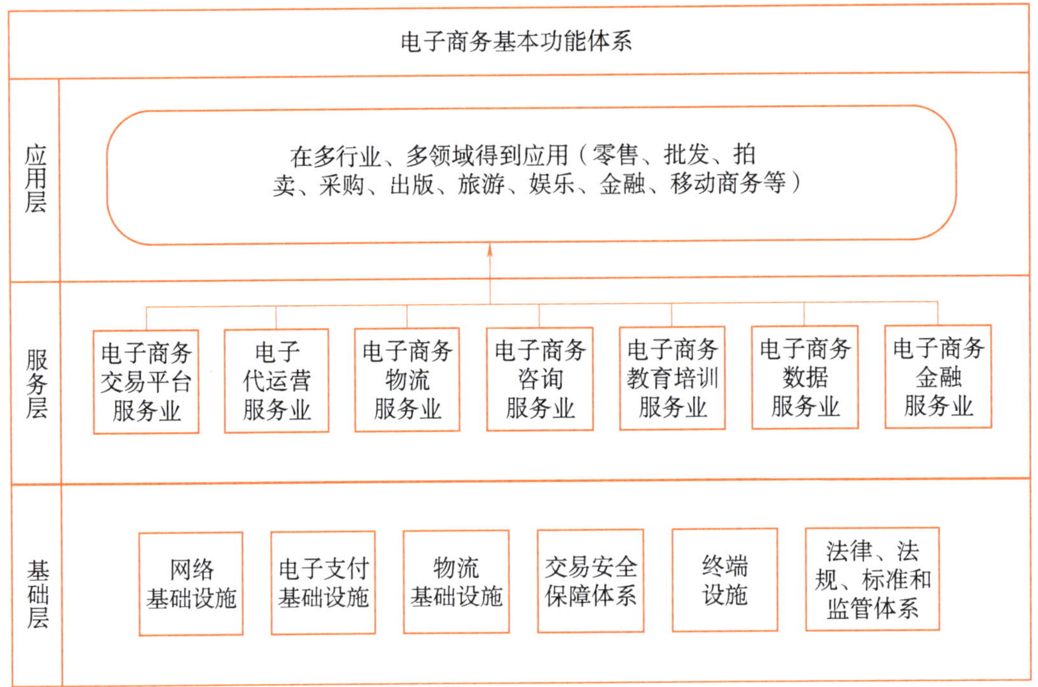

图1-4　电子商务基本功能体系

（3）物流基础设施，如仓储配送中心、交通设施、路政设施等；

（4）交易安全保障体系，如电子商务信用体系、电子认证等；

（5）终端设施，如计算机、智能手机等；

（6）法律、法规、标准和监管体系。

我国的电子商务基础设施在发展中不断完善，网络基础设施、电子支付基础设施、交易安全保障体系等从无到有、从不完善到逐步完善，已经支撑起我国电子商务高速发展，但法律、法规、标准和监管体系仍远远落后于电子商务的发展。

（二）服务层

电子商务服务层主要由电子商务服务业组成（详见教材第七章）。电子商务服务业是伴随着电子商务的发展，基于信息技术而衍生出的为电子商务活动提供服务的各行业的集合。[①] 电子商务服务业的发展进一步完善了电子商务发展的生态环境，降低了电子商务的应用门槛，大大推动了电子商务快速发展。

① 荆林波，梁春晓，孟晔．中国电子商务服务业发展报告 No. 1．北京：社会科学文献出版社，2011：59.

（三）应用层

在上述电子商务基础设施和电子商务服务业的支撑下，电子商务在多行业、多领域得到应用，进而形成了多种电子商务商业模式。电子商务的灵活性使电子商务商业模式不断推陈出新。从 eBay、亚马逊（Amazon）、阿里巴巴、淘宝网、京东商城到苹果应用商店、敦煌网、蘑菇街、尚品宅配、兰亭集势、小红书等，电子商务商业模式在新技术、新需求、新市场等多种因素的结合中，呈现出百花齐放的景象。商业模式一度成为资本市场的宠儿，但是由于很多企业是为模式而创新，结局往往是失败。模式泡沫破灭后，人们发现电子商务商业模式的创新，一定要和技术发展趋势、市场需求紧密联系，不能闭门造车。

三、电子商务的影响

电子商务的影响可以和工业革命的影响相提并论，电子商务为人类的社会活动、经济活动等带来了深远影响。

（一）宏观层面的影响

从宏观层面来看，电子商务的影响主要有以下四个方面：

1. 电子商务将使生产活动从以工业生产为主导转变为以消费需求为主导

从人类活动来看，交换活动是连接生产活动和消费活动的桥梁。工业革命后，人类生产力得到解放，信息化与工业化的结合更是推动了生产的发展。但在以工业生产为主导的社会，存在着规模生产与个性需求的矛盾。人类的个性化需求并没有得到释放，规模化生产的同质产品使得很多个性化需求无法得到满足。而电子商务在生产和消费之间架起了一道桥梁，人类的个性化需求在电子商务中得到充分释放。

2. 电子商务提高了商业效率，降低了社会交易成本

电子商务相对于传统商业活动在时间和空间上具有不可比拟的优势。理论上，企业通过电子商务可以在任何时间、任意可连接互联网的地点与全球范围内的交易方进行远程交易。首先，电子商务缩短了交易配对的时间，增加了配对的范围，降低了配对成本，使商品价格可以在全球市场范围内得以发现。其次，电子商务大大缩短了流通渠道，厂商可以直接通过电子商务面向消费者，而不用再设置多级代理商，这样可使商品以更低成本和更快速度从生产环节进入消费环节。最后，电子商务通过记录交易双方的交易历史形成在线商业信用体系，既提高了交易双方的信用水平，又降低了交易双方因信息不对称产生的交易成本。

3. 电子商务可以优化社会资源配置

总体来看，电子商务可以使市场这只“看不见的手”更好地发挥社会资源配置的作用。首先，电子商务使更多中小企业进入市场，降低了市场的垄断程度；其次，电子商务在更大的市场范围内发现价格，可以通过价格信号优化社会资源配置；最后，电子商务可以降低市场的信息不对称以及渠道垄断造成的价格扭曲。

4. 电子商务推动了社会分工和创新

电子商务是对传统商业活动的革命。一方面，电子商务削弱了商业中介的作用，缩短了从生产到消费的垂直距离；另一方面，电子商务推动了商业内部的水平分工和产业创新，重构了传统商业的价值链和协作模式。电子商务服务业的快速发展就是最好的印证。此外，电子商务通过扩大市场范围，促进了整个社会分工协调能力的提升。

（二）微观层面的影响

从微观层面来看，电子商务对企业和消费者都有影响。

对企业来说，电子商务有以下影响：

（1）电子商务带来了更广阔的市场和发展空间，可以在全球范围内寻找客户、供应商和合作伙伴，同样也带来了更为激烈的竞争。

（2）电子商务可以帮助企业降低库存。

（3）电子商务可以帮助企业更快地掌握消费需求的变化。

（4）电子商务可以使企业关注消费者的个性化需求，而这种需求在线下是无法形成规模的。

（5）电子商务可以推动企业进行流程再造，提高生产、销售和管理的效率。

对消费者来说，电子商务有以下影响：

（1）电子商务可以为消费者提供更多的产品选择，特别是满足消费者的个性化需求。

（2）电子商务可以让消费者享受随时随地购物的乐趣。

（3）电子商务可以让消费者便捷地进行产品比较，从而拥有更透明的价格信息和其他商品信息。

（4）电子商务可以让消费者便捷地出售二手产品。

（5）电子商务可以让消费者更好地了解产品的历史交易信息和使用经验。

四、电子商务的意义

目前电子商务已经广泛渗入生产、流通、消费和服务各个领域，不断与各个产业相融合，成为就业人数众多和产业带动性很高的新兴产业。发展电子商务对促进经济增长、优化产业结构、创造就业和改善民生都具有重要意义。

（一）电子商务对促进经济增长具有重要意义

电子商务对经济增长的拉动作用非常显著，电子商务通过拉动消费、促进投资、促进国际贸易等因素促进地区经济增长。作为一种新型的流通方式，电子商务缩短了生产和消费之间的流通环节，提高了流通效率，降低了交易成本，促进了中间需求，刺激了最终消费。电子商务在企业内部的应用，有效降低了企业的采购成本和销售成本，刺激了企业中间需求的增加；电子商务给消费者提供了更加方便、多样和实惠的消费选择，加快了收入增长向消费转化的过程，网络零售对最终消费的拉动作用日益明显。电子商务目前已成为扩大居民消费、拉动内需、保持经济增长动力的有效手段。

电子商务所带来的中间需求和最终需求的增加，以及电子商务应用范围和深度的不断扩展，也带动了企业在库房、机器设备、物流运输工具、信息技术基础设施等固定资产等方面的投资。此外，作为国家战略新兴产业的组成部分，电子商务的快速发展也带动了物流、支付、信用、广告、云计算等一批电子商务服务业的发展，电子商务成为带动投资、促进经济新一轮增长的关键产业之一。

在传统国际贸易模式下，中小企业获取国际市场信息的成本很高，而且面临代理、渠道、运输等一系列问题，并要为此付出高额成本，这使得很多有出口业务的中小企业只能依附于大企业，成为订单的接包方。而电子商务具有开放性、跨时空和全球性等特点，可以打破国家和地区之间的时空障碍，简化国际贸易流程，降低贸易成本，拓宽贸易渠道，从而有效降低中小企业开展国际贸易的门槛。借助阿里巴巴、慧聪网、敦煌网等第三方电子商务平台，中小企业开展国际贸易的门槛和成本得以降低，电子商务成为中小企业开拓国际市场的重要手段之一。电子商务在创造新兴市场方面的作用有助于拓展地区经济发展的空间。

（二）电子商务对优化产业结构具有重要意义

电子商务已成为推动产业结构调整和经济发展方式转变的重要力量。电子商务对优化产业结构有以下意义：①以信息技术为核心的电子商务在传统产业的渗透和应用，可以提升企业的信息化水平，提高企业管理、服务及流通等环节的效率，提升传统产业的资源配置效率，促使传统产业转型升级；②电子商务的应用可以提高服务业的服务能力，改进服务业的服务效率，开拓服务业的市场范围，加快传统服务业向现代服务业的转化进程；③电子商务的快速发展带动了基于网络的交易服务、业务外包服务以及信息技术外包服务等电子商务服务业的发展，不仅开辟了新的服务业领域，还促进了服务业内部各领域之间的交叉和融合。

电子商务是产业关联度、感应度及带动性都很高的新兴产业，电子商务的快速发展，不仅直接拉动了信用、物流、支付、标准、云计算等电子商务支撑服务的发展，而且促进了与电子商务相关的交易、技术、运营、信用、支付、培训等衍生服务的发展，带动了金融、人才、第三方物流、信息服务、教育培训等多种现代服务业的发展，加快了传统服务业升级调整的步伐。这种为电子商务提供服务的一系列行业已经产业化，被称为电子商务服务业。根据国际数据公司（International Data Corporation，IDC）的观点，从现代服务业的角度看，电子商务服务业以互联网等计算机网络为基础工具，以营造商务环境、促进商务活动为基本功能，是传统商务服务在信息技术特别是计算机网络技术条件下的创新和转型，是基于网络的新兴商务服务形态，位于现代服务业的中心位置。

（三）电子商务对创造就业具有重要意义

大量电子商务平台及网站的出现，提供了各种基于网络的创业及就业机会。因为门槛相对较低，电子商务已成为就业和创业的新渠道，这给普通人尤其是弱势群体提供了更多的就业渠道和机会，从这个角度看，电子商务创造的就业渠道和机会在缓解就业压力、服务弱势群体、提高居民收入、促进社会公平和安定等方面起到了一定作用。据电子商务交易技术国家工程实验室、中央财经大学中国互联网经济研究院测算，2020 年，全国电子商务从业人员达 6 015.33 万人，同比增长 17%。

由电子商务带来的间接就业机会更是不容忽视。国际数据公司研究发现，2010 年淘宝网平均一个直接就业可以带动约 285 个间接就业，通过淘宝网实现直接就业的人数为 1 823 万，并带动了超过 500 万人的间接就业。电子商务的快速发展离不开物流、认证、支付等支撑服务的支持，电子商务的繁荣带动了营销、运营、仓储、培训等衍生服务和相关服务的发展。电子商务的繁荣间接给这些行业尤其是物流行业带来大量的就业机会，并催生出网店卖家、网店装修师、网络模特等职业。电子商务已当之无愧地成为重要的就业、创业渠道。

在电子商务创造就业机会的同时也要意识到电子商务对传统渠道的冲击破坏了传统渠道的就业岗位，因此要做好传统渠道人员的就业缓冲工作。

（四）电子商务对改善民生具有重要意义

电子商务以其方便、快捷、高效、低成本等特点拉近了生产和消费之间的距离，将海量的个性化需求汇集到一起，使得大规模定制成为现实，给人们提供了便捷的消费方式和多样化、个性化的选择。在 B2C 综合购物网站快速发展的同时，很多垂直化的专业购物网站也大量出现，加上 C2C 平台上大量的中小卖家，以及大批传统企业开设网上销售渠道，为人们提供了更加多样化的选择，使人们足不出户就可以购买到丰富而优惠的产品和服务，以及线下买不到的产品，为人们节省了大量的时间和金钱，极大地方便了人们的生活。

随着电子商务应用领域的不断拓展，以及移动商务、网络团购、C2B（customer to business，消费者对企业）、分享经济等新兴模式的出现，电子商务与电信、旅游、餐饮、零售等本地生活服务企业的融合更加紧密，这给人们的生活提供了极大的便利，人们足不出户就可以进行网上购物、订餐、娱乐、旅行预订、缴费、理财等，网络化的消费和生活方式已经融入人们的日常生活。由于可以方便地进行网上购物，一定程度上减少了人们外出购物的次数，从而有助于缓解城市拥堵问题。出行次数的减少带来的环保收益又对建设绿色、低碳的城市具有重要意义。

Section 2

第二节 电子商务发展概况

电子商务活动始于 20 世纪 70 年代早期，主要出现在发达国家的大公司、金融机构，应用领域以电子化资金传输为主。进入 20 世纪 90 年代后，互联网的商业化、计算机技术的不断成熟，推动了电子商务的应用水平和领域的深化与拓展，如著名电子商务公司 eBay 和亚马逊就成立于 1995 年。电子商务概念也迅速传至我国。我国在 20 世纪 90 年代末出现了一批电子商务公司，如当当网、8848、阿里巴巴等。尽管在互联网泡沫的冲击下，不少电子商务公司不复存在，但短暂的低谷并没有阻碍电子商务的发展。如今，电子商务已经成为引领全球商业发展的潮流，而且电子商务发展环境正朝着有利于电子商务的方向发展。

一、电子商务发展环境

（一）社会环境

20世纪中后期开始的信息技术革命推动人类社会进入信息社会。信息技术在人类生产生活中的广泛应用，使人类社会发生了深刻变化。特别是20世纪90年代后，互联网的普及应用，使信息生产、传播、存储、应用等发生了重大变革，人类活动也因此在时空上发生了变革，使“地球村”成为现实。

拓展阅读

信息社会

信息社会是指信息的生产、传播、使用等活动成为主要社会经济活动的社会，也称为“后工业社会”“知识社会”。西方学者认为人类社会从工业社会向信息社会转型始于20世纪70年代，如今信息社会已经对人类社会产生了深远的影响。

丹尼尔·贝尔在《后工业社会的来临》一书中，首先从根本上揭示出，随着人类社会的发展，社会资源发生了战略性转变。在工业社会，战略资源是资本和劳动，而在信息社会，最重要的战略资源是信息和知识。他写道：“广泛地说，如果工业社会以机器技术为基础，那么后工业社会是由知识技术形成的。”

信息技术革命对人类社会仍在继续产生影响，使人类社会发生了日新月异的变化，因此对于信息社会的主要特点的总结，随着人们对信息社会认识的逐步加深而不断增加：

（1）信息和知识成为重要的资源。

（2）信息和知识是推动社会发展的重要动力。

（3）信息和知识以“加速度”的方式积累（知识爆炸）。

（4）信息的载体和传播渠道更加多样化。

（5）开放和分享成为信息和知识生产和传播的主要特征。

（6）社会经济由制造业占据主导地位转向信息和知识产业占据主导地位。

（7）劳动力主体不再是机械的操作者，而是信息的生产者和传播者。

（8）交易结算不再主要依靠现金，而是主要依靠电子货币和信用。

（9）全球分工和外包服务将更加普及和深入。

资料来源：熊澄宇．信息社会4.0．长沙：湖南人民出版社，2002；BELL D. The coming of post – industrial society. New York：Basic Books，1976．引用时有修改

在过去的20多年中，全球网民数量急剧增长。全球互联网渗透率持续上升。据世界银行和互联网世界统计显示，截至2021年12月31日，全球互联网网民数量已经达到52.5亿，占全球人口的66.2%，而在1990年，全球互联网网民数量仅占全球人口的0.05%。随着移动通信技术和智能终端技术的发展，移动化成为互联网发展的重要特点。国际电信联盟公布的数据显示，到2019年，全球4G网络连接覆盖率已经达到84.7%，移动宽带用户规模持续增长。智能手机用户规模快速增长，Strategy Analytics研究统计，全球智能手机用户基数已从1994年的3万急剧增长到2012年的10亿，到2021年6月达到创纪录的39.5亿。

中国已经成为全球网民和手机用户规模最大的国家。截至2021年12月，中国网民达10.32亿，互联网普及率达73.0%，其中使用手机上网的比例达99.7%。截至2021年底，中国移动电话用户达16.43亿，人口普及率升至116.3部/百人，高于全球的104.3部/百人。其中，4G和5G用户分别达10.69亿和3.55亿。中国智能手机用户规模快速增长，领先于其他国家。

（二）经济环境

当前，电子商务发展中，最根本的经济环境就是经济全球化。信息技术是推动经济全球化的重要推动力，而经济全球化给电子商务的发展带来了巨大的发展空间。

1. 全球经济环境

（1）经济全球化是世界经济的重要特征和趋势，尽管经济全球化在一定程度上遭到反对和受到质疑，但不可否认经济全球化推动了全球经济发展，各国经贸合作日益紧密。在过去的30年中，全球贸易的长期增长给全球电子商务发展带来了巨大市场，同时电子商务的发展又积极促进了全球贸易增长。虽然受到2008年金融危机的冲击，但新兴经济体的快速发展帮助了世界贸易缓慢回升。世界贸易组织公布的数据显示，到2019年，全球货物贸易量已经达到19万亿，但由于受到新冠肺炎疫情影响，全球货物贸易受到冲击，2020年全球货物贸易额下滑至17.6万亿美元。随着新冠疫苗、药物的研制，以及多个经济体实施的财政和货币政策、中国等亚洲经济体实施有效疫情管控措施并遏制经济下滑等，全球贸易需求得以提振，2021年全球贸易量反弹，避免了全球贸易陷入更加严重的衰退。1990—2020年全球货物贸易额如图1 –5所示。

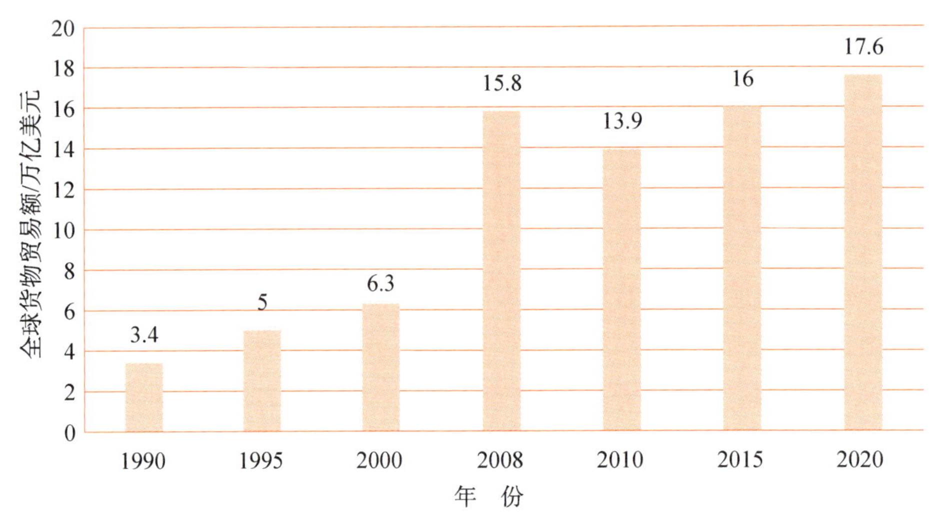

图1－5 1990—2020年全球货物贸易额

资料来源：整理自世界贸易组织历年《世界贸易报告》，https://www.wto.org/english/res_e/wtr_e.htm。

（2）全球经济不景气在一定程度上推动了电子商务发展。一方面，在宏观经济不景气的条件下，企业面临更大的经营压力，会尝试利用电子商务降低成本，寻找更多市场和更优质的供应商；另一方面，会有更多消费者青睐物美价廉的网络销售产品。

2. 我国经济环境

从我国国内经济环境来看，无论是宏观层面还是微观层面，都有利于发展电子商务。

（1）我国经济的快速、平稳发展给电子商务发展带来良好的总体经济环境。在21世纪的前11年，我国经济保持了8%以上的增速，2007年国内生产总值增速达到14.2%的顶峰（见图1－6）。尽管在全球金融危机的冲击下，我国经济增速回落，进入新常态，但是在全球视野中，我国的经济增长对全球经济的回稳和复苏显得格外重要。到2011年，我国已经成为经济规模仅次于美国的国家。进入21世纪第二个十年，我国更加追求经济发展质量，经济增速平稳回落至6%～8%。虽然受到新冠肺炎疫情冲击，我国在有效防控措施保障下，成为2020年全球唯一实现正增长的经济大国，国内生产总值突破100万亿元。

（2）我国是进出口贸易大国，为外贸电子商务发展提供了巨大市场。2001年12月11日，我国正式加入世界贸易组织。20多年来，我国进出口总额从2001年的4.22万亿元增至2021年的39.1万亿元，年均增长12.2%，进出口增长超过8倍，我国货物贸易规模跃居世界第一，如图 1－7 所示。

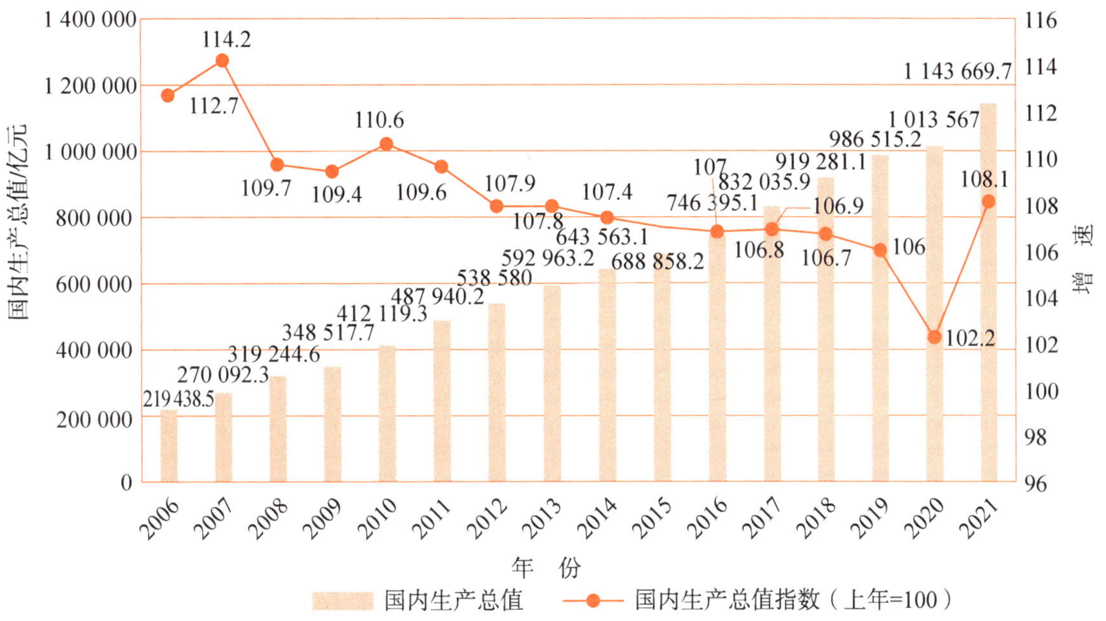

图 1－6　2006—2021 年我国国内生产总值及增速

资料来源：中华人民共和国国家统计局. 中国统计年鉴. http://www.stats.gov.cn/tjsj/ndsj.

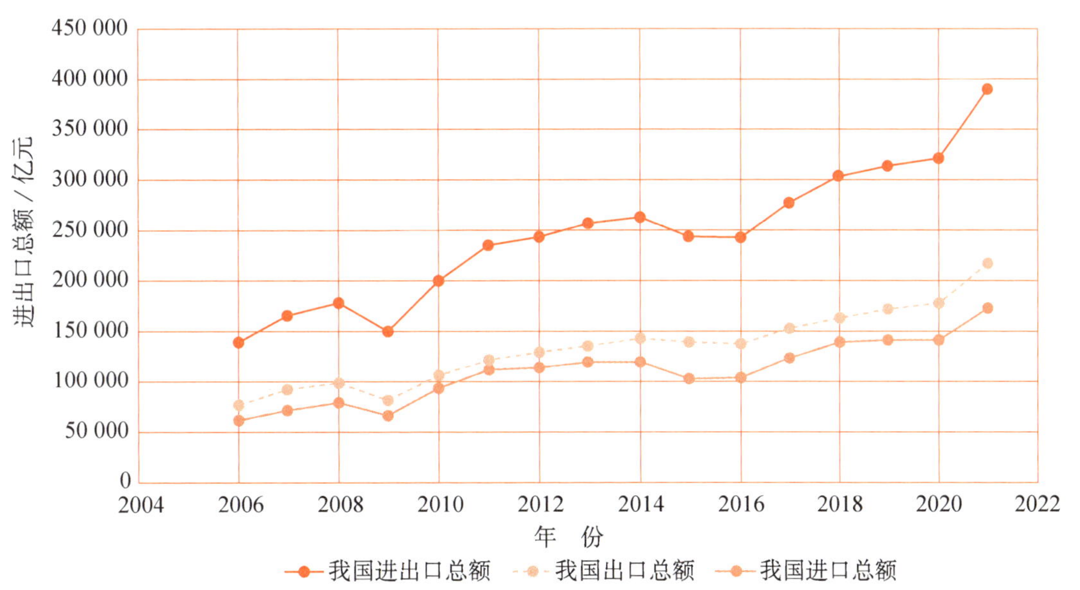

图 1－7　2006—2021 年我国进出口总额

资料来源：中华人民共和国国家统计局. 中国统计年鉴. http://www.stats.gov.cn/tjsj/ndsj.

（3）我国商贸业保持良好增长势头。从批发来看，我国2020年批发企业购销总额达1 422 503.08亿元（见图1－8），约是2015年的1.8倍，“十三五”期间保持了约13%的复合增长率。从零售来看，进入21世纪，我国社会消费品零售总额增速保持快速增长态势，尽管受到新冠肺炎疫情影响，2020年社会消费品零售总额下滑至39.2万亿元，但在有效的疫情防控措施下，社会消费品零售总额在2021年恢复增长，达到440 823.2亿元（见图1－9）。

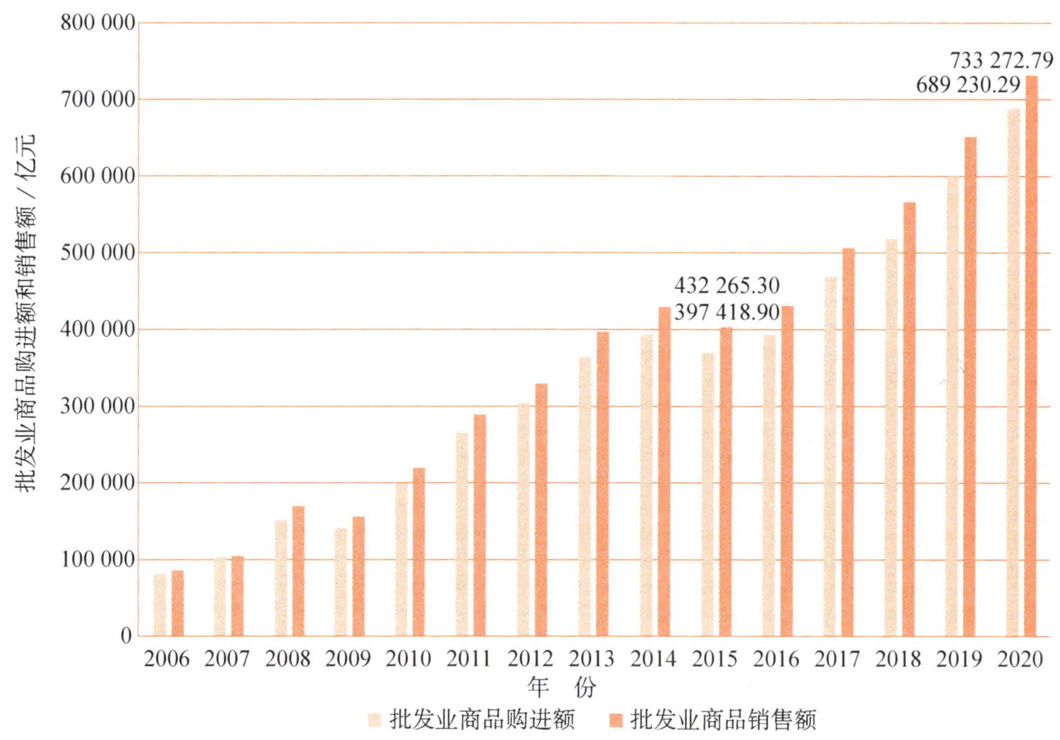

图1－8　2006—2020年我国批发业商品购进额和销售额

资料来源：中华人民共和国国家统计局．中国统计年鉴．http://www.stats.gov.cn/tjsj/ndsj.

（4）我国经济转型升级、实现高质量发展需要发展电子商务。一方面，我国经济发展经历规模高速增长后，更加注重经济发展质量。在经济结构调整、转型升级、供给侧结构性改革中，电子商务作为现代服务业的重要形态，是经济结构调整和转型升级的重要内容，对推动经济高质量发展可以发挥更好作用。

（5）企业内部信息化管理水平提高有利于电子商务的开展。企业内部信息化经过多年的应用，信息化管理水平有了大幅提升，为企业应用电子商务拓展业务打下了基础。

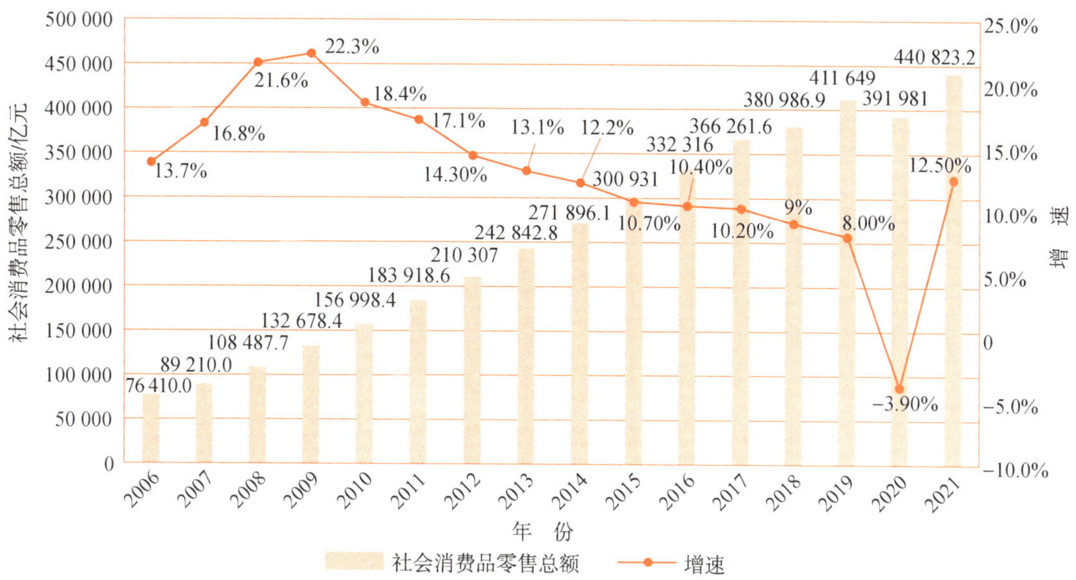

图 1－9　2006—2021 年我国社会消费品零售总额及增速

资料来源：中华人民共和国国家统计局．中国统计年鉴．http://www.stats.gov.cn/tjsj/ndsj.

（三）技术环境

电子商务是由信息技术发展推动的，因此技术环境及其重要发展趋势和应用领域的创新都会对电子商务发展产生重要影响。

1. 信息技术环境

电子商务的信息技术环境主要包括以下两个方面：

（1）智能设备的普及。计算机、平板电脑、智能手机等智能设备的普及水平大幅提高。个人计算机技术的成熟以及基于个人计算机的操作系统、应用软件的成熟极大地推动了全球计算机的普及。随着智能手机的普及，移动端越来越多的手机 App 应用被开发出来，极大地方便了人们的工作和生活。Strategy Analytics 研究统计，全球智能手机用户基数已从 1994 年的 3 万急剧增长到 2012 年的 10 亿，2021 年 6 月达到创纪录的 39.5 亿。

（2）互联网的普及。互联网的普及被认为是人类真正完成信息社会转型的重要标志，据世界银行和互联网世界统计，截至 2021 年 12 月 31 日，全球互联网渗透率已经达到 66.2%。而在未来，全球互联网接入普及率将会进一步上升。对于电子商务来说，互联网的普及打开了电子商务发展的广阔空间，是电子商务的重要基础性技术。互联网技术在广义上来说包括计算机技术和通信技术。著名的摩尔定律和吉尔德定律描述了计算机技术和网络带宽发展的惊人速度。这也是互联网能够在短时间内在全球获得如此规模用户的重要原因。

从互联网接入方式来看，宽带接入方式的发展及普及是电子商务快速发展的重要原因之一。我国是全球宽带用户规模最大的国家。我国的宽带注册用户数自2011年起就远远超过了美国、日本、德国、法国等发达国家。但从普及率看，我国的宽带注册用户普及率低于全球平均水平。从宽带技术来看，DSL（digital subscriber line，数字用户线）宽带已经逐步被光纤宽带（fiber to the home，FTTH）所替代，光纤宽带占我国宽带的大多数。截至2021年底，三家基础电信企业的固定互联网宽带接入用户总数达5.36亿，全年净增5 224万。其中，100 Mbps及以上接入速率的用户为4.98亿，全年净增6 385万，占总用户数的93%，占比较2020年末提高3.1个百分点；1 000 Mbps及以上接入速率的用户为3 456万，比2020年末净增2 816万。

我国已建成全球规模最大的固定宽带网络，全国地级以上城市均已实现光纤网络全面覆盖。截至2021年底，互联网宽带接入端口数达到10.18亿个，比2020年末净增7 180万个。其中，光纤接入（FTTH/O）端口达到9.6亿个，比2020年末净增8 017万个，占比由2020年末的93.0%提升至2021年的94.3%。2016—2021年我国互联网宽带接入端口发展情况如图1－10所示。

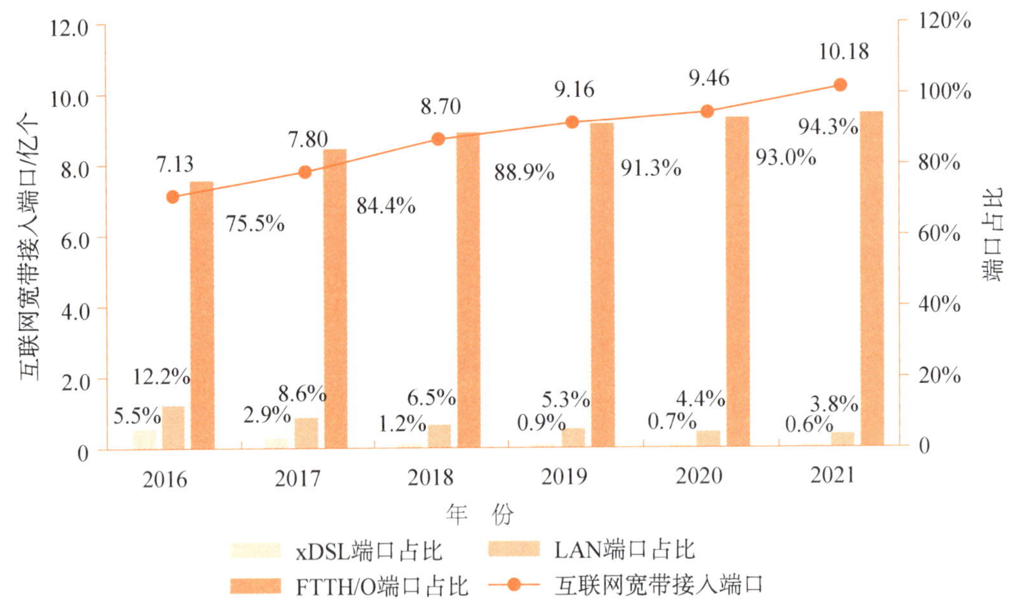

图1－10 2016—2021年我国互联网宽带接入端口发展情况

资料来源：中华人民共和国工业和信息化部．2021年通信业统计公报．https://www.miit.gov.cn/gxsj/tjfx/txy/art/2022.

在农村地区，工业和信息化部联合财政部组织实施电信普遍服务试点，推进光纤宽带向偏远农村覆盖，截至2021年底，全国农村宽带接入用户总数达1.58亿，全年净增1 581万，比2020年末增长11%，增速较城镇宽带接入用户高出0.4个百分点。2016—2021年农村宽带接入用户及占比情况如图1-11所示。

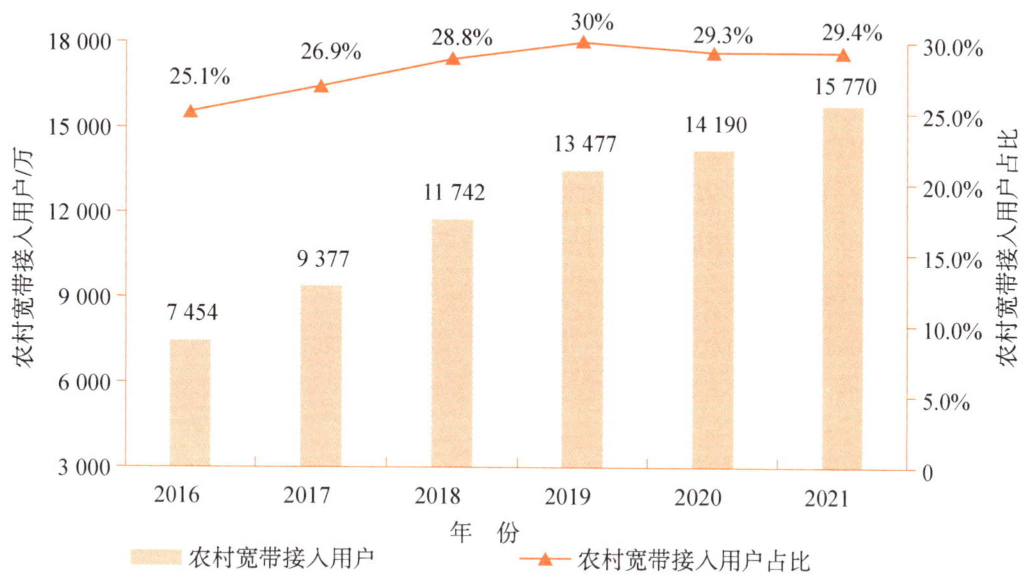

图1-11　2016—2021年农村宽带接入用户及占比情况

资料来源：中华人民共和国工业和信息化部. 2021年通信业统计公报. https://www.miit.gov.cn/gxsj/tjfx/txy/art/2022.

从互联网宽带接入方式的发展来看，移动互联网正在成为互联网宽带接入方式发展的重要趋势。手机用户的巨量规模成为移动互联网发展的重要用户基础，而移动接入安全性能和接入带宽的提高成为普及移动互联网的重要保障。在移动互联网发展中，中国4G业务发展快速普及，覆盖率达到98%，5G业务迅速推进。工业和信息化部数据显示，2021年，三家基础电信企业的移动电话用户总数16.43亿。其中，4G移动电话用户10.69亿，5G移动电话用户3.55亿，二者占移动电话用户总数的86.7%。

从互联网应用的发展来看，我们可以把整个互联网应用发展分为Web 1.0时代、Web 2.0时代和Web 3.0时代。从Web 1.0到Web 3.0，三个时代并没有明确的分界线，对三者的区分是基于对互联网不同发展时期呈现出的主要应用特点的归纳，实际上三者的不同是互联网技术发展带来的互联网应用水平深化所引致的，这种互联网应用水平的深化同样会给电子商务的发展带来深远影响。

2. 信息技术发展趋势的影响

信息技术发展趋势主要从以下五个方面对电子商务未来的技术环境产生重要影响：

（1）物联网。通过物联网，互联网接入主体的范围将更加广泛。物联网正在成为互联网发展的重要趋势。物联网的概念最早由美国麻省理工学院在1998年提出，其认为，物联网就是将所有物品通过射频识别等信息传感设备与互联网连接起来，实现智能化识别和管理的网络。2005年，国际电信联盟在《国际电信联盟互联网报告2005：物联网》中对物联网的内涵进行了扩展，认为物联网的物不仅仅是物品，而是包括人在内的广泛意义上的物；未来的物联网是泛在网，任何人或物都可以在任何时间、任何地点进行互联。接入主体范围的扩大将会使得电子商务的电子化程度进一步提升。

（2）云计算。云计算是指基于互联网的计算模式，通过互联网分布式计算解决本地计算能力不足的问题。云计算最早由亚马逊在2006年提出，并提供云计算应用，用户可以通过亚马逊租用虚拟计算能力。随后，谷歌和IBM等信息技术巨头纷纷提出云计算计划，云计算迅速成为信息技术发展的重要趋势之一。目前，云计算包括以下三种服务方式：基础设施即服务（infrastructure－as－a－service，IaaS）、平台即服务（platform－as－a－service，PaaS）和软件即服务（software－as－a－service，SaaS）。对于电子商务来说，不同服务方式具有不同的作用，比如，平台即服务可以使电子商务服务商通过电子商务平台提供服务，软件即服务可以使电子商务应用者在远程获得软件服务等。

拓展阅读

云计算的三种服务方式

基础设施即服务：用户通过互联网可以从远程获得完善的计算机基础设施服务，也就是说，只要本地计算机可以连接互联网，用户就可以获得几倍于本地计算机性能的计算能力、存储能力等基础计算服务，如亚马逊弹性云端运算服务。

平台即服务：用户通过互联网可以从远程获得软件研发、应用所需的平台服务。在某种程度上，PaaS也是SaaS模式的一种应用，PaaS的出现可以加快SaaS的发展，尤其是加快SaaS应用的开发速度。

软件即服务：它是一种通过互联网提供软件的模式，用户无须购买软件，而是向提供商租用基于Web的软件来管理企业经营活动。

资料来源：ARMBRUST M. A view of cloud computing. Communications of the ACM，2010（4）：53. 引用时有修改

（3）智能手机。智能手机是指拥有计算机操作系统，比普通手机拥有更多计算能力和网络连接能力的手机。智能手机的出现增强了人们在移动时的计算能力。20 世纪 90 年代，IBM 便率先推出智能手机“Simon”。随着移动通信技术的发展、手机操作系统的完善、微型硬件的成熟，智能手机的性能呈现爆发式增长。以苹果 iPhone 手机为代表的智能手机迅速击败功能手机成为手机的主流。近年来，中国电子商务交易规模持续扩大，稳居全球网络零售市场首位。据公开数据，2008 年全国电子商务交易额仅为 3.14 万亿元，2020 年全国电子商务交易额达 37.21 万亿元。国家统计局电子商务交易平台调查显示，新冠肺炎疫情加速了传统经济数字化转型进程，电子商务平台在助力抗击疫情、拉动消费回补、畅通产业链供应链方面发挥了重要作用。

（4）社交网络。社交网络是互联网应用发展的重要趋势，它改变了人们传统的交往方式，也改变了互联网内容的贡献方式。每个社交网络用户都成为互联网中信息的生产者和传播者。脸书（Facebook）就是最为典型的社交网络应用，其上市之所以能引起全球的巨大关注是因为其显示了社交网络模式在互联网时代的巨大应用前景。对于电子商务来说，以小红书等为代表的电子商务应用是社交网络与电子商务结合的典型应用。

（5）位置服务。位置服务是移动通信技术与卫星定位系统结合的重要应用。1994 年，美国学者施力特首先提出位置服务的三大目标：你在哪里（空间信息）、你和谁在一起（社会信息）、附近有什么资源（信息查询）。这是位置服务的主要内容。移动互联网的发展，使得位置服务与互联网技术紧密结合，进一步使互联网应用精确化和本地化。

以上列举的只是当前主要的信息技术发展和应用趋势，其他趋势还包括人工智能等，这些都会为电子商务发展的技术环境带来重要影响。

二、我国电子商务发展现状

我国电子商务发展已经有二十多年，并且取得了卓越的成就，呈现出以下八个特点和趋势：

（一）电子商务交易规模持续快速扩大

2011—2020 年全国电子商务交易总额及同比增长率如图 1－12 所示。

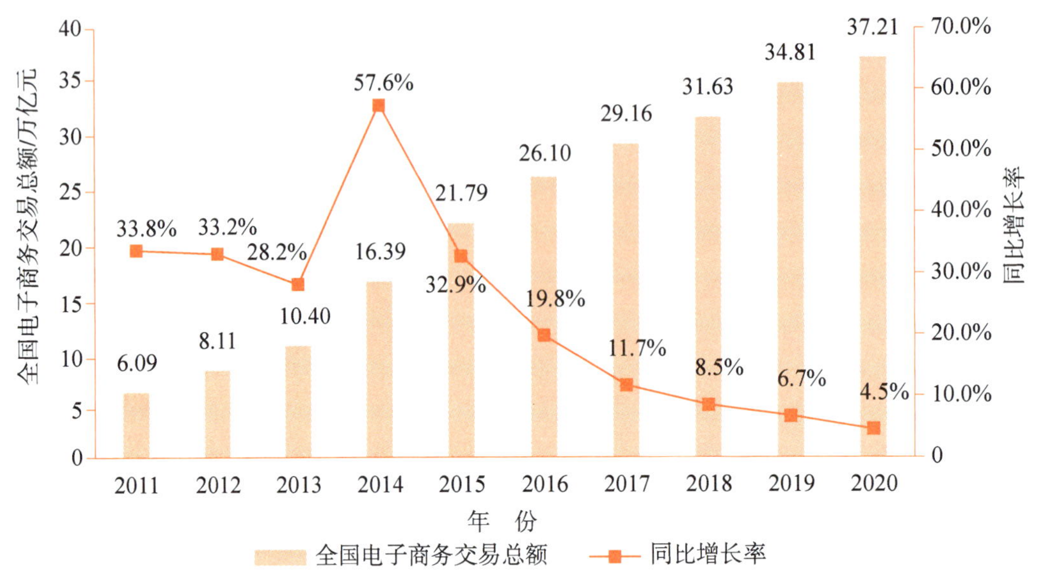

图 1－12　2011—2020 年全国电子商务交易总额及同比增长率

资料来源：《中国电子商务报告（2020）》，http://dzsws.mofcom.gov.cn/article/ztxx/ndbg/202109/20210903199156.shtml.

（二）网商群体崛起

在我国应用电子商务的历史进程中，有一个群体已经崛起并在我国电子商务发展中起了重要推动作用。这个群体就是网商。网商的概念最早在 2004 年首届网商大会上提出，是指运用电子商务工具，在互联网上进行商业活动的商人和企业家。网商的崛起与我国电子商务发展路径密不可分。在我国，电子商务最先在中小企业、个体工商户以及消费者中普及，这些“草根”电子商务应用者依托阿里巴巴和淘宝等平台逐步发展壮大，并成为有代表性的商业群体。

经过十多年的发展，网商已经不再是“小众”“草根”形象的代表，而已成为商业重要主体，已有诸多网商销售额超过亿元大关，形成了大量自有品牌，并在网络零售中形成了具有一定影响力的品牌，如尚品宅配、小狗电器等。

（三）电子商务服务业发展进一步完善

电子商务应用服务的专业化和产业化趋势进一步体现。支撑电子商务发展的信息内容服务业、物流服务业、支付服务业、信用服务业、安全服务业以及电子商务发展衍生出来的电子商务咨询服务业、人力资源服务业、营销服务业等共同形成了电子商务服务业体系。电子商务服务业的发展进一步完善了电子商务发展的生态环境，降低了电子商务的应用门槛，大大推动了电子商务快速发展。

（四）企业电子商务意识不断提高

从应用电子商务的企业来看，2008 年金融危机之后，降低成本、提高效率成为企业最重要的任务，电子商务成为企业进入新市场、拓宽销售渠道、整合供应链、降低采购成本的重要应用。

从电子商务服务企业来看，电子商务的发展产生了大量电子商务服务需求。随着电子商务服务业市场规模的迅速扩大，很多电子商务创业企业以及部分传统服务业企业并不直接经营电子商务，而是通过创新电子商务服务需求，提供专业化电子商务服务，降低应用企业的进入门槛，提高应用企业的电子商务能力，如客服中心服务、运营服务、营销服务等。

（五）电子商务模式呈现多元化和服务深化的趋势

随着电子商务在企业和消费者中的普及率和应用水平不断提高，电子商务需求更加个性化和专业化，使得电子商务模式呈现多元化和服务深化的趋势。

B2B 电子商务作为面向企业生产服务的电子商务模式，其创新并不如消费领域电子商务模式活跃。在二十多年的发展中，我国 B2B 电子商务从最初的信息服务模式向交易服务模式转化，并进一步向综合化、数字化贸易服务模式演进，实现贸易全流程数字化服务，进一步推动全球贸易数字化发展。此外，随着全球企业数字化水平的提升，以及线上消费的普及，B2B 电子商务不断加强与我国制造资源和全球零售渠道的融合，加快产业数字化和供应链数字化。

网络零售是我国电子商务模式创新最为活跃的领域。在近二十年的发展中，在资本、技术、商业、消费等多种因素交织的影响下，我国网络零售模式在不断学习、模仿、引进发达国家电子商务模式中实现自我创新。如团购模式，在引进线上团购模式后，由于团购具有较低的进入门槛和行业规制，2010 年，各类团购网站迅速崛起，掀起了“千团大战”，快速模仿导致的恶性竞争使团购网站迅速洗牌。如今，团购已经成为各大网络零售平台的重要销售模式之一，并且结合平台功能和消费者群体特征，呈现社区化、社交化创新发展。我国网络零售在快速扩张、不断深化服务、提高用户体验和融合技术应用的发展过程中，C2B模式、O2O（online to offline，线上到线下）模式、跨境电商模式、社交电商模式、直播电商模式快速发展成为网络零售企业关注的重点商业模式。

（六）网络购物持续迅猛发展

国家统计局数据显示，2020年，全国网上零售额达11.76万亿元，同比增长10.9%；实物商品网上零售额为9.76万亿元，同比增长14.8%，占社会消费品零售总额的24.9%。从用户群体看，中国互联网络信息中心数据显示，截至2020年12月，全国网民9.89亿，其中网络购物用户7.82亿，网络购物用户占全部网民的79.1%。网络购物产品范围从最初的标准产品、长尾产品、耐用品、廉价产品向个性定制产品、大众化产品、快速消费品、奢侈品等扩展；消费人群主流化趋势也日益明显。

（七）移动电子商务爆发式增长

2009年初发放的3G牌照，为移动电子商务的起飞打开了广阔的空间。2009年全年实物交易额约为5.3亿元，同比劲增248.7%，移动支付交易额为24亿元，同比大增202.6%。到2010年，我国移动电子商务实物交易规模达到26亿元，同比增长近4倍。[①] 2013年4G牌照的发放进一步提高了移动互联网发展水平，移动电子商务呈现爆发式增长。短短几年时间，移动电子商务交易已经成为主流电子商务交易方式。2019年6月6日，工业和信息化部向中国电信、中国移动、中国联通、中国广电发放5G商用牌照，中国移动互联网正式进入5G时代。5G的发展将为电子商务创新提供更加快速的网络环境。

（八）品牌电子商务企业日益增多

我国电子商务经过二十多年的发展，已经拥有了大批知名电子商务企业，其中有些电子商务企业已经做大做强，成为具有全球影响力的电子商务企业（见表1-1），如阿里巴巴旗下的阿里巴巴国际站、天猫和淘宝网，京东商城，拼多多，小红书，希音，苏宁易购，唯品会等。这些企业是我国电子商务发展的主要引领者。

---

① 中国电子商务研究中心．2010年中国电子商务市场数据监测报告．(2011-01-18)．[2022-04-15]．http://b2b.toocle.com/zt/upload_data/down/2010dsjc.doc.

表 1－1　我国主要电子商务企业

类　别	名　称	网　址
B2B	阿里巴巴	www. alibaba. com
	敦煌网	www. dhgate. com
	中国制造网	www. made－in－china. com
	慧聪网	www. hc360. com
	中国化工网	china. chemnet. com
	环球市场	www. globalmarket. com
B2C	京东商城	www. 360buy. com
	拼多多	www. pinduoduo. com
	小红书	www. xiaohongshu. cn
	唯品会	www. vip. com
	天猫	www. tmall. com
	苏宁易购	www. suning. com
C2C	淘宝网	www. taobao. com
	拍拍网	www. paipai. com

Section 3

第三节　全书框架及基本内容

本书共包括九章。在学完第一章“导论”部分电子商务的内涵与外延及发展概况后，后续将带领你深入电子商务世界进行学习。本书的内容框架如图 1－13 所示。

第二章“面向企业的电子商务”：主要阐述 B2B 电子商务的基本概念，从系统构成和基本步骤两方面解释 B2B 电子商务运作的一般原理，并根据不同的分类标准介绍 B2B 模式的基本分类，分析 B2B 电子商务的主要优势，最后重点介绍卖方 B2B、买方 B2B、第三方 B2B 三种 B2B 电子商务模式。

第三章“面向消费者的电子商务”：主要介绍 B2C 电子商务的基本概念，阐述 B2C 电子商务运作的一般原理，B2C 电子商务涉及的交易主体以及之间的交互过程；然后选取直销、商城、平台和团购四种主要的 B2C 电子商务模式，分析它们各自的含义、特点和运作的基本原理；最后介绍 C2C 电子商务的含义及三个构成要素。

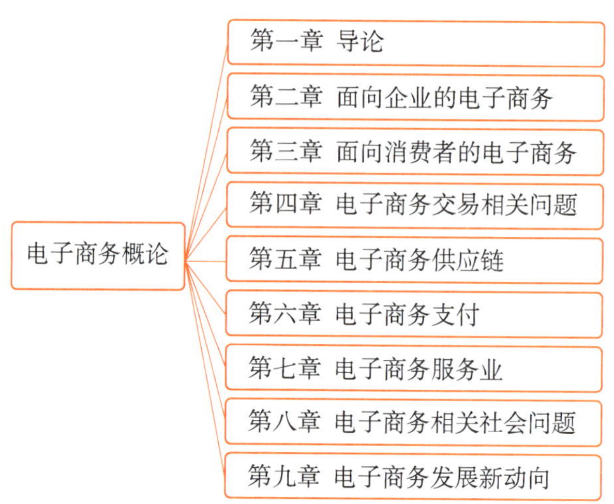

图1-13 本书的内容框架

第四章“电子商务交易相关问题”：主要阐述电子商务交易的主要环节、交易流程，电子商务交易的特点及影响因素；介绍电子商务市场调研的特点、步骤和方法，电子商务市场定价的原则、特点，市场定价策略，以及电子商务促销策略与方法。

第五章“电子商务供应链”：主要介绍供应链和供应链管理的概念，以及电子商务供应链管理的概念和特点，阐述电子商务供应链与传统供应链管理模式的区别，以及电子商务对供应链管理的影响，并重点介绍快速反应，有效客户响应，合作计划、预测与补给，企业资源规划这四种电子商务供应链管理策略的产生背景、概念。此外，分析信息技术在电子商务供应链管理中的作用，并介绍三种常用的信息技术（条形码技术、射频识别和电子数据交换）的概念、工作原理及其在供应链管理中的应用。

第六章“电子商务支付”：主要阐述电子支付的概念、分类及其运作的基本原理，电子支付模式及其流程，各种支付模式的利弊，以及移动支付的概念、主要模式及操作流程。

第七章“电子商务服务业”：主要介绍电子商务服务业的内涵和外延，对电子商务服务业的主要门类——电子商务运营服务业、电子商务信用服务业、电子商务咨询服务业、电子商务培训服务业等进行详细介绍，并介绍电子商务服务业的发展态势和发展前景。

第八章“电子商务相关社会问题”：从电子商务企业应承担的社会责任谈起，讲述电子商务企业社会责任的范围、履行、评价和影响；介绍电子商务的相关法规问题，包括网络交易的规则、电子商务的税收、电子商务的立法等内容。

第九章“电子商务发展新动向”：介绍 Web 2.0 的理念及其典型应用，如何利用 Web 2.0 开展电子商务，并阐述云计算的内涵、分类及其对电子商务的影响，物联网的特点、应用层次，发展物联网的意义，电子商务与物联网的结合方式。

Summary of this chapter

本章小结

本章首先介绍了电子商务的概念，解释了电子商务的流程和影响，以及电子商务的意义。然后对电子商务的发展环境进行了分析，并描述了我国电子商务发展现状。最后对全书的框架及基本内容进行了介绍。

思考与练习

一、不定项选择题

1. 电子商务的主体是（　　）。

A. 信息技术　　B. 商务活动　　C. 物流　　D. 信息流

2. 电子商务的“三流”包括（　　）。

A. 数据流　　B. 信息流　　C. 物流　　D. 资金流

二、思考题

1. 简述电子商务的概念。
2. 简述电子商务的影响。
3. 请分析电子商务的发展环境。
4. 请分析我国电子商务发展现状。

第二章

面向企业的电子商务

导　言

电子商务通常按消费者市场和企业市场分为 B2C 电子商务和 B2B 电子商务，本章重点分析面向企业的电子商务模式，即 B2B 电子商务。对于大中型企业和行业主导企业来说，由于企业内部采购系统和供应链系统比较成熟，其主要是通过邀请供应商加入自营的电子商务平台进行网上采购，或者通过自营平台进行网上销售；对于大量的中小企业来说，其更多的是通过第三方 B2B 电子商务模式——交易市场发布供求信息，寻找采购商和供应商，获得商机。

学习目标

1. 了解 B2B 电子商务的概念。
2. 理解 B2B 电子商务的基本构成和运作流程。
3. 能够对 B2B 电子商务进行分类并分析其盈利模式。

导入案例

从 B2B 电子商务到产业互联网

B2B 电子商务平台是产业互联网最核心的群体之一，B2B 电子商务平台起初是提供咨询、广告和会议为主的会员服务。随后 B2B 平台转向在线交易，即通过专用网络进行数据交换、传递，开展交易活动。在经过数年的探索之后，B2B 电子商务平台逐渐演变，平台形成了以交易为核心，配套支付结算、仓储物流、SaaS、数据以及供应链金融等服务的数字供应链范式。通过数字化提升产业链、供应链效率，是产业互联网发展的大方向。国家《“十四五”电子商务发展规划》中的“推进商产融合，助力产业数字化转型”一节中则提出，支持 B2B 电子商务平台加速金融、物流、仓储、加工及设计等供应链资源的数字化整合，培育产业互联网新模式新业态。

产业互联网价值的出发点是三个“全”。用互联网和数字技术延伸连接产业链后，一是能提升“全产业链协同效率”，做大产业链价值；二是提升全要素生产率，让大中小企业能通过产业互联网获得充裕的技术工具、资金、数据等生产要素；三是建立全场景服务能力，满足客户不同批量、不同地域、不同实效、不同场景的采购需求。

B2B 电商是带动工厂数字化、形成数字供应链的牵引力。B2B 电商从信息服务走向交易服务，呈现出平台即供应商的特征，即平台是交易主体，采用自营或者准自营的方式。亿邦智库董事长郑敏说：“B2B 的价值空间不在交易，而是交易拉动的供应链管理。”2021 年，B2B 数字供应链平台开始向上游工厂进行数字化连接和渗透，数字化连接工厂是数字供应链做长、做大价值空间的重要趋势。

嘉御基金创始合伙人兼董事长卫哲在公开演讲时曾提到过：“产业互联网不仅是企业对企业（B2B，business to business），而是 business people to business people。就本质而言，产业互联网本质是提高效率。深追下去，提高哪一群人的效率呢？产业互联网要落实到人/工种的效率提高上。”

资料来源：亿邦动力.（2021－11－22）.[2022－04－15]. https://www.ebrun.com/20211222/467370.shtml? eb＝search_chan_pcol_content. 引用时有修改

思考：

1. B2B 电子商务的发展趋势是什么？
2. 你如何看待 B2B 电子商务和产业互联网之间的关系？

Section 1

第一节 B2B电子商务的概念与分类

一、B2B电子商务的概念

B2B是英文business to business的缩写，即企业对企业。B2B电子商务是电子商务按交易对象分类的一种，指企业与企业之间，通过网络进行信息、产品、服务的交换。具体的交易过程包括发布供求信息，订货及确认订货或销售，支付过程及票据的签发、传送和接收或收款过程，确定配送方案并监控配送过程等。

以构成要素而言（见表2-1），B2B电子商务的交易主体都是企业，其基本方式是企业通过网络进行产品和服务的信息发布、询价、采购、销售、结算等，基于的平台既可以是提供供求信息发布和交易撮合服务的第三方电子商务平台，也可以是企业及其供应链成员间（上下游企业）基于企业自营的内部供应链系统和交易系统，传输的网络不仅包括互联网，还包括外联网、内联网或者私有网络，交换的内容包括产品、服务和信息，交易的过程既包括从询价、支付到售后的全部环节通过电子化的方式达成，也包括只是部分交易环节（如信息发布、采购等）通过网络实现。

表2-1 B2B电子商务的构成要素

构成要素	内容
交易的主体	供应商、采购商等企业
基于的网络	互联网、外联网、内联网、私有网络
交易的平台	第三方平台、卖方自建平台、买方自建平台
交易的过程	信息发布、询价、采购、销售、结算、物流、售后等全部或部分环节
交易的客体	信息、产品或服务

B2B电子商务最初是指企业间的交易，但随着B2B电子商务模式的不断创新，出现了很多为企业间交易提供相关服务（如信息发布、交易撮合、招投标）的各种网站和企业，因此B2B电子商务的概念和应用范围也得到了扩展。B2B电子商务包括两层

含义：从应用层面看，泛指企业之间通过网络化的方式进行信息的传递和产品的交易；从企业层面看，则指的是为企业间交易提供信息发布、产品展示、交易撮合等服务的各类电子商务平台，如阿里巴巴、敦煌网、中国制造网等。

随着中国经济增速趋缓亟待转型，整个产业链重构机会明显。为了推动产业全面升级，国家提出“互联网+”战略，大力推动产业互联网发展。产业互联网是指利用互联网连接企业与企业之间商品流通，提升产业链与供应链协同效率，具体包括以产业电商为核心，供应链金融和网络货运为两翼，SAAS、大数据等为支撑的多种平台业态。在此背景下，各种垂直型 B2B 电子商务平台不断涌现，B2B 成为传统行业转型升级青睐的方向，也为企业级服务带来机遇。B2B 电子商务成为近年来创业最活跃的板块，多方助力使 B2B 市场交易规模逐年攀升。网经社“电数宝”电商大数据库监测显示，2020 上半年我国产业互联网市场规模达 25.3 万亿元。2010—2019 年我国产业互联网行业交易规模如图 2－1 所示。

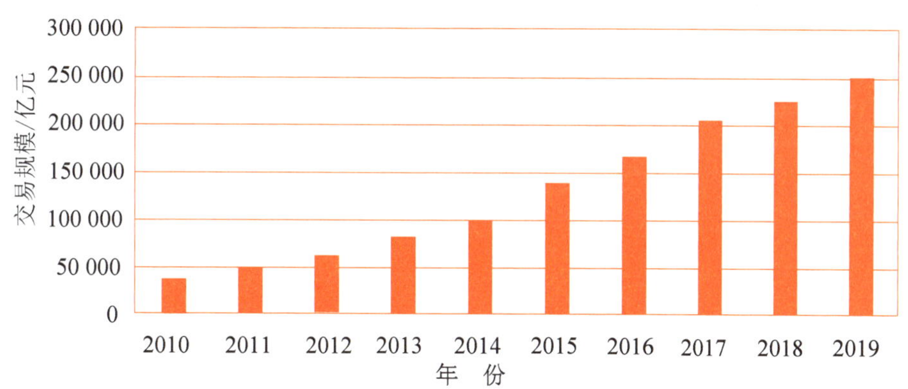

图 2－1　2010—2019 年我国产业互联网行业交易规模

资料来源：中国电子商务研究中心. 2020 年（上）中国产业互联网市场数据监测报告. (2021－11－09). [2022－04－15]. http://www.100ec.cn/zt/2020scyhlwbg.

二、B2B 电子商务的分类

根据分类角度，B2B 电子商务可以划分成不同的类型，不同的划分方式之间存在一定的交叉。其中，常见的是按照覆盖行业、服务内容、贸易类型、交易主导企业、交易机制等划分。

（一）按照覆盖行业划分

按照覆盖行业范围的不同，B2B 电子商务可以分为水平型 B2B 电子商务（又称综合型 B2B 电子商务）和垂直型 B2B 电子商务（又称行业型 B2B 电子商务）。

1. 水平型 B2B 电子商务

水平型 B2B 电子商务定位于整个行业，覆盖全行业的电子商务市场，其特点是用户数量多、服务行业多、资讯类别全面。

2. 垂直型 B2B 电子商务

垂直型 B2B 电子商务专注于为某个或某几个行业提供行业咨询和交易服务，用户主要是集中于该行业的相关企业，其特点是能够更深入地把握行业需求。

拓展阅读

2020 年中国产业电商发展概况

产业电商狭义指通过第三方及自营 B2B 平台在企业间进行的交易，广义是指以企业间在线化的方式进行信息撮合和交易的商业模式，是产业互联网的重要组成部分。产业电商包括提供大宗商品贸易服务的大宗电商，提供企业非生产性物料（MRO）及生产性资料（BOM）服务的工业品电商，提供消费品在线批发的批发电商，提供办公用品、商务服务等的企业采购电商，以及相关服务商等业态。过去 20 年，我国互联网的繁荣发展主要是消费互联网的发展。近年来，信息技术通过提高生产、资源配置、交易效率，成为经济转型的助推器，互联网下半场的方向将是产业互联网。

2020 年大宗电商作为产业电商的重要组成部分，仍占据比较大的市场份额，占比达 80%。大宗电商是指化工、能源、橡塑、有色、钢铁、纺织、建材、农副八大行业的数字化。大宗电商领域因交易金额大等因素，行业有较强的金融属性，企业对资金需求强烈，电商要加快发展在线供应链金融服务。

2020 年工业品电商业务上，国联股份和慧聪推出工业品直播等；资本上，京东工业品收购工品汇、震坤行和锐锢商城等多家公司完成新一轮融资，资本市场看好工业品电商市场。当前，工业品电商领域主要企业包括震坤行、京东工业品、锐锢商城、工品一号、万千紧固件、易买工品、工品汇、西域、好工品等。

现阶段，中国企业采购电商市场进入红利发展期，电商行业对 B 端企业的渗透率也在不断提高。未来将加快并深化企业采购电商产业链发展，企业采购电商市场发展空间广阔。目前企业采购电商领域主要企业包括京东企业购、1688 企业汇采、苏宁企业购、天猫企业购、国美企业购、亚马逊企业购等。

2020 年钢铁电商行业市场格局相对稳定，各钢铁电商平台也不断发挥自身优势，做深产品服务及打造核心竞争力。头部平台规模效应不断凸显，借助资本市场，不断充实现金流和提升核心竞争力。钢铁电商领域主要企业包括钢银电商、找钢网、欧冶云商、积微物联、中钢网、大大买钢网、中钢在线、兰格钢铁网等。

2020 年纺服 B2B 领域受到资本热捧，包括辅布司、云服云商、一手等企业均获得融资。目前纺服 B2B 领域主要企业包括百布、一手、辅布司、快衣、云服云商、辅料易、智布互联、批批网、汇提网、衣脉、千家万纺等。

目前，快消 B2B 行业由高速发展期进入理性发展期，行业在经过跑马圈地的扩张后，各家开始回归精细化运营与盈利能力的比拼。快消品 B2B 领域主要企业包括阿里零售通、京东新通路、中商惠民、易久批、百世店加、快来掌柜、掌上快消、芙蓉兴盛等。

2020 年，疫情影响下医药 B2B 行业得以快速发展。政府政策支持、资本市场追捧给医药电商市场注入“兴奋剂”，推动行业加速发展。目前医药 B2B 领域中主要玩家包括益药仓、药药好、药师帮、药便宜、药京采、合纵药易购、融贯电商、珍诚医药网、益药购等。

2020 年 10 家产业电商上市公司总市值 676. 72 亿元，相较于 2019 年 10 家产业电商上市公司总市值 561. 33 亿元，同比增长 20. 55%。其中国联股份以市值 303. 8 亿元排名第一，占产业电商上市公司总市值的 44. 89%；排名第二的是上海钢联市值 125. 3 亿元。接下来的排名依次为：卓尔智联（70. 37 亿元）、焦点科技（50. 47 亿元）、冠福股份（44. 25 亿元）、生意宝（36. 95 亿元）、科通芯城（18. 11 亿元）、慧聪集团（12. 23 亿元）、欧浦智网（8. 13 亿元）、摩贝（7. 11 亿元）。

资料来源：中国电子商务研究中心. 2020 年度中国产业电商市场数据报告.（2021 -05 -13）.[2022 -04 -15]. http://www. 100ec. cn/detail -6592123. html. 引用时有修改

（二）按照服务内容划分

按照服务内容的不同，B2B 电子商务可以分为信息服务类 B2B 电子商务、交易服务类 B2B 电子商务。

1. 信息服务类B2B电子商务

信息服务类B2B电子商务为企业提供涉及采购、营销推广、销售、决策、售后等环节的信息服务。信息服务类B2B电子商务一般不参与买卖双方的交易过程，只是为促进双方达成交易提供便利。

2. 交易服务类B2B电子商务

交易服务类B2B电子商务的服务内容是在网上为企业提供采购、拍卖、招标、销售、结算、仓储配送等网上交易相关服务。

（三）按照贸易类型划分

按照贸易类型的不同，B2B电子商务可以分为内贸型B2B电子商务和外贸型B2B电子商务。

1. 内贸型B2B电子商务

内贸型B2B电子商务是指为国内供应者与采购者提供交易服务的平台，其服务对象、交易主体和行业范围主要在同一国家。

2. 外贸型B2B电子商务

外贸型B2B电子商务主要为国内与国外的供应者与采购者提供交易服务，其服务对象、交易主体和行业范围涉及不同的国家。相较于内贸型B2B电子商务，外贸型B2B电子商务面临语言文化、法律法规、关税汇率等方面的障碍，涉及的交易流程更复杂。

慧聪网和环球资源就属于以提供线下内贸服务为主的综合型B2B电子商务平台。敦煌网和易唐网都是提供小额外贸服务的B2B电子商务平台，服务对象定位于国内中小企业和海外小采购商。而阿里巴巴则既提供内贸服务，也提供外贸服务，但以提供线上外贸服务为主。

（四）按照交易主导企业划分

按照交易主导企业的不同，B2B电子商务可以分为卖方B2B电子商务、买方B2B电子商务、多对多电子商务。

1. 卖方B2B电子商务

卖方B2B电子商务也叫一对多电子商务，即以一个卖方为中心的模式。在这种模式下，一个卖方对多个买方，如生产商与下游的经销商之间通过网络进行产品的分销。

2. 买方 B2B 电子商务

买方 B2B 电子商务也叫多对一电子商务，即以一个买方为中心的模式。在这种模式下，一个买方对多个卖方，如生产商与上游的原材料供应商通过网络进行原材料的采购，企业通过招标的方式采购产品和服务。

不管是买方 B2B 电子商务还是卖方 B2B 电子商务，其主导企业一般都是行业龙头企业。行业龙头企业搭建以自身产品供应链为核心的 B2B 电子商务平台，串联起行业整条产业链，供应链上下游企业通过该平台实现信息的交流、沟通和交易。

3. 多对多电子商务

多对多电子商务也叫多对多电子市场，即交易中存在多个买方和多个卖方，买卖双方一般通过独立的第三方交易市场进行信息、产品和服务的交换。第三方交易市场一般由独立于买卖双方的第三方构建，对所有的参与企业都是公开的，也称为公共电子市场。

（五）按照交易机制划分

按照交易机制的不同，B2B 电子商务可以分为产品目录式 B2B 电子商务、拍卖式 B2B 电子商务、交易所式 B2B 电子商务等。B2B 电子商务平台的功能日趋多样化，一个 B2B 电子商务平台往往包含了多种交易机制。

1. 产品目录式 B2B 电子商务

产品目录式 B2B 电子商务平台提供了一个多种行业或同一行业供求信息发布的场所，平台上汇集了大量的产品信息，参与者可享受产品信息发布、厂家信息发布与认证、交易促成等服务。产品目录式产生价值的根源在于将高度分散的市场需求方与供给方聚集到一起。

2. 拍卖式 B2B 电子商务

在拍卖式 B2B 电子商务平台上，企业不是直接采购或销售，而是通过拍卖的方式销售，或者通过招标的形式采购，拍卖式交易方式为买卖双方提供了更多的选择和机会。拍卖机制适合非标准化产品、易腐烂的产品、废旧设备、多余库存等，通过拍卖让众多竞争者竞价，从而使买方获得更好的收益。

3. 交易所式 B2B 电子商务

在交易所式 B2B 电子商务平台上交易的通常是标准化的大宗商品，价格由实时买卖价格匹配系统决定。平台成功的关键在于能否放大交易量，做出的最大贡献是价格发现。

案例2-1

小额外贸型B2B电子商务平台——敦煌网

敦煌网成立于2004年，是中国第一个B2B跨境电子商务平台，致力于帮助中国中小企业通过电子商务平台走向全球市场。敦煌网开创了“为成功付费”的在线交易模式，采取佣金制，免注册费，只在买卖双方交易成功后收取费用。截至2017年，敦煌网已经实现140多万国内供应商在线、4 000万种商品，遍布全球230个国家和地区以及1 000万买家在线购买的规模。每小时有10万买家实时在线采购，每1.6秒产生一张订单。

1. 客户及提供的服务

敦煌网客户定位于国内中小企业和国外小采购商，是被传统竞争忽视的中小客户。供应商是国内的中小企业，采购商是国外小批发商。敦煌网以交易服务为核心，提供了整合信息服务、支付服务、物流服务等在内的全程交易服务，并在交易成功后收取佣金。

提供的服务主要有：为买卖双方提供信息发布平台；帮助卖家到海外推广商品；以第三方的身份提供买家和专家保护机制，协调解决交易发生的问题；提供物流、支付、翻译等服务；为客户提供免费的行情分析预测；提供敦煌贷款。

2. 盈利模式

敦煌网采取佣金制，免注册费，在买卖双方交易成功后，向买家收取交易佣金，佣金通常是交易额的3%~12%(平均水平大约是7%)。此外，盈利模式还包括向卖家收取广告费、增值服务费以及提供敦煌贷款、通过“敦煌一站通”服务收取服务费、提供免费的行情分析预测。行情分析预测服务可能在未来成为敦煌网的又一个利润增长点。

敦煌网交易成功后付费的模式打破了传统电子商务“会员收费”的经营模式，既降低了企业风险，又节省了企业不必要的开支，同时避开了与阿里巴巴、环球资源等的竞争。

在敦煌网首席执行官看来，敦煌网针对的海外买家有这样的特点：在网上选择合适的制造商后，对方要在短时间内完成发货，在快速运转的过程中，中间要有第三方诚信担保的机制。而敦煌网不仅提供诚信担保的机制，还能实现7~14天的国际贸易周期，就是一个小制造商、贸易商与零售卖家之间的对接。此外，敦煌网的海外买家，不少是在 eBay 上开店的。他们需要的订单量小，但同时需要一个可以信任的平台来实现采购的对接。“举个例子，有很多买家把我们网站上厂家的图片直接放到他们在 eBay 上的网店，他们连库存都没有，接到订单就直接转给敦煌网的上游，上游直接把货给了最终客户，速度快，风险也小。交易过程本身是一个有机的结合。”

敦煌网把整个供应链环节很多种元素都集成在一个平台上，这是敦煌网与以提供信息服务为主的 B2B 电子商务平台的不同之处。

资料来源：敦煌网网站，http://seller. dhgate. com/. 引用时有修改

思考与讨论：

1. 敦煌网属于哪一种 B2B 电子商务平台？
2. 敦煌网提供哪些服务？其盈利模式如何？
3. 敦煌网与信息服务类 B2B 电子商务平台有哪些不同之处？

Section 2

第二节 B2B 电子商务的基本构成、运作流程和优势

一、B2B 电子商务的基本构成

（一）B2B 电子商务系统的组成

B2B 电子商务系统包括采购商、供应商、物流商、银行、B2B 电子商务平台、银行和认证中心。

采购商是 B2B 电子商务中产品的买方，如采购原材料的生产商、采购产品的经销商或零售商。买方往往从采购管理的角度看待电子商务，关心能否采购到更加质优、价廉的商品和服务，采购成本、供应商的资质和供货能力是买方关注的主要问题。

供应商是 B2B 电子商务中产品的卖方，如向企业客户直接销售产品的制造企业、对企业客户销售产品的经销商或零售商。卖方往往从营销管理的角度看待电子商务，关

心如何将产品和服务销售出去。

物流商提供包括包装、仓储、运输和交易必需的其他物流服务，是物流得以实现的过程，具体实现方式包括通过第三方物流公司、企业自营物流或者交易平台提供物流服务。

B2B电子商务平台是买卖双方信息交流和交易的平台，可以是买方主导或卖方主导，也可以是第三方B2B电子商务平台，是信息流得以实现的过程。

银行提供了融资、担保和结算服务，是资金流得以实现的过程。

认证中心提供身份认证服务，保证交易双方的身份和交易安全。

（二）B2B电子商务的运作流程

买卖双方可以通过企业自营平台达成交易，也可以通过第三方B2B电子商务平台达成交易。B2B电子商务的运作流程如图2-2所示。

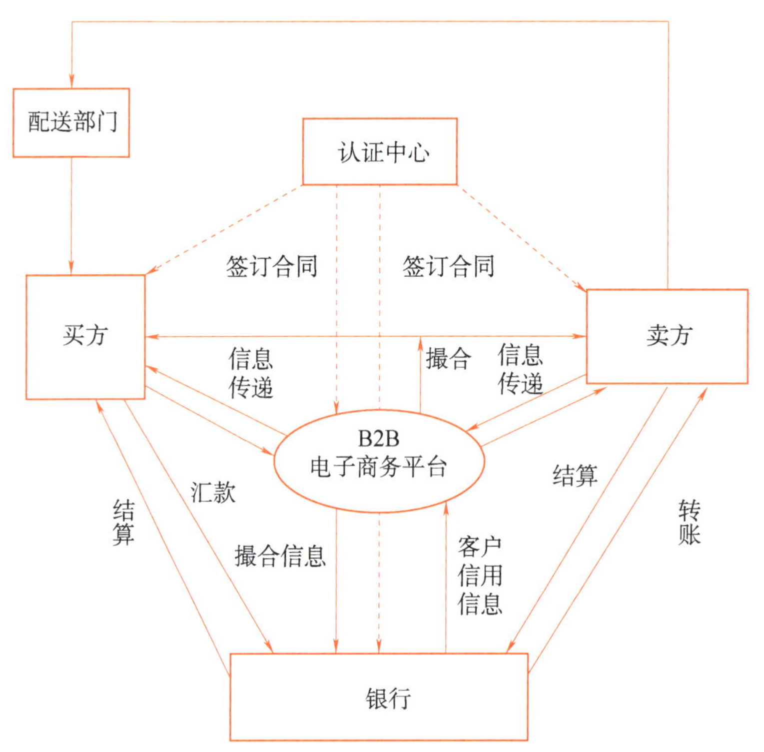

图2-2　B2B电子商务的运作流程

资料来源：宋文官. 电子商务实用教程. 3版. 北京：高等教育出版社，2007.

以第三方 B2B 电子商务平台为例，B2B 电子商务的基本步骤如下：

（1）买卖双方将各自的供应信息和采购信息发布到交易平台，交易平台通过信息发布服务向参与者提供大量详细、准确的交易数据和市场信息。

（2）买卖双方根据交易平台提供的信息，选择自己的贸易伙伴，同时交易平台从中撮合，促使买卖双方签订合同。

（3）买方在交易平台指定的银行办理结算手续。

（4）银行通知交易平台买方货款到账。

（5）交易平台通知配送部门配送产品。

（6）配送部门送货给买方。

（7）买方验证货物后通知交易平台货物收到。

（8）交易平台通知银行买方收到货物。

（9）银行将买方货款转交给卖方。

B2B 电子商务发展速度较快，模式创新层出不穷，B2B 电子商务的运作流程也因商务模式和交易机制的不同而有所差别。

二、B2B 电子商务的优势

采用不同模式的 B2B 电子商务有不同的优势，一般来说，B2B 电子商务的优势主要在于：

（一）降低企业经营成本

传统企业间交易往往要耗费企业大量资源和时间，无论是销售还是采购都要花费大量的费用。B2B 电子商务使企业之间的交易减少许多事务性的工作流程，降低了纸面单据的需要量，减少了企业的管理费用及经营成本。通过 B2B 电子商务买卖双方能够在网上完成从建立最初印象，到货比三家，再到讨价还价、签单和交货，直到客户服务的整个业务流程。企业间电子商务的实施，提高了信息传递的效率，减少了交易的中间环节，实现了交易双方的直接沟通和交易，有效降低了企业的经营成本。

（二）降低企业交易成本

1. 降低采购成本

企业通过与供应商建立企业间电子商务，实现网上自动采购，可以减少双方为进行交易投入的人力、物力和财力。另外，采购方企业可以通过整合企业内部的采购体系，统一向供应商采购，实现批量采购获取折扣。

2. 降低库存成本

企业通过与上游的供应商和下游的顾客建立企业间电子商务系统，实现以销定产、以产定供，给企业带来了更加快捷、准确的订单处理和更低的安全库存，减少了产品周转环节，实现了物流的高效运转和统一，从而最大限度地控制了库存。

3. 降低沟通成本

企业还可以通过与供应商和客户建立统一的电子商务系统，实现与供应商、客户直接沟通和交易，从而提高了客户服务效率。

4. 降低销售成本

企业间电子商务平台，使企业间信息的传递更加流畅，降低了买方寻找商品和卖方的时间成本，降低了卖方的销售成本。

（三）扩大企业的市场范围

网络的便利及延伸性使企业扩大了活动范围，企业跨地区、跨国界交易更方便，成本更低廉。通过 B2B 电子商务，企业面临的市场范围也逐渐从地域性市场向全球性市场转变，这极大地增加了企业的市场机会。尤其是对于数量巨大的中小企业而言，借助 B2B 电子商务平台，中小企业可以方便地以较低的成本在全球范围内寻找客户、供应商和合作伙伴，从而有效地扩大企业的市场范围，拓宽产品销售渠道。

（四）增加企业间合作的机会

实施企业间电子商务，改变了企业内部流程和企业之间的关系，推动了企业流程再造和企业间战略联盟的形成。通过企业间的电子商务系统，供应链上的企业可以共享信息，企业可以通过网络在市场、产品或经营方面实现业务的横向或纵向整合，增加企业间合作的机会。

案例 2 -2

犀牛智造：探索未来制造之路

犀牛智造是阿里巴巴的新制造平台，犀牛智造致力于服务中小商家数字化转型，通过产业全链路数字化改造和云化升级，构建需求实时响应、极小化库存以及“100 件起订、7 天交付”的小单快返新模式，实现供需精准匹配和更高水平的动态平衡，促进传统产业高质量发展。

中国传统产业面临的核心问题是成本快速增长、库存居高不下、生产方式落后、产业附加值低、产能转移加速。服装行业是我国传统产业面临困境的一个缩影。犀牛智造目前已在浙江杭州、海宁，安徽宿州等多地自建 3 个产业园、8 家自营工厂，赋能支持多家中小厂家，可以为包括针织、梭织、羽绒、牛仔在内的超过 70%服装类目提供一站式柔性快返供给能力，让服装品牌商家大幅消灭库存，提升竞争力。

面对传统制造业的挑战，犀牛智造通过构建端到端的数字化解决方案，实现供需精准匹配、高质量发展。犀牛智造生产模式给整个行业带来的价值体现在以下三个方面：

对于品牌厂商而言，一是建立了比较稳定的小单快返供给能力，覆盖从商品企划到成衣物流的全价值链，提供了完整的柔性生产供应链能力；二是精准锁定消费者需求，及时洞察和发现新品开发的方向，快速设计研发，并形成端到端的及时响应能力；三是由于生产、采购数字化精准管理、全程监控、资源优化，实现了定制化产品的交期可控和质量可控。

对于制造工厂而言，一是实现基于云边端的数字化制造普及，一站式满足了小单快返这样“苛刻”的生产需求；二是实现了数字化决策，数字化驱动的每一次供需匹配都是基于精确、及时数据的全局优化结果，确保每一个动作（设计、采购、生产、质检、配送等）背后的决策都可以使供应链整体效率最优化；三是确保生产的高质量、高效率、低成本。

对产业转型价值而言，一是通过对传统中小企业的数字化改造，构建规模化柔性生产能力，为产业整体价值链提升打下坚实基础；二是实现传统产能与海量碎片化需求的精准匹配，是建立动态供需平衡的有益探索。

数字科技对传统产业改造的核心是，面向采购、制造、营销、零售的全产业链，重构市场洞察、设计打样、生产计划、生产工艺、排产计划、制造执行、营销分销等各环节数据的流转体系和模式，实现从物理载体的低频、手工信息流到数字世界的高频、自动数据流，从基于人工经验的决策到基于数据 + 算法的决策，从局部系统的数据集成到端到端的数据融合，优化资源配置效率。

资料来源：阿里巴巴研究院. http://www.aliresearch.com/ch/information/informationdetails? articleCode = 310306192717123584&type =%E6%96%B0%E9%97%BB. 引用时有修改

思考与讨论：

1. 犀牛制造平台属于B2B电子商务模式吗？
2. 犀牛制造平台给中小企业带来的价值有哪些？

Section 3

第三节 B2B电子商务模式

本节按照卖方B2B电子商务模式、买方B2B电子商务模式、第三方B2B电子商务模式的分类对B2B电子商务模式进行分析。

一、卖方B2B电子商务模式——网上销售

（一）卖方B2B电子商务模式的概念

卖方B2B电子商务模式是一种非常普遍的电子商务模式，是一个卖方对多个买方的交易模式。在这种模式下，卖方（提供产品或服务的供应商）占据主导地位，卖方在网上发布产品供应信息，回答买方问题，等待买方进行网上洽谈和交易，交易平台通常是卖方投资建设的，如戴尔、海尔的网上销售平台。

（二）卖方B2B电子商务模式的构成

卖方B2B电子商务模式的基本架构如图2-3所示。卖方B2B电子商务模式包括一个卖方、多个买方和卖方电子交易平台三部分。

卖方可以是生产商、分销商、零售商或者互联网虚拟企业。例如，案例2-3中的震坤行是商业企业，销售的是企业运营所需的各种辅料和易耗品；而案例2-4中所提到的徐工集团是生产重型机械的制造企业。不管是哪一种情况，卖方B2B电子商务模式的交易过程由供应商、生产商、分销商等产品销售方主导，卖方往往是行业中和供应链中具有一定地位的大中型制造企业和分销商。

买方一般是企业消费者，也可以是个人消费者，不过因为两者的交易数量和金额不同，流程也有所不同。企业买方可以得到定制的产品和价格优惠，交易数量和金额通常

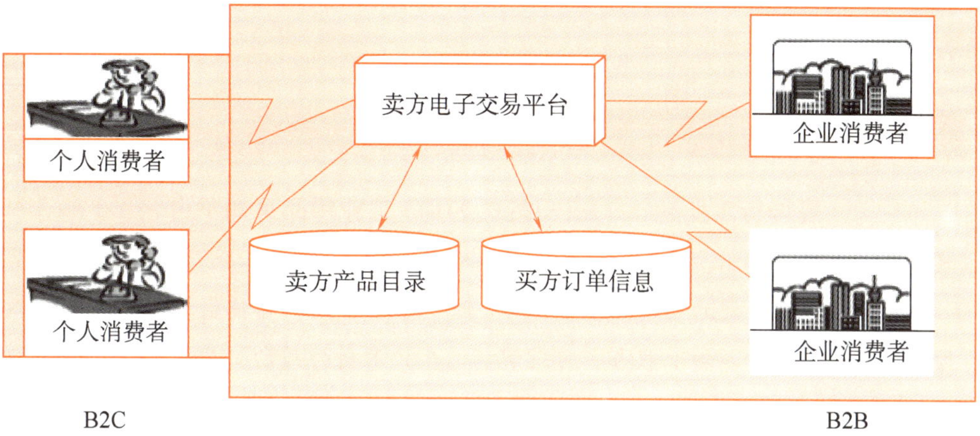

图 2－3　卖方 B2B 电子商务模式的基本架构

资料来源：特班，金，麦凯，等. 电子商务：管理视角（原书第 5 版）. 严建援，等译. 北京：机械工业出版社，2010.

较大，因此 B2C 和 B2B 订单往往分开处理。从面向的用户来看，B2B 主要面向经销商等企业用户，B2C 主要面向最终消费者即个人用户；从交易产品的角度看，B2B 销售的产品不仅包括最终产品，还包括原材料、半成品等中间产品，而 B2C 销售的产品主要以日用最终消费品为主；从交易特点上看，B2B 通常是大额交易，交易次数相对较少，而 B2C 的交易金额相对较小，交易次数相对较多；从安全要求来看，企业间的交易数额较大，因此交易过程的安全尤为重要。

（三）卖方 B2B 电子商务模式的交易方式

卖方 B2B 电子商务模式的交易方式包括正向拍卖、目录销售等。

1. 正向拍卖

正向拍卖是传统的英国模式拍卖。正向拍卖是由卖方提供一件物品，出价高者赢得拍卖。常见的拍卖大多是正向拍卖。早在 2000 年初，通用汽车公司就在自建的 B2B 电子商务平台通过正向拍卖快速销售了大量已经报废的固定资产，为企业带来了巨大收益。

2. 目录销售

目录销售是企业在网上通过产品目录直接销售产品的方式。在采用产品目录进行直销时，企业可以根据客户采购数量、金额、合作时间等设置不同的类别，也可以让客户自己根据需要在线定制产品，获得报价和订购，做到差异化销售。为了提高信息传递效率，便于不同供应链和环节共享信息，卖方需要将网上交易平台和企业内部信息系统进行有机的整合，做到以销定产、大规模定制生产，从而加快产品周转，实时控制库存。

案例2－3

震坤行工业超市——一站式MRO工业用品采购平台

震坤行工业超市（上海）有限公司（简称震坤行）是一家服务制造业“一站式MRO工业用品超市”，网站首页如图2－4所示。MRO领域不直接生产产品，只提供维护、维修、运行设备的物料和服务，可理解为非生产原料性质的工业用品。作为一站式MRO工业用品采购平台，震坤行充分利用电子商务的透明便利和人才队伍的专业，快速反应，实现工业用品网上一站式采购，使采购更简单、价格更便宜、管理更方便。公开资料显示，截至2016年，震坤行有超过5 000家供应商、10 000家客户，经营MRO产品SKU（单品数量）超过30万件。

图2－4 震坤行网站首页

成立于1996年的震坤行，最初从事胶粘剂和润滑剂等化学产品的代理销售。公司创始人在与客户的交流中发现，制造企业常常为如何采购到满意的工业用品而苦恼。一方面，企业生产过程中所用到的各种原料、辅料和辅助生产的设备，多属易耗品，采购多品种、小批量，而工业用品的销售商大多专注于某几类产品，企业需要通过多个供应商才能完成全系列采购。另一方面，销售商往往割据一方，产品价格较为混乱，品质参差不齐，企业通常需要花费大量的精力调研市场，把控采购质量。甚至有些品类的工业用品在完成订购后，还需要在现场进行专业安装和调试服务，而传统销售商往往难以提供专业的售后服务。在公司创始人看来，痛点意味着发展的机遇，他开始思考从两个方面入手寻求突破：一是解决客户一站式的采购需求，实现价格透明；二是解决客户现场的技术服务以及个性化的物流需求。

2011 年，震坤行开始从传统的贸易型企业向电子商务平台转型。焦点是解决客户一站式采购的痛点。首先，震坤行推出网上工业用品市场——震坤行工业超市，在线销售各类工业易耗品，逐渐丰富产品品类，从最初的工业胶粘剂产品到全品类工业用品，扩充长尾，目标是建立全品类在线工业用品超市，用网络化的销售模式实现低价与透明。在扩大产品线的同时，将传统销售信息可视化，在平台中分析用户是谁，跟踪其点击，对其进行分类，分析其偏好，提供更好的互动体验。依托每次客户服务记录，反向促进震坤行团队自身的技术储备。

震坤行工业用品超市运营三年之后，震坤行的产品品类获得极大丰富。这时解决工业用品采购第二个痛点的需求提上了日程。相比发达国家，国内工业领域仍缺乏专业服务工厂的工业用品成熟供应体系。不同于普通消费品，工厂客户对工业用品销售的专业性、技术性有特殊要求，如果销售商只负责销售而忽视售后服务，是对客户体验的极大伤害。工业用品销售的“最后一公里”是行业的普遍痛点。从 2013 年开始，震坤行着手建立深入工业区、靠近工厂的区域服务中心，加强线下的技术支持工作。公司销售人员在现场为客户提供选型、报价、技术、售后等一系列服务。震坤行还联合行业内专业的技术团队，为客户提供远程技术支持。同时自建仓储物流，满足客户个性化的配送需求。

资料来源：中国电子商务研究中心. 震坤行：打造一站式 MRO 工业用品超市.（2017－06－20）.［2022－04－16］. http://www.100ec.cn/detail－6401748.html. 引用时有修改

思考与讨论：

1. 你认为震坤行属于 B2C 电子商务平台还是 B2B 电子商务平台？
2. 震坤行与京东商城等 B2C 电子商务平台有何不同？
3. 面向企业的工业品销售与面向终端消费者的消费品销售有何不同之处？

（四）卖方 B2B 电子商务模式的利弊

一方面，卖方 B2B 电子商务模式可以促进产品的销售，减少订单处理成本，加快产品周转，在降低销售成本的同时，能拓展产品的销售渠道和范围，有利于新产品的推广。另一方面，卖方 B2B 电子商务模式，可以让企业更加了解客户的需求，提供定制产品的能力，并根据客户的不同实施差异化的服务和价格。

卖方通过网络直接向企业客户销售产品，可能存在的潜在风险是渠道冲突，即卖方通过网络直销，减少了流通环节，绕过了经销商，直接向客户销售产品。这就需要卖方在实施网上销售时，处理好不同渠道之间的关系，从产品、价格、客户等不同方面制定差异化策略。这方面比较典型的例子是海尔。为了避免同线下的渠道经销商产生冲突，海尔网上商城针对企业客户推出定制服务。自推出B2B网上定制以来，在不到一个月的时间里，海尔就获得了100多万台来自全国各大商场的定制订单，各订单在款式、功能、色泽上要求不尽相同。

卖方必须有一定量的企业客户才能实施卖方B2B电子商务模式，因此卖方往往是行业中和供应链中具有一定地位的大中型制造企业和分销商，其依靠自身的强大市场认知度和品牌认可度，有足够多的企业客户。这方面成功的例子包括思科、戴尔、海尔等。戴尔将90%的计算机通过网站直接销售给买家；思科通过思科在线销售路由器、交换机和其他网络互联设备；海尔通过官方网上商城向企业客户销售定制的家电。

案例2－4

面向制造业的卖方B2B电子商务模式：徐工电商的电子商务之路

江苏徐工电子商务股份有限公司（简称徐工电商）成立于2017年12月，是徐工集团专门负责电子商务业务的子公司，是一家以工程机械为核心的机电产品电子商务公司。徐工电商以“致力于为客户提供用不毁的产品，让客户体验用不悔的平台”为企业使命，致力于成为令世人尊敬的数字化机电产品供应链公司。徐工电商以“自营＋平台＋服务”的业务模式，吸引中石化润滑油、上海彭浦、浙江肯得电机、金彭电动车、上柴动力等数百家优质机电产品制造商入驻平台，通过实现产品出口、便捷化的服务以及帮助企业进行品牌建设、市场推广等增值服务而受到商家好评。

徐工电商自主研发设计的国际站MACHMALL和国内站螳螂网，打造了装备制造行业首个“自营＋平台＋服务”的新型商业模式（见图2－5）。MACHMALL和螳螂网均提供第三方卖家服务业务，吸引优质供应商入驻并实现在线报价，依托徐工集团海外渠道及电子商务技术优势，帮助供应商对接国外供求信息。通过第三方卖家入驻服务，能有效实现机电产品在平台中的集聚。

2018年5月，徐工电商国内站螳螂网正式上线运行，螳螂网涵盖了各类品牌机械设备、机械配件等各种工程机械设备产品，旨在提供交易服务和信息服务，努力打造第三方机电类产品电子商务网站和工程机械产品在线市场。这是徐工电商自主打造的机电

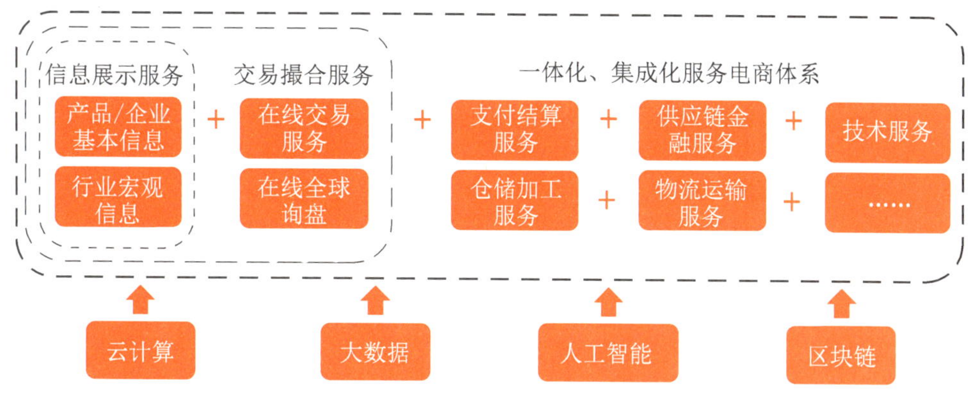

图 2-5　徐工电商 B2B 电子商务模式

产品综合交易服务平台，该平台除了对徐工电商自身事业部开放，也对其他机电产品供应商开放。

蝗螂网平台创建的初衷，既是为了让更多合作伙伴，感受到蝗螂网电子商务平台带来的便捷与服务，又是为合作伙伴赋能，共同创造行业客户新价值。通过大量的集中与融合，发挥电子商务平台强大的需求匹配功能，将全球范围内最具优势与竞争力的合作经销商及其产品匹配给采购方；充分利用开放的电子商务平台第三方卖家服务，让一线机电产品品牌制造商通过电子商务平台流量资源进行全球分销；探索工业电子商务创新发展好模式，不断完善产业生态体系，让客户可以通过电子商务平台一站式享受“信息流＋物流＋资金流＋服务流”等在线服务。

资料来源：新华日报，http://xhv5. xhby. net/mp3/pc/c/201912/10/c721426. html. 引用时有修改

思考与讨论：

1. 徐工电商的电子商务模式对制造企业发展电子商务有什么启示？
2. 对于徐工电商的电子商务模式，你认为可能存在的问题是什么？

二、买方 B2B 电子商务模式——网上采购

（一）买方 B2B 电子商务模式的概念

以买方为主导的 B2B 电子商务模式也叫网上采购，是一个买方与多个卖方之间的交易模式。在买方 B2B 电子商务模式中，交易过程由采购商、经销商等产品购买

方主导，买方通过网络发布产品需求信息，召集供应商前来报价、洽谈和交易，典型的例子如英特尔、IBM、通用汽车等大型企业通过自营的网上采购平台进行网上采购。

（二）买方B2B电子商务模式的构成

买方B2B电子商务模式的基本架构如图2－6所示。买方B2B电子商务模式包括一个买方、多个卖方和买方电子交易平台三部分。

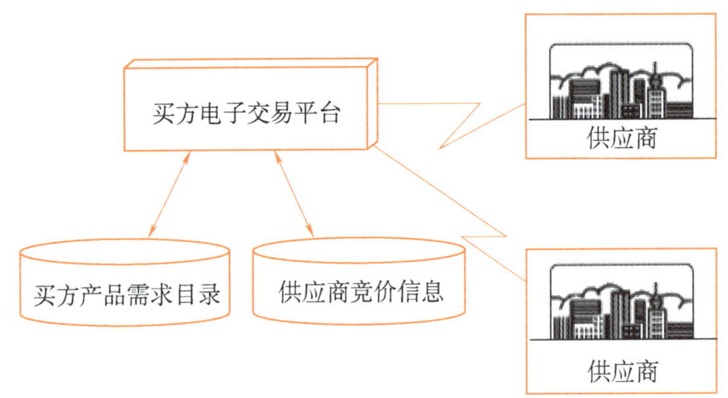

图2－6　买方B2B电子商务模式的基本架构

资料来源：特班，金，麦凯，等．电子商务：管理视角（原书第5版）．严建援，等译．北京：机械工业出版社，2010．

买方往往是行业中和供应链中具有一定地位的制造企业或批发零售企业。制造企业通过这种方式进行原材料和中间投入品的采购，如戴尔与上游的芯片和主板制造商的合作；商业企业则通过这种方式进行经销产品的采购，如沃尔玛公司与上游产品供应商的合作。

对于面向制造业的买方B2B电子商务模式而言，卖方通常是处于供应链上游的原材料和半成品供应商；对于面向商业的买方B2B电子商务模式而言，卖方通常是给大的零售企业提供最终产品的中小生产商。

对于采购需求量非常巨大的企业来说，B2B电子商务平台通常是由行业龙头企业自己投资建设的。例如，2010年，宝钢电子商务力推"阳光采购"，在网络采购平台，采购物料品种涵盖通用设备、备品备件、工程类物资、化工原料、铁合金、废钢等。宝钢集团公司内采购组织由23家发展到119家，供应商逾1.2万家，采购规模大幅扩大。此外，宝钢集团还建立了办公用品采购平台，在宝钢集团总部14个部门使用，配合宝钢国旅充实差旅服务，提高服务水平，协议航空公司有国航、东航、南航等，协议酒店约 1 000 家，降低了宝钢差旅成本。此外，企业也可借助专门提供竞拍和招标服务的中介平台进行招标采购。

采购的物资一般可以分为直接物资和间接物资两类。直接物资，又称为生产性物资，企业通常都是有计划地使用，需要大量购买，采购完会被直接送到产品的生产地。间接物资通常用于维护、修理和运营活动，又称为非生产性物资。

常用的采购方式主要有招标采购和非招标采购。招标采购是由买方提出招标条件和合同条件，由许多供应商同时投标报价。通过招标，买方能够获得价格更合理、条件更优惠的产品和服务。非招标采购是指以公开招标和邀请招标之外的方式取得货物、工程、服务的采购方式，如询价采购、议价采购、直接采购、一对一采购。

（三）买方 B2B 电子商务模式的交易方式

买方 B2B 电子商务模式的交易方式包括逆向拍卖、询价采购以及其他交易方式。

1. 逆向拍卖

逆向拍卖也称反向拍卖、出价或招标系统，其有别于一个卖方对多个买方的传统的正向拍卖。逆向拍卖是一种有一个买方和许多潜在卖方的拍卖形式。网上逆向拍卖自 2000 年以来逐渐在欧美流行，它把反向竞价过程放到网上执行，可以充分发挥互联网的优势。与传统的谈判方式相比，这种做法能给买方平均节省 11%～12%的成本。在这方面，通用电气公司称得上是佼佼者，2000 年，其组织了 1 万多次逆向竞价，节省了大约 10 亿美元。

网上逆向拍卖是指买方发布标准的采购需求，在线邀请供应商，供应商在有效时间内通过网络平台进行交互实时竞价，竞价结束时的报价为各个供应商的最终报价，买方根据报价，结合供应商的供应实力给予综合考评，选出一个或几个最具竞争力的供应商作为自己的产品供应商。

网上逆向拍卖的一般流程如下：

（1）买方准备招标信息，信息的内容与传统招标没有太大差异，围绕待采购产品的要求，买方可以明确发布所希望的采购价，并以此约束供应商的竞标方案。

（2）买方通过电子商务网站建立竞标专区，并发布完整的招标信息，包括目标采购价格。

（3）电子商务网站对外发布竞标专区，有条件的网站还可以通过站内电子邮件系统和短信系统将信息发送给所有的潜在供应商，或者将一些大型采购专区推送至网站流量最大的位置上，以便让更多的供应商了解到采购信息。

（4）供应商下载招标信息，准备竞标方案。

（5）供应商在竞标专区发送竞标方案给买方。

（6）买方对比竞标方案，在进行评定的时候，可以邀请评标专家在线匿名打分，一般得分最高者中标。

（7）买方与最符合要求的供应商签订协议。

在上述流程中，买方作为招标信息的发布者有更多的主动权。一方面，其可以限定招标范围，包括供应商类别、供应商资质、招标产品规格、技术标准以及目标价格范围等；另一方面，其可以查看所有供应商的竞标信息。在这种情况下很可能出现卖方（供应商）利益受损的可能。买方如果通过逆向拍卖压价，那么卖方将无力还击。为了有效降低这种模式对卖方利益的损害，交易平台有必要设定一些保护供应商权利的机制，包括实施暗标管理，也就是不让供应商之间查看信息，以及惩罚买方发布虚假招标信息等措施。

通常线上采购专区会设定一个非常短暂的时间得出结果，也可以提前预告供应商延长竞标周期，以帮助买方获得更理想的性价比。相对于传统的招标方式，在线招标可以将投标的静态报价转换为动态报价，允许供应商在公平竞争的环境下多次报价，从而使买方快速掌握采购产品的市场平均价格。此外，网上竞价采购在保证实施竞争现场的同时，又能保证参与的供应商间背对背，创造相对竞争的环境，保证买方的利益。

2. 询价采购

需要采购产品和服务的企业在网络上公布所需的产品或服务的内容，供相应的供应商选择。买方通过电子目录了解供应商的产品信息，向供应商发出询价单让其报价，通过报价比较选择合适的供应商，最后下订单并开展后续的采购管理工作。

3. 其他交易方式

除了逆向拍卖、询价采购，买方 B2B 电子商务模式的交易方式还包括联合采购、团体购买、集中目录、电子易货。

联合采购是指集中几个大买家共同构建用来联合采购的网站，投资者希望通过联合买家的议价力量得到价格上的优惠。这种交易方式最适合企业的非直接性物料（如办公室文具等）的采购。它比较偏向于为买方提供服务，而不会更多兼顾供应商的利益。

团体购买是指多个买家将自己的订单集中在一起，以获得更好的价格和服务。团体购买一般有两种模式：内部集中模式和外部集中模式。内部集中模式是指一些大公司

（如通用公司每年采购数十亿美元的办公用品、易耗品，购买维修等服务）将全公司范围内的订单通过网络集中，从而获得规模经济，使管理成本大大下降。外部集中模式是指许多小企业将订单通过网络集中在一起，借此得到批量购买的折扣价格。例如，许多小的酒店通过网站集中采购易耗品（如手纸、洗涤用品等），从而获得大酒店才能获得的折扣价格。

集中目录是指将所有被认可的供应商的产品（所有相关供应商的目录）集中到公司的总部，价格预先已谈好，采购人员不需要再进行价格谈判。通过将所有供应商的目录集中到公司的总部或相关网站，就能实现所有采购的集中化。

电子易货是指企业通过电子商务网络用剩余的物资、设备等商品交换回自己需要的商品。这类交易方式大多集中在闲置设备、劳动力、产品、服务和办公场地等的采购方面，通过 B2B 电子商务网站进行信息的匹配比较容易达成交易，完成搜索－匹配的过程。

（四）买方 B2B 电子商务模式的利弊

买方 B2B 电子商务模式改变了过去采购过程中信息不充分、不对称、不透明带来的种种问题，可以有效地帮助买方发现供应商，扩大询价与比价的范围，减少采购中的人为因素，使采购过程公开化、规范化，进而降低采购监控成本。实践证明，企业采用网上招标采购，可以使采购成本降低 7%～20%，并有效缩短采购周期。此外，企业通过联合采购或团体购买，可以享受价格折扣和优惠，有效降低采购成本。

买方 B2B 电子商务模式适用于采购品类多、采购额比较大的制造企业，网上采购平台通常由行业龙头企业自己投资建设。中小企业一般借助专门提供竞拍和招标服务的中介平台进行招标采购。在网上逆向拍卖下，买方拥有更多的主动权，可以查看所有供应商的竞标信息，在这种情况下很可能出现卖方即供应商利益受损的可能。此外，如果竞标采用最低报价中标，可能会导致供应商过度注重价格，诱使竞争者报出不实际的报价。

三、第三方 B2B 电子商务模式——交易市场

（一）第三方 B2B 电子商务模式的概念

第三方 B2B 电子商务模式是指交易双方通过提供信息发布和交易撮合服务的交易

市场促进或达成交易。例如，中国的中小供应商通过阿里巴巴这样的 B2B 电子商务平台发布产品供应信息，寻找产品买主。交易中存在多个买方和多个卖方，买卖双方一般通过独立的第三方交易市场进行信息、产品和服务的交换。目前国内比较知名的第三方 B2B 电子商务平台有阿里巴巴、环球资源、慧聪网等。

（二）第三方 B2B 电子商务模式的构成

第三方 B2B 电子商务模式的基本架构如图 2－7 所示。第三方 B2B 电子商务模式包括多个卖方、多个买方、第三方 B2B 电子商务平台三部分。

第三方 B2B 电子商务平台，是一个利用互联网将供应商、采购商和银行紧密联系起来的信息交流和交易撮合平台，采购商可以在网上查到供应商及产品的有关信息，供应商也可以在网上查看采购商及采购需求信息，服务的企业是多个买方和卖方。

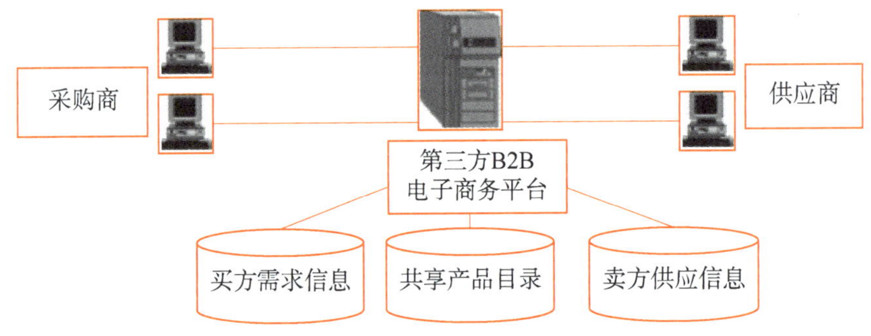

图 2－7　第三方 B2B 电子商务模式的基本架构

资料来源：特班，金，麦凯，等．电子商务：管理视角（原书第 5 版）．严建援，等译．北京：机械工业出版社，2010.

（三）第三方 B2B 电子商务模式的交易方式

在第三方 B2B 电子商务模式中，买卖双方通过第三方 B2B 电子商务平台发布产品采购和供应信息，寻找交易伙伴，进行在线询价和洽谈。第三方 B2B 电子商务平台提供的服务主要包括信息服务和交易服务。

1. 信息服务型 B2B 电子商务平台

按照覆盖行业的不同，可以把信息服务型 B2B 电子商务平台分为综合型 B2B 电子商务平台和垂直型 B2B 电子商务平台。

（1）综合型 B2B 电子商务平台。

综合型 B2B 电子商务平台又称水平型 B2B 电子商务平台，即通过将各个行业中相近的交易过程，如供求信息发布与交流、企业和产品展示、广告促销、询价和洽谈等，集中到一个平台，可以为采购商和供应商之间的信息交流与交易匹配提供机会。典型的综合型 B2B 电子商务平台包括阿里巴巴、环球资源网、中国制造网、慧聪网等。“水平”的含义主要是指这种平台涉及的行业范围广，很多的行业都可以在同一个平台上进行贸易活动。

综合型 B2B 电子商务平台提供的服务一般包括各行业企业名录、产品目录、采购信息、行业资讯、社区服务等。综合型 B2B 电子商务平台的盈利模式主要是收取会员费、广告收入。此外，线上线下的增值服务费如推广费、信息费、软件费、线下展览费等构成了综合型 B2B 电子商务平台的部分盈利点。

中国电子商务中心的调查数据显示，75%以上的综合型 B2B 电子商务平台的主营收入来自会员费。会员费是大部分行业电子商务平台向会员以年等为单位收取的综合性服务费，其中一般包括帮助会员建立商铺、网络推广、信息查阅等费用，大部分 B2B 平台都向卖家收取会员费。

广告费也是综合型 B2B 电子商务平台当前的一大收入来源，综合型 B2B 电子商务平台根据客户发布的广告在其首页的位置及广告类型来收费。综合型 B2B 电子商务平台提供的广告，除了普通的网络广告外，还包括竞价排名广告、关键词搜索广告、按效果付费广告、整合投放型广告等。企业为了促进产品的销售，都希望自己在 B2B 电子商务平台的信息搜索中排名靠前，而平台在确保信息准确的基础上，根据会员交费的不同对排名顺序做相应的调整。

案例 2－5

综合型第三方 B2B 电子商务平台——中国制造网

中国制造网内贸站是由焦点科技股份有限公司运营的综合型第三方 B2B 电子商务平台，网站首页如图 2－8 所示。网站立足内贸领域，致力于为国内中小企业构建交流渠道，帮助供应商和采购商建立联系，挖掘国内市场商业机会。

中国制造网内贸站为买卖双方提供信息管理、展示、搜索、对比、询价等全流程服务，同时提供第三方认证、广告推广等高级服务，帮助供应商在互联网上展示企业形象和产品信息，帮助采购商精准、快速地找到诚信供应商。

1. 面向采购商的服务

（1）通过中国制造网首页输入关键词搜索产品或通过产品目录查找产品，联系供应商。

图 2-8 中国制造网网站首页

（2）在商情板搜索销售商情并联系供应商。

（3）发布采购商情，将采购信息加入商情板。

（4）采用收费的贸易服务，有效开展同中国产品供应商之间的贸易往来。

2. 面向中国供应商的服务

（1）免费注册，并将产品和公司信息加入产品目录。

（2）通过商情板，搜索全球买家及其采购信息。

（3）推广服务——名列前茅，使企业产品脱颖而出，获取商机。

（4）推广服务——产品展台，迅速提高产品曝光率，直观、形象地引起目标买家的关注。

（5）推广服务——横幅，将产品和企业品牌刊登于页面显眼位置，推广产品和企业品牌。

（6）高级会员服务——百销通会员，拥有更高级的网站功能和服务，提升公司形象和贸易机会。

（7）推广套餐服务——百销通推广套餐，会员服务、广告服务、增值服务。

3. 面向海外供应商的服务

（1）将产品和公司信息加入商情板。

（2）通过商情板搜索全球买家及其采购需求。

（3）推广服务——横幅，有效推广产品和企业品牌。

资料来源：中国制造网，http://cn. made - in - china. com/. 引用时有修改

思考与讨论：

1. 中国制造网属于哪一种 B2B 电子商务平台？

2. 中国制造网为采购商和供应商分别提供哪些服务？

（2）垂直型 B2B 电子商务平台。

垂直型 B2B 电子商务平台是将某一行业的上下游厂商聚集在一起，让供应链中的各方都能方便地找到原材料供应商或产品的买主。目前，国内大多数行业垂直型 B2B 电子商务平台不参与买卖双方的交易过程，其主要作用是给买卖双方提供交易匹配的平台。

“垂直”的含义是指这些平台的专业性很强，将自己定位于特定的专业领域，如专注于化工行业的中国化工网、专注于钢铁行业的我的钢铁网、专注于五金行业的全球五金网等。

由于垂直型 B2B 电子商务平台的专业性强，市场定位明确，因此其盈利模式中广告费、信息费占的比例较大。目前国内垂直型 B2B 电子商务平台大多拥有资讯信息业务，并有一部分平台提供有偿资讯信息服务。资讯信息服务主要由咨询信息和供求信息两类组成，前者区别于媒体内容的新闻性特征，垂直型 B2B 电子商务平台资讯侧重于商情和价格动态，具备一定的商业情报与信息咨询特征。

2. 交易服务型 B2B 电子商务平台

交易服务型 B2B 电子商务平台一般为企业提供采购、拍卖、招标、销售、结算、仓储配送等网上交易服务，代表企业包括以大宗现货产品在线交易为主的金银岛、兰格钢铁、浙江塑料城网上交易市场等，以小额批发在线交易为主的敦煌网、阿里巴巴、易唐网等，以提供招标服务为主的中国国际招标网、必联网等。买卖双方可以通过交易服务型 B2B 电子商务平台实现在线交易的整个过程，交易服务型 B2B 电子商务平台的盈利模式以收取会员费和交易佣金为主。

对于交易服务型 B2B 电子商务平台而言，交易的安全问题非常重要，对于小额的产品交易，主要是与第三方支付工具合作，例如，敦煌网跟贝宝（Paypal）合作；阿里巴巴的“全球速卖通”则是引入支付宝作为第三方担保工具；在大宗产品在线交易方面，金银岛推出“硬信用”机制，引进银行监管体系，以确保交易资金的安全。

因为可以在线实现完整的交易过程，把信息流、物流、资金流有效地整合在一个平台，专注于行业的在线交易平台得到了快速的发展。

案例2-6

大宗商品B2B电子商务平台：找钢网

找钢产业互联集团（ZG Group，简称找钢集团）成立于2012年初，是国内领先的产业科技服务平台。集团以规模最大的工业品类——钢材为切入点，打造围绕工业和建筑业等产业用户的科技服务体系。团队规模超过1 000人，以上海总部为核心，辐射全国，集团年交易额超千亿元。找钢网网站首页如图2-9所示。

图2-9 找钢网网站首页

截至目前，找钢集团已完成六轮融资，投资机构包括经纬中国、IDG资本、华晟资本、雄牛资本、红杉资本、险峰长青、真格基金、首钢基金、中俄投资基金等多家知名基金机构，累计融资金额超过20亿元。

1. 产业互联网信息平台

作为产业科技服务平台，找钢集团秉持“全心全意为用户服务，千方百计帮用户成功”的经营理念，以互联网、大数据为工具，为行业提供一站式的解决方案，提供平台交易、B2B支付、物流、供应链金融、SaaS、AI和大数据等服务，帮助工业和建筑业产业链的中小企业提升效率、实现增长，为用户提供更好的商业体验。

2. 产业链金融

上海普惠达数字科技有限公司（简称普惠达）作为找钢集团的全资子公司，成立于2021年8月19日，注册资本为3 000万元。普及数科服务：普惠达通过为客户提供技术开发、财务咨询、信息技术咨询、数据处理等服务，以线上方式，提供创新供应链数字科技解决方案，实现供应链全流程的数字化，提升整个供应链生态系统的透明度和连通性。惠及千万客户：普惠达支持小微实体企业，以智慧供应链为抓手，服务上游供应商和下游客户，以供应链信用增强小微主体信用，用数字科技提升服务体验，有效控制风险，探索普惠金融难题的具体解决方案，逐步扩大金融机构服务的覆盖面，提高金融机构服务的便利性。

截至2021年底，找钢集团业务已涵盖钢铁、电子、汽配车后等多个行业。其中，钢铁板块，累计合作钢厂已超110家，合作大型供应商超8 500家，提供超过40多万种不同规格型号的钢材产品，日均可售库存超过400万吨，可满足遍布中国的超过14万家注册用户的交易需求；供应链服务板块，找钢集团旗下网络货运平台——胖猫物流是国内首批无车承运人平台、国内领先的重型平板车物流平台，目前拥有1 300多家优质承运商、370多家认证仓库及加工服务商；旗下供应链服务产品——胖猫白条累计发生额超820亿元，已帮助5 000多家用户实现资金的高效周转。

资料来源：找钢网，https://www.zhaogang.com/.引用时有修改

思考与讨论：

1. 找钢网属于哪一种B2B电子商务平台？
2. 找钢网的业务板块有哪些？
3. 找钢网与信息服务型B2B电子商务平台有哪些不同？

（四）第三方B2B电子商务模式的利弊

第三方B2B电子商务模式主要适用于中小型企业，特别是那些急需拓展市场，又缺乏资金和技术自己建立电子商务系统的企业。通过第三方B2B电子商务平台，采购商可以方便、快捷地在发布产品采购信息，寻找产品卖方；供应商可以方便、快捷地发布产品供应信息，寻找产品买方。这就降低了中小企业开展电子商务的门槛，增加了中小企业的市场机会，拓宽了中小企业的产品销售渠道。

目前国内综合型B2B电子商务平台存在的普遍问题是：对各个行业的服务不够专业、深入，物流和支付的问题依然没有解决；平台服务基本为销售与采购部门的产品交易信息撮合，缺乏更具深度、广度的专业服务；询盘后企业转为线下沟通与交易。

本章小结

Summary of this chapter

本章首先介绍了B2B电子商务的概念，并从覆盖行业、服务内容、贸易类型、交

易主导企业、交易机制等角度介绍了B2B电子商务的分类，分析了B2B电子商务的基本构成、运作流程和优势；最后从概念、构成、交易方式、利弊四个方面简要介绍了卖方B2B电子商务模式、买方B2B电子商务模式和第三方B2B电子商务模式。

思考与练习

一、不定项选择题

1. (　　) 是指一种有一个买方和许多潜在卖方的拍卖形式。

A. 正向拍卖　　B. 询价采购

C. 电子易货方式　　D. 逆向拍卖

2. 下列关于B2B电子商务利弊的说法，正确的是（　　）。

A. 降低企业经营成本

B. 降低企业交易成本

C. 增加企业间的合作机会

D. 可能引起渠道冲突，使中间商减少

3. 目前国内综合型B2B电子商务平台存在的普遍问题是（　　）。

A. 对各个行业的服务不够专业、深入，物流和支付的问题依然没有解决

B. 询盘后企业转为线下沟通与交易

C. 参加交易的中间商大大减少

D. 平台服务基本为销售与采购部门的产品交易信息撮合，缺乏更具深度、广度的专业服务

二、思考题

1. 什么是B2B电子商务？

2. B2B电子商务涉及哪些交易主体？这些交易主体的作用是什么？

3. 第三方B2B电子商务平台的主要盈利模式是什么？

4. 卖方B2B电子商务模式有哪些利弊？

5. 企业通过在线招标等方式进行采购有哪些优势？

6. 除了本章介绍的典型B2B企业和案例，你还知道哪些不同的B2B电子商务模式？

第三章

面向消费者的电子商务

导　言

面向消费者的电子商务也可以理解为网上零售，它包括 B2C 电子商务和 C2C 电子商务两个部分。网上零售是交易双方以互联网为媒介的商品交易活动，即通过互联网进行信息的组织和传递，实现了有形商品和无形商品所有权的转移或服务的消费。交易双方通过电子商务（线上）应用实现交易信息查询（信息流）、交易（资金流）和交付（物流）等行为。

学习目标

1. 理解 B2C 电子商务的含义及分类。
2. 熟悉 B2C 电子商务运作的基本原理。
3. 掌握网络购物的整个流程。
4. 了解 C2C 电子商务三要素。

导入案例

农村电子商务助推乡村振兴

松阳县地处浙江省丽水市，县域面积1 406平方公里，辖3街道5镇11乡203个行政村，总人口24万。全县“八山一水一分田”，是天生丽质的桃源胜地、底蕴深厚的江南秘境、香飘四海的中国茶乡、动静相宜的诗与远方、潜力巨大的创业热土。

近年来，松阳县坚持以国家电子商务进农村综合示范项目为引领，把发展以茶产业为主导的农村电子商务作为推进共同富裕的重要抓手，切实撬动生态产品价值高效转换，为山区加快发展找到了一把推动乡村振兴、促进共同富裕的“金钥匙”，着力探索“电商兴农·争当共同富裕模范生”的新路径。如今在松阳，数据逐渐成为新农资，直播逐渐成为新农活，主播逐渐成为新农民，县域电商经济发展氛围浓厚、增长势头迅猛，经济社会效益显著。全县网络零售额从2016年的10亿元增长到2020年的32亿元，年均增长55.8%。2021年1—10月，全县实现网络零售额39.11亿元，同比增长69.3%。

资料来源：商务部流通产业促进中心，http://www.ltcjzx.org.cn/article/zxyw/szjj/dxzf/202201/20220103239151.shtml. 引用时有修改

思考：

通过网络如何助推乡村振兴？

Section 1

第一节 B2C电子商务运作的基本原理

一、零售业的发展与B2C电子商务的含义

（一）零售业的发展

零售业发展到今天，经历了四个阶段：集贸式、大商场式、连锁店式和面向消费者的电子商务。这四个阶段依次出现，每一次变迁的核心都是成本降低和效率提高，从而为整个产业链带来价值。当然，每一次变迁并不会导致以往模式消失，而是以一种更为

先进的运营手段为消费者和企业带来更多的利益。

1. 集贸式

集贸式零售模式的渠道成本达到30%～50%，运营效率需要60～90天。集贸式零售模式的典型代表是中关村电子市场、金五星百货批发城。举例来看，一台惠普笔记本电脑从惠普厂家生产出来，首先到达联强国际、神州数码这样的区域总代理，再由区域总代理发到分销商，经过如此一级分销商、二级分销商乃至三级分销商的层层流转，消费者在零售终端看到的产品已经是两三个月之前的产品，而且每层渠道商赚取的利润都需要转嫁到消费者头上，让消费者买单。

2. 大商场式

大商场式零售模式的渠道成本相对于集贸式零售模式并没有降低，如消费者在一些大商场看到的衣服，其利润率仍然高达50%。但是与集贸式相比，它的运营效率有所提高，为40～60天，从而保证了消费者可以在大商场购买到当下流行的产品。

3. 连锁店式

以国美和沃尔玛为代表的连锁店式零售模式的出现，对集贸式、大商场式零售模式产生了巨大的冲击。由于连锁店减少了中间渠道，渠道成本降至12%～20%。像沃尔玛全球有大量店面，库存周转大约需要30天，低成本、高效率带来了价格上的明显优势，给消费者足够的选择理由，所以连锁店式零售模式能够成为主流模式。

4. 面向消费者的电子商务

面向消费者的电子商务给零售业带来了颠覆性的变革：一是经营成本低。由于省去了传统渠道商在门店租金和门店人员上的投入，电子商务的经营成本更低，从而把利润转让给供货商和消费者。二是电子商务在物流、信息流、资金流上的运转效率相对于传统渠道要高得多，电子商务通过庞大的信息系统，根据消费者在网上的点击率、关注程度，过往的销售量等信息，就能快速对产品销售做出预判。通过信息化技术，可以大幅度缩短产品从供货商到消费者的时间周期，从而加快了整个产业链运营的效率。零售企业的竞争就是成本和效率的竞争，这是电子商务能够成功的根本所在。

（二）B2C电子商务的含义

B2C是英文business to customer的缩写，即企业对消费者，B2C电子商务一般以网络零售业为主，主要借助互联网开展在线销售活动。企业或商家可充分利用互联网提供的网络基础设施、支付平台、安全平台、管理平台等共享资源，有效地、低成本地开展商业活动。电子商务时代的B2C是通过电子化、信息化的手段，尤其是互联网技术，把企业提供的产品和服务传递给消费者的新型商业模式。

B2C 电子商务包括三个要素：①电子商务的交易参与方包括商家和个人消费者；②电子商务的交易媒介必须通过互联网，并且有效融合互联网的特点；③电子商务交易的产品包括有形商品、无形商品和服务。如果某种交易被纳入 B2C 电子商务范畴，其产品或服务需通过在线订单进行信息的沟通与确认，而支付则可以在线上或线下进行。因此，可以看出，B2C 电子商务的交易实质依然是商务，是交易及其相关活动。

拓展阅读

中国网络零售 B2C 市场的发展特点

国家统计局数据显示，2020 年实物商品网络消费中，吃类、穿类和用类商品同比分别增长 30.6%、5.8%和 16.2%。商务大数据监测显示，从销售额规模看，服装鞋帽、针纺织品，以及日用品、家用电器和音像器材排名前三，分别占实物商品网络销售额的 22.3%、14.5%和 10.80%。从同比增速来看，中西药品同比增长 110.4%，烟酒同比增长 65.1%。实物商品网络消费呈现以下新特点：一是绿色、健康消费受到青睐。商务大数据显示，智能厨房家电销售额同比增长 31.0%；健身器材同比增长 8.8%，其中小型便携健身器材同比增长 28.7%；营养健康品销售额同比增长 34.8%。二是“宅经济”热度提升。方便速食销售额同比增长 60.8%，游戏机销售额同比增长 16.3%，宠物用品销售额同比增长 16.1%。三是“家场景”消费增长。消毒日用品销售额同比增速达 150%以上，除菌家电销售额同比增长 160.3%。

资料来源：商务部电子商务与信息化司，《2020 年网络零售市场发展报告》。引用时有修改

二、B2C 电子商务的分类

根据分类角度的不同，B2C 电子商务可以划分为不同的类型。

按照销售的商品种类，B2C 电子商务可以分为综合型 B2C 电子商务和垂直型 B2C 电子商务。综合型 B2C 电子商务指销售商品的种类较多的 B2C 电子商务，代表商家有亚马逊、当当网等；垂直型 B2C 电子商务指专业销售或提供某一类别商品或服务的 B2C 电子商务，代表商家有酒仙网等。

按照主营商品类别，B2C 电子商务可以分为：①图书 B2C 电子商务，代表商家有当当、亚马逊、西单图书大厦网上商城等；②数码产品 B2C 电子商务，代表商家有京

东商城、华强北商城等；③母婴家庭产品B2C电子商务，代表商家有丽家宝贝等。

按照商业模式，B2C电子商务可以分为直销模式、商城模式、平台模式和团购模式。

案例3-1

网易严选崛起之路

短短的时间内，网易严选的成功是偶然还是必然？结合数据和分析报告梳理一下它的崛起之路。

1. 先天优势：基于邮箱业务的庞大用户基数

作为一个从“一条毛巾”发迹的电商品牌，网易严选在2016年正式上线时仅有数百个SKU（stock keeping unit，最小存货单位），商品品类有限。不到一年的时间，网易严选SKU逐步丰富，已经基本覆盖全品类生活用品，包括居家、餐厨、服装、洗护、饮食等各个方面。

因为由网易的邮箱部门发起，严选成立之初，大部分流量都来自网易邮箱和门户等自有流量。只要一打开网易门户网站首页或登录网易邮箱，严选的广告就会弹出，常常是一双拖鞋或者旅行箱之类的家居用品。

在使用网易邮箱发送邮件成功后，严选的广告又会弹出。由于邮箱是高频应用，因此比较适合严选这种新的互联网品牌的打造，因为广告需要重复才能产生效果，当用户看到第20次、30次广告的时候，往往会忍不住点进去。

在邮箱业务上深耕18年的网易，截至2016年第四季度，网易邮箱总有效用户数达到9.1亿，远高于我国7.31亿网民规模，这也意味着我国网民人均拥有不止一个网易邮箱，也意味着每个用户一天至少能看到一次严选的广告。

2. 后天勤奋：内部资源再激活

据网易称，这个项目最初是一个内部创业项目，最早在2015年年初就开始了，前后筹备了一年时间，还在2015年6月注册了新浪微博账号，其上级部门是一个接近400人的大部门，从400人之中挑选出保证商品采购、运营、市场、技术等核心成员，孵化出了“网易严选”。

网易严选项目方案发布后得到了网易高层的大力支持，在官方微博发布的第二条公告里，提到严选将设立一个额度为1亿元的“网易严选创新专项基金”。

3. 领导把关：严格控制产业链上游

据工作人员透露，供应商资源一直是严选的难题之一，“一开始沟通的时候，难度都非常大”。对于网易严选的直接供应商，过去由于订单量较小，一般不会与国内客户合作，选择严选主要是看中其可能带来的供应链升级及未来的规模成长潜力。

合作达成后，严选由于掌握了产业链上游的设计与制造环节，便拥有了更强的定价权。一般来说，拥有定价权的 ODM 模式会比自采自营模式有更高的毛利。当平台的品牌影响力足够强大时，通过向上游掌控供应链与产品的设计生产工序，压低中间环节溢价，将更多利润让渡给消费者，再通过口碑评价强化平台价值与购买认知，形成闭环。这一点在美国亚马逊上已经得到验证。

严选的产品方法论，在追求技术、人口、风口红利的时代，无法正面影响求快、求大布局的公司，却可以笼络到自己的用户，筑起一条自我战线——为中产阶层服务的路线。这源于我国至今仍没有一个足够大的平台，可以有效地满足日益庞大的中产阶层需求，即品质、精致和态度，而严选似乎天生带有这个基因。

思考与讨论：

1. 请谈谈垂直型 B2C 电子商务企业与综合型 B2C 电子商务企业的不同之处。
2. 结合本案例，谈谈 B2C 电子商务企业面临的主要困难是什么？

三、B2C 电子商务运作的基本环节

电子商务实质上是不同经济主体间信息流、物流、资金流进行交互的活动，其中物流是保障，信息流是核心，资金流是实现手段，这“三流”贯穿于价值的创造和传递中。在 B2C 电子商务中，三种流分别有各自的解决方式。

信息流主要由电子商务平台自身来解决，用户对网站的浏览即实现了信息的交互。此外，购物中介越来越成为用户使用 B2C 电子商务的重要信息入口，将有相当一部分信息通过购物中介网站传递给用户。典型的购物中介包括门户网站、搜索引擎和比较购物网站。

物流由配送环节解决，主要由第三方物流和 B2C 电子商务企业自建物流体系实现。

资金流由支付环节解决，主要包括网上银行以及第三方支付平台，此外，还有相当一部分资金流以 COD（cash on demand，货到付款）方式与物流一起流动。

（一）供应商环节

供应商是 B2C 电子商务企业的上游环节，B2C 电子商务厂商是供应商的销售渠道

之一。供应商的选择直接影响B2C电子商务网站销售商品的品种与数量，渠道的选择也决定了该供应商产品的销售业绩。因此，B2C电子商务厂商与供应商并非简单的采购与供应的关系。作为产业链的上下游企业，二者更多的是资源博弈的关系。以图书为例，对于图书发行企业而言，大的图书卖场是必争的销售渠道，而知名畅销书又是各大线上与线下卖场竞争的资源。用户数量和销售规模均可观的B2C电子商务厂商对于上游供应商已具备很强的议价能力，其态度和策略已能实现对产品制造阶段实施影响，使得自己的采购成本低于竞争对手。处于不同议价地位的B2C电子商务厂商应对不同供应商采取不同的合作策略，以提升自身的竞争能力。

（二）配送环节

目前，国内B2C电子商务企业所采用的配送方式主要有两类：B2C电子商务企业自建配送体系和第三方物流企业配送。

1. B2C电子商务企业自建配送体系

这是指企业在其目标市场上设置送货点，即企业在重点市场设置仓储中心和配送点，根据消费者网上购物清单和住址信息，由消费者所在地附近的配送中心或配送点配货，并送货上门。这种配送方式的优点表现在：配送快捷；服务周到，企业可直接接触到消费者；品牌效应明显。但企业自建配送体系仍存在不足之处，例如，配送中心和配送点建设需要大量投资，将带来成本的增加，冲抵网络购物的优势；配送中心和配送点的规划需要严密论证，且具有一定的风险。

2. 第三方物流企业配送

这是指B2C电子商务企业根据消费者网上购物清单和住址信息，利用第三方物流企业的交通、运输、仓储连锁经营网络，把商品送达消费者。

这种配送方式的优点表现在：配送快捷，配送价格较低，投入资本较少。但其仍存在如下不足之处：服务质量很难监控；在货到付款方式下，企业只能定期进行资金结算，资金周转较慢。

目前来看，B2C电子商务企业的物流配送以第三方物流企业配送为主，因此应促使第三方物流企业提高服务水平，以共同为B2C电子商务客户和物流客户服务。

（三）支付环节

1. B2C电子商务支付的主要方式

（1）货到付款。货到付款是B2C电子商务的一种支付方式，消费者仍沿用线下购物“一手交钱一手交货”的习惯。消费者对货到付款的偏好主要基于如下三点考虑：①安全问题。消费者担心在线支付在经济上和隐私上不安全。②商家信用问题。商家提供的产品有可能质量不合格或者满足不了消费者的需求，消费者出于降低风险考虑，愿意使用货到付款方式。③付费的便利性。对于很多老年人而言，在线支付手续较为烦琐，而货到付款简单直接。

（2）在线支付。消费者第一次进行在线支付，需要花费的综合成本最大，如需要开通银行卡的在线支付功能，熟悉在线支付流程等。但此后的每次使用，成本将明显下降。如果消费者尝试过一次在线支付，此后对在线支付的使用会明显增加。在线支付对B2C电子商务商家可以起到降低成本、更好地收集信息等作用，B2C电子商务商家应该采取措施，激励尚未使用在线支付的消费者走出第一步。B2C电子商务商家可以采用首次在线支付给予价格折扣或者其他优惠的方式，鼓励消费者尝试在线支付，商家以后将从中获得持续收益。

（3）第三方支付。第三方支付是指平台提供商通过通信、计算机和信息安全技术，在商家和银行之间建立连接，从而实现从消费者到金融机构再到商家的货币支付、现金流转、资金清算、查询统计。支付宝、微信支付等是第三方支付平台的代表。

2. B2C电子商务支付发展趋势

随着第三方支付平台的进一步发展，B2C电子商务支付呈现出如下发展趋势：

（1）信用中介式支付将在中小B2C电子商务平台得到广泛应用。信用中介式支付指第三方支付平台在交易过程中处于信用中介位置，其将资金流动分成两部分，订单形成后，消费者的货款先支出到第三方支付平台，待消费者确认收到商品后，第三方支付平台才会将货款付给B2C商家。此在线支付方式已在C2C电子商务平台得到较广的应用，在一定程度上解决了个人交易的信誉问题。因此对于信誉还未建立的中小B2C电子商务商家，此类支付方式不失为较好的选择。

（2）手机支付应用范围逐步扩大。手机支付具有即时性和便捷性的特点，适用于金额较小或时效具有较高要求的支付方式。手机支付已经广泛应用于电子商务的各个领域，成为重要的零售支付方式。

（3）分期付款逐渐流行。线下大宗购物信用卡分期付款应用较为普遍，目前在线购物仅有各信用卡发卡银行自身的网上商城支持分期付款业务，随着信用卡的普及以及银行分期付款业务的推广，B2C电子商务特别是销售数码类单价较高的商品将会逐步开展分期付款的业务。

（4）银行向支付业务扩张。各家银行自己网上银行业务也逐步具备了在线支付的功能，银行将逐步向支付业务扩张，虽然其目前对第三方支付商家的威胁还不明显，但银行的资金实力和在产业链中的强势地位将有助于其快速发展在线支付。

（四）购物中介环节

消费者会通过一些互联网服务主动或者被动地得到B2C电子商务的相关信息，并对电子商务网站进行浏览，这种将消费者吸引到电子商务网站上的互联网服务称为电子商务的购物中介。

购物中介是B2C电子商务信息流传输的重要渠道，直接影响消费者对电子商务网站的选择。购物中介分类如下：

1. 比较购物网站

比较购物网站将不同网站的同一商品按参数对照放在一个页面做横向比较，有助于消费者高效地选择价格更低的商品。比较购物网站目前较多用于图书、音像、手机等同质化程度较高的商品类别，在其他领域受商品参数较多的影响很难起到“比较购物”的效果。目前，比较购物网站也在向纵深化服务发展，咨询、导购等功能逐渐丰富，但其影响力有限，收入规模较小，在B2C电子商务产业链中处于补充环节的非必要位置。知名比较购物网站有慢慢买网、盒子比价网等。另外，一些社区式网站因其内容与商品关系较密切，也逐步增加比较购物功能，如豆瓣网。

2. 社区类中介

社区类中介的大时代已经来临。消费者以共同的兴趣爱好及价值观聚集在一起，用户以“部落化”形态聚集，消费者对产品和品牌的“评价”与“拥护”成为影响购买的重要因素。在这一背景下，社群电商中介也以一种独特的优势，获得了商业化变现的社交红利，并逐渐占据电商市场的主导位置。如小红书、大众点评等都是社区类中介。

3. 搜索引擎和分类导航网站

购物中介主要用于为B2C电子商务网站带来有价值的流量或者直接的订单，因此B2C商家须向购物中介支付一定的报酬，报酬目前主要以交易分成或“返点”的方式来支付。购物中介模式如同网络广告的投放，较网络广告精确度更高。由于我国B2C电子商务市场商品品种和类型繁多，购物中介特别是比较购物网站拥有较大的生存空间，其模式能够帮助众多中小B2C商家实现网络推广和销售。纵深化发展，即提供更全面、细致的服务，是比较购物网站发展的方向，至于网站信誉等关键问题可以借鉴C2C电子商务网站的模式。

案例 3－2

物流瓶颈

从2008年11月下旬开始，京东商城每天的订单量就涨了30%，也就是说，每天增加5 000个订单。京东商城总裁对订单如此大幅度的增长感到意外，接踵而来的问题更让他感到焦虑：就京东商城当时的物流处理能力，每个物流人员最多每天处理50个订单，包括出库、扫描、打包、发货的流程。增加5 000个订单，意味着要增加100个员工，而春节之前招人非常困难。

和传统零售业不同，消费者在实体渠道购物时，往往是当场交钱提货，但是在互联网购物模式下，收货却有一个滞后期。因此，网购消费者的心理是送货越快越好，这对物流配送是一个很大的考验。“以前，大部分的网上购物群体，包括淘宝的消费者，能接受下单后1～3天从库房发货，3～5天收货。从2008年开始，我们也感觉到消费者的要求越来越多，于是一次次提速。”京东商城总裁介绍，京东商城从2007年10月实现了97%的商品当日发货，但是2008年5月又再次提速，变成每天两送，在北京建立了8个配送点，每天中午11点库房里开出8辆车，把11点之前库房处理的订单货物送到8个配送点，下午再由京东商城的员工送到客户手上。晚上库房再发一次货，这样第二天一早配送点的员工就可以再次送货。尽管这样做会增加配送成本，但是能提升客户满意度。现在，京东商城北京、上海、广州的大部分客户在中午11点前下单，如果库房有货，当天下午就可以收到。

京东商城总裁认为，物流是否迅捷占了购物满意度的70%。“将更多的钱花在物流上可以改善客户的购物体验；如果物流速度慢，70%的钱就跑了。”

在飞速发展的过程中遭遇物流瓶颈，从而导致客户体验降低，这是B2C企业在成长过程中普遍会遭遇的困境。京东商城前不久的烦恼，也曾发生在凡客诚品身上。

2008年初，凡客诚品总裁在不停地扑火，向愤怒的消费者道歉。这年春节后，凡客诚品的规模迅速扩大，而自建的物流队伍却跟不上。情况最严重的时候，同城的衬衫送达时间迟了1周，而凡客诚品的承诺是同城配送时限为24小时。凡客诚品总裁和凡客诚品的工作人员那段时间一方面忙于给消费者回邮件道歉，另一方面也加强了后台管理，增加了物流配送的人手，加大物流外包的比例。经过2008年春节的物流困境后，凡客诚品意识到消费者的购物心理是希望尽快拿到货，因此凡客诚品在北京、上海和广州建立了自己的物流仓库，这三个城市是中国网络购物环境最成熟，也是凡客诚品订单最多的城市。

另一家目录销售企业红孩子也在创立初期建立了自己的物流体系，以加快供应链速度。尽管这些企业的模式不一，京东商城和红孩子是渠道商，凡客诚品是自主品牌商，但是不约而同地，它们都在不断强化自己的物流体系，而不是“轻”到底，将物流外包出去。

“物流是B2C企业最核心的东西，搞不好就成为业务增长的巨大瓶颈。”京东商城总裁认为，将物流控制在自己手中，才能令供应链效率更高。

资料来源：改编自李黎．触不到的企业．IT经理世界，2009（6）：35－37.

思考与讨论：

1. 请分析提高物流效率在B2C电子商务中的意义。
2. 比较外包物流和自建物流的利弊。

Section 2

第二节 B2C电子商务模式

B2C电子商务是企业通过互联网向消费者提供产品和服务的商业形式。根据企业提供的主要服务和盈利方式等，B2C电子商务模式可以分为直销模式、商城模式、平台模式和团购模式。

一、B2C电子商务直销模式

（一）B2C电子商务直销的含义

B2C电子商务直销是指生产厂家借助互联网络、计算机通信和数字交互式媒体而不通过其他中间商，将互联网技术的特点和直销的优势巧妙地结合起来进行商品销售，直接实现营销目标的一系列市场行为。

企业通过网站直接接触消费者，消费者可以利用企业网站提供的在线订货系统直接向企业下订单，企业在明确消费者的需求后迅速做出回应，并向消费者直接发货，甚至可以做到“按需定制”。

企业通过网络平台实现直接销售，是企业成功运用电子商务服务于直销的模式，即

“电子商务 + 直销” 模式。网络直销是电子商务发展的更高形态，是企业电子商务成熟运用的标志。

传统的生产企业一般通过渠道商向最终消费者传递产品或服务，渠道商可以采用电子商务的手段，也可以采用传统的分销渠道向消费者传递产品或服务。如果生产厂商通过自建官网或者通过平台商城直接向消费者销售最终的产品或服务，就可以把它称为 B2C 电子商务直销模式。典型的 B2C 电子商务直销模式有戴尔网上直销模式等。

（二）B2C 电子商务直销模式的优势

B2C 电子商务直销没有营销中间商，商品直接从生产者转移给消费者或使用者。B2C 电子商务直销有订货、支付和配送三个功能，具有以下优势：

1. 相关服务的便捷性

消费者可以直接在网上订货、付款、等待送货上门，这大大方便了消费者。生产者通过网络直销渠道为消费者提供售后服务和技术支持，特别是对于一些技术性比较强的行业（如信息技术业），提供网上远程技术支持和培训服务在方便消费者的同时，也使生产者降低了服务成本。

2. 网络直销渠道的高效性

网络直销大大减少了传统分销中的流通环节，免除了支付给中间商的费用，有效地降低了成本。生产者可以根据消费者的订单按需生产，做到零库存管理。同时，网上直销还可以减少过去依靠推销员上门推销的昂贵的销售费用，最大限度地控制营销成本。

（三）B2C 电子商务直销模式的流程

网络直销企业首先将自己的产品进行模块化设计，将一个产品分为几个独立的、可以自由组合的可选部分，然后将其通过电子商务系统放置在自己的网站上供消费者选择。当消费者登录到企业网站以后，可以选择进入不同的细分市场，提出自己的产品配置和价格要求，网络直销企业则据此列出参考产品，消费者最后根据参考标准选择自己所需要的产品，或根据可选部件定制自己需要的产品。如果消费者对已有的选择感到满意，就可以通过在线系统下订单。当企业所提供的选择不足以满足客户的需求时，消费者可以告诉直销企业，企业与消费者沟通，消费者参与产品设计，使消费者的需求信息能够在产品设计中得到体现。最后，消费者提交订单，网络直销企业把订单直接发送到具体的业务部门，各业务部门根据订单开展相应的业务，消费者可以通过网站随时跟踪查询订单的处理进程。

以奇瑞 B2C 电子商务直销为例，其流程是：消费者先在网上填订单，而后厂家打电话对订单予以确认，并在 3 个工作日内发邮件反馈消费者。收到邮件 3 个工作日内，消费者需要到指定经销商处缴纳一定数目的订金，然后等待提车。按照奇瑞对于这种销售模式的初步规定，要想购买奇瑞 A1 的人只要登录其规定的网站，在看过 A1 的详细资料后，便可以向奇瑞的 4S 店申请试驾。如果试驾满意，购车者可以从网站直接预订。在得到奇瑞的电子回复函件后，购车者便可以在奇瑞指定的 4S 店预付订金，奇瑞根据购车者的订单完成生产之后，购车者即付全款提车。

（四）B2C 电子商务直销模式的实践领域

目前，许多企业都在尝试通过网络直接向消费者提供产品或服务，从而达到缩短供应链、降低成本、提高效率的目的。以下是三个行业的 B2C 电子商务直销模式的实践情况。

1. 珠宝行业

B2C 电子商务直销模式的出现，打破了珠宝传统行业固有的价格体系，加快了产品价格亲民化的步伐。其代表就是蓝色尼罗河（Blue Nile），它的背景有些薄弱：1999 年成立，没有一家专卖店，只依靠网站（www. bluenile. com）进行销售。但是简洁并不意味着弱势，它 2004 年的销售总额一举超越了宝格丽（Bvlgari）、卡地亚（Cartier）和蒂芙尼（Tiffany & Co）三大著名品牌的销售总和，在钻戒的销售排行上紧追蒂芙尼，并于 2004 年成功地在纳斯达克上市。蓝色尼罗河成功的秘诀有两个：①定位清晰、明确，针对的是那些想购买钻石婚戒的男性；②其与优质供应商之间建立了良好的合作关系，能够以更优惠的价格拿到优质的钻石，而钻石商愿意把他们的裸钻通过蓝色尼罗河的网站独家销售。

2. 个人计算机行业

在个人计算机行业，一提到 B2C 电子商务直销，人们就会想到戴尔，大多数人已经把 B2C 电子商务直销模式等同于戴尔模式。“戴尔模式”习惯上被称为“直销模式”，在美国一般称为“直接商业模式”。戴尔所称的“直销模式”实际上是简化、“消灭”中间商。戴尔 B2C 电子商务直销流程如图 3－1 所示。戴尔从 1984 年成立之初，就取消了公司和消费者之间的中间商，采用直销模式进行产品销售，并且根据消费者的要求组装和销售计算机。传统庞大的销售网络在方便用户的同时，也为个人计算机厂商带来了成本的压力。在市场需求的推动下，再加上戴尔在B2C电子商务直销方面所获得巨大成功的启示，B2C电子商务直销不仅成为主流消费趋势，也成为渠道成本控制的最佳选择。在戴尔、华硕、惠普相继在淘宝网开设旗舰店后，三星、海尔、联想也纷纷加入这一渠道行列。

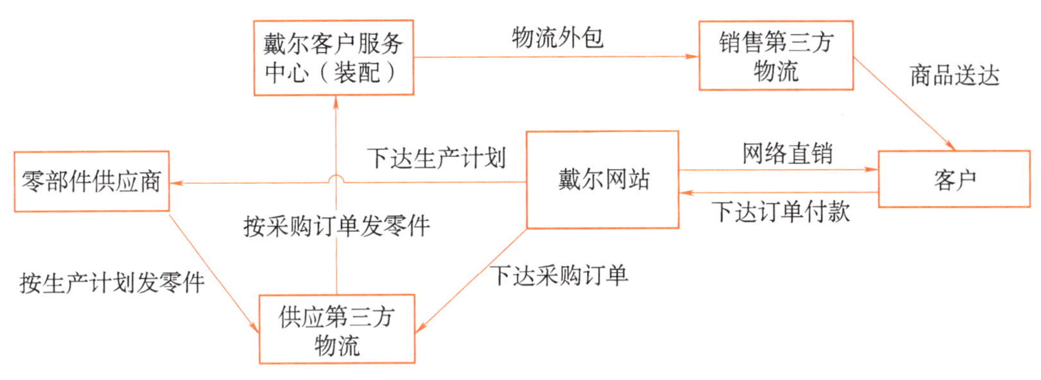

图3-1 戴尔B2C电子商务直销流程

3. 服装行业

批批吉服饰（上海）有限公司（以下简称PPG）是服装行业B2C电子商务直销模式的先驱。PPG成立于2005年10月，以男式系列服装为核心产品，通过将现代电子商务模式与传统零售业进行创新性融合，以现代化网络平台和呼叫中心为服务核心，以先进的直销营销理念，配合卓越的供应链管理的方式及高效完善的配送系统，为消费者提供高品质的服装产品与服务保障。

PPG可以被视为“耐克+戴尔的模式”，其既学习了耐克的“不设工厂，自主设计，自有品牌”的经营模式，又模仿了戴尔的“广告、目录、网站和呼叫中心”直销模式。PPG模式是“戴尔式生产”和“利丰式销售”两种模式的结合。具体来说，这种模式是依托网站，既无自己的加工工厂，又无自己的门店销售的在线直销模式。PPG的B2C电子商务直销流程如图3-2所示。得益于模式的创新，PPG在早期的发展过程中取得了较大的成功，但是由于经营者决策的失误，企业盲目、过度扩张，最终走向失败。

（五）传统企业开展B2C电子商务直销模式的流程

传统企业开展B2C电子商务直销模式，要做好以下工作：首先，要从战略管理

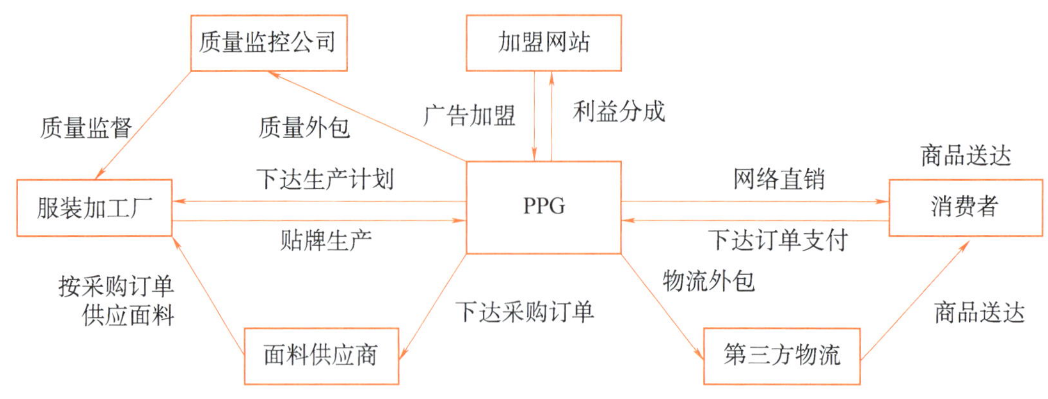

图3-2　PPG的B2C电子商务直销流程

层面明确这种模式未来的定位、发展与目标。协调企业原有的线下渠道与网络平台的利益，实行差异化销售，如网上销售所有产品系列，而传统渠道销售的产品体现地区特色；实行差异化的价格，线下与线上的商品定价根据时间段不同设置。线上产品也可通过线下渠道完善售后服务。其次，在产品设计方面，要着重考虑消费者的需求。大力吸收和挖掘网络营销精英，培养电子商务运作团队，建立和完善电子商务平台。

传统企业开展B2C电子商务直销模式的流程如下：

1. 规划期——电子商务渠道规划

传统企业开展电子商务直销模式的第一步即需要考虑电子商务业务的布局情况，包括产品规划、平台定位、品牌策略等。而这种渠道规划对于电子商务业务的开展具有很重要的作用。因此，传统企业在开展电子商务直销模式之前，前期应做好充足的准备，并对其未来电子商务的发展道路进行详细的规划。

2. 建设期——建站/平台开店

随着电子商务的发展，传统企业也开始布局电子商务业务，纷纷通过自建官方网站或者进驻天猫旗舰店的形式开展电子商务直销业务。与进驻天猫旗舰店的形式相比，自建官方网站需要“建站”的环节，其中包括产品发布系统、会员管理系统、订单处理系统、支付工具、企业资源规划（enterprise resource planning，ERP）、客户服务呼叫中心、仓储物流管理系统等步骤，建站一般是一次性的投入，但是如何将官方网站与品牌上的其他渠道进行融合是重点。

3. 运营期

从业务上具体划分，运营主要包括产品摄影、网站编辑、美工设计、市场推广、售后服务、仓储管理、物流管理等小环节。首先，在平台建设方面选择外包是节省成本的最佳途径，目前以上海商派为代表的国内比较不错的电子商务平台服务商，已经可以完全实现这个环节，如“产品发布系统”“会员管理系统”“订单处理系统”“支付工具”等功能，以及整合相关系统的技术环节都完全可以实现。其次，在物流方面同样可以选择外包的方式来实现，如国内的顺丰、申通、圆通、EMS（全球邮政特快专递），国外的联邦快递等，都已经介入电子商务业务。企业在发展初期，可以考虑物流外包，等发展到一定程度，再考虑自建物流。但是，对于很多传统企业来讲，其已经搭建一套成熟的配送体系，在开展电子商务直销业务时，可以将电子商务的物流与传统业务的物流很好地对接。而其他的环节，如企业资源规划、客户服务呼叫中心、仓储建设等方面，可根据企业发展不同阶段的具体情况区别对待。

二、B2C 电子商务商城模式

（一）B2C 电子商务商城的含义

B2C 电子商务商城是网上商店的一种形态，它是通过互联网络进行买卖活动的零售业态，指零售商通过互联网将商品或服务信息传达给特定消费者，消费者在互联网上下订单，通过一定的付款和送货方式，最终完成交易。

B2C 电子商务商城是提供企业和消费者之间电子商务交易的企业，如京东商城、当当网等。这类企业是网上商城，属于网络零售企业，相较于 B2B 或 B2C 电子商务平台，其主要特点不是提供信息，而是提供在线商品，单个消费者可以直接通过点击鼠标来购买线上商品，其收益主要通过零散消费者在网上商城的消费获取。这种获利方式与实体商城在性质上是一样的，只是相对于实体商城来说，消费者可以通过物流和规模上的优势获得价格上的优势和服务上的便利。相较于 C2C 电子商务企业，B2C 电子商务商城提供的商品以自身企业品牌为保障，从而使得消费者对交易的安全保障较有信心。由于这类企业主要通过实体商品的交易获利，其物流经济性会直接影响收益。因此，这类企业对物流效益的要求目前最为迫切，物流效率对企业经营绩效的影响尤为重要。

（二）B2C 电子商务商城模式的类型

目前，B2C 电子商务商城模式主要有以下两种：

（1）纯网上经营模式，代表性企业如美国的亚马逊、我国的当当网与京东商城等，它们没有实地店铺，一般只有几家大的存货中心作为商品基地。采取纯网上经营模式的企业越过中间商，降低了成本，提供的商品种类多，与消费者的联系日益紧密。但目前这种经营商一般利润很低，有的甚至负债经营。采取纯网上经营模式的企业投入巨资进行广告宣传，目的是取得品牌效应和领先优势。

（2）拓展经营模式。该经营模式主要是一些传统零售企业由于受到网上购物企业的竞争威胁，而将业务向网上拓展。传统零售企业将业务向网上拓展主要是为了应对竞争和适应发展。例如，北京西单商场、燕莎商城等几家大商厦相继开辟网上商城，苏宁易购和国美电器等也建立了自己的网上商城。

（三）B2C电子商务商城模式的优势

近几年，传统零售企业纷纷投向网上零售，并依托自身优势，降低成本，提高效益。原因主要有以下三点：①传统零售企业的品牌、信誉优势明显。苏宁易购、国美电器等企业，利用品牌和信誉优势，在网络上建立自己的零售平台，消费者可以放心购买产品。②物流配送较容易解决。网上零售企业可以利用或新建自己的物流团队，也可以与知名第三方物流提供商合作，不用过多地担心配送问题。③网上零售的成本优势可为消费者带来更多的实惠。网上零售消除了销售的许多中间环节，消费者在放心购买的同时，更能享受到无中间商的最优价格。总的来说，B2C电子商务商城模式有如下一些优势：

1. 全新的时空范围

传统销售模式是以固定不变的零售地点（商店）和固定不变的零售时间为特征的店铺式销售，而B2C电子商务商城模式是通过网上商店销售商品，其销售空间随网络体系的延伸而延伸。在这种模式下，没有任何地理障碍，它的零售时间是由消费者即网上用户自己决定的。因此，B2C电子商务商城模式相对于传统销售模式具有全新的时空优势，这种优势可在更大程度上、更大范围内满足网上消费者的需求，事实上网上购物已没有国界，也没有昼夜之别。B2C电子商务商城模式相较于传统销售模式具有全新时空优势。

2. 全新的产品展示方式

传统销售模式下，产品展示依赖于实体店面和货架，而B2C电子商务商城模式下，企业利用网上多媒体的性能，全方位地展示产品或服务的外观、性能、品质及内部结构，从而使消费者可以在完全认识产品或服务后再去购买。同时，企业还可以将建设实体店面节省的费用转让给消费者，这正是亚马逊能给消费者提供传统书店无法提供的优惠折扣的原因之一。传统销售模式下，企业虽然可以把真实的商品展示给消费者，但对一般消费者而言，其对所购商品的认识往往很肤浅，也无法了解商品的内在质量，往往容易被商品的外观、包装等因素所迷惑。而且，在实体店能够浏览的商品数量有限，消费者也无法在大量同类商品之间进行全方位的比较。因此，从理论上说，通过互联网购买商品，消费者既可以提高消费效用，又可以节约社会资源。

3. 便于获取全面的信息

B2C 电子商务商城所提供的商品信息是传统销售模式无法比拟的，这些商品信息不仅全面具体、实效性强，而且消费者利用方便的检索技术和快速的传输过程，可以简单地获得需要的信息。传统的信息传递模式远不如网络方便、快捷、成本低。尤其对于一些耐用的大件产品以及高技术含量产品，消费者缺乏足够的专业知识对其进行鉴别与评估。尽管消费者能够得到各种指标、数据、说明，但对于这些信息内涵缺乏必要的了解。而 B2C 电子商务商城商品的比较分析、智能代理功能以及谈判软件智能代理的出现，使消费者能够理性地判断产品价格的合理性，对产品的整体效果进行评定。在这种情况下，企业趋向于按照成本定价而不是按消费者的价值定价，使消费者能获得最大的利益。

4. 密切同消费者的关系，更深入了解消费者

由于互联网能够实现即时互动，消费者可以很容易地表达自己对产品或服务的评价，这种评价一方面使网上的零售商可以更深入地了解消费者的内在需求，另一方面与零售商的即时互动，促进了两者之间的密切关系。尤其是网上零售可以积累大量的消费数据，通过对这些数据的分析，零售商可以了解哪些消费者在访问自己的站点，哪些消费者对自己的产品或服务感兴趣并进行购买，这些都可以利用在网页上放置的特定程序表格自动收集信息。特定程序会在消费者访问时要求其输入个人的情况特征，并自动录入数据库，以便零售商日后进行统计分析。通过深入的消费者数据分析，零售商可以深入了解消费者，从而使零售商同消费者之间的关系更加密切。

（四）消费者在 B2C 电子商务商城的购物过程

1. 需求的诱发

在网上消费时，消费者需求的产生多源于视觉和听觉的刺激。互联网的特性使文字表述、图片统计、声音配置成为诱发消费者购买的直接动因。

2. 信息收集

网上信息收集的快捷与简便是消费者选择上网的主要原因之一。消费者一方面可以根据自己了解的信息通过互联网跟踪查询；另一方面，还可以在网上发布自己对某类产品或信息的需求信息，得到其他上网者的帮助，对信息的成功检索往往能让他们获得满足感。

3. 比较选择

比较选择是购买过程中必不可少的环节。消费者对各种渠道汇集而来的资料进行比较、分析、研究，了解商品的特点及性能，从中选择最为满意的一种。一般来说，消费者的综合评价主要包括商品的功能、质量、可靠性、样式、价格和售后服务等。通常，消费者对一般消费品和低值易耗品较容易选择，而消费者对耐用消费品的选择比较慎重。网上购物消费者不直接接触实物，因此消费者对商品的比较主要依赖于商家对产品的描述，包括文字的表述和图片的描述。

4. 购买决策

信息安全是消费者网上购物时考虑比较多的一个问题，对于网上购物来说，消费者的口碑或者商家的信誉是非常重要的。同时，自己的私人资料是否会泄露，以及付款方式是否方便和可靠等，都会影响消费者的购买决策。

5. 购后评价

如果消费者普遍对网站销售的产品比较满意，其会通过网络发表自己的意见，这可能会令商家获益匪浅，为商家带来更多的消费者。但如果消费者对所购买的产品不满意，其很可能会通过网络将这种不满表达出来，在广大消费者心中产生不良影响，打消很多潜在消费者的购买念头。

三、B2C 电子商务平台模式

（一）B2C 电子商务平台的含义

B2C 电子商务平台是网络交易市场的提供商和维护者，是网上商业活动的促进者。B2C 电子商务平台只是消费者和商家之间的一种特殊中介，其有效的双向交流功能，为商家和消费者提供服务。B2C 电子商务平台利用互联网技术为生产商、批发商、零售商、消费者等搭建一个安全高效的网络交易平台，并提供信息检索、营销和代理服务。

B2C 电子商务平台的主要参与者包括生产商、批发商、零售商、辅助服务提供商（如第三方物流提供商、金融服务提供商、信息服务提供商等）和消费者（见图 3－3）。

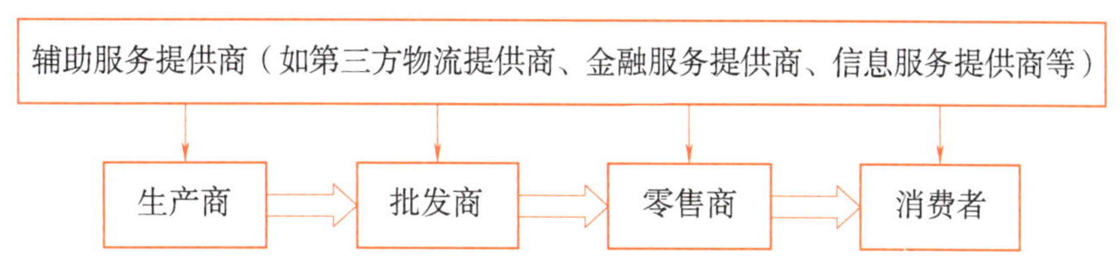

图 3-3　B2C 电子商务平台服务的对象和内容

天猫是 B2C 电子商务平台的代表，它在流通渠道上扮演辅助服务提供商的角色。它以互联网为平台，在零售环节，为消费者与生产商提供中介代理服务。它以互联网交易平台为工具，撮合消费者与零售商或生产商的交易，并从中收取服务费用。除天猫外，腾讯的拍拍网也属于 B2C 电子商务平台。它们不是网络零售商，其与网络零售商的区别在于不直接将产品销售给消费者，只负责撮合消费者与厂商的交易，并收取服务费用。

B2C 电子商务平台在流通渠道中主要承担信息传递、交易服务和监督的功能。如天猫通过建立交易平台以及利用各种宣传手段，将供需双方吸引到平台上来，使双方能够充分交换信息，为双方节省搜寻的时间和费用。这表现在淘宝网为买方提供完善的商品搜索功能，买方如能合理利用这些搜索功能，可以很快找到合适的产品。卖方可以付费购买淘宝收集的大量个人消费者的数据，进行数据挖掘，从中找到目标客户。买卖双方可以通过淘宝网提供的即时通信工具，就商品的价格、运费、售后服务等交易条件进行协商。在交易监督、服务功能方面，淘宝网可以通过支付宝、实名认证以及信用评价等措施，建立起一套相对完善的信用保障机制，保证交易双方交易诚信。

（二）B2C 电子商务平台的角色和功能

1. 聚合商品，提高效率

B2C 电子商务平台能够将供应商的商品聚合在一起，从而降低交易成本。在这个市场中，每一个消费者必须单独同适合自己的供应商交易，同时每一个供应商必须同消费者洽谈并且填写订货单。B2C 电子商务平台能够聚合很多消费者的需求以及很多供应商的商品，能够提供不同供应商的替代性和互补性商品。商品的聚合有助于实现规模经济和范围经济。通过同时聚合相同的商品，大量同时交易的商品将共享固定成本，从而降低交易的平均成本。

2. 价格发现

B2C 电子商务平台在市场中发挥着为商品和服务制定价格的重要作用。中介基于所观测到的供需情况确定商品的价格，通过确定价格，B2C 电子商务平台扮演着拍卖师的角色，以使市场达到均衡。

3. 提高信任度，防止市场中的机会主义行为

由于长期参与市场交易，B2C电子商务平台在确保市场交易安全方面有较高的激励作用，能够确保交易双方（供应商和消费者）实现交易谈判。因为交易中每一方在未来都必须同B2C电子商务平台联系，所以B2C电子商务平台可能处于一种较有利的位置，从而防止机会主义行为。

4. 降低信息传递成本

信息在组织之间的传递是需要成本的，尤其表现在当信息中包含有与环境知识相关的内容时，这种成本就更高。在这个方面，通过协调供应商和消费者之间的信息转换过程，B2C电子商务平台能够让信息的传递变得相对容易。

（三）B2C电子商务平台的盈利模式

B2C电子商务商城模式和B2C电子商务平台模式的主要区别是盈利模式不同，B2C电子商务商城模式以商品零售为主要盈利模式，B2C电子商务平台模式以服务费为主要盈利模式。

B2C电子商务平台应该从服务中获得收益。B2C电子商务平台是协调卖方和买方交易的中介，一方面，它向买方提供有关卖方、产品和服务的信息；另一方面，它向卖方提供有关买方需求和特征的信息，因此，其收入也来源于买方和卖方所交纳的费用。

B2C电子商务平台的收入来源主要有以下几种：①广告收入。对于某些能够聚集大量（潜在）买方的B2C电子商务平台，卖方很愿意在网站上做广告，并根据广告空间和用户点击、浏览次数来交纳广告费用。②交易费用。即平台对成功的交易按比例抽取一定的佣金。③会员费。即企业在平台注册成为会员，并定期交纳一定费用，当然这是为了吸引更多的交易者加入，并不是所有的B2C电子商务平台都收取会员费。④服务费。有些B2C电子商务平台会为买方或者卖方提供量身定制的服务（如电子商务解决方案），并收取相应的服务费。

当然，B2C电子商务平台以第三方的身份提供产品的质量、价格以及交易双方的交易记录、信用等市场信息，必定会产生一定的成本，为此，B2C电子商务平台也必须支付一定的费用，并借此获取一定收益。也就是说，B2C电子商务平台本身的参与，也面临一定的成本和收益的选择。B2C电子商务平台参与交易的最根本动机是要从中获得一定的收益。换句话说，只有为交易服务，从交易中获益，B2C电子商务平台才会乐意参与交易。

案例 3 -3

天猫商城与京东商城的比较

根据天猫商城的相关要求，商家在天猫商城经营每完成一笔交易须缴纳佣金，佣金比例为交易额的 3% ~5%。由于天猫商城用户流量巨大，对于广告投放与竞价推广来说，天猫商城无疑是个理想的地方。近年来，用户流量已为天猫商城创造了越来越多的广告收入与关键词竞价推广费；天猫商城涉及巨额的商品买卖资金，而这些资金会在平台流通一段时间，这种方式同样为天猫商城创造了使用买卖双方闲置资金的使用机会，可为其创造利润；天猫商城的用户会员费是囊括在阿里巴巴推广的 88VIP 会员中的，会员制收费不仅可以拓宽收入来源，而且增强了用户黏性，在国外电商率先探索的成功经验下，尤其是亚马逊公司 prime 会员取得了巨大的收益，会员制收费应该被重视和推广。京东商城可以按照自营业务和非自营业务划分为两大类。其中非自营业务与天猫商城的主业务相似，其基本盈利模式也大致相同。京东商城自营业务可分为以下两种情况：

（1）京东商城凭借自身议价能力压低供应商供货价格，通过自身进行商品的存储与运输和售卖，从而在消费端获得利润。与天猫商城不同的是，成本管理对于京东商城来说意义更为重大，巨大的投资也让京东商城存在运营风险。

（2）京东商城接受商家委托销售货物，货物流经京东仓库，由京东统一配送，京东从销售的利润中抽取一定的比例。这种自营方式已不是自己经营，实际上，“京东自营”这一概念存在模糊，在 2016 年的一起案件报道中发现经营京东商城的京东电子商务公司仅提供产品信息的平台展示服务，不对商品具体交易事宜负责。

通过天猫商城收入来源及对其分析，可以归纳出以下天猫商城收入的主要影响因素：

商家入驻量是天猫商城保证金及年费收入来源的重要影响因素，越多的商家入驻量会给天猫商城带来越高的收入；顾客流量间接或直接影响天猫商城的收入。一方面，顾客流量会直接影响商家入驻量，从而间接影响天猫商城的收入；另一方面，顾客流量会直接影响天猫商城的广告收入。同时，顾客流量所带来的交易额也会影响资金沉淀所带来的收入。忠诚的顾客可能会为天猫商城提供会员费从而增加天猫商城的收入；广告量直接影响天猫商城的广告收入，它在很大程度上受顾客流量的影响。在当今信息冗余的时代，如何博取用户的关注成为每位商家都需要思考的问题，天猫商城凭借自身平台的地位成为消费者网购市场的焦点，进而成为一家媒介公司，为天猫商城提供了收入来源。关键词竞价排名是让商家根据用户点击量付费，付费的商家一般会排在搜索网页中靠前的位置，方便用户点击，如果用户点击进入相关网页，那么天猫商城收取一定的推广费，关键词竞价排名也成为天猫商城创收的来源之一。

根据上述对京东商城自营业务的分析，对于京东商城自营商品，供应商提供的货物价格是影响京东商城盈利的关键因素。在商品竞争市场条件下，京东商城凭借自身的议价能力把进货成本压得越低，可以获得的盈利空间就越大。针对商家委托销售的货物，流经京东仓库，对于京东商城来说，销售利润返点比例越高，京东商城获利能力越强。在以流量为王的时代，顾客流量是平台的核心。对于京东商城来说，顾客流量体现了平台的能力和地位，是京东商城与供应商进行货物议价和要求获取销售利润返点比例的资本。同时，顾客流量中一部分成为京东商城的忠诚顾客，作为国内较早推出购物会员制的京东商城把一部分忠诚会员转化为其收入来源。商家入驻量是购物平台地位的体现。无论是京东自营的商家入驻，还是第三方商家入驻，都增强了京东商城购物平台的地位，同时为京东商城提供了盈利的基本保障。购物平台广告如今已成为京东商城越来越重要的收入来源，越来越多的平台通过观测用户偏好从而向用户定向推荐相关产品，这种方式增加了平台的广告收入，增强了平台的运作能力。

天猫商城作为B2C网购市场的流量核心，众多商家乐意与之合作，但天猫商城收取的佣金也是影响商家利益的关键因素。这种利益上的矛盾还可能带来其他的问题，如天猫商城平台的转化率偏低可以说与其运作不无关系。因为天猫商城上的一系列活动只增加了流量，而流量的质量问题并不在天猫商城的考虑范围之内，这与入驻商家的利益是相违背的，从长远来看，这不利于天猫商城的发展。京东商城与供货商也存在利益的矛盾，一方面京东商城与供货商相互依赖，另一方面京东商城在购进自营货物时会凭借自身的议价能力进行压价，使供货商常常处于被动局面。天猫商城主要与入驻商家存在一定的利益矛盾，京东商城与入驻商家和供货商都存在一定的利益矛盾。这种相互依赖又存在利益冲突的关系需要各方协调以实现各方利益的平衡。

资料来源：李向前，王俊男. 基于e~3value的B2C电商商业模式研究——对比分析天猫商城与京东商城. 广义虚拟经济研究，2020，11（4）：66–72. 引用时有修改

思考与讨论：

请比较天猫商城和京东商城的不同之处。

四、B2C 电子商务团购模式

（一）B2C 电子商务团购的含义

团购即团体采购，也称集体采购或团体购买，早期又称集体采购或合作消费，即一个团队联合起来向商家采购某一商品或服务。互联网及现代信息技术的发展和普及，使得分散在不同角落、互不认识的消费者能够很容易地集体采购某一品牌的某种产品，于是 B2C 电子商务团购应运而生。所谓 B2C 电子商务团购，就是认识的或者不认识的具有相同购买意向的零散消费者联合起来，通过向商家大批量购买，加大与商家的谈判能力，以求得最优价格。根据薄利多销、量大价优的原理，商家可以给出低于零售价格的团购折扣和单独购买得不到的优质服务。

B2C 电子商务团购是电子商务发展到一定程度的产物，是 B2C 电子商务的模式之一。在传统商务中，受时空限制，团购行为带上了浓重的区域性色彩，限制了团购的种类和参与用户的总量。互联网的出现打破了时空限制，信息得到迅速、广泛的传播，具有相同兴趣或相同需求的消费者通过网络聚集形成巨大的需求群体，从而加大了与经销商讨价还价的筹码。一般来说，B2C 电子商务团购的模式有三种：①由消费者自发组成的网络集体购买行为；②由供应商主动组织的网络销售行为；③由第三方组建团购网站，联系商家与消费者，从而进行的网络团购的模式。目前，网络团购实现的主要方式是由商业网站提供第三方商业平台（团购网站）作为消费者与商家的中介。

（二）B2C 电子商务团购的主要分类

1. 消费者自发组织的 B2C 电子商务团购

消费者自发组织的 B2C 电子商务团购主要是由那些有购买某种商品欲望的专业或业余自然人发起，在网站没有提供相关商品团购信息的前提下，利用网络工具如论坛、新闻组等建立针对该产品的团购主题，召集一些具有相同购买意向的人加入，共同购买，形成一定的规模效应，从而增加消费者与企业谈判的筹码，最终达到以团体的优势获得较为优惠的购买价格的目的。

消费者自发组织的 B2C 电子商务团购是 B2C 电子商务团购的最初产生形态，具有以下特征：①发起人自己参与购买，有较高的购买分辨能力和价格谈判能力，并且愿意为团体争取更好的价格；②发起人与其他团购网友是同一利益整体，在发生团购纠纷时，发起人会坚决地站在消费者一边，维护参与者的利益。

消费者自发组织的B2C电子商务团购受发起人的局限，存在以下缺陷：①非规范性。发起人为一般消费者，团购运作不规范，参与者所需遵守的规范没有约束力。②偶然性。未能形成具有持久性的网络团购团体，购买对象及产品由发起人主观确定，交易完成后项目撤销。另外，团购参与者加入与退出的随意性大，难以保障团购目标的实现。

2. 厂商组织的B2C电子商务团购

B2C电子商务团购模式的成功运作，吸引了众多厂商，使得B2C电子商务团购模式进一步发生变化，商家变被动为主动，开始自发组织各种各样的团购，以低价作为促销的原则，深受消费者欢迎。在这种团购模式下，厂商取得团购的主动权，即作为团购的发起人组织自身产品的团购，将团购纳入自身网络营销体系，从而形成网络营销团购模式。通过这一模式，厂商可以较好地控制团购的价格、规模，灵活地采用多种方式，从而平衡多方利益。

3. 第三方B2C电子商务团购

由于消费者自发组织具有松散性，因此现在的团购一般由第三方或销售方组织与管理。目前盛行的主要是网络商业团购。网络商业团购一般由专业的商业网站提供第三方服务平台，第三方团购网站也称团购中介。第三方团购网站一方面根据网站自身业务现状和目标市场需求设置团购主题，采用会员制的方式吸收参与团购的消费者；另一方面利用大量需求的优势与厂商协商产品价格，形成比较规范的团购流程。在这种模式下，商品或服务的团购具有专业性，操作流程规范化，相比消费者自发组织的B2C电子商务团购有更好的质量与服务保障。具体来说，团购组织者通过专业网站，为团购成员和特约商家“牵线搭桥”，将产品信息如型号、团购价格折扣等放在网络上，在参与者达到一定数量之后，再与商家联系完成交易。第三方团购网站则负责对商家诚信进行有效监督，并接受参与者的实时投诉，维护网站数据库，审批新加盟商家等。本教材介绍的B2C电子商务团购模式主要指第三方B2C电子商务团购。

（三）B2C电子商务团购的特点

1. 买方议价能力得以增强

在固定价格机制下，买方即消费者仅可以在厂商或经销商给定价格的情况下选择是购买还是不购买，讨价还价的空间很小。而在团购机制下，买方即消费者拥有很强的议价能力，与传统的拍卖、宣传价格、一般零售相比，参与团购的人数越多，买方的议价能力越强。

2. 买方总效用得以增加

从买方角度考虑，对于加入团购的消费者来说，其总效用也等于获取效用和交易效用之和。获取效用是消费者从购买和使用商品过程中获得的满意减去其所支付的价格所带来的不满意。这一点在传统购买模式下改变不大。但交易效用取决于支付价格和参考价格的差额，有正有负。而相对于传统购买模式，团购模式下的交易效用差异很大。当交易效用为正时，可以促进消费者购买。

3. 买卖双方的交易费用得以降低

网络团购使买卖双方可以有效降低交易费用。根据科斯在 1937 年给出的定义，交易费用是指与发现交易对象、发现相对价格、讨价还价、订立契约和执行契约有关的费用，是运用市场机制的费用。买方利用结盟的方式聚集其他有同样需求的买方共同购买，买方之间又通过网络交流共享目标商品的信息，大家一起议价，从而使得买方的询价、议价费用得以有效降低。对于卖方，其交易费用也有显著降低。当销售商与团购买方集体谈判时，团购降低了消费交易行为的不确定性，卖方能够明确预知交易成功的可能性，不必为某些次要环节过多费力，与买方进行谈判的交易成本比向单个买方宣传要低，从而降低了签约、履行契约的费用。

4. 有利于消费者维权和厂商售后服务

如果参与团购的买方来自相距不远的同一地方，集体购买同一产品和服务可以得到相对有保证的产品的售后服务。对于零散的消费者，厂商长途分散维修或维护的成本很高，但如果对某一地区同一产品进行维护，情况就不一样了。一旦出现产品纠纷，集体纠纷也比单个消费者受到更多重视。

5. 有利于商品信息资源的开发和利用

在目前众多 B2C 电子商务团购网站或论坛中，商品信息的发布更有目标性，因为可以针对特定需求的买方提供他们所需的详尽的产品信息。除此之外，许多专业的团购网站还给买方专业性的导购服务，或向买方普及有关产品的知识，增加产品的透明度，减少买卖双方的信息不平衡。对于卖方而言，在买方市场常态状况下，通过网络团购，卖方可以直接接触参加团购的消费者，及时通过网络了解他们的偏好和习惯，收集数据，以便更好地把握市场需求，把资金转移到消费者所需的产品中来，避免资源浪费。

（四）B2C 电子商务团购网站的主要盈利模式

B2C 电子商务团购产业链，主要涉及商家、团购网站、消费者三方，并由社交网站、导航网站、支付服务商和物流提供商提供相关配套服务。B2C 电子商务团购网站为团购提供第三方服务平台，在产业链中占主导地位。简单来说，B2C电子商务团购网站是一种整合了电子商务、Web 2.0、互联网广告以及线下模式的服务型企业，盈利模式简单清晰，以收取交易佣金为主要收入来源。网站采用会员制吸收参与团购的消费者。如果老会员介绍新会员加入，网站会奖励老会员相应的积分或者代金券。网站宣传不以广告为主，主要依靠消费者间的口碑相传。随着团购网站的发展，其盈利模式亦呈现多样化趋势，少数网站开发了商品代销或与第三方合作返利、广告费、加盟授权费等新的盈利点。而现阶段不以直接盈利为目的、作为增强平台黏性营销手段的团购网站、团购子频道，属于广义的团购网站范畴，这类网站通常具备线下和线上的资源优势，待机会成熟时这些优势可转化为前述盈利模式。

（五）B2C电子商务团购的交易方式

目前，B2C电子商务团购的交易方式主要有三种：①采用社区方式线上报名聚集买方，线下和卖方讨价还价；②通过给出量价曲线，到约定的交易结束时间，买卖双方根据购物总量确定的价格折扣达成交易；③团购网站直接提供团购商和团购价格，设定最低和最高团购人数，团购人数达到最低要求时便可以团购价格获得商品。

第一种交易方式采取先聚集后议价的方式，由于聚集阶段买方对最终团购价格没有既定的认知，因此买方之间容易产生不信任感，并且线下议价不能体现电子商务网上交易的优越性。在第二种交易方式下，价格随着团购人数的变动而灵活变动，容易出现买方等待价格降至自己能接受的范围之内才报名团购的情况，因此该方式不能快速、全面地挖掘潜在买方，从而降低了集体购买力。最后一种交易方式是先定价后聚集，团购网站与卖方协定团购价格之后发布团购信息，买方只能被动接受团购价格。

B2C电子商务团购由消费者、商家和网络中介组成。消费者有购买需求，商家出售商品，在网络信息自由传播的条件下，网络中介为消费者和商家搭建交易平台，使购买需求和出售需求良好对接。

在整个网络团购过程中，网络中介的作用不可小觑。作为连接消费者和商家的纽带，网络中介一方面想方设法吸引消费者注册网站，参与团购；另一方面与商家密切联系，扩大商家来源。除此之外，网络中介负责消费者和商家之间关于商品质量、售后服务等的协调和保障。网络中介往往制定一套对商家的筛选制度，与合作商家签订协议来保障用户的利益。一旦消费者与商家发生纠纷，网络中介扮演调节者的角色，为消费者争取利益。网络中介将消费者利益视为交易活动的制高点，旨在吸引更多消费者，让消费者获得更多让利，从而进入再吸引更多消费者的良性循环。为此，网络中介的收入多数来自商家支付的佣金，基本不向消费者收取任何费用。消费者注册和参与团购全部免费，只需支付商品费用。

拓展阅读

团购网的起源

2008 年 11 月，美国芝加哥出现了一家提供社会化团购的新型服务企业，名为 Groupon（团宝网），Groupon 是“Group”（团）和“Coupon”（优惠券）的组合。它通过每天一团的创新商业模式提供在线团购服务，并以此整合社会性网络服务（social networking services，SNS）、微博客和基于位置服务（location based service，LBS）等平台，创建了聚合本土商家、用户及广告主的产业链和商业生态圈。与传统网络团购不同，Groupon 通过线下业务团队发展商户，线下销售团队规模远超线上销售团队。该网络平台一天只提供一次团购，也就是只推一款折扣产品。一般从零点开始，参与团购的用户达到一定规模后，团购即开启。每人每天限拍一次，折扣品一定是属于服务类型的，而且服务有地域性。可见，Groupon 模式团购网本质是为商家及消费者提供一个服务平台，对商家而言，利用薄利多销、量大价优的优势迅速开拓了消费市场；对消费者而言，用“抱团”的力量与商家砍价，消费者得到了实惠，节省了不少开支。而网站本身则获取服务费或产品差价收益。三方共赢，这是一种理想状态的模式。

Groupon 被称为“史上最疯狂的互联网公司”。Groupon 提供包括纽约、芝加哥、华盛顿、洛杉矶等主要城市在内的本地团购商品和服务。开通半年后，Groupon 就已经盈亏平衡，一年后盈利目标就直指 5 000 万美元。

Section 3

第三节 C2C 电子商务

一、C2C 电子商务的含义

C2C 是英文 customer to customer 的缩写，即消费者对消费者，C2C 电子商务是消费者同消费者通过互联网交易平台进行商品交易。在 C2C 电子商务中，不可或缺的三个要素是卖方、买方和 C2C 电子商务平台。卖方也称卖家，是指在交易过程中出售商品或服务并由此获利的个人。卖方通过 C2C 电子商务平台发布商品信息，并在平台上与买方达成交易。买方也称买家，是指在交易过程中，因自身需求购入商品或服务的个人。买方通过 C2C 电子商务平台获取商品信息，并与卖方获得联系，在 C2C 电子商务平台上与卖方达成交易。为买卖双方提供 C2C 交易服务的互联网平台称为 C2C 电子商务平台。

二、C2C 电子商务对国民经济的影响

相对而言，C2C 电子商务占目前中国电子商务交易规模的总量较小，但对国民经济具有非常重要的意义。

（1）C2C 电子商务能够促进消费，刺激国民经济发展。C2C 电子商务对促进居民消费、扩大内需有积极作用，主要体现在以下两个方面：一方面，C2C 电子商务为消费者提供了更便捷的消费渠道。C2C 电子商务为消费者提供的便利包括：消费商品品类的极大扩张，缩短时空距离使远距离交易变得更加便利；为互联网交易支付带来巨大方便；第三方物流递送免除了购物的体力消耗等。C2C 电子商务为普通居民提供了新的消费方式。另一方面，C2C 电子商务为商品零售开辟了新的广阔渠道。在 C2C 电子商务的帮助下，商品零售终端从过去传统的终端门店扩展到互联网。这一新渠道的产生，进一步加大了商品接触消费者的概率，增加了商品的消费量。C2C 电子商务在消费品零售总额中已经占有一定的比重，对于扩大我国内需、刺激国民经济的健康发展有积极意义。

（2）C2C 电子商务能够促进就业，有利于盘活社会资源。C2C 电子商务能够吸引部分社会闲散劳动力，对促进就业有间接作用。由于 C2C 电子商务是个人对个人的零售商品交易，且目前国家法律对在 C2C 电子商务平台销售商品的个人尚较宽容，因此进入门槛较低。此外，C2C 电子商务也在很大程度上帮助了居民进行二手交易，有利于盘活社会资源。

（3）C2C 电子商务能够带动相关产业发展。除直接刺激商品零售业，C2C 电子商务对于带动其他相关产业的发展也有积极作用，其中第三方互联网支付和物流产业受益较大。

三、C2C 电子商务三要素分析

传统的线下交易主要是为了促成买方和卖方之间达成交易，即买卖双方有交易的地

点，能够进行谈判，进行交易账款的支付以及交易商品的交付。同样，C2C 电子商务的目标也是买卖双方达成交易，其与传统的线下交易具有完全一致的流程。唯一的区别是，C2C 电子商务通过在线方式，即通过互联网解决这些问题。因此，C2C 电子商务需要在互联网上提供一个能够展示商品信息以及能够辅助交易开展的地点，即需要一个线上贸易的平台；交易账款的支付方面，需要 C2C 电子商务提供给买卖双方支付解决方案；商品的交付方面，需要相应的物流服务。因此，C2C 电子商务的发展有赖于三个要素：信息平台、支付服务及物流服务。

（一）C2C 电子商务信息平台

目前，我国 C2C 电子商务信息平台主要是淘宝网，它提供 C2C 电子商务交易服务。除此之外，某些互联网网络也提供部分 C2C 电子商务交易服务，如某些论坛设置了二手物品交易的讨论区，个人自建网站销售商品等。但该部分已经不再成为 C2C 电子商务服务的主流，且在 C2C 电子商务中的作用日渐微弱。

实现 C2C 电子商务所需要的信息平台，即 C2C 电子商务平台，应至少满足三个基本功能，即商品展示、订单管理、交易沟通。此外，为提升用户体验，各平台又为买卖双方提供了更多的高阶功能。

1. 商品展示

商品展示是 C2C 电子商务平台提供服务的最基本功能。各平台提供的商品展示功能基本一致。基本的商品展示功能由“店铺”“货架”实现。“店铺”是 C2C 电子商务平台为卖家提供的一个附着于平台下的网站空间，通常具有独立的二级域名，用于展示卖家在 C2C 电子商务平台销售的所有商品。“货架”是 C2C 电子商务平台为卖家的每一类商品在页面上提供的展示位置，该位置通常为一个带有文字说明的图标，或是一个带有图片和文字说明的搜索结果。在卖家的店铺中，货架为图标形式；而在 C2C 电子商务平台网站的展示中，货架则表现为搜索结果，并与其他卖家的同类商品排列在一起。

C2C 电子商务平台的商品展示必须包含的要素有商品名称、商品说明、商品定价、卖家名称、递送方式及收费。大多数商品展示会提供商品图片。

2. 订单管理

订单是商品交易中贯穿始终的要素。为帮助买卖双方达成交易，提高效率，降低风险，C2C 电子商务平台为买卖双方提供订单管理。对买家而言，订单管理相对简单，即实时记录购买的是何种商品，是否已支付，以及卖方是否已发货。对卖家而言，订单管理要比买家的复杂，因为卖家通常有更多的订单记录。因此，卖家的订单管理除了记录客户的订购需求、支付情况、回款到账情况、发货情况、物流情况之外，还需要使用一些基础的客户关系管理工具。

3. 交易沟通

在绝大多数情况下，买卖双方为交易达成必须进行沟通。C2C电子商务平台提供的是非面对面交易，因此为交易进行的沟通很难面对面进行，C2C电子商务平台必须为买卖双方提供沟通机制。C2C电子商务平台提供的沟通机制分为两类：一类是非实时的，即买卖双方通过平台的留言系统互相留下简短信息，待收信方再次使用该平台时回复；另一类是实时的，即采用即时通信工具，如阿里旺旺，买卖双方直接进行聊天沟通。交易沟通的容易程度对用户体验有非常重要的影响。

（二）C2C电子商务支付服务

C2C电子商务支付服务分为互联网支付（或称为线上支付）和传统线下支付两类。前者通过互联网实现交易支付，后者则主要通过银行转账、汇款等传统方式完成交易支付。

对于支付要求不高的C2C电子商务而言，目前第三方互联网支付已经基本能够满足其要求。原因在于：①C2C电子商务以小额交易为主，目前第三方互联网支付虽然受限于监管规定的支付限额，但对于C2C电子商务的小额支付仍能够满足需求；②C2C电子商务平台提供的第三方互联网支付已经与国内所有主要的银行建立了合作关系，因此无论是对买家还是对卖家，也无论开户行是哪家，付款和收款都能够较为平滑地进行；③由于在支付环节，C2C电子商务平台提供的第三方互联网支付工具增加了信用中介功能，这对于消除买家对交易风险的疑虑起了关键性作用。因此，买家对于第三方互联网支付工具的黏性空前提升，这是第三方互联网支付在C2C电子商务交易中普及的最主要原因，也在客观上表明这一服务能够很好地支撑C2C电子商务的交易需求。

（三）C2C电子商务物流服务

物流服务实现了C2C电子商务交易的实物交付，是商品从供应地向接收地实体流动的过程。C2C电子商务物流服务根据实际需要，将运输、储存、装卸、搬运、配送、信息处理等基本功能有机地结合起来。

从C2C电子商务的物流需求来看，我国物流服务已经实现了与电子商务信息平台的深度结合。目前，C2C电子商务物流服务主要存在的问题是：①物流综合协调能力薄弱，整体物流规划不够理想。我国物流企业基本为中小企业，在仓储、运输、配送各个环节不能优化调度、有效配置。我国的物流运作习惯于自成体系、自我服务，大量潜在的物流需求还不能转化为有效的市场需求。物流社会化、专业化、组织化程度低，物流效率低下，现有资源利用不足，社会物流依然粗放。②物流组织管理水平有待提高，物流费用高于平均水平。我国物流总费用与国内生产总值的比例高于欧、美、日等发达国家和地区，管理费用占物流总费用的比例也高于发达国家水平。从这些差距可以看出，我国在物流的组织管理水平上与发达国家和地区还存在一定的差距。

综合来看，C2C 电子商务已经较好地解决了商务中信息流、物流和资金流的问题，三者结合已经开始体现出 C2C 电子商务高效、便捷的特点。

拓展阅读

eBay 的起源与发展历程

eBay（亿贝、易贝）是一个可让全球民众上网买卖物品的线上拍卖及购物网站。eBay 于 1995 年 9 月 4 日由彼埃尔·奥米迪亚以 Auctionweb 的名称创立于加利福尼亚州圣荷西。人们可以在 eBay 上出售商品。

1995 年，当时奥米迪亚的女朋友酷爱佩兹糖果盒，却为找不到同道中人交流而苦恼。于是奥米迪亚建立了一个拍卖网站，希望能帮助女友和全美的佩兹糖果盒爱好者交流，这个拍卖网站就是 eBay。令奥米迪亚没有想到的是，eBay 非常受欢迎，很快网站就被收集佩兹糖果盒、芭比娃娃等物品的爱好者挤爆。

奥米迪亚拍卖的第一件物品是一只坏掉的激光指示器，以 14.83 元成交。他惊讶地询问得标者：“您难道不知道这玩意坏了吗?”奥米迪亚得到了以下回复：“我是个专门收集坏掉的激光指示器玩家。”

杰夫·史科尔（Jeff Skoll）在 1996 年被聘为该公司首任总裁及全职员工。1997 年 9 月该公司正式更名为 eBay。起初该网站属于奥米迪亚的顾问公司 Echo Bay 信息集团。奥米迪亚曾经尝试注册一个 EchoBay 的网址，却发现该网址已被 Echo Bay 矿业注册了，所以他将 EchoBay 改成他的第二备案 eBay。

1997 年奥米迪亚开始为 eBay 物色 CEO，他看中了哈佛 MBA 出身，并先后在宝洁、迪士尼担任过副总裁的梅格·惠特曼。惠特曼由于从未听说过 eBay 而拒绝加盟，后经职业猎头贝尼尔的软磨硬泡，同意并把 eBay 带向今天的辉煌。

eEay 网站包括数以百万的家具、收藏品、计算机、车辆。有些物品稀有且珍贵，然而大部分物品可能只是满布灰尘、看起来毫不起眼的小玩意。这些物品常被人忽略，但如果能在全球性的大市场贩售，其身价就有可能水涨船高。只要物品不违反法律或是在 eBay 的禁止贩售清单之列，就可以在 eBay 刊登贩售。服务及虚拟物品也在可贩售物品的范围之内。可以公允地说，eBay 取代了以往那种规模较小的跳蚤市场，其将买家与卖家拉在一起，创造了一个永不休息的市场。

如今 eBay 已有上亿的注册用户，每天有涉及几千个分类的几百万件商品销售，eBay 已成为世界上最大的电子集市。

本章小结

Summary of this chapter

本章首先介绍了零售业的发展和 B2C 电子商务的含义、B2C 电子商务的分类、B2C 电子商务运作的基本环节；然后详细论述了 B2C 电子商务直销模式、B2C 电子商务商城模式、B2C 电子商务平台模式和 B2C 电子商务团购模式，分析了它们各自的含义、优点等；最后介绍了 C2C 电子商务的含义、C2C 电子商务对国民经济的影响及 C2C 电子商务的三个要素。

思考与练习

一、不定项选择题

1. 按照商业模式，可以把 B2C 电子商务模式分为（　　）。

A. 直销模式　　　　B. 商城模式

C. 团购模式　　　　D. 平台模式

2. B2C 电子商务配送主要通过（　　）解决。

A. 第三方物流　　　　B. B2C 电子商务企业自建配送体系

C. 消费者自取　　　　D. 政府提供

3. 目前 B2C 电子商务支付的主要方式有（　　）。

A. 货到付款　　　　B. 在线支付

C. 第三方支付　　　　D. POS 机器支付

4. B2C 电子商务平台的主要参与者包括（　　）。

A. 生产商　　　　B. 批发商

C. 零售商 D. 辅助服务提供商

5. C2C 电子商务平台提供的功能包括（ ）。

A. 商品展示 B. 订单管理

C. 存货管理 D. 交易沟通

二、思考题

1. 什么是 B2C 电子商务？B2C 电子商务有哪些类型？
2. B2C 电子商务涉及哪些交易主体？这些交易主体的作用是什么？
3. 什么是 B2C 电子商务直销模式？
4. 分析 PPG 直销模式及其失败的原因。
5. 举例比较 B2C 电子商务商城模式和 B2C 电子商务平台模式的特点。
6. B2C 电子商务团购包括哪些类型？B2C 电子商务团购网站的盈利模式有哪些？

第四章

电子商务交易相关问题

导　言

通过之前的介绍，我们知道电子商务交易主要围绕信息流、资金流和物流展开。具体而言，从消费者的角度看，完整的网上购物活动包括信息捕捉、商品比较、下单购买、支付货款、查收商品五个环节。从企业的角度看，为完成商品的交易，企业需要采购商品、上架商品（将商品的相关信息及图片上传到网站上，展示给消费者）、营销商品、提供支付和仓储配送服务。本章将重点介绍电子商务实现交易的一系列相关过程，其中包括电子商务交易的特点、主要流程，电子商务市场调研的主要方法和一般步骤，电子商务交易定价的原则、特点和策略，以及电子商务交易促销策略。

学习目标

1. 理解电子商务交易的特点、主要流程、主要影响因素及类型。

2. 掌握电子商务市场调研的特点和一般步骤，能够运用电子商务市场调研方法进行调研。

3. 了解电子商务交易定价的原则和特点，能够运用电子商务交易定价的策略对网络产品定价；了解电子商务交易促销策略，能运用这些促销策略进行电子商务促销活动。

导入案例

拼多多推农产品“原产地直发”：加大投入完善产地建设，助力乡村振兴

12 月 14 日，新电商平台拼多多宣布推出农产品“原产地直发”，将通过加大资金投入、直播扶持、人才培育、供应链优化等综合举措，进一步加大对优质水果、蔬菜、肉蛋等生鲜产品的补贴力度，不断完善“原产地直发”的农产品上行模式，助力区域公用品牌建设，强化数据应用和人才支撑，助力乡村振兴。

拼多多“百亿补贴”“限时秒杀”两大核心资源将同步加入。“百亿补贴”现已大幅覆盖“米袋子”“菜篮子”等民生用品，“限时秒杀”也将每天推出时令水果及生鲜的优惠，让消费者以全网最低价享受来自各大农产区的美味。

据悉，拼多多“原产地直发”是平台践行“重投农业”的重要一步。此前，拼多多 CEO 在 2020 年 Q3 财报电话会议上表示，平台对农产品全价值链和基础设施的合作以及投资机会保持高度关注，将帮助农民赚得更多、消费者节省更多，推动农业价值链变得更加高效，最终实现“普惠”的目标。

拼多多通过“原产地直发”模式，极大地缩短了流通供应链，推动农产品从田间地头“最初一公里”直连餐厅厨房“最后一公里”，大幅降低了产品销售成本。

拼多多“原产地直发”模式将致力于破解农产品流通过程中的层层加价问题。“在传统流通链中，农产品要经过小商贩、产地批发市场、菜市场、超市等多个环节，每个环节都在抬高产品的销售成本。”拼多多新农业农村研究院副院长表示，“我们将扎实推进‘原产地直发’的销售模式，打造农产品超短供应链，有效促进农民增收”。

为此，拼多多将广泛深入全国各大农产区，在区域联合、直播推广、原产地建设、公用品牌打造等领域展开合作，在重塑农产品供应链的同时，发掘更多原产地的优质产品，助力部分地区的小水果发展成大产业。

而在销售方面，拼多多将加大农产品补贴力度，通过“百亿补贴”“限时秒杀”两大核心资源为时令水果及生鲜提供源源不断的需求。在之前的“冬令生鲜万人团”中，直接采自原产地的赣南脐橙均价每斤不到 3 元，琯溪蜜柚更是低至 1.6 元/斤，均为全网最低价，万人团单日销量超过 66 000 件。

资料来源：改编自李文瑶．拼多多推农产品“原产地直发”：加大投入完善产地建设，助力乡村振兴.（2020－12－15）.［2022－04－17］. https：//tech. huanqiu. com/article/416n0RLW1J6.

思考：

“原产地直发”模式是什么？

Section 1

第一节 电子商务交易概述

一、电子商务交易的概念及特点

电子商务本质上属于商务活动，其并未改变传统商务交易的实质。但是由于电子商务是借助互联网这一电子化媒介开展的具体的交易过程，因此其与传统商务交易又有显著差异。

（一）商务交易的概念

商务交易是市场交易的一种，商务交易的概念外延要比市场交易更为狭窄。商务交易是商务活动的主体为了实现价值最大化所进行的营销、磋商、签约、履行合同等一系列商务活动的有序集合。理解上述定义，需要把握以下几点：①商务交易是商务活动的重要组成部分，是商务活动的核心环节。②有序集合。商务交易是按照一定的市场交易规则，根据交易双方的意愿，在一定的时间和空间范围内展开的。③价值最大化既是商务交易参与者的目标，也是推动整个商务活动流程的动力。

（二）电子商务交易的特点

1. 普遍性

普遍性是指电子商务交易不受时空限制，可以在任何时间和任何地点进行。普遍性是电子商务交易的主要特点，它把市场拓展到所有时间和空间，由此衍生出电子商务交易的其他特点。

2. 虚拟性

电子商务交易的虚拟性主要表现在两个方面：一是交易物品在网上模拟展示，二是交易过程的某些环节被虚拟化。

3. 互动性

互动性是指电子商务交易双方在交易过程中可以超越时空障碍，实时双向沟通，这是电子商务交易与其他商务交易相区别的重要方面。

二、电子商务交易的主要流程

电子商务交易的主要流程一般可以分为四个阶段。

（一）交易前的准备

这一阶段主要是指买卖双方和参与交易各方在签约前的准备活动。买方根据自己所要购买的商品，准备购货款，制订购货计划，利用互联网和各种电子商务平台寻找自己满意的商品和卖方，进行货源市场调查和市场分析，反复修改购货计划和进货计划，确定和审批购货计划，再按计划确定购买商品的种类、数量、价格、购货地点和交易方式等。

卖方根据自己所销售的商品，召开商品新闻发布会，制作广告进行宣传，全面进行市场调查和市场分析，制定销售策略和销售方式，了解买方所在国家的贸易政策，利用互联网和电子商务平台发布商品广告，寻找贸易伙伴和交易机会，扩大贸易范围和商品的市场份额。参加交易的其他各方，如中介、银行金融机构、信用公司、海关系统、商检系统、保险公司、税务系统、运输公司，也都需要为进行电子商务交易做好准备。

（二）交易谈判和签订合同

这一阶段主要是指买卖双方对所有交易细节进行谈判，双方磋商的结果以文件的形式确定下来，即以书面文件形式和电子文件形式签订贸易合同。电子商务的特点之一是可以签订电子商务贸易合同，交易双方可以利用现代电子通信设备和通信方法，经过认真谈判和磋商，将双方在交易中的权利、所承担的义务，以及对商品的种类、数量、价格、交货地点、交货日期、交易方式和运输方式、违约和索赔等合同条款，全部以电子交易合同形式做出全面、详细的规定。合同双方可以使用电子数据交换（electronic data interchange，EDI）进行签约，也可以通过数字签名等方式进行签约。

（三）办理交易开始前的手续

这一阶段主要是指从买卖双方签订合同后到合同履行之前办理各种手续的过程，也是买卖双方进行交易前的准备过程。交易可能涉及中介、银行金融机构、信用公司、海关系统、商检系统、保险公司、税务系统、运输公司等，买卖双方要使用电子数据交换与有关各方进行各种电子票据和电子单证的交换，直到手续办理完毕。

（四）交易合同的履行和索赔

这一阶段是从买卖双方办完所有手续之后开始的，卖方要备货、组货，同时进行报关、保险、取证等，然后将商品交付给运输公司包装、起运、发货，买卖双方可以通过电子商务服务器跟踪发出的货物。银行金融机构按照合同处理双方的收付款，进行结算，出具相应的银行单据等，直到买方收到商品，才完成了整个交易过程。如果在交易过程中出现违约，受损方会向违约方索赔。

三、电子商务交易的主要影响因素

电子商务交易过程包括消费者访问、浏览、搜索、下单、支付、配送等环节。因此，电子商务交易是一个系统工程，任何一个环节不畅，消费者体验不好，均有可能影响电子商务交易的实现。具体而言，电子商务交易的主要影响因素包括以下六个方面：

（一）网站访问及易用性

这方面包括网站的访问速度、网站稳定性、消费者注册及购物流程、网站页面设计和结构布局等。这是消费者使用网站的第一步，直接影响消费者对网站的第一感觉，对于交易的达成具有重要作用。

（二）网站品牌信誉和商家信用体制

通常C2C电子商务网站商品种类丰富，但有假货、仿货，产品品质参差不齐，商家服务水平也各不相同；而B2C电子商务网站，由于多由商家自行采购商品，商品种类相对较少，但产品品质、服务品质有保证。

（三）产品的品牌、价格和质量等

电子商务交易本质上仍属于商品买卖，所以交易产品的品牌、价格、质量等，直接决定消费者是否会进行交易。

（四）配套服务完备性

这主要包括网站内沟通工具（如是否有即时通信、客户电话等）、配送物流、支付体系、论坛社区服务等。电子商务交易属于无店铺交易，买卖双方无法直接面对面交流沟通，交易过程很大部分为消费者自助完成。在此过程中，相关环节介绍是否完整、流程是否通畅、选择是否丰富，均会对交易的达成产生重要影响。

（五）客户服务态度和水平

这主要包括售后和客户服务水平、在线客户服务的时间、配送服务质量（含配送时间、配送服务、配送包装、配送商品的完整性等）。在整个电子商务交易过程中，通常只在客户服务（含电话沟通和在线沟通）和商品配送环节，消费者能够与电子商务企业有直接的接触和交互。这些环节服务的质量，对网站的口碑具有直接影响。

（六）网站营销和宣传

这主要包括网站广告投放、会员优惠、促销活动等。电子商务交易开展的第一步是做到让消费者知晓网站销售哪些商品，因此需要对网站进行相应的推广。同时，在电子商务交易中，定期或不定期地开展促销活动也成为吸引新用户、刺激老用户的重要举措。

四、电子商务交易的类型

（一）按照商务活动内容分类

按照商务活动内容的不同，电子商务可以分为两类：①间接电子商务，即有形货物的电子订货，它仍然需要利用传统渠道如邮政服务和商业快递车送货；②直接电子商务，即无形货物和服务，如计算机软件、娱乐内容的联机订购、付款和交付，或者是全球规模的信息服务。直接电子商务和间接电子商务均提供特有的机会，同一企业往往二者兼营。间接电子商务要依靠一些外部要素，如运输系统的效率等。直接电子商务能使买卖双方越过地理界线直接进行交易，充分挖掘全球市场的潜力。

（二）按照使用网络类型分类

根据使用网络类型的不同，电子商务可以分为三类：电子数据交换商务、互联网商务、内联网商务。

1. 电子数据交换商务

按照国际标准组织的定义，电子数据交换商务是将商务或行政事务按照一个公认的标准，形成结构化的事务处理或文档数据格式，从计算机到计算机的电子传输方式。简单地说，电子数据交换商务是按照商定的协议，将商业文件标准化和格式化，在贸易伙伴的计算机网络系统之间进行数据交换和自动处理。

电子数据交换商务主要应用于企业与企业、企业与批发商、批发商与零售商之间的批发。相较于传统的订货和付款方式，电子数据交换大大节约了时间和费用。相较于互联网，电子数据交换较好地解决了安全保障问题。这是因为使用者均有较可靠的信用保证、严格的登记手续和准入制度、多级权限的安全防范措施，从而实现了包括付款在内的全部交易的计算机化。

但是，电子数据交换商务必须租用电子数据交换网络上的专线，即通过购买增值网（value added network，VAN）服务才能实现，费用较高。它不仅需要有专业的电子数据交换操作人员，而且需要贸易伙伴也使用电子数据交换。这些都阻碍了中小企业使用电子数据交换。此外，早期计算机价格昂贵，调制解调器只有300 bps，商品软件少，许多应用程序需要自行开发，因此只有大公司才有能力使用电子数据交换。因此，电子数据交换虽然已经存在二十多年，但至今仍未广泛普及。近年来，随着计算机降价、互联网的迅速普及，基于互联网、使用可扩展标志语言（extensible markup language，XML）的电子数据交换，即网络数据交换（Web EDI）或称开放式数据交换（Open EDI），正在逐步取代传统的电子数据交换。

2. 互联网商务

按照美国互联网协会的定义，互联网是一种“组织松散、国际合作的互联网络”。该网络“通过自主遵守计算的协议和过程”，支持主机对主机的通信。具体来说，互联网就是让一大批计算机采用一种叫作TCP/IP的协议来即时交换信息。

互联网商务是国际现代商业的最新形式。它以计算机、通信、多媒体、数据库技术为基础，通过互联网络，在网上实现营销、购物服务。它突破了传统商业生产、批发、零售及进、销、存、调的流转程序与营销模式，真正实现了少投入、低成本、零库存、高效率，避免了商品的无效搬运，从而实现了社会资源的高效运转和最大节余。消费者可以不受时间、空间、厂商的限制，广泛浏览，充分比较，模拟使用，力求以最低的价格获得最为满意的商品和服务。

3. 内联网商务

内联网是在互联网基础上发展起来的企业内部网。它在原有的局域网上附加一些特定的软件，将局域网与互联网连接起来，从而形成企业内部的虚拟网络。内联网与互联网之间的最主要的区别在于内联网内的敏感或享有产权的信息受到企业防火墙安全网点的保护，只允许有授权者进入企业内部网，外部人员只有在许可条件下才可进入企业内联网。内联网将大中型企业分布在各地的分支机构及企业内部有关部门的各种信息通过网络予以连通，使企业各级管理人员能够通过网络读取自己所需的信息，利用在线业务申请和注册代替传统的贸易和内部流通的形式，从而有效降低交易成本，提高经营效益。

电子数据交换商务、互联网商务和内联网商务的关系如图 4－1 所示。

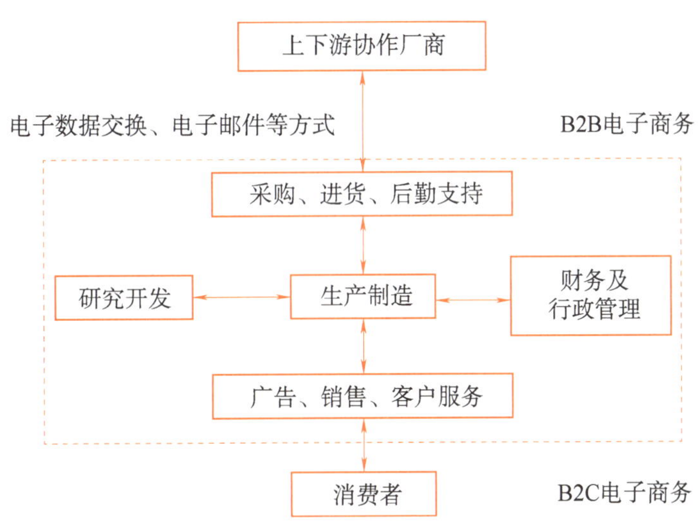

图 4－1　电子数据交换商务、互联网商务和内联网商务的关系

拓展阅读

世界上第一个互联网商务标准

世界上第一个互联网商务标准（The Standard for Internet Commerce，Version 1.0，1999）于 1999 年 12 月 14 日公布。该标准是由《兹夫－戴维斯》（*Ziff－Davis*）杂志牵

头，组织了200多位全球顶尖的互联网商人和信息技术业巨头、分析家、政策制定者、消费者代表、学者和新闻记者合作的结果，是互联网商务领域世界一流的思想家和实践者的工作结晶，反映了该领域的最好实践。该标准用于规范销售商的实践及政策，以实现高级别的客户满意度、服务、安全及隐私。

制定这个互联网商务标准的目的有五个：第一，增加消费者在互联网上进行交易的信心和满意程度；第二，建立消费者和销售商之间的信赖关系；第三，帮助销售商获得世界级的客户服务经验，加快革新步伐并降低成本；第四，支持和增强互联网商务的自我调节能力；第五，帮助销售商和消费者理解并处理迅猛增长的各种准则和符号。

在这一标准中定义了电子商务和互联网商务的概念：

电子商务是指利用任何信息和通信技术进行任何形式的商务或管理运作或进行信息交换。

互联网商务是指利用互联网，包括万维网进行任何电子商务运作。整个标准分7项47款。每一款项都注明是“最低要求”还是“最佳选择”。如果销售商宣称自己的网上商店符合这一标准，那他必须达到所有的最低标准。

1. 信息中心

销售商必须建立一个信息中心，并且使消费者在网站上的任何地方都可以找到这个信息中心的链接（最低要求）。销售商必须使用“information”（信息）这个词作为信息中心的标题（最低要求）。

2. 需公布的内容

销售商必须在信息中心公布如下内容：销售商的法定名称以及业主，主要办公地点，和销售商联系的渠道（如电话或电子邮件），可能的相关职业许可（最低要求）。销售商必须在信息中心提供在广告中没有明确的客户支付方式或其他使用第三方产品或服务的资料（最低要求）。在消费者被要求最终确认订单之前，销售商必须为消费者提供所有费用的清单，包括商品或服务的费用、运费、处理费以及税费（最低要求）。信息中心必须提供质量保证的说明，包括担保的有效期、适用的范围、不适用的范围、如何担保等（最低要求）。对每个商品或服务都必须提供有关售后服务的信息，包括服务范围、期限、如何进行等（最低要求）。在信息中心必须向消费者说明适用哪一国或地区的法律（最低要求）。必须向消费者公布可以选择的各种支付方式（最低要求）。必须提供有关处理取消订单、退货、退款的原则，包括可以取消订单的有效期，可以退货的商品，退货的条件，取消订单或者退货的费用，运费的支付方，消费者何时可以得到退款等（最低要求）。必须公布销售商从消费者的信用卡上收款的规定（最低要求）。

3. 产品或服务

如果销售商在销售或发货上对不同消费者（如特定地区或年龄）有限制，必须明确说明（最低要求）。在消费者最终订货之前，销售商必须提供有关产品的供应情况，即货物发送或订单的处理估计所需要的时间（最低要求）。销售商必须在两个工作日内通知期货订购者（最低要求）。必须用明显的标记，如颜色、图标等标志那些在网站上列出，但不能从网络上直接订购的商品（最低要求）。对于订购了无现货的产品的消费者，应该在货物到达后通知他们（最佳选择）。

4. 保密和安全

必须公布销售商的保密原则，至少包括：销售商将收集消费者的哪些资料，在何处收集；使用这些资料的目的；销售商是否会向第三方提供这些资料，如果提供，是在何种情况下；消费者资料是否是整个商务计划的一部分，如进行目标市场分析、建立各种促销方案等；消费者是否有可能限制使用私人资料，如何进行（最低要求）。销售商必须在主页和信息中心提供标记为“隐私”的保密原则链接（最低要求）。消费者必须有能力选择销售商是否可以利用收集到的消费者资料主动发送各种信息，并且在这些资料被开始收集时就可以进行这种选择（最低要求）。消费者必须有能力选择是否同意将自己的私人信息提供给第三方，并且在这些资料被开始收集时就可以进行这种选择（最低要求）。如果有关交易的第三方（如购物车、支付网关）的保密原则和销售商的保密原则不同，销售商必须提供指向第三方保密原则的链接（最低要求）。在整个交易过程中，销售商必须对所有消费者提供的信息进行加密传输（最低要求）。销售商必须对销售商存储的消费者资料进行加密处理（最低要求）。在信息中心，销售商必须为消费者提供哪些传输过程和资料是被保护的信息（最低要求）。

5. 确认和通知

销售商必须在消费者订货后一个工作日内向消费者发出订单确认电子邮件（最低要求）。销售商必须将总费用包括在订单确认通知中，或者明确告诉消费者从何处可以查找到总费用（最低要求）。销售商应该在消费者订购的货物被发运或者服务被执行后一个工作日内通过电子邮件通知消费者（最佳选择）。销售商必须将如下信息包含在发运通知中，或者明确告诉消费者从哪里可以得到以下消息：货物名称，总费用，货物从哪里以何种方式运出，估计的运输时间和如果有问题如何解决

（最低要求）。如果消费者选择的运输方式可以进行货物在运输过程中的跟踪，那么销售商应该为消费者提供这一方式（最佳选择）。如果消费者选择的运输方式需提供有关货物已经被收取和收取者姓名的资料，那么销售商应该为消费者提供这一方式（最佳选择）。如果销售商仅运出消费者订购的部分商品，那么销售商应该通知消费者其他商品将在以后运出（最佳选择）。如果消费者取消订单或者退货，那么销售商必须在三个工作日内通知消费者已经收到取消订单或者退货的消息（最低要求）。

6. 帮助和客户服务

销售商必须为消费者提供通过电子邮件提问或投诉的渠道（最低要求）。销售商必须在信息中心中提供获得消费者服务条款的渠道（最低要求）。销售商必须提供消费者反馈和文本投诉的渠道（最低要求）。销售商必须在收到问题或投诉48小时内向消费者确认收到了问题或投诉（最低要求）。如果投诉是有关商品而且销售商自身不能解决的，那么销售商必须向消费者提供和生产商联系的适当方法（最低要求）。

7. 其他

销售商应该保证发运的每个包装都在运输机构进行了标准的防丢失、防盗和防损害保险（最佳选择）。销售商必须按照可打印的格式向消费者提供订购货物的发票（最低要求）。如果消费者选择的运输公司许可，销售商应该向消费者提供可以进行特别投递的能力（最佳选择）。如果消费者以前已经提供过必要的信息，销售商应该为消费者提供“一键”购物的能力（最佳选择）。销售商应该提供对电子商务模式语言的支持，允许消费者在填写购物车表格时，避免重复性输入（最佳选择）。销售商应该提供实时处理订单和校验消费者信用卡的能力（最佳选择）。销售商应该提供通过关键词对整个站点的信息和产品进行搜索的能力（最佳选择）。销售商应该提供消费者可以通过网络来检查订单状况的工具（最佳选择）。销售商应该提供消费者可以检查以前订单的能力（最佳选择）。销售商应该有一种系统化的方法来不断处理消费者的反馈和了解他们的满意程度（最佳选择）。

该标准于1999年第一次正式发布后，世界各地均可以免费使用。并且在1.0版发布后，该标准将持续演化，至少将每年更新一次，以反映消费者的期望、销售商的实践及底层技术的变化。该标准主要的使用者是当前或潜在的销售商（公司、政府部门及非营利组织），其将该标准用作互联网的商务指南和规范。

Section 2

第二节 电子商务市场调研

一、电子商务市场调研概述

（一）电子商务市场调研的含义和特点

市场调研是指以科学的方法，系统地、有目的地收集、整理、分析和研究所有与市场有关的信息，特别是有关消费者需求的信息。市场调研是电子商务的重要内容和基本职能。电子商务市场调研的重点是研究电子商务的市场规模、竞争态势、需求特点，研究电子商务交易市场与传统交易市场的竞合关系，研究消费者心理和行为的新特点、新变化。电子商务市场调研可以借助电子商务本身的新技术、新平台，更及时、全面、准确地掌握市场态势和消费行为的变化。电子商务市场调研进一步扩大、开放了市场调研信息的来源，如电子商务网站上的用户反馈、用户评价等均是重要的市场信息。电子商务市场调研也是传统市场调研和网络市场调研的综合，网络市场调研是电子商务市场调研的手段之一。

（二）网络市场调研的优势

信息技术的发展促使传统市场调研向网络延伸，网络市场调研是通过在线调查表或者电子邮件等方式完成的。相比传统方式，网络市场调研具有以下优势：

（1）网络市场调研突破时空限制。调研可以 24 小时全天候进行，也不会受到区域的限制。

（2）网络市场调研具有便捷性和经济性。调查者和被调查者可以调过网络沟通交流，省去了传统纸质问卷、人工访谈等成本。

（3）网络市场调研具有及时性和客观性。通过网络平台，调研信息可以及时传递，且保证被调查者在相对独立的空间内接受调查，不必受到调查人员的干扰。

（4）数据可再利用和升值。原始数据和分析结论便于保存并进一步深加工，增加了数据的附加值。

（5）网络市场调研的可检验性和可控性。网络市场调查问卷可以附加全面规范的指标解释，有利于消除调查偏差。计算机自动实施问卷的复核检验，保证了检验与控制的客观、公正性。

在市场调研活动中，网络市场调研与传统市场调研共存互补。后文所提及的电子商务市场调研步骤及方法主要是针对网络市场调研展开的。

二、电子商务市场调研的一般步骤

电子商务市场调研应遵循一定的程序，一般而言，包括以下五个步骤：

（一）确定目标

虽然电子商务市场调研的每一步都很重要，但是调研问题的界定和调研目标的确定是最重要的一步。只有清楚地定义了电子商务市场调研的问题，确立了调研目标，方能正确地设计和实施调研。在确定调研目标的同时，还要确定调研对象，电子商务市场调研对象主要包括企业产品的消费者、企业的竞争者、上网公众、企业所在行业的管理者和行业研究机构。

（二）设计调研方案

具体内容包括确定资料来源、调查方法、调查手段和接触方式。

（三）收集信息

在确定调研方案后，市场调研人员即可通过电子邮箱向互联网上的个人主页、新闻组或者邮箱清单发出相关查询，或通过社交网络发出查询，之后就进入信息收集阶段。与传统市场调研相比，网络市场调研收集信息更方便、快捷。

（四）整理和分析信息

收集得来的信息本身并没有太大意义，只有进行整理和分析后的信息才有价值。整理和分析信息非常关键，需要使用一些数据分析技术，如交叉列表分析技术、概况技术、综合指标分析和动态分析等技术。目前国际上较为通用的分析软件有 SPSS、SAS、BMDP、Minitab 和电子表格软件。

（五）撰写调研报告

这是整个调研活动的最后一个重要步骤。报告不能是数据和资料的简单堆积，调研人员不能把大量的数字和复杂的统计技术扔到管理人员面前。正确的做法是把与市场营销决策有关的主要调查结果以一定的组织结构、格式撰写成调研报告。

三、电子商务市场调研的主要方法

电子商务市场调研方法根据收集数据性质的不同，分为网络市场调研直接调研法和网络市场调研间接调研法。网络市场调研直接调研法是通过互联网直接收集一手资料的方法，而网络市场调研间接调研法是主要利用互联网的媒体功能，从互联网上收集二手资料的方法。由于越来越多的报纸、杂志、电台等媒体以及政府机构、企业等转战互联网，网上信息量急剧增加，发现和挖掘有价值的信息，成为间接调研的关键。

（一）网络市场调研直接调研法

网络市场调研直接调研法根据不同的标准有不同的分类，根据调研方法的不同，可分为网上问卷调研法、网上观察法、网上实验法和专题讨论法。

1. 网上问卷调研法

网上问卷调研法是将问卷在网上发布，被调查者通过互联网完成问卷。网上问卷调研一般有两种途径：一种是将问卷放置在万维网上，当访问者访问时填写问卷。这种途径的好处是填写者一般是自愿的，缺点是无法核对问卷填写者的真实情况。为达到一定问卷数量，站点还必须进行适当宣传，以吸引大量访问者。例如，中国互联网络信息中心在调研期间与国内一些著名的网络服务提供商、网络媒体提供商如新浪、搜狐、网易等合作，在其网站上设置调研问卷的链接。另一种是通过电子邮件方式将问卷发送给被调查者，被调查者完成后将结果通过电子邮件返回。这种途径的好处是可以有选择性地控制被调查者，缺点是容易使被调查者产生反感，有侵犯个人隐私之嫌。

2. 网上观察法

网上观察法是一种实地研究方法，不过在网络中，“实地”特指一些具体的网络空间。网上观察的实施主要是利用相关软件和人员记录上网者的活动。相关软件能够记录上网者浏览网页时点击的内容，浏览内容的时间，在网上喜欢看什么商品页面，看商品时先点击的是商品的哪些方面——价格、服务、外形还是其他人对商品的评价，是否有就相关商品和企业进行沟通的愿望等，以及不同商品、广告、文字信息的点击率等数据。网站还可以对本站的会员（注册者）和经常浏览本站的IP（internet protocl address，互联网协议地址）地址的记录进行分析，掌握他们上网的时间、点击的内容及浏览的时间，从而了解他们的兴趣、爱好和习惯，以便更好地为网站的登录者提供更适合他们的信息和服务。企业也可以派一些人在相关的论坛、新闻组和聊天室“倾听”上网者的想法或意见。这些观察记录对于了解消费者的需要、地域分布、产品偏好和购买时间、改进商品和服务以及网上广告的发布都非常重要。

3. 网上实验法

网上实验法是选择多个可比的主体组，分别施以不同的实验方案，控制外部变量，并检查所观察到的差异是否具有统计上的显著性。这种方法与传统的市场调研所采用的原理是一致的，只是手段和内容有差别。

4. 专题讨论法

专题讨论法是通过新闻讨论组、邮件列表或网络论坛进行的获得资料和信息的方法。专题讨论法要遵循一定的步骤：首先确定要调研的目标市场；其次识别目标市场中要调查的讨论组；再次确定可以讨论或准备讨论的话题；最后登录相应的讨论组，通过过滤系统发现有用的信息，或创建新的话题，让大家讨论，从而获得有用的信息。具体来说，目标市场的确定可根据新闻讨论组、邮件列表或网络论坛的分层话题选择，也可向讨论组的参与者查询其他相关名录。此外，还应注意查阅讨论组上的常见问题，以便确定能否根据名录进行市场调研。

以上四种方法均为直接向网络用户进行调研的活动，因此被称为直接调研法。

（二）网络市场调研间接调研法

网络市场调研间接调研法是指主要利用互联网收集与企业经营相关的市场、竞争者、消费者以及宏观环境等信息。企业用得最多的还是网络市场调研间接调研法，通过这种方法较容易收集到信息，方便快捷，能广泛地满足企业的管理决策需要。可以用以下三种方法对网络环境中的二手资料进行分析。

1. 利用搜索引擎收集资料

搜索引擎一般按分类、网站和网页进行搜索。需要注意的是，按分类只能粗略查找，按网页虽然可以比较精确地查找，但查出的结果比较多，因此搜索时一般按网站搜索。在按网站搜索时，将要搜索的关键字与网站名和网站的介绍进行比较，显示出比较相似的网站。例如，要查找网络调研类的网站，可以在搜索引擎的主页搜索输入栏内输入汉字“网络调研”并确认，系统将自动找出满足要求的网站。如果找不到满足要求的网站，也可以按照网页方式查找，由系统自动找出满足要求的网页。

2. 访问网站收集信息

访问网站是指利用互联网访问相关网站和站点，收集、整理并归纳调研所需的相关信息。如果事先知道载有所需信息的网站名，只要在浏览器的查询框中键入网站名即可查找到需要的信息。直接访问相关网站可以帮助电子商务市场调研者快速、便捷地在互联网中进行信息的检索、查询。

3. 利用网络数据库收集信息

利用网络数据库是指用户将浏览器作为输入接口，输入所需要的数据，浏览器将这些数据传送给网站，网站再对这些数据进行处理。例如，将数据存入数据库，或者对数据库进行查询操作等，最后网站将操作结果传回浏览器，通过浏览器将结果告知用户。

在网络数据库中，人们可以找到自己需要的东西，可以检查银行账户、股票价格、利率，从事电子商务等。人们可以利用数据库挖掘等技术手段对网络数据库的信息进行发掘、整理和利用，以实现预期的调研目标。

拓展阅读

特色搜索网站介绍

下面这些特色搜索网站能够满足中文用户的特殊搜索要求。

1. 百度识图搜索（http://image. baidu. com/? fr = shitu）

百度识图使用世界前沿的人工智能技术，通过图像识别和检索技术，为用户提供全网海量、实时的图片信息。用户可以通过上传、粘贴图片网址等方式寻找目标图片的高清大图、相似美图。用户可以通过猜词了解和认知图片内容（如花卉、宠物、名人等）。百度识图还拥有全网检索的人脸技术，帮用户找到最相似的人脸。

2. 豆丁网（http://www. docin. com/）

豆丁网是面向全球的 C2C 文档分享网站，已经收录数亿文档，是领先的中文文档库，提供针对文档标题、简介、内容的关键字检索功能，并且支持 Word、PDF、PPT、JPEG 等 30 多种文件格式。

Section 3

第三节 电子商务交易定价的原则、特点和策略

一、电子商务交易定价的原则

（一）遵循价值规律

电子商务交易定价的首要原则是遵循价值规律。价值规律对于定价的指导作用有以下三点：

（1）价格要以价值为基础。

（2）生产和定价都要符合社会必要劳动成本。

（3）价格围绕价值波动，为企业自主定价创造机会。

（二）从实际出发

电子商务对整个市场的定价和竞争行为有深远的影响，为了保障市场价格体系的合理化，电子商务企业需要在遵循价值规律的基础上，从实际出发定价。首先，很多电子商务产品本身具有传统产品所不具备的特点，市场定价要充分考虑这种特点。例如，信息产品研发成本非常高，但复制成本相当低，具有高固定成本与接近于零的边际成本。例如，世界上最为畅销的电视节目《海滩救护员》，在全世界110个国家和地区播放，利润很高。这种产品的初期制作成本很高，但可以一播再播，边际成本几乎为零。电子图书、在线软件等许多电子产品都具有这个特点。这个特点为电子商务交易定价增加了灵活性。其次，随着电子商务竞争的激烈程度加剧，电子商务企业为了占领市场，有时会大打“低价牌”，冲击传统销售渠道的价格体系，电子商务交易定价不能一味打“价格战”，应逐渐向“价值战”转变，结合商品价值、商品质量、物流快递、售后服务等实际情况确定价格，全方位提升用户体验。

（三）服务企业战略目标

电子商务交易定价应该服务企业战略目标。战略目标是规定和影响生产经营活动的基本目标。例如，得克萨斯仪器公司的战略目标是确保其在市场份额上的传统地位，获得成本优势。这个目标对于经营决策具有普遍意义。从某种意义上说，战略目标是企业关于产品的基本方向，而价格有时只是实现企业战略目标的方式之一。战略目标确定后，企业要根据具体阶段的目标定价。

二、电子商务交易定价的特点

（一）打破了产品价格信息的不对称性

在商品经济中，信息主要反映在价格上，价格信息是经济信息的中心，其他信息都是为价格信息服务的。市场经济的本质是用价格信号对社会资源进行配置，社会资源的分配和再分配过程实际上是人们围绕价格进行资源博弈的过程。传统上，买方对所购商品信息的了解总是不如卖方，因此，卖方总是可以凭信息优势获得商品价值以外的报酬。而互联网的广泛普及能够更好地满足买方在经济活动中对信息的需求。

（二）推行低价策略

企业可以通过电子商务高效地获取采购信息，更好地实现供应链和库存管理，从而降低产品生产成本。互联网上有充足的信息，可以让企业直接面对消费者，省去多个销售环节，大幅降低交易成本。成本的降低可以使交易价格下降，企业可以在保障市场良性竞争的基础上推行低价策略。

（三）全球性影响定价

电子商务突破时空界限，进一步扩大了商品和服务交易的市场范围，定价和价格变化会反映到全球市场中。

（四）有利于个性化定价

网络的互动性使个性化营销成为可能，通过网络互动，企业可以根据消费者的具体要求定制产品，并进行个性化定价。

拓展阅读

秒　杀

秒杀，英文是SecKill，也称瞬秒（瞬间秒杀），就是以压倒性优势一招致命，在极短时间（如1秒钟）内解决对手。秒杀来自足球赛事，最早见诸2004年的智慧体育论坛和球经论坛，起初用来形容一场足球赛事最后阶段的进球，因为这时的进球是一击致命的，对手没有反击的时间。目前其已是一种电子商务网站常见的、较为极端的营销策略。秒杀建立在一定的网站流量之上，网站推出一个价格极低的商品（这个价格经常是不可思议地低于成本），吸引大量用户抢购，商品在极短时间内被销售一空，从而达到集聚人气的目的。

三、电子商务交易定价策略

（一）免费策略

免费策略是电子商务交易定价中常用的策略之一。互联网有免费的传统，免费策略可以激起用户的认同。同时，免费策略可以吸引大量的用户访问网站，他们中的部分人会转化为网站的用户，部分人会成为购买者。

电子商务技术改变了电子商务产品尤其是可以数字化的信息产品的成本结构。对于这类产品，生产就是复制。复制的成本几乎为零，而且复制品和原件没有多大的差别。

赠送第一代产品或互补品是电子商务交易定价常用的免费策略。

（二）高价定位策略

高价定位策略往往适用于产品生命周期进入成熟期前。在相当一段时间内保持高价定位，不求销售数量，但求在短期内得到丰厚的利润，这是高价定位策略的独特功能。商品的价格应与商品的质量相匹配，这是很多人潜在的心理认知模式。互联网的信息量越来越大，各种网站和信息无穷无尽，在真正可信的权威评价体系没有建立起来之前，价格越高意味着质量越好，这也是网购人群的心理模式。例如，一家做化妆品的电子商务企业，其策略之一是通过“高价等于优质”这一心理暗示，以高价售卖产品。当然，同时它也确保所售产品是正品，这就解决了在网络上购买化妆品时消费者最关注的一个问题——能否买到正品。该企业抓住这个核心的需求，定价比市场平均价格高 30%，但是由于其保证所售产品是正品，同时又为消费者提供了更好的购物体验，从而形成正向循环，获得了更高的利润。

（三）低价策略

许多电子商务企业往往在产品生命周期进入成熟期后采用低价策略。这时，消费者也处于成熟期，他们的购买行为日趋理性，希望用最少的费用实现最大的价值。电子商务使用低价策略成为吸引消费者的有力武器。

（四）个性化定价策略

在电子商务时代，生产能够做到“一对一”的个性化，于是个性化定价策略随之出现。电子商务企业可以根据定制产品的实际情况进行差别化定价。

（五）动态定价策略

动态定价是指企业根据交易水平的供给状况即时确定所售产品或服务的价格，在满足消费者需求的同时，将全部或部分消费者剩余转化成企业剩余。现在很多企业，特别是网上零售企业，都有丰富的消费者交易数据。这使得企业可以根据历史信息，针对每位消费者制定不同的价格。

（六）联盟定价策略

由于单个企业竞争能力有限，在现今激烈的竞争环境中，企业单凭自身的核心能力保持长期的竞争价值变得越来越困难。企业为了提升竞争力、维持核心能力，在竞争中寻求最佳合作伙伴，在保持自身相对独立性的条件下签订价格联盟条约，取得在某个特定的共同战略目标下的合作，企业间形成互动，最终实现双赢。这种合作关系就是企业战略定价联盟。

（七）捆绑定价策略

捆绑定价是企业常用的策略。捆绑销售之所以能吸引消费者原因在于捆绑产品的价格通常比分开的组件价格之和低。实施捆绑销售实际上等于在向消费者销售一种产品的同时，以低于单独售价的增量价格向消费者销售其他产品。捆绑销售是传统销售方式之一，在电子商务时代也同样被企业用于推广新产品或扩大市场份额。

（八）版本定价策略

互联网非常适于销售计算机软件、音乐与游戏、电子报纸、学术期刊等信息产品，这些产品能以数字形式储存，以相当低的成本在网上传递，甚至可以通过用户之间的免费复制、共享进行传递，一定程度上增加了产品销售的困难程度。电子商务企业为了寻求排他性技术与知识产权保护，可以通过版本定价策略提高收益，即以一定的周期对相关产品的部分或全部内容、功能进行更新与升级，增加用户对产品的持续关注和对企业的依赖程度。

（九）网上拍卖策略

拍卖能充分利用不同消费者对商品估价的私人信息，提高卖者的利润。有效通信技术等将降低市场参与者间的交易成本，从而使拍卖在互联网上得到更广泛应用。拍卖成本下降使这种形式的销售不限于价值高的商品，因此很多低价商品也被转移到网上拍卖。企业对企业的商品与中间投入品的交易更多地采取拍卖形式。

（十）折扣定价策略

企业实行折扣定价策略的目的主要是鼓励消费者及早付清货款、大量购买、在淡季购买等，为此目的而酌情降低基本价格称为价格折扣，例如，有些企业会适时推出返点折扣。

案例4-1

618大促：卷不动的价格战 行业呼唤新玩法

在原材料成本上涨、消费者信心下滑的大背景下，往年“让价格疯起来”的618年中大促已经卷不动了，平台不得不谋求新的玩法。

据互联网相关人士介绍，上半年对于电商平台而言，最大的活动就是618；对于资本而言，最看重的又是平台相比上一年的同比增长率，2022年618面临三大特殊情况：消费疲软；流量分散；国家对补单刷销量等查得特别严，平台没有更好的办法，只能拉长周期，将原来一天的活动尽可能延长，另外则是增加刺激力度。但现在即使平常时段，商家为了拉流量，也不断搞各种促销活动，一定程度上减少了消费者对年中大促的期待，削平了618的波峰，平台的改革新思路势在必行。

面对2022年的消费态势，京东率先做出改变，在618期间的家电促销活动中，京东一改过去主推平价性价比产品的思路，在2022年重点打造了“京奢潮品俱乐部”项目，主推品牌的高端产品和套系产品，提高单次成交金额。而为了满足消费者对高端产品“近距离”接触的体验型需求，京东尝试利用H5技术打造出包括卧室、厨房、客厅、卫浴和阳台在内的五大“元宇宙”空间场景，以期达到展示套系化家电在生活中运用的“真实体验”。

事实上，除了京东等平台积极布局“推新卖高”以外，包括海尔、海信、美的等在内的企业，都在想方设法利用套系家电、整装服务等增值内容提高单次客单成交金额。

以618电商平台促销为例，新兴平台如抖音、小红书等正在分流传统京东、天猫等渠道的客户人群，抖音推出了兴趣电商模式，“内容+直播+服务”的模式有巨大的潜在需求空间。有消费者告诉中国家电网，近一年来，他们在抖音等平台的消费明显增加，“平常时间段，同一品牌的产品在抖音直播间要比京东和淘宝便宜，不用专门等到618或双11凑单，方便不少；另外，现在淘宝运费险要自己花钱买，而不少抖音直播间赠送运费险”。当然，抖音依托内容建立的流量黏性也是其他平台难以比拟的，有消费者告诉笔者，自己原本只是去原俏江南董事长的直播间当“吃瓜群众”，却不想最后“剁手”不止；本想去新东方的“东方甄选”凑个热闹，最终却在直播间逗留了四个小时。而小红书则是内容分享和种草的重要平台，尤其疫后一些关于家居、家装、家电等的内容热度大增，包括美的、华帝、石头科技、老板电器、新宝等在内的家电企业均有提到公司正在不断增加小红书及小红书站内KOL群体的运营投放比例。

资料来源：改编自中国家电网. 618大促：卷不动的价格战 行业呼唤新玩法. (2022-06-14).[2022-06-14]. https://www.163.com/dy/article/H9RF7582051186CN.html.

思考与讨论：

2022年618和往年有什么不同？

Section 4

第四节 电子商务交易促销策略

促销是电子商务企业运营中的重要环节。在电子商务企业的发展初期，促销费用是企业的主要成本之一，促销的目的是为网站带来用户流量，提升网站的认知度。企业发展到一定规模后，促销费用所占比例有所下降，但整个营销推广仍极为重要，需要承担维护网站知名度、提升网站品牌的职能。

具体而言，按照促销的目的，电子商务的促销可以分为品牌促销和效果促销。前者以宣传网站品牌及产品为主，后者以销售商品为主要目的。按照促销采用的媒介，电子商务的促销分为线上促销和线下促销。其中，线上促销是通过互联网媒介开展的营销活动，主要包括搜索引擎促销、网络广告投放、广告网络、网址导航网站营销和社会化营销；线下促销主要包括电视广告、户外广告等借助非互联网渠道开展的营销活动。本节重点介绍电子商务企业的线上促销方式。

一、搜索引擎促销策略

搜索引擎促销是指通过搜索引擎网站吸引用户访问网站的营销方式。传统的营销方式 AIDMA，第一步是引起消费者的注意（attention），之后引发消费者的兴趣（interest），促使消费者产生购买欲望（desire），形成记忆（memory），最后采取行动（action）进行商品购买。在互联网环境下，由于搜索引擎技术的出现，传统的消费者购物决策过程变成了如图 4 - 2 所示的过程，即 AISAS，搜索（search）成为连接各个环节的核心。消费者在对产品产生兴趣后，会通过搜索来佐证之前对产品或者品牌的印象，如果得到正面、积极的回应，就会对产品产生信任，采取购买行动。

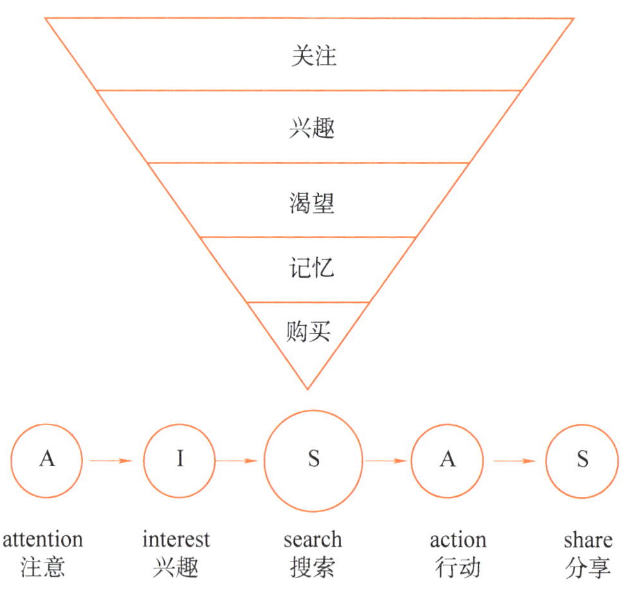

图 4 - 2　搜索引擎对消费者购物决策过程的影响

目前，国内的搜索引擎网站主要有百度等。搜索引擎促销是目前国内电子商务网站最常使用的营销方式之一，尽管受到社交网络的冲击，搜索引擎流量份额在下降，但依然是 B2C 电子商务网站主要外部流量来源。

具体而言，搜索引擎促销包括搜索引擎优化、竞价排名、购买关键词等方式。其中，搜索引擎优化是指通过采用易于搜索引擎索引的合理手段，使网站各项基本要素适合搜索引擎的检索原则，并且对用户更友好，从而更容易被搜索引擎收录及优先排序。

拓展阅读

搜索引擎

所谓搜索引擎，就是根据用户需求与一定算法，运用特定策略从互联网检索出指定信息反馈给用户的一门检索技术。搜索引擎依托于多种技术，如网络爬虫技术、检索排序技术、网页处理技术、大数据处理技术、自然语言处理技术等，为信息检索用户提供快速、高相关性的信息服务。搜索引擎技术的核心模块一般包括爬虫、索引、检索和排序等，同时可添加其他一系列辅助模块，以为用户创造更好的网络使用环境。

搜索引擎是伴随互联网发展而产生和发展的，互联网已成为人们学习、工作和生活不可缺少的工具，几乎每个人上网都会使用搜索引擎。搜索引擎大致经历了四代：

1. 第一代搜索引擎

1994 年第一代真正基于互联网的搜索引擎 Lycos 诞生，它以人工分类目录为主，代表厂商是 Yahoo，特点是人工分类存放网站的各种目录，用户通过多种方式寻找网站，现在仍然存在这种方式。

2. 第二代搜索引擎

随着网络应用技术的发展，用户希望对内容进行查找，这样就出现了第二代搜索引擎，也就是利用关键字来查询。第二代搜索引擎的代表是 Google。它建立在网页链接分析技术的基础上，用户使用关键字对网页搜索，能够覆盖互联网的大量网页内容。该技术在分析网页的重要性后，将重要的结果呈现给用户。

3. 第三代搜索引擎

随着网络信息的迅速膨胀，用户希望能快速并且准确地查找到自己所需要的信息，这样就出现了第三代搜索引擎。相比前两代搜索引擎，第三代搜索引擎更加注重个性化、专业化、智能化，使用自动聚类、分类等人工智能技术，采用区域智能识别及内容分析技术，利用人工介入，实现技术和人工的完美结合，增强了搜索引擎的查询能力。

第三代搜索引擎的代表是Google，它以宽广的信息覆盖率和优秀的搜索性能为发展搜索引擎的技术开创了崭新的局面。

4. 第四代搜索引擎

随着信息多元化的快速发展，通过搜索引擎在目前的硬件条件下得到互联网上比较全面的信息是不太可能的，这时，用户就需要数据全面、更新及时、分类细致的面向主题搜索引擎。这种搜索引擎采用特征提取和文本智能化等策略，相比前三代搜索引擎更准确、有效，被称为第四代搜索引擎。

虽然搜索引擎优化可以改善网站搜索流量，但是需要在较长时间才能看到效果，而同类网站越来越多，竞争对手也可以通过搜索引擎优化方式改善网站搜索流量。因此，一般而言，搜索引擎优化与通过付费广告整合搜索引擎所达到的促销效果更为明显。

搜索引擎促销中付费营销主要是竞价排名，即针对特定关键词，不同企业分别出价，综合企业出价以及企业服务质量等因素，加权得分最高者胜出。竞价排名通常是按点击数付费（cost per click，CPC）。搜索引擎会按照关键词的热门程度定出不同的价格，对每一次点击进行收费。

进行搜索引擎促销推广的核心在于关键词的选择。一般而言，关键词选择越宽泛，点击量越高，但成交转化率会较低。相反，关键词选择得越具体，点击量可能不高，但成功转化率会较高。例如，关键词“手机”涵盖面较广，单次点击成本会很高。同时该词的点击量很高，假设每日10万人点击，但由于“手机”涵盖面较广，网站提供的不一定是用户希望购买的，因此成功转化率较低。如果换成“智能手机”这一关键词，由于该词没有“手机”热门，单次点击成本较低，虽然用户点击量可能有所减少，但因为更具体，“智能手机”的成功转化率会更高。因此，在以销售为目的的推广中，网站应该选择“智能手机”之类更为具体的关键词进行投放。关键词的选择和优化是一个多次测试和调整的过程。

二、网络广告促销策略

（一）网络广告的定义与特征

网络广告是指通过利用网站上的广告横幅、文本链接、多媒体的方法，在互联网刊登或发布广告，通过网络传递给互联网用户的一种广告运作方式。与传统的四大传播媒体（报纸、杂志、电视、广播）广告及户外广告相比，网络广告具有得天独厚的优势，是实施现代营销媒体战略的重要部分。网络广告是主要的网络营销方法，在网络营销方法体系中占有举足轻重的地位。事实上，多种网络营销方法也可以理解为网络广告的具体表现形式，网络广告并不仅仅限于放置在网页上的各种规格的 BANNER 广告，电子邮件广告、搜索引擎关键词广告、搜索固定排名等都可以理解为网络广告的表现形式。

与传统广告相比，网络广告的特征主要体现在以下方面：①广泛和开放性；②实时和可控性；③直接和针对性；④双向和交互性；⑤易统计和可评估性；⑥传播信息的非强迫性；⑦广告受众数量的可统计性；⑧网络信息传播的感官性。

（二）网络广告分类

与传统广告类似，网络广告可以划分为硬广告和软广告。其中，硬广告是指将企业的产品或促销活动信息直截了当地传递给消费者。根据目的和效果的不同，网络硬广告又可以分为品牌广告、产品广告、活动信息广告和促销广告。硬广告是硬性地向消费者推送信息，为提高效果，广告内容需突出利益点，如超便宜的商品、季节流行或特定主题的产品、免费送礼品、免费使用、赠送折扣等。传统的软广告，多是以专家的身份撰写软文，对消费者进行宣传。此类形式的软广告，通常通过论坛或博客进行免费宣传。此处所讨论的网络广告中的软广告，是指企业采用较为迂回或隐蔽的方式所进行的广告投放，如通过一些有趣的游戏或者活动，将用户吸引到网站上。

（三）网络广告的付费方式

网络广告的付费方式主要有四类：①CPC，cost per click 的简称，即按照广告有效点击数计费；②CPM，cost per mille 的简称，即按照广告展示次数计费，指每千次展示支出的费用；③CPT，cost per time 的简称，即按照时间（小时、分钟、秒等）计费，目前品牌图形广告主要以 CPT 的方式计费；④CPA，cost per action 的简称，即按照引导用户到达指定页面后的有效下载、留言、注册或者互动行为数量计费。

其中，CPA 衍生出三类广告付费方式：①CPS，cost per sale 的简称，即按照用户最终购买或者消费服务商联盟活动产品的数量或者金额的一定比例计费；②CPR，cost per response 的简称，即按照用户的有效回应数量计费，用户在正确回答广告主设定的问题或者拨打了网上提供的直拨电话之后才算作一次有效回应；③CPL，cost per lead 的简称，即按照广告点击引导用户到达服务商指定网页的有效客户数量计费。

三、广告网络平台促销策略

（一）广告网络平台促销的定义和广告网络平台分类

广告网络平台促销是指通过聚合网络媒体广告资源（门户网站、垂直网站、其他中小网站、视频网站等），形成投放平台，帮助广告主实现多个媒体资源组合投放的营销方式。从投放目的来看，目前中国的广告网络平台包括两类，即效果广告网络平台和品牌广告网络平台（见图4－3）。

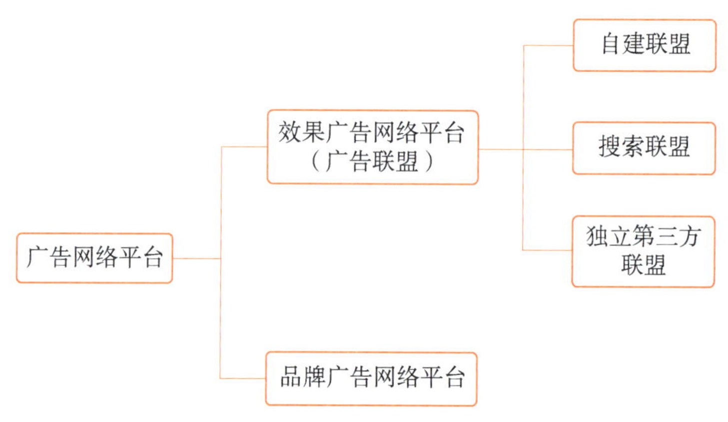

图4－3　广告网络平台分类

效果广告网络平台是指以促进产品销售和业务推广为核心目的的广告网络平台。效果广告网络平台在中国发展比较早，也比较成熟，其主要特征包括：以整合中小网站为主，使中小网站成为联盟的会员，主要服务于效果营销广告主，多用CPA、CPC等方式计费，并以协商约定的佣金分成比例共享广告收益。按照建立者的不同，效果广告网络平台分为三类：自建联盟、搜索联盟、独立第三方联盟。

品牌广告网络平台是指以实现品牌推广为目的的广告网络平台。品牌广告网络平台主要整合门户网站、垂直网站广告资源，帮助广告主实现多个媒体资源组合的投放，广告网络平台分别与广告主和网络媒体协商广告价格。在互联网发展的初期，因为带宽所限，网站的内容以文本和少量的低质量的GIF、JPEG图片为主，随着技术的进步以及消费市场的成熟，出现了具备声音、图像、文字等多媒体组合的媒介形式，人们普遍把这些媒介形式的组合叫作富媒体（rich media），以此技术设计的广告叫作富媒体广告。

目前品牌广告网络以富媒体广告为主，多以每千次访问成本（CPM）方式计费。

表 4－1 中对比了不同类型的广告网络平台。

表 4－1　不同类型的广告网络平台对比

类　别	品牌广告网络平台	广告联盟（效果广告网络平台）		
		自建联盟	搜索联盟	独立第三方联盟
典型代表	聚胜万合（MediaV）	当当网	百度联盟	亿玛、亿起发
平台建立者	第三方公司	企业主	搜索引擎	第三方公司
广告主	品牌广告主	建立平台的企业	效果营销广告主，部分品牌广告主	效果营销广告主
广告资源	垂直媒体，部分门户优质流量	中小长尾媒体，少量门户媒体	中小长尾媒体，门户剩余流量	中小长尾媒体
目的	品牌传播	更加注重效果		
计费方式	以 CPM 为主	CPS	CPC	CPA、CPS
广告价格	高	低		
广告形式	富媒体广告居多	图片、文字链		图片、弹窗、文字链

（二）广告网络产业链构成

图 4－4 展示了广告网络产业链中广告主、广告网络平台、网络媒体和用户之间的关系。

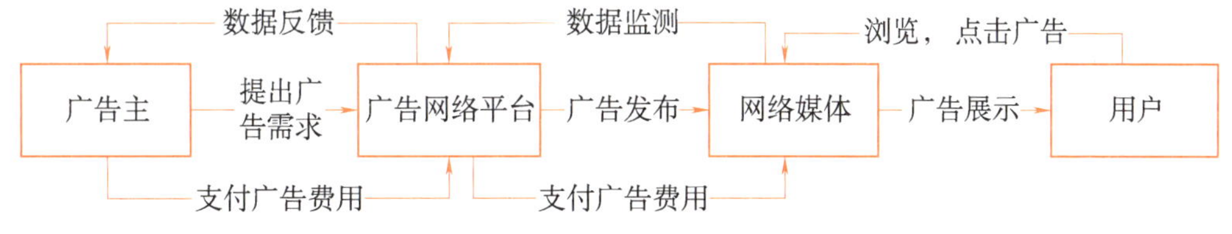

图 4－4　广告网络产业链

广告网络产业链的基本线索分为以下三条：

（1）广告投放。广告主把广告投放需求提供给广告网络平台，广告网络平台通过自己的广告发布系统把广告发布到广告计划中的网站上。

（2）数据流。用户的广告点击、浏览等一系列监测数据会被广告网络平台记录下来，并反馈给广告主。

（3）资金流。广告网络平台作为中间机构，会同广告主和网站签订不同的价格协议。资金有两个流动阶段：一个是由广告主支付给广告网络平台，另一个是由广告网络平台支付给网站。在实际中，这两个阶段并不一定是按顺序进行的。

广告网络平台不同于传统网络广告的地方在于广告主通过一个平台完成广告投放，而这个平台不同于传统媒介公司的地方在于其对网站媒体资源的整合能力。其整合能力是多方面的，包括资源的采购、多媒体投放的管理、大量的数据监测、即时的优化以及多维的定向技术。

四、网址导航网站促销策略

网址导航网站也称网址导航或网站大全，是由国外的网址目录、链接目录发展而来的，是一个集合较多网址并按照一定条件分类的网址网站。在网址导航网站中，用户可直接点击进入所需的网站。近年来，随着网址导航的发展，网址导航网站除一般性的常用查询工具外，也整合了邮箱登录、搜索引擎入口等，与此同时，也分化出综合性网址导航（如hao123网址之家、265上网导航、360安全网址导航等）、行业性网址导航、地方性网址导航、个性化网址导航、垂直化网址导航等。

网址导航网站通过收录各类网址资源，将链接信息推送给用户，在此过程中，将广告版面售卖给广告主，从而将广告主与被收录的网址对接起来。基于对用户体验的重视，目前导航网站上图片广告、弹出式广告、动画广告等越来越少，文字链广告是目前主要的广告表现形式。通常而言，广告版面主要指导航网站各个版面下的文字链接位置以及导航首页少量的横幅广告。

由于广告表现形式及广告数量的减少，近两年广告主对网址导航网站广告版面和位置的竞争逐步激化，部分热门版面需要通过竞价排名的方式最终决定广告主。网址导航网站是目前B2C电子商务团购网站推广中首选的媒体之一。

五、社会化促销策略

目前，社会化促销尚未形成统一的定义。按照字面意思解释，社会化促销是指电子商务企业通过社会化的媒体或应用进行的营销。从广义上讲，社会化媒体包括网络论坛、即时通信、社会性网络服务、微博、博客、垂直购物社交网站、公众号、直播号等。与搜索引擎促销、网络广告促销、广告联盟等营销方式不同，社会化促销的突出特征是用户之间具有一定的社会关系，彼此相互关联，因此企业的营销推广很容易借助此类媒体形成广泛传播。

（一）网络论坛营销

网络论坛是互联网上最为成熟的应用之一，积累了一定的用户流量，且用户黏性较高，因此成为电子商务企业营销推广的重要阵地。网络论坛营销是指企业利用论坛平台，通过文字、图片、视频等方式发布含有企业产品和服务的信息，让目标客户了解相关信息，从而达到宣传企业品牌、加深市场认知目的的营销活动。

就内容类型而言，网络论坛可以分为综合性论坛和垂直型论坛；从地区分布来看，网络论坛可以分为全国性论坛和区域性论坛。通常大型综合性论坛管理较为严格，对于广告帖删除执行较为彻底；区域性论坛，由于规模较小，管理相对松散，帖子的存续期相对较长。

按照内容类型，论坛内的广告帖可以分为消费者经验分享式帖子和厂家广告式帖子两种。前者以消费者立场介绍，表述较为含蓄，很少被删除；后者的推销意图较为明显，直接将促销信息、产品特色告诉用户，通常存续期间较短。消费者经验分享式帖子又包括晒产品式帖子和使用心得式帖子。晒产品式帖子介绍所购产品的特征，借此对产品进行宣传；使用心得式帖子，通过对比使用前后差异，对产品进行推广等。

论坛推广本身是一种低投入、高转化率的推广方式，几乎适用于所有类型的企业。在具体操作方面，不同电子商务企业可以根据自己的目的采用不同的方式，发布不同类型的帖子。

（二）即时通信营销

即时通信营销是指企业通过即时通信工具推广产品和品牌的营销方式。根据使用场景的不同，即时通信可以分为个人即时通信（以个人用户为主，用于聊天、交友、娱乐等，如 QQ、MSN）、商务即时通信（以买卖关系为主，如阿里旺旺）、企业即时通信（以企业内部办公为主等）等。

以微信群营销为例，微信群营销有四个优势：

（1）定位精准。微信群没有固定的群号，只能通过好友邀请来入群，这样，微信群中人员需求和定位就会比较精准。微信群是一个熟人社交的地方，私密性强，表面上是用户添加，实质得到的则是一些精准用户，营销效果非常好。

（2）提供价值。用户加入微信群，一般都是带着需求来的，需求不外乎几个：学习东西、了解资讯、拓展人脉、寻找一些新的项目或者机会。这样的话，就更容易针对这类人进行营销。

（3）营销信息送达率高。在微信群中，每一条新消息都可以即时送达到客户的手机中，送达率高达 100%，只要带着手机，就能够跟潜在客户互动，而且微信群也省去了单独一个个去联系的不便，直接在群中就能进行营销。

（4）营销成本低。微信软件使用是免费的，用户在使用各功能的期间不会收取费用，在微信群中与客户沟通基本不需要支付成本。在宣传自己的产品与品牌的过程中，宣传费用往往是企业考量的重要标准。微信群营销的成本低，所以各个企业都为之心动，这也是微信群营销的优势所在。

（三）社会性网络服务营销

社会性网络服务专指旨在帮助人们建立社会性网络的互联网应用服务。1967 年，哈佛大学心理学教授米尔格兰姆创立了六度分割理论，该理论简单地说就是“你和任何一个陌生人之间所间隔的人不会超过六个”。也就是说，最多通过六个人，你就能够认识任何一个陌生人。按照六度分割理论，每个个体的社交圈都不断放大，最后成为一个大型网络。这是人们对社会性网络的早期理解。后来有人根据这种理论，创立了面向社会性网络的互联网服务，通过“熟人的熟人”来进行网络社交拓展。社会性网络服务营销就是利用社会性网络服务网站的分享和共享功能，在六度分割理论的基础上实现的一种营销。它通过“病毒式”传播的手段，让产品被更多人知道。

社会性网络服务最大的特点就是可以充分展示人与人之间的互动，而这恰恰是营销的基础所在。社会性网络服务社交网络中的用户通常都是认识的朋友，用户注册的数据相对来说较真实，企业在开展网络营销时可以很容易地对目标受众按照地域、收入状况等进行筛选，了解哪些是自己的用户，从而有针对性地对这些用户进行宣传和与他们互动。社会性网络服务营销的主要媒介是用户，主要方式是“众口相传”，因此与传统广告相比，这种营销方式无须大量的广告投入。相反，其参与性、分享性与互动性的特点很容易使用户加深对品牌和产品的认知。

目前，从美国市场来看，社会性网络服务营销最为典型的是基于脸书的交易相关应用和服务，其实现形式主要有以下三种：

（1）脸书店铺，即零售商直接在脸书开设店铺。

（2）在电子商务网站上嵌入脸书的一些功能，如“登录”“喜欢”“开放图谱”等。

(3) 在实体店铺中融入脸书的一些特征，如在实体店试衣间试衣服时可以把照片发送到脸书上让朋友评论，脸书的团购服务等。

拓展阅读

Facebook

Facebook（脸书、脸谱网）创立于2004年2月4日，总部位于美国加利福尼亚州门洛帕克。2012年3月6日发布Windows版桌面聊天软件Facebook Messenger。主要创始人为马克·扎克伯格。

Facebook是世界排名领先的照片分享站点，截至2013年11月，每天上传约3.5亿张照片。截至2012年5月，Facebook拥有约9亿用户。从2006年9月11日起，用户输入有效电子邮件地址和自己的年龄段，即可加入Facebook。

2019年7月，2019年《财富》世界500强发布，Facebook排名第184位。2019年10月，Interbrand发布全球品牌百强榜，Facebook排名第14位。2019年10月23日，2019年《财富》未来50强榜单公布，Facebook排名第49位。2019年11月12日，Facebook宣布推出移动支付服务Facebook Pay。2021年6月，据市场消息，Facebook被欧盟、英国反垄断机构调查。2021年10月28日，马克·扎克伯格宣布，Facebook将更名为“Meta”。

社会性网络服务现在已经成为备受广大用户欢迎的一种网络交际模式，如国内微博等社会性网络推出的类似服务电子商务企业的营销服务。社会性网络服务通常的实现形式为“品牌主页 + 营销推广 + 用户传播”（用户参与或关注活动的相关信息，并将信息传递到用户在该社交网络上的好友圈）。

（四）社交网络营销

社交网络营销是指企业通过社交平台进行的营销，如微博营销、微信营销等。以微博为例，目前微博已成为社交网络中最活跃的模式之一，同时也改变了信息的传播方式。部分微博热议的话题也转变成社会关注的焦点。中国主流的微博平台主要包括新浪微博等。

微博营销需要遵循4I原则，即趣味原则（interesting）、利益原则（interests）、互动原则（interaction）和个性原则（individuality）。趣味原则是指微博营销需要把内容娱乐化、趣味化，这样容易引起用户关注；利益原则是指给用户实际物质利益的诱导；互动原则是指将微博需要与用户进行互动交流，这样才能将营销由推变成拉，提升营销效果；个性原则是指微博内容选取、与用户的互动、评论以及回复等需要根据用户特征进行个性化处理。

微博，作为企业品牌的展示平台与用户的互动窗口，所起到的作用涉及方方面面，如可以展示产品和品牌、植入营销、提供售后管理，开展在线服务、进行客户关系管理、监测网络舆情、预防危机公关等。

案例4-2

洽洽世界杯创意营销

在体育界，世界杯可谓全球级、影响力最大的赛事之一，很多品牌都想在世界杯期间打造一场精彩的营销活动，获得口碑和销量的提升。洽洽在2014年的世界杯营销大战中，成功用创意活动杀出重围，成为当时的营销黑马。

洽洽瓜子，本身就具有非常强的八卦性质，并且与看球、聊天这样的娱乐休闲活动非常契合。作为瓜子界的经典老品牌，洽洽将瓜子这一大众喜爱的食品和世界杯联系起来，发起了猜胜负赢大奖的活动，创意性地将产品变成了“赌球”的筹码。在这样一个活动中，洽洽设置了虚拟货币——瓜子币，50个瓜子币可以下一注，而消费者通过购买洽洽世界杯的主题产品来获得狂欢卡，再用狂欢卡来兑换瓜子币。

此外，洽洽还与巴西队合作，推出了“靠巴西赢大洽洽”的活动，只要巴西队赢一场比赛，洽洽就会送出惊喜大奖，而为了替这个活动宣传造势，洽洽提供的奖品为“只比姚明矮一点点”的2米高的“史上最大袋瓜子”，这个利益巨大而又趣味十足的奖品，让消费者难以抗拒。

除了在活动内容和玩法上别出心裁，洽洽在海报设计上也发挥了极大的创意性。洽洽推出的“洽洽扒西队”活动为网友提供了讨论世界杯的话题，并在此期间每天都推出一张漫画海报，犀利吐槽世界杯上的趣闻。

借助微信和微博，洽洽先是推出搞笑海报和视频对话进行预热和造势，然后在微信和微博上发起赛事预测，通过“两微”上的巨大流量和病毒式传播，参与活动、关注讨论的网友令洽洽的这次营销活动成为热门话题。

资料来源：改编自中国产业经济信息网. 读懂这4个经典案例更好地做新浪微博营销. http://www.cinic.org.cn/sj/sdxz/mjgg/761646.html.

思考与讨论：

1. 微博营销包括哪些方面的内容？

2. 电子商务企业微博营销应该如何开展？

以上对电子商务企业常用的营销方式进行了阐述和讲解，最后需要强调的是，电子商务企业营销既是一种整合营销，也是一种差异化营销。

所谓整合营销，是指整合不同的营销方式和不同的营销媒体，充分利用不同营销方式和不同营销媒体的特点。如门户网站用户流量大、品牌效果好，但是成本高、用户集中度低，适合品牌营销；而搜索引擎流量大、定位更精准，但品牌效果不明显，适合效果营销等。电子商务企业在营销推广的过程中需要进行整合营销，将传统营销与线上营销结合，在不同媒体间组合开展，兼顾品牌营销和效果营销。

所谓差异化营销，是指电子商务企业开展营销时，需要结合企业经营商品的品类、所处的行业选择营销方式，并根据企业的规模进行营销。例如，对于家电等商品描述较为复杂的产品，在采用搜索引擎营销时，标准化商品应选择偏重专业性的关键词，独有性商品则选择偏重描述品牌的关键词。对于大中型规模的 B2C 电子商务企业，其在进行搜索引擎营销时，可以同时投放关键词和品牌专区，以实现品牌与效果的双重营销，获得最大化的效果；对于中小规模的 B2C 电子商务企业，其在搜索引擎优化方面可以关注长尾、稀缺的关键词，对它们进行优化投放，这样不仅成本低，而且效果也有可能更好。

此外，电子商务企业的运营是一个系统性工程，与营销、采购、仓储、配送、客服等环节密切相关。营销效果的衡量也需要结合电子商务企业其他方面的运营进行综合评定。

本章小结

Summary of this chapter

本章首先介绍了电子商务交易的概念、特点、主要流程、主要影响因素和类型；然后讲述了电子商务市场调研的特点、一般步骤和主要方法，阐述了电子商务交易定价的原则、特点以及策略；最后介绍了电子商务交易促销策略。

思考与练习

一、不定项选择题

1. 以下（　　）不是电子商务交易与其他商务交易的显著差异。

A. 普遍性　　B. 虚拟性　　C. 互动性　　D. 集合性

2. 电子商务交易的环节包括（　　）。

A. 交易前的准备　　B. 交易谈判和签订合同

C. 办理交易开始前的手续　　D. 交易合同的履行和索赔

3. 下面对电子商务特点的描述，不符合实际的是（　　）。

A. 打破了产品价格信息的不对称性　　B. 提高了交易价格

C. 全球性影响定价　　D. 有利于个性化定价

二、思考题

1. 相比传统方式，网络市场调研有哪些优势？
2. 简述电子商务市场调研的五个步骤。
3. 简述电子商务交易定价的原则。
4. 简述电子商务定价策略。
5. 简述电子商务交易促销策略。

第五章

电子商务供应链

导　言

当前企业的竞争逐渐发展为供应链与供应链之间的竞争。在这样的背景下，以传统、单一服务为特征的管理方法已不能满足市场多样化的需求，更不能为企业提供更多的发展空间。因此，实施有效的电子商务供应链管理越来越成为企业做大做强的重要战略。本章概述了电子商务供应链，重点阐述了电子商务供应链管理策略，并介绍了电子商务供应链管理中的信息技术。

学习目标

1. 了解供应链和供应链管理的概念，信息技术在供应链管理中的作用，以及条形码技术、射频识别技术和电子数据交换技术。

2. 掌握电子商务供应链管理的概念，电子商务供应链管理方法与传统供应链管理方法的比较，电子商务对供应链管理的影响，以及快速反应，有效客户响应，合作计划、预测与补给，企业资源规划这四种电子商务供应链管理策略。

导入案例

利丰集团的电子商务供应链管理

利丰集团1906年在广州创立，至今已有100多年的历史，现已发展成为一家大型跨国公司，主营出口贸易、经销批发和零售三大业务，业务网络遍布全球40个经济体系，2008年集团总营业额达167亿美元。

随着经济全球化步伐的不断加快，传统的一条龙本地化生产模式逐渐被全球网络化运营模式所代替。全球采购、全球生产和全球配送越来越被人们所熟知。以利丰贸易日常成衣订单为例，其所需原材料包括棉线、布料、拉链、衬里、纽扣、标签和其他辅料。这些原材料的供应商分布在全球各地，比如，面料来自韩国，纽扣来自中国等。在生产程序上，衣服可能在南亚染色、在中国内地裁制，然后送回中国香港做质检和包装，再出口欧洲、亚洲或美国。因此，要保证分布在不同地区的原材料顺利运送到生产地，不同生产地生产的成衣如同出自同一工厂准时配送。如果按照传统的供应链管理方法，几乎不可能完成这么复杂的任务，只有建立现代化的电子商务供应链管理系统，将无数的工序、地区和企业组织协调起来，实施高效的供应链管理，才能确保各类订单按时、按质完成，客户才能得到更优质、廉价和多元化的商品。

资料来源：改编自陈畴镛．电子商务供应链管理．大连：东北财经大学出版社，2002.

思考：

利丰集团为何看重电子商务供应链管理？

Section 1

第一节　电子商务供应链概述

一、供应链和供应链管理的概念

（一）供应链的概念

供应链（supply chain，SC）最早来源于彼得·德鲁克提出的“经济链”，而后经由迈克尔·波特发展成为“价值链”，最终日渐演变为“供应链”。

供应链目前尚未形成统一的定义，许多学者从不同的角度给出不同的定义。早期的观点认为供应链是制造企业的一个内部过程，是把从企业外部采购的原材料和零部件，通过生产转换和销售等活动，传递到零售商和顾客的一个过程。后来供应链的概念注重与其他企业的联系，以及供应链的外部环境，认为它应是一个通过链中不同企业的制造、组装、分销、零售等过程将原材料转换成产品，再到最终顾客的转换过程。21世纪以来，供应链的概念更加注重围绕核心企业的网链关系，如核心企业与供应商、供应商的供应商乃至与一切前向的关系，与顾客、顾客的顾客及一切后向的关系。此时对供应链的认识形成了一个网链的概念。在国内，马士华在《供应链管理》一书中给供应链做了一个较为完善的定义：“供应链是围绕核心企业，通过对信息流、物流、资金流的控制，从采购原材料开始，制成中间产品以及最终产品，最后由销售网络把产品送到消费者手中的将供应商、制造商、分销商、零售商，直到最终顾客连成一个整体的功能网链结构模式。它是一个范围更广的企业结构模式，包含所有加盟的节点企业，从原材料的供应开始，经过链中不同企业的制造加工、组装、分销等过程直到最终顾客。”① 尽管各种定义不尽相同，表述也不尽一致，但我们还是能够从中理解供应链的基本内容和实质。实际上，供应链的范围比物流要宽，其不仅将物流系统包含其中，还涵盖了生产、流通和消费，从广义上涉及企业生产、流通，并进入下一个企业的生产和流通，连接批发、零售和最终顾客，它既是一个社会再生产的过程，又是一个社会再流通的过程。狭义地讲，供应链是企业从原材料采购开始，经过生产、制造、销售，到达最终顾客的全过程。图5-1是一个完整的供应链，它由所有节点企业组成，其中一般有一个核心企业，节点企业在需求信息的驱动下，通过供应链的职能分工与合作，以资金流、物流（或服务流）和信息流为媒介实现整个供应链的不断增值。

（二）供应链管理的概念

供应链管理（supply chain management，SCM）也有很多不同的定义。最早人们把供应链管理的重点放在库存管理上，将其作为平衡有限的生产能力和适应顾客需求变化的缓冲手段。它通过各种协调手段，寻求把产品迅速、可靠地送到顾客手中所需要的费用与生产、库存管理费用之间的平衡，从而确定最佳的库存投资额。因此其主要的工作任务是管理库存和运输。现在的供应链管理则把供应链上的各个企业视作一个不可分割

---

① 陈畴镛. 电子商务供应链管理. 大连：东北财经大学出版社，2002：2.

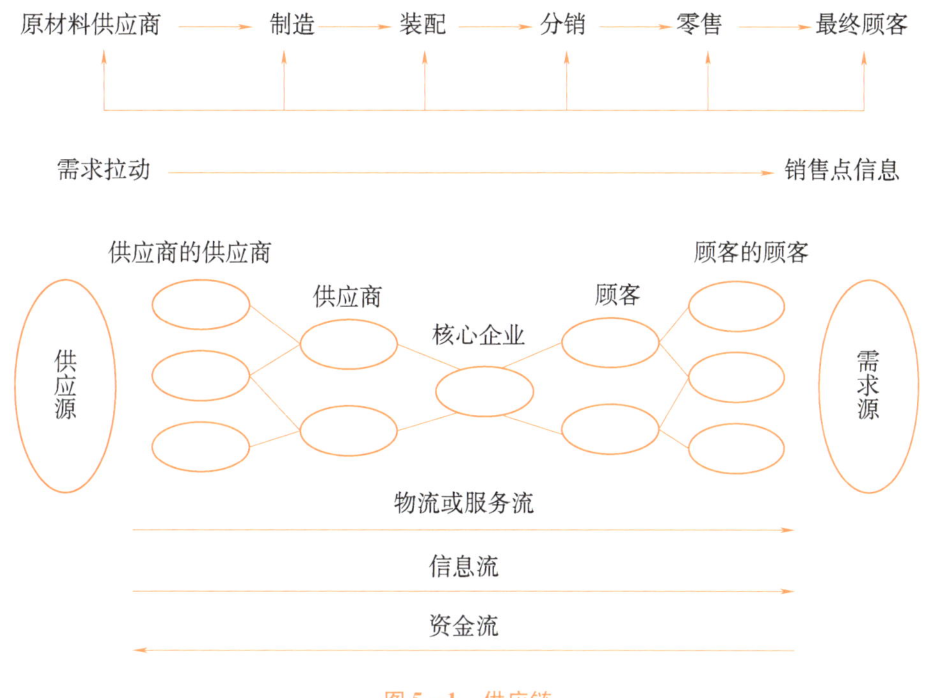

图 5－1　供应链

资料来源：陈晴镛．电子商务供应链管理．大连：东北财经大学出版社，2002.

的整体，将其所分担的采购、生产、分销和销售的职能整合在一起，使各企业成为一个协调发展的有机体。

由此，供应链管理的概念可以表述为：在满足一定的顾客服务水平的条件下，为了使整个供应链系统成本最小，把供应商、制造商、仓库、配送中心和渠道商等有效地组织在一起所进行的产品制造、转运、分销及销售的管理。

案例 5－1

京东商城的供应链管理分析

在零售行业，持续的现金周转率是零售企业在商业竞争中脱颖而出的关键。零售业的典范企业沃尔玛通过自身强大的信息系统，将现金周转率控制在 30 天左右，国内企业苏宁和国美将现金周转率控制在 40 天左右，而京东商城可将现金周转率控制在 10 天。

京东商城之所以可以做到将现金周转率控制在如此短的时间，得益于其将物联网技术应用于供应链管理，井然有序的供应链管理让京东的现金周转率持续降低。下面从采购、仓储、分拣、运输配送环节具体分析京东商城是如何将物联网技术应用于供应链管理的。

在采购环节，京东商城依靠其包含RFID（radio frequency identification，射频识别）、EPC（electronic product code，电子产品代码）、GIS（geographic information system，地理信息系统）、云计算等多种物联网技术的先进系统对一个区域进行发散分析，了解顾客的区域构成、顾客密度、订单的密度等，根据这些数据提前对各区域产品销售情况进行预测，根据预测销售量备库，同时决定采购商品分配到哪些区域的仓库，以及各仓库分配数量。

物联网技术的应用可以使京东将产品销售总量的预测细化到各个区域，这有利于采购人员根据销售前端传来的详细信息做出更合理的采购决策。例如，在京东成熟的3C数码市场，其产品平均库存周转率约为11.6天，采购人员会对相关产品进行频繁采购，同时开放平台的供应商可以在其后台即时查看产品的销售情况以及时补货。在这个环节，物联网技术减少了顾客下订单时出现缺货的可能性，有利于顾客更快地做出购物决策，增加了购物的流畅感，提高了顾客的消费体验。从成本管理角度分析，物联网技术可以帮助采购人员更合理地做出采购决策，提高了产品库存周转率和产品合理分配仓库程度，节约了属于作业成本范畴的采购成本、库存成本、物流成本；销售数据与供应商的直接交流，允许供应商自行补货，也降低了谈判成本、协调成本、信息成本。

在仓储环节，京东商城应用的主要是RFID技术、EPC库存取货技术、库存盘点技术以及智能货架技术，以此实现仓库自动化管理。京东商城将自身库房划分为三大区域，分别为收货区、仓储区、出库区。在收货区，京东商城首先对供应商送来的商品进行质量抽检，然后利用EPC和电子标签技术给每一件商品贴上条形码标签，作为该商品独一无二的身份识别证，随后全部商品在仓储区域上架入库，每一货架均有唯一编号。上架时，京东仓库商品管理人员会利用PDA（personal digital assistant，掌上电脑）设备扫描商品条形码，将其与商品进行关联后传入信息系统。这样，顾客订单下达后，仓库商品管理人员可以依据系统记录直接到相应的货架取货，无须核对商品名称。

此外，京东商城根据历史数据计算结果，会及时将相关度高的商品摆放在一起，以提高库房完成订单的效率。在促销季节，为配合网站商品促销，库存位置也同步改变，以节约取货时间，提高商品出库效率。仓储系统管理包含三大模块，分别是入库管理模块、库存位置管理模块、出库管理模块，该系统负责出入库管理扫描、更新EPC标签信息以及确定商品储存库区和货架位置等。物联网仓储管理技术的运用使京东商城能更高效地摆放商品，更加及时地更新库存信息，实现了仓库内商品的可视化管理，提高了仓储环节的敏捷性和精确度，促进了京东商城服务水平的提高，为发货与退货的正确性和补货的及时性提供了保障，提高了顾客满意度。从成本管理角度看，这些技术使仓储空间效用最大化，减少了商品库存，降低了存储成本，实现了储存、出入库、盘点等环节的自动化管理，节约了劳动力和库存空间，大幅度减小了供应链中由于商品位置错误等事故造成的损耗。

在分拣环节，京东商城同样应用的是 RFID、EPC 等技术。首先通过 ERP 系统确定订单所需商品发货库房，然后自动查询到商品在仓库中位置，信息将自动发送到库房管理人员随身携带的 PDA 上，在工作人员分拣货物完毕后，货物将放在对应的周转箱上传送到相应扫描台，确认无误后，打印发票清单送到发货区域准备进行运输。物联网技术的运用实现了商品的快速分拣，有助于提高分拣效率，商品的快速分拣有助于快速发货，减少顾客的等待时间，有助于顾客更快享受商品的价值。从成本管理角度分析，这些技术的应用提高了商品分拣的自动化程度，较少量的分拣人员即可高效完成工作，在效率大幅度提高的同时，节约了大量的人工成本。

在运输配送环节，京东商城主要应用的是 GIS 地理信息管理系统技术，这种技术是物联网技术应用的典型实例，京东商城通过和一家地图服务商合作，将后台系统和该公司 GPS（global positioning system，全球定位系统）系统进行关联，实现了可视化物流。京东商城在运送的包裹和运货车辆上均装有 EPC 标签，包裹出库时将通过 RFID 技术进行扫描并和运送车辆关联起来，当货车在路上行驶时，其位置信息将通过 GPS 系统即时反馈到后台系统，并在网站地图上显示出来。京东商城的 GIS 系统可以使物流管理人员在系统后台即时查看物流运行状况，同时，车辆位置信息、停驻时间、包裹分配时间、配送员和顾客交接时间都会形成海量原始数据。京东商城物流管理者通过大量分析这些数据，可以做出合理的人员安排计划，优化服务区域配送人员配置，缩短配送时间，优化配送流程。另外，该系统还可以为顾客提供即时查询商品运输信息的服务，提高了顾客对商品的实体感知程度。从成本管理角度分析，该技术的使用优化了京东商城自身的配送计划，相当程度上降低了在电子商务企业总成本中占有极大比重的运输成本。

资料来源：佚名. 京东商城的供应链管理分析.（2017－09－18）.［2022－04－27］. http://www.360doc.com/content/15/0305/07/5315_452641754.shtml. 引用时有修改

思考与讨论：

1. 京东商城供应链管理的特点是什么？
2. 电子商务供应链管理给京东商城带来了哪些竞争优势？

二、电子商务供应链管理

供应链管理作为一种新的管理方法，从整个供应链的角度对所有节点企业的资源进行集成和协调，强调战略伙伴协同、信息资源集成、快速市场响应及为顾客创造价值等。但由于信息技术应用和网络环境发展相对滞后于这种先进的管理方法，传统的基于纸张和传真的供应链管理难以实现企业与合作伙伴间信息实时、同步共享，不能充分支持和体现供应链管理的战略优势。

电子商务的发展改变了企业应用供应链管理获得竞争优势的方式，成功的企业应用电子商务支持其经营战略并选择经营业务。这些企业利用信息技术提高了供应链活动的效率，并增强了整个供应链的经营决策能力。

供应链管理与电子商务相结合，产生了供应链管理领域新的研究热点——电子商务供应链管理。其实质就是利用电子商务技术，以中心制造厂商为核心，将供应商、经销商、物流企业结合为一体，构建一个面向最终顾客的完整供应链，降低企业整体成本，提高企业对市场和最终顾客需求的响应速度，从而提高企业的市场竞争力。

（一）电子商务供应链管理方法与传统供应链管理方法的比较

1. 传统供应链管理方法

传统供应链管理注重企业的横向集成，往往通过通信介质将供应商、零售商、分销商及最终顾客连接起来，是一种点到点的集成。这种集成缺乏灵活性，实体与实体之间缺乏有效的合作，不能实现资源共享与有效利用。物流、信息流、资金流在传统的供应链上一般是逐级传递的（见图5-2），这种逐级传递方式必然造成信息传递效率的降低和不准确性的增加，产生“牛鞭效应”①。

2. 电子商务供应链管理方法

电子商务供应链管理是市场需求与经济发展的必然趋势，互联网、内联网和外联网以及电子商务技术体系，把企业及其供应商、制造商、分销商和顾客方便地联系起来，从而实现有效的供应链管理。

---

① 牛鞭效应又称需求变异放大效应，即供应链中产品需求订货量的波动程度远远大于产品的实际市场销售量的变化程度，并且沿供应链向上游放大。目前对这种现象的称谓很多，包括蝴蝶效应、长鞭效应、供应链需求信息的扭曲、信息时滞等。

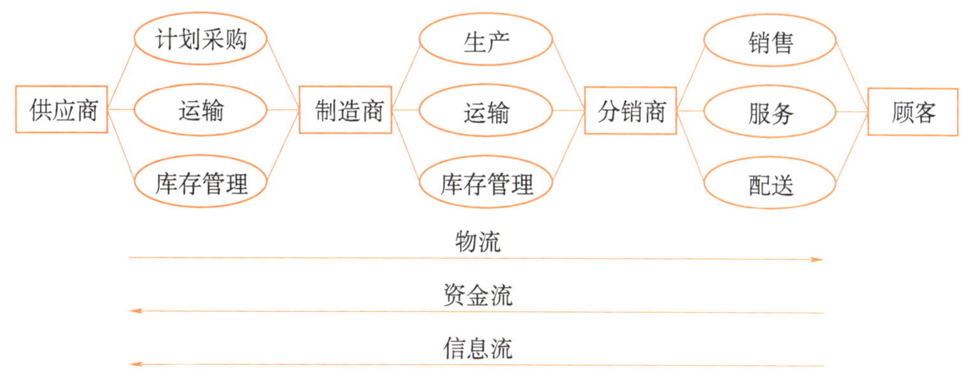

图 5－2 传统供应链管理方法

资料来源：刘欣. 电子商务环境下我国企业供应链管理研究. 济南：山东大学，2008：26.

电子商务弥补了传统供应链管理的不足，不仅使供应链上各成员间可以更紧密地连接、合作与交流，而且使供应链的概念延伸到供应商的供应商和顾客的顾客，从而建立一种跨企业的协作，覆盖了从需求预测、产品设计、外协和外购到储运、制造、分销、顾客服务的全过程，为企业实施供应链管理提供了有力的信息技术支持和广阔的活动舞台。利用电子商务对供应链管理方法进行优化，有利于引导企业设计、开发供应链管理模式，为企业在知识经济时代更好地实施供应链管理奠定基础，为充分挖掘供应链管理的潜力、实现供应链管理的优化创造条件。

电子商务供应链管理方法如图 5－3 所示，其优势在于通过网络技术可以方便、迅速地收集和处理大量信息，使供应商、制造商、销售商及时得到准确的数据，制订切实可行的需求、生产和供货计划，从而有利于供应链的组织和协调运作。采用电子商务，企业可以及时处理信息、跟踪顾客订单执行、进行有效的采购管理、存货控制以及物流配送等服务，促进供应链朝动态的、柔性的、虚拟的、全球网络化的方向发展，提高供应链的持续竞争优势。

案例 5－2

跨境电商供应链管理痛点

跨境电商供应链是指围绕商品采购、运输、销售、消费等环节提供服务，构成连接上游品牌方、下游消费者并承载“信息流、货物流、资金流”的功能网链服务结构。相比境内电商供应链，跨境电商供应链链条更长、涉及环节更多、物流流程更长、资金周转更慢、信息流更复杂。

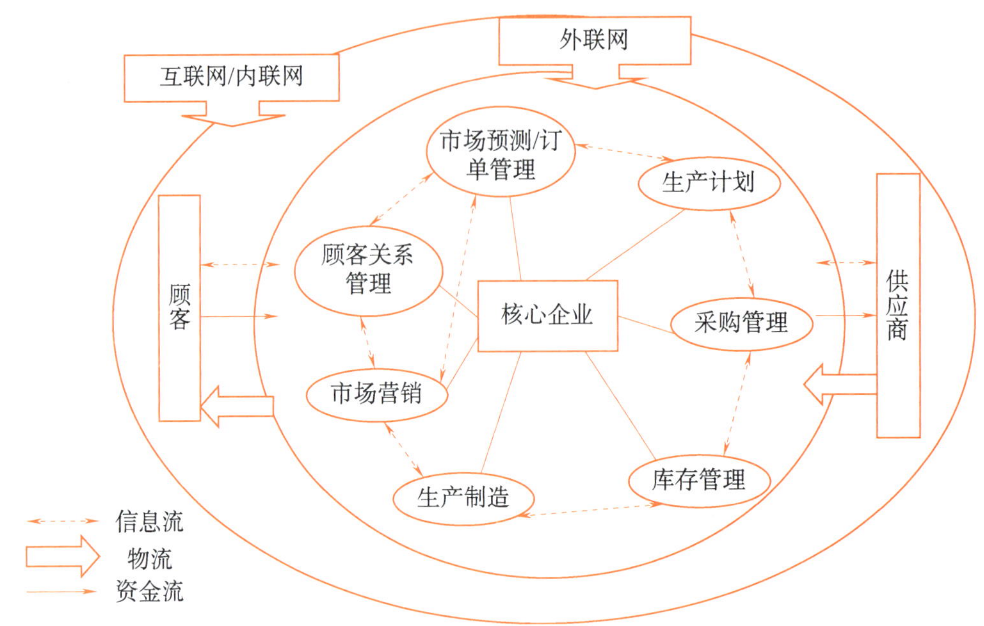

图5－3 电子商务供应链管理方法

资料来源：桂寿平，吕英俊，桂程飞．供应链管理的核心在“思想”——基于五链合一与电子商务的供应链研究．中国物流与采购，2004（6）：30－33．

跨境电商供应链服务是指为零售商提供各供应链环节解决方案的相关服务，包括商品采购、物流仓储、报关清关、融资信贷、平台提供、支付服务、运营协助等。经过多年的发展，作为跨境电商供应链核心的采购平台服务链不断延伸，呈现出整合打包提供供应链各环节服务的趋势。

一般商品采购流程中品控、成本、需求洞察等关键要素因跨境变得困难，而消费者的消费需求又迫切需要增加和改善跨境商品供给。供需之间的矛盾凸显跨境电商供应链价值，驱动供应链采购平台发展。

跨境电商供应链管理的痛点表现在以下方面：

（1）物流仓储运营成本高。为了加强管理，大多数跨境电商选择自建仓储物流，但海外仓的运营成本较高。除去沉重的建仓成本，无论是海外仓还是保税仓，对相关管理人员的要求都较高。

（2）复杂的清关报批程序。跨境物流在面临关税国别差异的同时，还需应对各国不同的清关手续带来的麻烦，而且海关审核严格程度的地域差异也加重了清关报批程序的复杂性。

(3) 配送时间长，收货时间具有不确定性。跨境物流由于涉及环节多、路程长，造成配送时间长，并且收货时间具有不确定性，给部分具有较高时效性的商品带来品控难题。提前采购统一发货虽能提升物流效率，却易产生商品积压的风险。

(4) 库存管理困难。市场对交货期要求越来越严格，对货物种类丰富度要求越来越高，尤其是中小零售商面临订单量小且不稳定的缺点，出现了小批量采购与稳定供货之间的矛盾。

随着数字化在跨境电商领域的渗透，大部分跨境电商需要借助第三方力量进行数字化供应链的建设。一站式满足企业供应商管理、采购需求、寻源、订单管理、合同管理、收发货、财务对账等采购全流程管理，能够帮助客户提升采购效率、降低采购成本，实现数字采购管理一体化，提升跨境电商的核心竞争力。

资料来源：跨境电商供应链管理痛点主要有哪些？https://baijiahao.baidu.com/s?id=1728893211293892022&wfr=spider&for=pc.引用时有修改

思考与讨论：

跨境电商供应链管理的痛点主要有哪些？

（二）电子商务对供应链管理的影响

随着电子商务的不断发展，现代电子商务对供应链管理产生了越来越重大的影响。供应链管理作为对供应链中发生的物流、信息流、资金流以及贸易伙伴关系等要素，进行统一组织、规划、协调和控制的一种现代企业管理战略，需要充分的相关企业和市场信息。但是，在人工环境下要获得供应链较为完全的信息，成本非常高。电子商务可以为企业实施供应链管理提供有力的信息技术支持，特别是B2B电子商务不仅使供应链上各节点企业之间的信息容易共享，联系更加紧密，而且使供应链的整体运作更为高效。

电子商务对供应链管理的影响如下：

(1) 电子商务引起传统供应链的变革，变链式供应链为网式供应链。

传统供应链管理仅是一个横向的集成，通过通信介质将预先指定的供应商、制造商、分销商和顾客依次联系起来。这种供应链只注重内部联系，灵活性差，效率低，如果供应链的一个环节中断了，整个供应链就无法有效运行。而电子商务弥补了传统供应链的不足，它不再局限于企业内部，而是延伸到供应商和顾客，甚至供应商的供应商和顾客的顾客，建立的是一种跨企业的协作，覆盖了从产品设计、需求预测、外协和外购到制造、分销、储运和客户服务等全过程。处于同一供应链上的厂商之间已变成双赢的关系，消除了整个供应链中不必要的运作和消耗，促进了供应链朝动态的、虚拟的、全球网络化的方向发展。

（2）电子商务促进了企业的流程再造。

其一，电子商务促进了职能部门内部的流程再造。企业手工业务处理流程存在很多重复或无效的环节，各职能管理机构重叠，中间层次多，而中间管理层一般只执行一些非创造性的统计、汇总、填表等工作，很多业务处理方式已不适应计算机信息处理的要求。电子商务将企业经营的各环节都放在网络上进行，取消了许多中间层，必然带来职能部门内部的流程再造。

其二，电子商务促进了职能部门之间的流程再造。企业要真正实现电子商务，并不是只实现网上订单、网上支付就可以了。如果只是这一段电子化了，而后续的采购、生产、库存、订单确认等供应链环节没有电子化，还是体现不出效率提高及成本降低，这就要求企业内部各职能部门之间进行流程再造，以实现全过程的信息化管理。

其三，电子商务促进了企业与企业之间的流程再造。这个层次是目前企业流程再造的最高层次，也是电子商务有效实施的必要条件。供应链已经不再局限于企业内部，管理人员控制企业的广度和深度都在增加。供应链上各企业之间的信息交流大大增加，企业之间必须保持业务过程的一致性，这就要求企业与企业之间必须进行流程再造，以实现整个供应链的有效管理。

（3）电子商务促进了供应链中信息流的改善。

一方面，电子商务使供应链伙伴之间的信息传递由原来的线形结构变为网状结构。分销商和制造商可以方便地查看零售商的库存情况，更准确地了解需求信息，从而有效地避免多重预测带来的信息失真。供应链下游成员同样可以通过互联网了解上游成员的生产能力和库存信息，有效缓解顾客的焦虑，避免夸大订单所带来的波动。

另一方面，借助电子数据交换技术，企业之间交易的各种票证单据按统一格式在网上传输，能够将需求信息快速地向上游企业传递，实现无纸的计算机辅助订货，从而提高交易效率，降低成本。同时，电子数据交换使企业与伙伴之间建立更密切的合作关系，商业运转的各个环节更加协调一致，从而使资金流动、库存、成本、服务得到改善。而且通过网上与顾客直接的信息交流，制造商可以有效地了解市场需求，对市场做出快速反应。

（4）电子商务减少了供应链中间环节。

电子商务是在计算机、应用软件和通信系统构成的网络中实现的，通过互联网这个中间平台，企业改变了传统的产品销售方式，直接与顾客在网络上进行交易，减少了分销商或零售商这样一些中间环节，从而达到节约运输和销售成本的目的。对于采购商而言，其可以利用网络和信息平台获得国内与国外的供应信息，采购人员可以通过互联网与全球范围的供应商便利地沟通与交易，从而提高采购价格的透明度，缩短采购时间，提高采购效率。

（5）电子商务构建了企业间或跨行业的价值链。

借助电子商务，企业可将非核心业务交给供应链上的其他企业操作，而将主要精力集中于核心业务，即所谓的“业务外包”。通过“业务外包”，核心企业（制造商、销售商）与合作企业（供应商）之间可以建立一种合作共赢的战略伙伴关系。建立在电子商务基础上的这种战略伙伴关系，使企业之间从简单的信息共享，上升到生产经营思想的共享与共同决策，进而将相关企业的价值链连接起来，构建企业间或跨行业的价值链。例如，借助电子商务平台，相关企业共同决定生产经营场所、共同探索如何使双方都能获益的服务模式等。

（6）电子商务具有大规模定制能力。

大规模定制（mass customization，MC）是指低成本、快速和高效地提供各种定制化产品或服务。而要做到这一点，企业就必须具有很强的信息收集、整合和反应能力。而电子商务供应链管理大大提高了企业处理市场信息的能力，在企业成功实施大规模定制的过程中起重要的作用。例如，在美国的计算机市场，戴尔公司在应用信息的基础上发展了根据顾客要求的大量生产系统。最终顾客可以通过戴尔公司的互联网页，在订货时说明对购买产品功能的要求。戴尔公司根据顾客的具体要求生产产品，并迅速地将产品配送给顾客。通过这种方式，戴尔公司直接与最终顾客建立互信关系，减少了与流通库存和营销业者运行有关的供应链成本。

Section 2

第二节　电子商务供应链管理策略

传统的供应链管理策略往往采用“推”的方式，以生产为中心，通过大规模生产来提高生产效率，降低单位产品的生产成本，以此获得最大利润和提高竞争力。在大量产品生产出来后，企业通过各种促销方式将产品推向顾客。在电子商务中，供应链管理是以顾客为中心，以顾客的实际需求和对顾客未来需求的预测来组织生产。供应链管理是按市场的需求“拉”动产品和服务的供应，从而实现从以生产为中心向以顾客需求为中心的转变。供应链管理的物流导向由“推”转变为“拉”，按顾客的市场需求组织生产，避免了库存过剩。基于这种管理理念和策略，产生了很多现代化的电子商务供应链管理策略，如快速反应（quick response，QR）策略，有效客户响应策略，合作计划、预测与补给策略，企业资源规划策略。

一、快速反应策略

（一）快速反应策略产生的背景

20世纪60—70年代，美国的百货行业面临国外进口商品的激烈竞争。20世纪80年代早期，美国国产的鞋、玩具以及家用电器在市场的占有额下降到20%，国外进口服装占据了美国市场的40%。当时的纺织与服装行业采取的主要对策是在寻找法律保护的同时，加大现代化设备的投资。到了20世纪80年代中期，美国的纺织和服装行业是受进口配额系统保护的最重要的行业，而纺织业是美国制造业生产率增长最快的行业。尽管上述措施取得了巨大的成功，但服装行业进口商品的渗透仍在继续增加。行业的一些有识之士认识到保护主义措施无法保护美国服装制造业的领先地位，必须寻找别的方法。

为此，美国服装、纺织及化纤行业成立了一个委员会对此进行研究。研究结果认为，美国纺织服装业的市场竞争力不可能通过政府的保护主义措施得到增强；供应链各环节上的企业各自加大投资，虽然提高了自身的经营效率，但是没有注重整个供应链系统效率的提高，最终导致直接削弱了纺织服务业的市场竞争力。结论是提高供应链的整体效率才是解决问题的关键。整个服务供应链，从原材料供应到顾客购买，时间为66周：生产制造11周，仓储与运转40周，商品销售15周。供应链的低效率不仅使各种费用增加，而且使建立在不精确需求预测上的生产与分销盲目增大，供应量过多或过少造成的库存或缺货损失巨大。

这项研究导致了快速反应策略的应用和发展。快速反应策略是零售商及供应商密切合作的策略，应用这种策略，零售商和供应商通过共享POS销售点系统信息、联合预测未来需求、发现新产品营销机会等对顾客的需求做出快速反应。从业务操作的角度，贸易伙伴需要用电子数据交换加快信息的流动，共同重组他们的业务活动，从而将订货前导时间减少，实现成本最小化。

（二）快速反应策略的概念

快速反应策略是指零售商、制造商和供应商之间相互配合，以最快的方式、在适当的时间与地点为顾客提供适当的产品和服务，即最快、最好地满足顾客需要的一种供应链管理策略。从字面上看，“快速反应”会使人们想到“更快地做事”。从某种意义上讲，这是正确的，但快速反应最重要的作用是在降低总库存和总成本的同时提高销售额。

案例 5－3

沃尔玛的快速反应系统

1962 年，第一家沃尔玛连锁店由美国零售业传奇人物山姆·沃尔顿开设，总部设在美国阿肯色州的本顿维尔市。1970 年，沃尔玛公司的股票首次在纽约证券交易所挂牌上市，到 20 世纪 70 年代末，沃尔玛已经拥有 276 家连锁店。1989 年，沃尔玛公司的销售额达到 260 亿美元，比 1980 年增加了 26 倍，员工人数也增加了 10 倍。同时，沃尔玛的连锁店也接近 1 400 家。20 世纪 80 年代是沃尔玛经营创新的时代，1983 年，沃尔玛成立了第一家仓储式商店——“山姆会员店”，1988 年，第一家沃尔玛大型购物超市——购物广场开业。1999 年，沃尔玛的全球销售额已经达到 1 650 亿美元，比 1998 年增长了 20%。

沃尔玛在美国的零售终端仅仅是整个供应链中的最后一个环节，它的物流、配送中心、全球采购、快速反应系统、高效运输等都不是短期能够建立起来的。它拥有强大的知识库，它的全球销售经验、渗透能力，以及已经形成的核心价值观念，是无法简单模仿的，只能依靠企业在成长过程中积累。沃尔玛在 50 年的发展历史中，能够从无到有、从小到大，直至做到全球零售业第一的位置，有不断支持其进步的管理思想与管理方法。

沃尔玛创始之初的战略是以折扣店的形式服务中小城镇居民的购物需求，因为大城市的零售业已经比较成熟。商品生产者和批发商大多服务于大城市的居民，而沃尔玛的折扣店往往集中在中小城镇，这导致沃尔玛的配送成本偏高，不符合其“天天平价”的战略。为了降低配送成本，沃尔玛决定建立配送中心，自己完成商品的配送。每一个配送中心为半径 150～300 英里内的 175 家商店配货。

从 20 世纪 70 年代开始，沃尔玛着手建立配送中心，当时它应用了两项最新的技术：交叉配送和电子数据交换。供应商将货物运到配送中心，配送中心根据每个店面的需求量对货物重新打包。沃尔玛的价格标签和 UPC 条形码早已经在供应商那里贴好，服装类商品都已经挂在衣架上。货物在配送中心的一侧作业完毕后，被运送到另一侧准备送到各个店面。也就是说，货物从“配”区运到了“送”区。配送中心配备激光制导的传送带，有几英里长。货物成箱地被送上传送带，运送过程中只要激光扫描货物箱上的条形码，就能够在庞大的配送中心找到将要装运货物箱的卡车。由于不用在配送中心存货，沃尔玛每年能节省数百万美元的费用。

到了20世纪80年代早期，沃尔玛的计算机信息系统利用电子数据交换，不仅将自己的各个店面与配送中心的计算机信息系统连接起来，而且将自己与供应商的计算机或计算机信息系统连接在一起。沃尔玛甚至购买了一颗专用卫星来传输公司间海量数据。

由于使用了配送中心和电子数据交换技术，沃尔玛在1992年的配送成本降低到其销售额的3%，而其竞争对手的配送成本高达4.5%~5%。这意味着沃尔玛每年比竞争对手节省下7.5亿美元的配送成本。

更重要的是，由于使用了电子数据交换和建立了配送中心，货物和信息在供应链中始终处于快速流动的状态，提高了供应链的效率。例如，如果顾客在沃尔玛的一家商店里购买了一件某品牌粗斜纹棉布衬衫，这件衬衫的供应商的计算机系统与沃尔玛的计算机信息系统连接在一起，供应商每天都会到沃尔玛的计算机系统里获取数据，包括销售额、销售单位数量、销售店面、库存情况、销售预测、汇款建议等。沃尔玛的决策支持系统会向供应商提供这种衬衫在此之前100个星期内的销售记录，并能跟踪这种产品在全球或者某个特定市场的销售状况。这种衬衫的销售数据只提供给生产这种品牌衬衫的供应商。此后，供应商根据订单通过配送中心向沃尔玛的商店补货。从下订单到货物到商店的时间是3天，而在20世纪80年代中期，这个过程需要1个月的时间。这个系统被称为快速反应系统。

这仅仅是沃尔玛快速反应系统的一角，它还拥有庞大的运输车队，每辆卡车都配备了一个小型电脑，通过卫星与总部联系，总部可以通过全球定位系统得知每一件货物所在的位置。

资料来源：陈畴镛．电子商务供应链管理．大连：东北财经大学出版社，2002．引用时有修改

思考与讨论：

1. 沃尔玛的物流配送中心采用了什么技术？
2. 沃尔玛的快速反应系统是指什么？

（三）快速反应策略的发展

近年来，尽管快速反应的原则没有变化，但快速反应的策略以及技术今非昔比。最

初，供应链上的每一个业务实体（如制造商、零售商或承运商）都单独发挥作用，每一个企业都对其贸易伙伴的业务不感兴趣，更谈不上同贸易伙伴共享信息。随着市场竞争的加剧，业主及经营者逐渐认识到，应改进自己的业务系统，提高产品的质量，以便为顾客提供最好的服务。但令人失望的是，他们很少考虑内部系统的改变给顾客和供应商带来的不利影响。

20 世纪 80 年代末 90 年代初，在市场竞争的强大压力下，一些先导企业开始考虑评估和重构经营的方式，从而出现了对供应链和信息流的重组活动。20 世纪 80 年代，人们对供应链进行优化的焦点是技术解决方案，但是现在焦点已转变为重组经营方式以及与贸易伙伴的密切合作。例如，宝洁公司与沃尔玛公司通过密切合作来确定库存水平和营销策略。在欧美，快速反应的发展已跨入第三个阶段，即合作计划、预测与补给阶段。

快速反应策略在过去取得了巨大的成功。商品的供应商和零售商通过这一策略为顾客提供了更好的服务，同时也减少了整个供应链上的非增值成本。快速反应策略作为一种全新的供应链管理理念，必将向更高的阶段发展，必将为供应链上的贸易伙伴——供应商、分销商、零售商和最终顾客带来更大的价值。

二、有效客户响应策略

（一）有效客户响应策略产生的背景

在 20 世纪 80 年代以前，美国百货业的竞争主要在制造商之间展开，竞争的中心是品牌、商品、销售渠道和大量的广告和促销，在零售商和制造商的关系中，制造商占据了主要地位。而在 20 世纪 80 年代以后，特别是进入 20 世纪 90 年代，在零售商和制造商的交易关系中，零售商开始占据主要地位，竞争中心转向流通中心、零售商自有品牌、供应链效率和销售点系统。同时，在供应链内部，零售商和制造商为取得供应链的主导权，为零售商品牌和制造商品牌占据零售商商铺货架空间的份额展开激烈竞争。这种竞争使得供应链各个环节的成本不断转移，导致供应链的整体成本上升，而且容易牺牲力量较弱一方的利益。

在这种情况下，从零售商的角度看，大量零售业者的出现使得商品价格很低，且价格战愈演愈烈，许多传统超市业者开始寻找针对这种竞争的新型管理方法；从制造商角度看，由于日杂百货技术含量不高，制造商竞争趋同化，他们经常采取直接或间接降价的方式促销，往往牺牲自身的利益；从顾客角度看，过度竞争使企业在竞争中忽视顾客需求而仅仅采用诱导性的促销方法。

在这样的背景之下，美国食品市场营销协会联合多家企业组成研究小组，对食品业供应链进行调查总结分析，于1993年提出了改进供应链的详细报告，提出了有效客户响应（efficient consumer response，ECR）策略。

（二）有效客户响应策略的概念

有效客户响应策略是指在食品杂货分销系统中，分销商和制造商为消除系统中不必要的成本和费用，为给顾客带来更大效益而进行密切合作的一种供应链管理策略。

有效客户响应策略的最终目标是建立一个具有高效反应能力和以客户需求为基础的系统，使零售商及制造商以业务伙伴方式合作，提高整个食品杂货供应链的效率，而不是单个环节的效率，从而大大降低整个系统的成本、库存和物资储备水平，为顾客提供更好的服务。

有效客户响应策略以信任和合作为基础，以创造顾客价值为理念，结合零售业的精细化管理和供应链整体协调性管理，力求达到满足顾客需求和优化供应链的双重效果。供应链合作伙伴为了提高顾客满意度，把以前处于分离状态的供应链联系在一起，在作业流程上密切合作，共同分享信息和诀窍。这个过程由贯穿整个供应链的四个核心环节组成，即有效新产品投入、有效店铺安排、有效促销活动和有效商品补充，这也被称为有效客户响应策略的四大要素。

（1）有效新产品投入。有效客户响应策略的核心就是通过信息共享，及时、准确地分析消费趋势，正确把握市场定位，向市场投入有效的新产品。通过实施有效客户响应策略，制造商和零售商采用销售点系统、磁卡和会员制等，通过中央计算机处理，可以对零售商的销售状况进行及时汇总和处理，准确分析顾客的有效需求，并发出订单。制造商可据此有效地安排新产品开发和生产，以最短时间将适销对路的新产品生产出来并投入市场。

（2）有效店铺安排。零售商在区域经济分析的基础上，进行系统规划，合理设置零售点配送中心，以减少仓储和运输费用。零售商集中精力加强零售点的商品品类管理、店铺的空间管理，在厂家保证高效连续补货的前提下，及时补充畅销商品，撤换滞销商品，从而加快货物销售速度，进一步低成本、高效率地扩大销售额。

（3）有效促销活动。有效客户响应系统简化了制造商和零售商之间的贸易关系，零售商将经营重点由采购转移到销售，将更多的金钱和时间投入到有效的促销活动中，顾客因此可以获得更多的实惠。商品销售往往会受到季节、气候和消费周期等因素的影响，零售商对此十分熟悉。根据具体情况，零售商可以有效地开展各种促销活动，包括推出每日低价商品、散发和邮寄商情广告、发放购物优惠券等，从而激发顾客的购买欲望，减少或消除不利因素的影响。在高效仓储、运输、管理和生产前提下，零售商可以通过促销活动来提高整个供应链系统的经济效益。

（4）有效商品补充。零售商通过整个电子数据交换和计算机辅助订货系统，实现小批量、及时补货，以及补货系统的时间和成本的优化组合。零售商根据有效客户响应提供的信息，对销售量进行准确预测，并通过计算机辅助订货系统向供应商发出订货指令；供应商根据订货指令，直接向零售店铺配送货物，或利用配送中心等共享资源进行转换配送，从而形成销售和配送同步运转，这既降低了配货成本，又实现了对零售商的小批量、及时补货。

案例 5－4

雀巢公司与家乐福公司供应商管理库存系统

雀巢是世界最大的食品公司，总部位于瑞士沃伟市，由亨利·雀巢于 1867 年创立，主要产品涵盖婴幼儿食品、乳制品及营养品类、饮料类、冰激凌、冷冻食品及厨房调理食品类、巧克力及糖果类、宠物食品类与药品类等。雀巢公司自 1983 年进入中国台湾，1987 年进入中国大陆以来，业务发展迅速。家乐福是世界第二大连锁零售集团，1959 年在法国设立。截至 2003 年 3 月，家乐福在中国大陆拥有 33 家店，在中国台湾拥有 28 家店，业绩不断攀升。雀巢公司和家乐福公司均在推动有效客户响应方面下了很大的力气。从 1999 年开始，两家公司在有效客户响应方面计划进行更密切的合作，于是在中国台湾等地的分公司开始进行供应商管理库存示范计划，并希望将相关成果在各自公司推广。供应商库存管理是有效客户响应的一项运作模式，主要指供应商根据销售及安全库存的需求，替零售商下订单或补货，而实际销售的需求则是供应商根据由零售商提供的每日库存与销售资料进行统计预估得来的。通常，供应商有一套管理系统来处理相关的事务。通过大幅改进供应商面对市场的回应时间，能尽早得知市场确切的销售信息，从而降低供应商与零售商的库存，提早安排生产，降低存货率。

在中国台湾，雀巢从 1999 年 10 月开始，积极与家乐福合作，建立供应商管理库存示范计划的整体运作机制，总目标是增加商品的供应率，降低家乐福的库存天数，缩短订货前置时间以及降低双方物流作业成本。具体指标包括：雀巢对家乐福物流中心的产品到货率达 90%，家乐福物流中心对零售店面的产品到货率达 95%，家乐福物流中心库存天数下降至预设标准，以及家乐福对雀巢的建议订货单修改率下降至10%等具体目标。另外，雀巢也希望将新建立的模式扩展至其他销售渠道加以运用，以加强掌控能力，并获得更大规模效益，而家乐福也会与更多的重点供应商进行相关合作。整个计划是在一年之内建立一套供应商管理库存的运作系统，并且可以循环执行。具体而言，分为两个阶段；第一个阶段包括确立双方投入资源，建立评估指标，就所需条件进行谈判，确定整个运作方式以及系统配置，时间约半年。第二个阶段为后续的半年，具体任务是修正系统与运作方式，使之趋于稳定，并以评估指标不断进行问题寻找与改善，直至自动进行为止。

在人力投入方面，雀巢与家乐福均设置了一个协调机构，其他部门如物流、采购、信息等则是以协助的方式参与。在经费的投入上，家乐福主要是在电子数据交换系统建设上投资；雀巢除了建设电子数据交换系统外，还引进了一套供应商管理库存系统。在计划的实际执行上，还可细分为五个子阶段：①评估双方的运作方式与系统在合作上的可行性；②一把手的推动与团队建立；③沟通协调系统的建立；④同步化系统与自动化流程；⑤持续性训练与改进。

在系统建设方面，雀巢与家乐福均采用电子数据交换网络的方式进行资料传输，雀巢的供应商库存管理系统采取外购产品的方式进行建设。雀巢在家乐福、法国及其他国家雀巢公司的建议下，在充分考虑系统需求特性后，最后选用了Infule的EWR产品。

经过近一年的推进实施，雀巢和家乐福整个供应商管理库存运作方式组建形成了如下五个步骤的运作模式：

（1）每日9：30以前，家乐福用电子数据交换方式传送结余库存与出货资料等信息到雀巢公司。

（2）9：30~10：30，雀巢将收到的资料合并至EWR的销售资料库系统中，并产生预估的补货需求，系统将评估的需求量写入后端的BPCS企业资源规划系统，依实际库存量计算出可行的订货量，产生建议订单。

（3）10：30前，雀巢以电子数据交换方式传送建议订单给家乐福。

（4）10：30~11：00，家乐福在确认订单并进行必要的修改后回传至雀巢。

（5）11：00~11：30，雀巢依据确认后的订单进行拣货与出货。

除了建设一套供应商管理库存运作系统与方式外，双方在具体目标方面也取得了显著成果：雀巢对家乐福物流中心的产品到货率由原来的80%左右提升到95%；家乐福物流中心对零售店面的产品到货率也由70%左右提升至90%左右，而且仍在继续改善中；库存天数由原来的25天左右下降至目标值以下；订单修改率也由60%~70%下降到

10%以下。而对雀巢来说，其最大的收获是在与家乐福合作的关系上。雀巢过去与家乐福是单向的买卖关系，家乐福享受着大客户的种种优惠，雀巢则尽力推出自己的产品，但是彼此都忽略了真正的市场需求，导致卖得好的商品经常缺货，不畅销的商品却库存积压。经过这次合作，双方有了更多的相互了解，也有了共同解决问题的意愿，使各项问题的症结点得以浮现，对从根本上改进供应链的整体效率非常有利。同时，雀巢也开始考虑将供应商库存管理系统运用到其他销售渠道。

资料来源：周艳军．供应链管理．上海：上海交通大学出版社，2004．引用时有修改

思考与讨论：

1. 雀巢和家乐福两家公司是如何推动有效客户响应的？
2. 供应商管理库存是一项什么运作模式？其作用是什么？

（三）有效客户响应系统使用的信息技术

有效客户响应系统使用的信息技术主要有电子数据交换和销售点。

信息技术最大的作用之一是实现事务作业的无纸化或电子化：一方面，利用电子数据交换在供应链企业间传送交换订货发货清单、价格变化信息、付款通知单等文书单据。例如，厂家在发货的同时预先把产品清单发送给零售商，这样零售商在商品到货时，用扫描仪自动读取商品包装上的物流条形码，获得进货的实际数据，并自动地与预先到达的商品清单进行比较。因此，使用电子数据交换可以提高事务作业效率。另一方面，利用电子数据交换在供应链企业间传送交换销售点数据、库存信息、新产品开发信息和市场预测信息等直接与经营有关的信息。例如，生产厂家可利用销售点信息把握顾客的动向，安排好生产计划；零售商可利用新产品开发信息预先做好销售计划。因此，使用电子数据交换可以提高整个企业，乃至整个供应链的效率。

有效客户响应系统的另一个重要信息技术是销售点。对零售商来说，可以通过对在店铺收银台自动读取的销售点数据进行整理分析，掌握顾客的购买动向，找出畅销商品和滞销商品，做好商品类别管理；还可以利用销售点数据做好库存管理、订货管理等工作。对生产厂家来说，可以通过电子数据交换利用及时、准确的销售点数据，把握顾客需要，制订生产计划，开发新产品；还可以把销售点数据和电子订货系统数据结合起来分析把握零售商的库存水平，进行供应商管理库存。

现在，许多零售企业把销售点数据和顾客卡、点数卡等结合起来。通过顾客卡，企业可以知道顾客每次购买了什么商品、金额多少，到目前为止总共购买了哪些商品，总

金额多少。这样就可以分析顾客的购买行为，发现顾客不同层次的需要，以便做好商品促销等方面的工作。

三、合作计划、预测与补给策略

（一）合作计划、预测与补给策略的概念

合作计划、预测与补给策略是指在共同预测和补货的基础上，进一步推动共同计划的制订，即不仅合作企业实行共同预测和补货，而且供应链各企业共同参与原来属于各企业内部事务的计划（如生产计划、库存计划、配送计划、销售规划等）制定工作的一种供应链管理策略。

（二）合作计划、预测与补给策略产生的背景

供应链管理通过对物流、信息流及资金流的统一协调，将供应商、制造商、配送商、分销商、零售商直至最终顾客连成一个有机整体。之所以说是一个有机整体，是因为他们统一协调工作，共同管理库存，分散风险，从而达到以销定产。而要实现整条链的高效管理，就必须实现统一的、事前的计划。但现实的计划系统存在以下问题：

（1）大多数企业制订各自独立的需求预测计划，没有考虑供求之间的匹配性。

（2）预测的准确性普遍较低，而且难以测定。

（3）大多数计划基于高层次产品目录、市场、地区，难以达到计划的准确性。

（4）制造商把库存压力放在配送商而不是放在顾客需求的拉动上，导致虽然有较高的库存水平，但是满足不了顾客的要求。

合作计划、预测与补给策略就是针对上述问题提出的，在实践中被证明是有效的策略。

（三）合作计划、预测与补给策略的实施步骤

合作计划、预测与补给策略的过程模型包括3个阶段，共9个步骤（见图5-4）。其中，第一阶段为计划阶段，包括步骤①和步骤②；第二阶段为预测阶段，包括步骤③~步骤⑧；第三阶段为补给阶段，包括步骤⑨。

步骤①达成前端合作协议，目的是建立制造商、分销商或配送商合作关系的指导文件和游戏规则，以制订出符合合作计划、预测与补给策略的标准并约定合作关系的蓝本。蓝本是约定合作方交换知识和分担风险的承诺。

⑧合作解决订单预测例外项目

⑦确定订单预测例外

⑥创建订单预测

⑤合作解决计划例外项目

②建立合作业务计划 ④确定销售计划例外

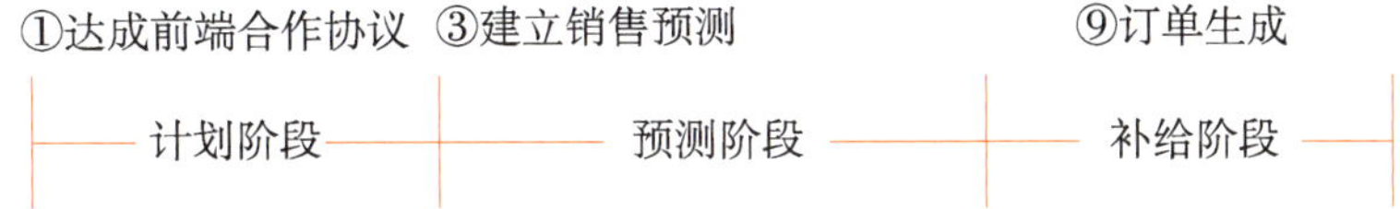

图5－4　合作计划、预测与补给策略的过程模型

步骤②建立合作业务计划，目的是通过合作方交换公司策略和业务计划信息，建立合作业务计划，从而有效地降低例外，最后制订出业务计划书，并在业务计划书上明确规定策略和具体实施方法。

步骤③建立销售预测，目的是采集销售点数据、临时信息和计划事件方面的信息，并建立销售预测。

步骤④确定销售计划例外，目的是由制造商和配送商共同确定销售计划约束的例外情况，建立例外项目列表。

步骤⑤合作解决计划例外项目，目的是通过共享的数据、电子邮件、电话交谈、会议等共同解决例外项目，最后修改调整销售计划。

步骤⑥创建订单预测，目的是利用销售点数据、临时数据、库存策略制订订单预测以支持共享的销售预测和合作业务计划，以及以时间数为基础的精细订单预测和安全库存。

步骤⑦确定订单预测例外，目的是由供应商和配送商共同确定订单预测约束例外。

步骤⑧合作解决订单预测例外项目，目的是通过共享的数据、电子邮件、电话交谈、会议等解决例外，修改订单预测。

步骤⑨订单生成，目的是将订单预测转化为确定的订单。

四、企业资源规划策略

（一）企业资源规划策略的概念

企业资源规划（ERP）是在制造资源规划（manufacturing resources planning，MRP II）

的基础上进一步发展而成的电子商务供应链管理策略。它综合应用了客户机/服务器体系、关系数据库结构、面向对象技术、图形用户界面、第四代语言（4GL）、网络通信等信息产业成果，整合了企业管理理念、业务流程、基础数据、人力物力、计算机硬件和软件，为企业决策层及员工提供了决策手段。

（二）企业资源规划系统的功能模块

为使强大的功能与众多的应用能够有机地协调起来，企业资源规划系统被划分为若干功能模块，这些功能模块既能独立运行，又能集成运行，可提高系统运行效率和降低企业信息化成本。企业资源规划系统的功能模块如图 5－5 所示。

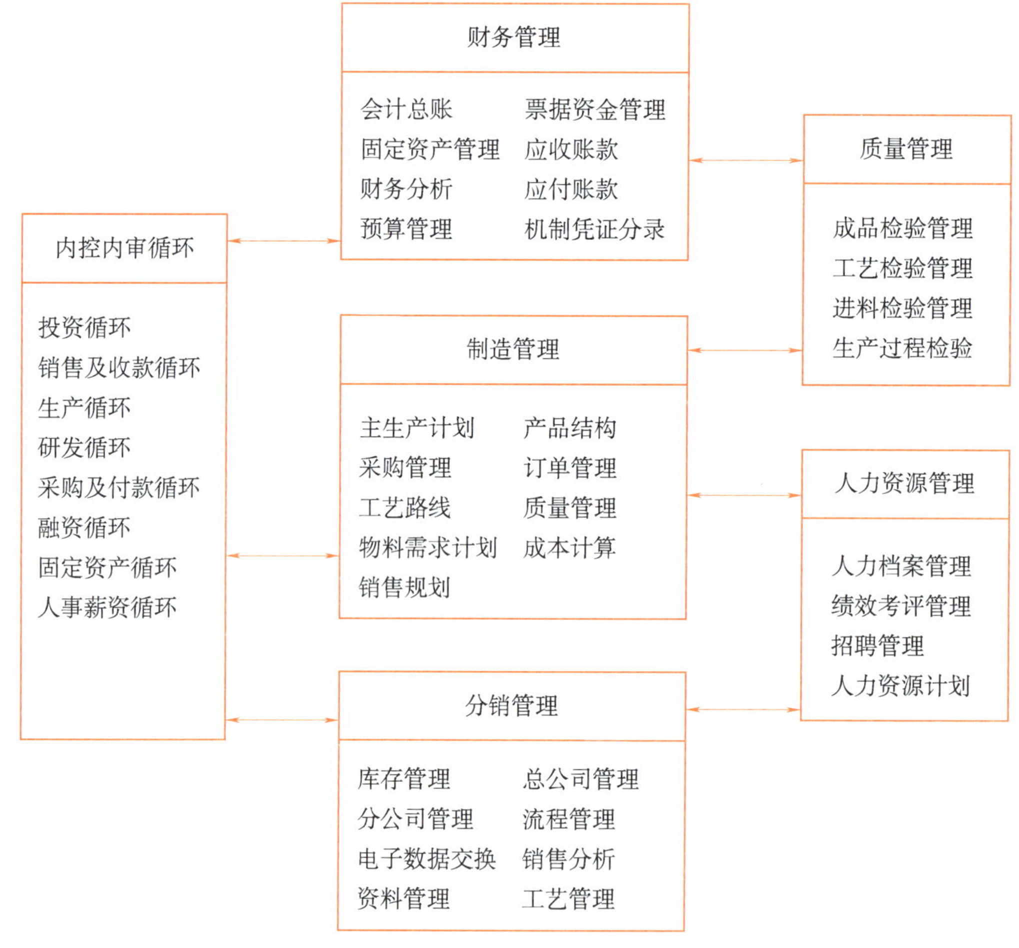

图 5－5　企业资源规划系统的功能模块

从功能上看，企业资源规划系统由制造管理、财务管理、分销管理、人力资源管理、质量管理和内控内审循环子系统组成。各个子系统又由若干功能模块组成。制造管理实现闭环物料需求规划（material requirement planning，MRP）的所有功能，侧重于物流管理与控制；财务管理体现了制造资源规划的功能特点，融合物流管理过程，从价值角度和经济管理角度描述企业经营活动和资金链；分销管理将制造企业内控延伸到企业之间，实现了跨地区、跨国经营管理；人力资源管理有机地将企业经营活动所需人力资源有机协调起来，并使其最大限度地发挥作用；质量管理不仅融合了企业生产过程与质量标准体系，而且全面地提高了质量可追溯性和全员质量意识；内控内审循环有机地监控企业的各种流程，通过内控内审的活动确保经营处于最佳状态。

（三）企业资源规划实施过程

典型的企业资源规划实施进程主要包括如图 5－6 所示的五个阶段。

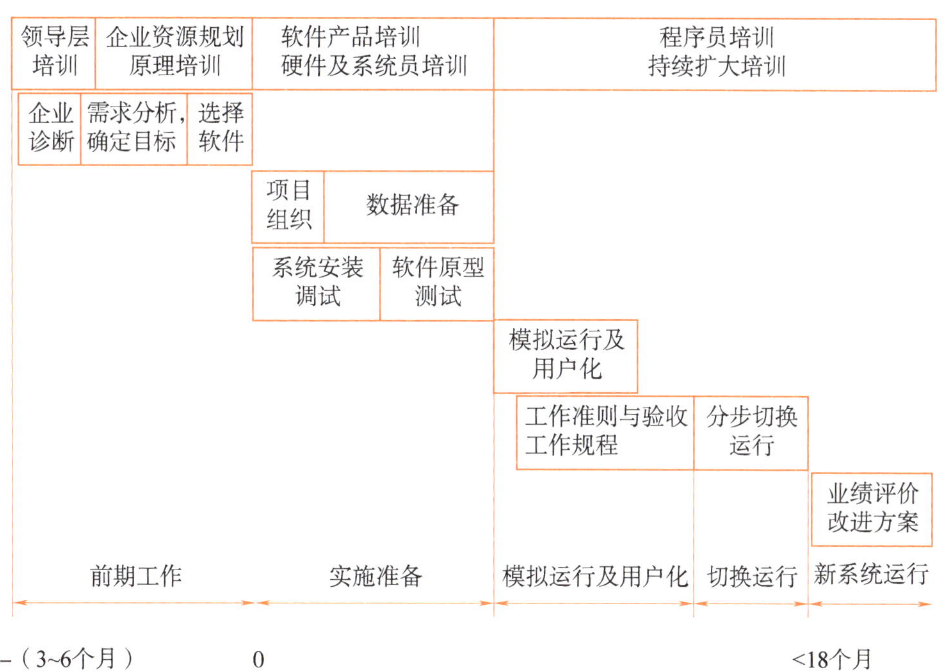

图 5－6　企业资源规划实施进程

资料来源：周艳军．供应链管理．上海：上海财经大学出版社，2004．

1. 前期工作

软件安装之前的这个阶段非常重要，关系到项目的成败，但往往在实际操作中被忽视。这个阶段的工作主要包括：领导层培训及企业资源规划原理培训；企业诊断；需求分析，确定目标；选择软件。

2. 实施准备

这一阶段的工作包括对数据和各种参数的准备和设置，这一阶段要建立的项目组织和所需的一些静态数据可以在选定软件之前就着手准备和设置，图5－6中用向左延伸到前期工作阶段来表示。在这个阶段，要做如下工作：项目组织；数据准备；系统安装调试；软件原型测试。

3. 模拟运行及用户化

这一阶段的目标和相关的任务是在基本掌握软件功能的基础上，选择代表产品，将各种必要的数据录入系统，带着企业日常工作中经常遇到的问题，组织项目小组进行实战性模拟，提出解决方案。在进行了一段时间的测试和模拟运行之后，针对实施中出现的问题，项目小组会提出一些相应的解决方案。在这个阶段，企业就要将与之对应的工作准则与工作规程初步制定出来，并在以后的实践中不断完善。在完成必要的用户化工作、进入现场运行之前，企业最高领导还要对此进行审批和验收通过，以确保企业资源规划的实施质量。

4. 切换运行

切换运行要根据企业的条件来决定应采取的步骤，可以各模块平行一次性实施，也可以先实施一两个模块。在这个阶段，所有最终用户都必须在自己的工作岗位上使用终端或客户机操作，处于真正应用状态，而不是将应用集中于机房。如果手工管理与系统还会有短时并行的情况，这种情况可作为一种应用模拟看待，但时间不宜过长。

5. 新系统运行

新系统被应用到企业后，实施的工作其实并没有完全结束，而是将转入业绩评价和下一步的后期支持阶段。这是因为有必要对系统实施的结果做一个小结和自我评价，以判断是否达到了最初的目标，从而在此基础上制定下一步的工作方向。此外，市场竞争形势的发展将会不断提出新的需求，系统的更新换代、主机技术的进步都会对原有系统构成新的挑战。所以，无论如何，企业都必须在巩固的基础上，通过自我业绩评价，制定下一目标，再进行改进，不断提高企业资源规划的实施水平。

Section 3

第三节 电子商务供应链管理中的信息技术

电子商务供应链管理要求企业通过网络从内外两个信息系统中收集、处理和传播信息，捕捉最能给企业创造价值的经营方式和技术方法。这是因为信息是强化供应链竞争能力的一个关键因素：供应链管理的效率取决于各成员之间和各个环节的协调运行，而协调运行的基础是信息的共享和信息技术的应用。为了实现供应链管理中的信息共享，要考虑以下四个方面的问题：①为供应链系统功能和结构建立统一的业务标准；②对信息系统进行定义、设计和确立连续的实验、检测方法；③实现与供应商和顾客之间的计划信息的集成；④运用合适的技术和方法，提高供应链系统运作的可靠性，降低运行总成本，确保信息要求与关键业务指标一致。为此，需要建立面向企业供应链管理的新型信息技术系统，在供应链管理中更多地利用现代信息技术。

一、条形码技术

（一）条形码的概念

条形码是由一组按一定编码规则排列的条、空符号组成，用以表示一定的字符、数字及符号组成的信息（详见国家标准 GB/T 4122.1—2008）。条形码是一组粗细不同，按一定的规则安排间距的平行线图形。常见的条形码是由反射率相差很大的黑条和白条组成的。条形码符号的组成结构如图 5－7 所示。

图 5－7　条形码符号的组成结构

（二）条形码系统的工作原理

条形码系统是由条形码符号设计、制作及扫描识读组成的自动识别系统。将按照一定规则编译出来的条形码转换成有意义的信息，需要经历扫描和译码两个过程。物体的颜色是由其反射光的类型决定的，白色物体能反射各种波长的可见光，黑色物体则吸收各种波长的可见光，所以当条形码扫描器光源发出的光在条形码上反射后，反射光照射到条形码扫描器内部的光电转换器上，光电转换器根据强弱不同的反射光信号，转换成相应的电信号。根据原理的差异，扫描器可以分为光笔、光耦合装置（change coupled device，CCD）、激光三种。电信号输出到条形码扫描器的放大电路增强信号之后，再送到整形电路将模拟信号转换成数字信号。白条、黑条的宽度不同，相应的电信号持续时间长短也不同。然后译码器通过测量脉冲数字电信号 0 与 1 的数目来判别条和空的数目。通过测量 0 与 1 号持续的时间来判别条和空的宽度。此时所得到的数据仍然是杂乱无章的，要知道条形码所包含的信息，就需要根据对应的编码规则，将条形符号换成相应的数字、字符信息。最后，由计算机系统进行数据处理与管理，物品的详细信息便被识别了。条形码系统的工作原理如图 5－8 所示。

图 5－8　条形码系统的工作原理

资料来源：彭扬．物流信息系统．北京：中国物资出版社，2006.

（三）条形码技术在供应链管理中的应用

条形码技术应用于供应链信息系统中，可以用来完成计算机的信息采集与输入，将大大提高计算机管理系统的实用性。条形码的应用和推广首先源于商品管理现代化，即销售点系统的应用。如美国超市商品种类约为 22 万种，每年约有 1 万种新商品进入市场、1 万种老商品退出市场。如此繁重的工作量，如果没有条形码，没有销售点系统的应用，是难以应付的。目前不仅销售点系统得到了广泛应用，而且很多国家建立了市场数据交换中心，沟通产、供、销之间的信息，建立贸易数据交换机构，及时收集汇总各商店、各种商品的销售信息并及时反馈给制造商。这样，制造商可及时、准确地了解商品销售、购买情况和价格等，分析顾客的心理，预测市场并及时组织货源。零售商可根据情况及时调整销售计划、进货情况等。

供应链管理是条形码技术一个很重要的应用领域。在物资入库、分类、出库、盘点和运输等方面，企业可以全面实现条形码管理。销售点系统（POS）由若干子系统组成，其中收银机集个人计算机和译码器于一身，既能自动识别条形符号，又能进行数据处理，还能打印购物清单。内容包括商品名称、价格、数量、总金额及日期等，顾客可把它作为购物收据。系统中的计算机是用来对数据进行综合处理的，为此企业应事先建立数据库和应用软件。这样有利于企业根据各终端的当日报告情况进行商品销售综合分析，及时掌握市场动态，并据此确定订货计划，以保证经营活动的正常进行。使用条形码技术，既方便迅速，又能够保证信息的准确性。

二、射频识别技术

（一）射频识别技术的概念

射频识别（radio frequency identification，RFID）技术是自动识别技术的一种，即通过无线射频方式进行非接触双向数据通信对目标加以识别。典型的射频识别技术系统一般由电子标签、阅读器以及天线等组成。其中，射频识别标签中一般保存了约定格式的编码数据，用此唯一标签标志所附着的物体。与传统的识别方式相比，射频识别技术无须直接接触、无须光学可视、无须人工干预即可完成信息输入和处理，且操作方便快捷。它被广泛应用于生产、物流、交通、运输、医疗、防伪、跟踪、设备和资产管理等需要收集和处理数据的领域，并被认为是条形码标签的未来替代品。

（二）射频识别技术系统的工作原理

最基本的射频识别技术系统由电子标签、阅读器和天线三部分组成。

（1）电子标签（tag，或称射频标签、应答器）：由芯片及内置天线组成。芯片内保存有一定格式的电子数据，作为待识别物品的标志性信息，是射频识别系统真正的数据载体。内置天线用于和射频天线之间进行通信。

（2）阅读器：读取或读/写电子标签信息的设备，主要任务是控制射频模块向标签发射读取信号，并接收标签的应答，对标签的对象标志信息进行解码，将对象标志信息连带标签上其他相关信息传输到主机以供处理。

（3）天线：标签与阅读器之间传输数据时的发射、接收装置。天线的形状和相对位置会影响数据的发射和接收，应用时需要专业人员对系统的天线进行设计和安装。

射频识别技术系统的工作过程如下：

（1）阅读器通过天线发送一定频率的射频信号。

（2）当射频识别标签进入阅读器工作范围时，其天线产生感应电流，射频识别标签获得能量被激活并向阅读器发送自身编码等信息。

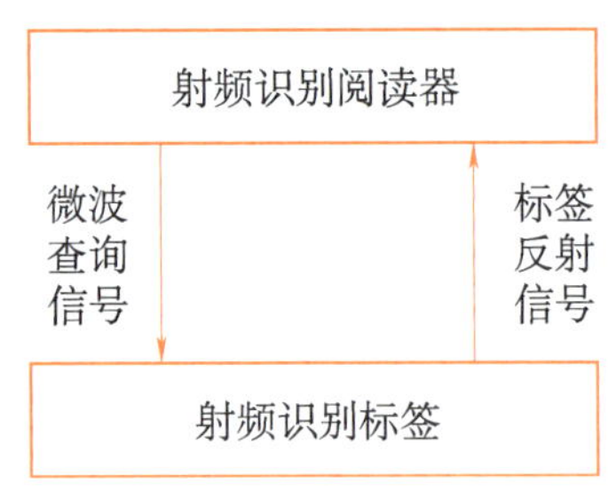

图5-9 射频识别技术系统的工作原理

（3）阅读器接收到来自标签的载波信号，对接收的信号进行解调和解码后送至计算机主机进行处理。

（4）计算机系统根据逻辑运算判断该标签的合法性，针对不同的设定做出相应的处理和控制，发出指令信号。

（5）射频识别标签从接收到的射频脉冲中解调出数据并送到控制逻辑，控制逻辑接收指令，完成存储、发送数据或其他操作。

射频识别技术系统的工作原理如图5-9所示。

（三）射频识别技术在供应链管理中的应用

射频识别技术系统可以实现从原材料的采购，半成品与产成品的生产、运输、仓储、配送，直到销售，甚至包括退货处理和售后服务等所有环节的实时监控，提高业务运行的自动化程度，大幅降低差错率，显著提高供应链企业管理的透明度和管理效率。以下是射频识别技术在生产环节、运输环节、仓储环节和配送分销环节的应用。

1. 生产环节射频识别技术的应用

在生产环节应用射频识别技术可以实现自动化生产线的运作，完成在整个生产线上对原材料、零部件、半成品和产成品的识别跟踪，减少人工识别成本，降低出错率，提高生产作业效率，增强企业的经济效益和竞争力。

2. 运输环节射频识别技术的应用

射频识别技术应用在运输车辆上，可以及时掌握在途货品，实时跟踪、监控运输车辆。保证货品按时、安全、无损地送达目的地。

3. 仓储环节射频识别技术的应用

在仓储环节，射频识别技术在仓库存取货物和库存盘点使用最广泛，它可以用来实现自动化的存货与取货等操作，增强作业的准确性和快捷性，减少整个物流过程中由于商品误置、送错、偷窃、出货错误等造成的损耗。

4. 配送分销环节射频识别技术的应用

在配送分销环节应用射频识别技术可以大大加快配送分销的速度，提高拣选作业与分发过程的工作效率，增加准确率，并能减少人工，降低物流配送成本。

三、电子数据交换技术

（一）电子数据交换技术的概念

电子数据交换（electronic data interchange，EDI）技术是模拟传统商务单据流转过程，对整个贸易过程进行简化的技术。国际标准化组织 1994 年确认了电子数据交换技术的定义：电子数据交换技术是指将商业或行政事务，按照一个公认的标准，形成结构化的事务处理或信息数据结构，进行从计算机到计算机的电子数据传输。它是电子商业贸易的一种重要工具，特别适用于海关、贸易、物流等众多领域。

（二）电子数据交换技术的构成要素

电子数据交换技术由数据标准、电子数据交换软件及硬件、通信网络三部分构成。

1. 数据标准

电子数据交换数据标准是由各企业、各地区代表共同讨论、制定的电子数据交换共同标准，它可以使各组织的不同文件格式，通过使用共同的标准，达到彼此之间进行文件交换的目的。

2. 电子数据交换软件及硬件

实现电子数据交换，必须配备相应的软件和硬件。从软件方面看，电子数据交换软件具有将用户数据库系统中的信息翻译成电子数据交换的标准格式，以供传输交换的能力。虽然应用的灵活性很强，可以适应不同行业的不同需求，但由于不同行业的企业需要根据自己的业务特点规定信息传输格式，因此，当需要发送电子数据交换电文时，不同的企业必须用某些方法从企业的专有数据库中提取信息，并把它翻译成电子数据交换的标准格式进行传输，这就需要相关软件的帮助。电子数据交换软件包括格式转换软件、翻译软件和通信软件。电子数据交换软件的主要功能有格式转换、翻译和通信。

电子数据交换所需的硬件设备大致有计算机、调制解调器及电话线。电子数据交换系统对计算机的要求不高，目前所使用的计算机，无论是个人计算机、工作站还是小型机、主机等均可使用。

3. 通信网络

通信网络是实现电子数据交换的手段和必备条件。电子数据交换通信方式有多种，第一种方式为点对点，这种方式只有在贸易伙伴数量较少的情况下使用。随着贸易伙伴数目的增多，当多家企业直接使用计算机通信时，就会出现由于计算机生产厂家不同、通信协议相异以及工作时间不易配合等所导致的问题。为了克服这些问题，许多应用电子数据交换的公司逐渐采用第三方网络与贸易伙伴进行通信，即增值网（value added network，VAN）方式。这是由专门的网络服务商提供的增值服务。它类似于邮局为发送者与接收者提供通信平台和邮箱维护，并提供存储传送、记忆保管、通信协议转换、格式转换、安全管制等服务。因此，通过增值网传送电子数据交换文件，可以大幅度降低相互传送资料的复杂度和困难度，提高电子数据交换的效率。

（三）电子数据交换技术在供应链管理中的应用

电子数据交换是供应链企业信息集成的一种重要工具，同时也是多个合作伙伴组织间进行信息交互的可靠高效的技术手段。在全球经济一体化大潮中，电子数据交换是联结供应链中各节点企业的有效手段。电子数据交换的使用使信息获取速度加快，减少和避免了纸面作业的不可靠、高成本和低效率等缺点，为企业提供了更好的沟通和通信条件，有效地提高了生产率，降低了成本，同时带来了实质性的、战略性的好处，如提高运作效率，改善与顾客间的关系，提高响应能力，缩短处理周期，缩短订货周期，减少沟通中的不确定性，增强企业的国际竞争能力等。

具体而言，引入电子数据交换技术后，供应链管理会从以下几方面获得效益：

（1）交易双方的信息通过计算机通信网络传送，瞬间可达，使业务运作时间大大缩短。

（2）电子数据交换大幅度缩短供需双方的业务处理时间，可使需求方减少库存，从而降低库存成本，节省企业的库存费用。

（3）电子数据交换实现无纸化操作，无须人工干预，降低出错率，节省人力，从而降低了资料出错的处理成本和贸易文件成本。

（4）使用电子数据交换，使业务不再受地域的限制，可以提高企业的国际化程度。

（5）应用电子数据交换消除了许多不确定性的因素，可以对最终顾客的需求做出尽可能准确的预测，使供应链整体效益显著提升。

Summary of this chapter

本章小结

本章首先介绍了供应链和供应链管理的概念以及电子商务供应链管理的概念，分析了电子商务供应链管理方法与传统供应链管理方法的区别以及电子商务对供应链管理的影响；阐述了快速反应，有效客户响应，合作计划、预测与补给，企业资源规划四种电子商务供应链管理策略产生的背景、概念等内容；最后分析了电子商务供应链管理中的信息技术，介绍了三种常用的信息技术，即条形码技术、射频识别技术和电子数据交换技术的概念，具体分析了它们的工作原理以及在供应链管理中的应用。

思考与练习

一、不定项选择题

1. 供应链以（　　）为媒介实现整个供应链的不断增值。

A. 资金流　　B. 物流　　C. 信息流　　D. 服务流

2. （　　）是指低成本、快速、高效地提供大批量的定制化产品或服务。

A. 电子数据交换　　B. 订单管理

C. 企业资源规划　　D. 大规模定制

3. 电子商务对供应链管理的影响包括（　　）。

A. 引起传统供应链的变革，变链式供应链为网式供应链

B. 促进了企业的流程再造

C. 增加了企业的成本

D. 促进了供应链中信息流的改善

4. （　　）是指最快、最好地满足客户需要的一种供应链管理策略。

A. 有效客户响应　　B. 快速反应

C. 企业资源规划　　D. 电子数据交换

5. （　　）是电子商务供应链管理中应用到的信息技术。

A. 电子数据交换技术　　B. 企业资源规划

C. 条形码技术　　D. 射频识别技术

二、思考题

1. 什么是供应链管理？

2. 电子商务供应链管理方法与传统供应链管理方法有什么区别？

3. 电子商务对供应链管理产生什么影响？请举例说明。

4. 快速反应是如何产生的？快速反应的目标是什么？快速反应策略主要解决什么问题？

5. 有效客户响应是如何产生的？有效客户响应的目标是什么？有效客户响应策略主要解决什么问题？

6. 合作计划、预测与补给是如何产生的？合作计划、预测与补给的目标是什么？合作计划、预测与补给策略主要解决什么问题？

7. 企业资源规划由哪些功能模块组成？

8. 条形码技术识别商品有哪些特点？

9. 射频识别技术由哪些部分组成？

第六章

电子商务支付

导　言

电子支付[①]是保证电子商务顺利进行非常重要的环节之一。在交易过程中，买方付给卖方货款，卖方把具有同等价值的货物所有权转移给买方。现实中，买卖双方一手交钱一手交货。而在电子商务这样一种虚拟世界里，人们脱离时间和空间的限制，与素不相识的人进行交易，这本身就存在一定的风险。为了更有效地促进电子商务发展，保障买卖双方的利益，电子商务相关工作人员有必要研究电子支付过程，开发多样化的电子支付工具，确保电子商务交易无缝、安全、有效地进行。

学习目标

1. 了解电子支付的概念及其运作的基本原理、电子支付工具、移动支付的定义。

2. 熟悉各种电子支付工具的操作流程、移动支付的流程及主要商业模式。

3. 掌握电子支付的分类、移动支付的分类及其优缺点。

① 本章所指的电子支付指电子商务支付。

导入案例

网商银行与传统银行对比

一、资产负债结构分析

（一）资产结构差异

网商银行 2020 年存放同业及其他金融机构款项约为 553.61 亿元，约占资产总额的 17.79%，而传统银行金城银行、富民银行分别为 0.71%和 0.43%。网商银行在资产端与同业往来占比较大，可能与其自身的业务特点有关。网商银行在 2018 年宣布实行“凡星计划”并持续推进，截至 2020 年末，网商银行已与超过 700 家金融机构合作，通过与金融同业合作实现优势互补。

（二）负债结构差异

从负债结构来看，2020 年网商银行的负债结构中同业及其他金融机构存放款项达 1 011.17 亿元，约占负债总额的 34.02%，而传统银行金城银行与富民银行分别约为 1.7%和 4.17%。造成此现象的原因，一方面可能是“凡星计划”带来的同业往来，另一方面可能是网商银行本身不能开设一类账户，也没有线下实体机构，而二类账户在转账金额上存在严格限制，导致网商银行不能快速、低成本地吸取客户存款。为了满足自身经营和发展的需要，同业及其他金融机构存放款项成为网商银行资金的重要来源之一。

二、经营成果分析

（一）收入结构差异

在收入方面，2020 年网商银行的手续费及佣金净收入约为 19.28 亿元，约占其总营业收入的 22.37%，远高于传统银行富民银行的 0.25%，金城银行该项收入则为负。网商银行基于自身的技术及数据优势，如良好的数据基础设施和风险管理技术，开展了诸如企业网银业务、供应链金融业务以及为同业及其他金融机构提供技术、数据支持等中间业务，从中获取丰厚的收入。同时，网商银行为实现获客和扩大规模，将存贷息差控制在较低水平，这也是其利息净收入相对手续费及佣金净收入占比较小的原因。

（二）成本结构差异

在成本方面，2020 年网商银行在研发费用上的支出超过 7.3 亿元，约占其营业支出的 10.67%，是营业支出的重要组成部分。而金城银行和富民银行在支出方面没有专门的研发费用科目。网商银行以技术为其赖以生存发展的支撑，高研发费用符合网商银行以科技为基础开展业务的特点，这也是其与传统银行的核心区别之一。

三、贷款安全性分析

从历史的发展来看，2016—2020年，三家银行的贷款规模都在迅速上升，五年内金城银行、富民银行和网商银行的贷款规模分别增长2.1倍、5.3倍、3.8倍。虽然各家银行都在迅速扩张，但不良贷款率这一安全性的重要指标，在传统银行和网商银行有了巨大的分别：传统银行的不良贷款率随着规模扩张迅速攀升，从接近0一路飙升至1.5%左右；而反观网商银行，不良贷款率从2017年开始就稳定在1.4%左右的水平，波动幅度不超过15%，与此同时，其贷款规模仍在迅速扩大。而从2020年这一截面数据来看，富民银行和网商银行的不良贷款率均达到1.5%以上，金城银行虽未披露，但合理推断其不良贷款率应该也达到了近五年的高值。在相似的不良贷款率水平下，两家传统银行的贷款规模远远小于网商银行，不到其20%。

因此，从时间序列来看，网商银行在贷款规模迅速扩张的同时稳住了不良贷款率；从截面来看，网商银行远超同业贷款规模的同时，做到将不良贷款率与传统银行齐平。从这一角度来看，网商银行的安全性远远高于传统银行。这得益于其庞大的客户数据基础，以及风险控制的精准算法技术。网商银行背靠阿里巴巴，借助互联网大厂所积累的数据和算法，拥有针对小微企业贷款的“水文模型”以及针对个人贷款的“芝麻信用评分”体系[1]，精准识别每一笔贷款的风险。

四、未来发展趋势分析

从长远来看，传统银行与网商银行的融合是一种趋势。

不论是金城银行还是富民银行，都在其2020年报中提出了普惠金融的数字化转型路径，依托大数据和算法技术对贷款的精准识别也在不断渗透到传统银行的贷款业务中，如富民银行的“富民贷”就是一款10分钟审批完成的贷款服务。尤其是新冠肺炎疫情的爆发，更加速推动了传统银行将业务从线下办理转向线上办理的进程。

而对于网商银行来说，在监管政策收紧的趋势下，网商银行可能需要寻求与传统银行相结合的发展模式。

资料来源：改编自常雁鸣，陈绍扬，等. 互联网银行与传统银行对比分析——以网商银行为例.（2021-12-19）.[2022-04-27.]. https://mp. weixin. qq. com/s/JC6TuRDm-N8K7ni7ADRzUQ.

思考：

网商银行与传统银行有什么区别？

Section 1

第一节 电子支付

一、与电子支付相关的概念

（一）电子支付

支付是依托于各种交易存在的，是交易完成的必经过程。电子支付是交易过程中一种支付手段或行为的创新。所谓电子支付，是指从事电子商务交易的当事人，包括消费者、厂商和金融机构，通过信息网络，使用安全的信息传输手段，采用数字化方式进行的货币支付或资金流转。中国人民银行公告〔2005〕第 23 号《电子支付指引（第一号）》第 2 条从电子支付作为一种支付行为的角度出发，规定“电子支付是指单位、个人（以下简称客户）直接或授权他人通过电子终端发出支付指令，实现货币支付与资金转移的行为”①。

电子支付有广义和狭义之分。广义的电子支付指支付系统中所包括的所有以电子方式或者称为无纸化方式进行的资金的划拨与结算，包括卡类支付、网上支付和移动支付。狭义的电子支付也称为网上支付，是指通过第三方提供的与银行之间的支付接口进行的即时支付方式，这种方式的好处在于可以把资金直接从用户的银行卡转到网站账户，汇款马上到账，不需要人工确认。

（二）电子支付与传统支付的区别

电子支付与传统支付的区别主要有：

① 中国人民银行. 电子支付指引（第一号）.（2005－10－26）.［2022－04－28］. http://www.gov.cn/gongbao/content/2006/content 375800. htm.

（1）电子支付是采用先进的技术通过数字流转来完成信息传输，其各种支付方式都是采用数字化的方式进行款项支付，而传统支付则是通过现金的流转、票据的转让及银行的汇兑等物理实体的流转来完成款项支付。

（2）电子支付的工作环境是基于一个开放的系统平台（互联网），而传统支付是在较为封闭的系统中运作的。

（3）电子支付使用的是最先进的通信手段，如互联网、外联网，而传统支付使用的是传统的通信媒介。电子支付对软、硬件设施的要求很高，一般要求有联网的计算机、相关的软件及其他一些配套设施，而传统支付则没有这么高的要求。

电子支付具有方便、快捷、高效、经济的优势。用户只要拥有一台可以上网的个人计算机，足不出户，便可在很短的时间内完成整个支付过程。支付费用仅相当于传统支付费用的几十分之一，甚至几百分之一。

（三）数字货币

《2022年中国数字货币发展研究报告》指出，数字货币是国家发行及认可的，以代表具体金额的加密数字串为表现形式的法定货币，它本身不是物理实体，也不以物理实体为载体，而是用于网络投资、交易和储存，代表一定价值的数字化信息。在数字经济高速发展的背景下，数字货币是未来最关键的金融基础设施之一。央行数字货币成为人民币国际化的新支点。国内企业与其他国家贸易联系密切，稳健的货币政策是提升国际市场份额的重要因素。此外，Meta（原“脸书”）推出的加密货币 Libra 对其他国家法定货币有很大威胁性。在国内外形势的影响下，推广数字人民币能够加快人民币国际化进程，拓宽人民币国际化发展空间。

拓展阅读

数字人民币：稳健试点，构建全新支付体系

数字人民币（e－CNY）是中国人民银行发行的数字形式的法定货币，它主要定位于现金类支付凭证即M0，2020年我国修改《中华人民共和国中国人民银行法》，扩充了人民币的数字形式，使得数字人民币与实物人民币并存，满足公众对数字形态现金的需求。数字人民币的主要含义包括：①数字人民币是中国人民银行发行的法定货币，数字人民币具备货币的价值尺度、交易媒介、价值贮藏等基本功能，与实物人民币一样是法定货币。②数字人民币是法定货币的数字形式，数字人民币发行、流通管理机制与实物人民币一致，但以数字形式实现价值转移。③数字人民币是中国人民银行对公众的负债，以国家信用为支撑，具有法偿性。

相比纸币、第三方支付，数字人民币有明显不同的定位和特点。①相比于纸币，数字人民币由于是数字形式，其载体、防伪、交易有明显不同。区别于实物形式的纸币，数字人民币需要数字人民币钱包“装载”；由于采取了技术加密，数字人民币具有更好的防伪效果；区别于纸币需要实物易手交易，数字人民币可以采用线上转账、线下扫码等支付方式。②相比微信支付和支付宝等第三方支付，数字人民币有明显不同。数字人民币定位于现金类支付凭证即 M0，而微信支付、支付宝使用商业银行存款货币结算，属于 M1 和 M2 级别的数字化，不具有 M0 级别法律效力 。通俗地讲，数字人民币是“钱”，而微信、支付宝属于“钱包”。此外，数字人民币还支持双离线交易，在弱网条件下用户有更好的使用体验，使用场景更广。

数字人民币具备多项优点，亦有利于人民币国际化。①数字人民币大幅度降低了传统法定货币发行和兑换成本。传统现钞管理成本较高，其设计、印制、调运、存取、鉴别、销毁以及防伪反假等诸多环节耗费了大量人力、物力、财力。数字人民币账户体系一次性搭建成型后，后续只存在对应数字人民币账户体系的运营维护成本，大大降低了现钞相关管理成本。②数字人民币具有更高的支付清算效率和更高的透明度。数字人民币具备传统货币支付即结算的特性，从而有效提升了企业支付清结算的效率。数字人民币同时具备可控匿名的特点，遵循“小额匿名、大额依法可溯”的原则，不仅能实现个人信息的保护，也能实现防范数字人民币被用于电信诈骗、洗钱、逃税等违法犯罪行为。

资料来源：改编自平安证券. 2022 数字货币行业研究报告. (2022－06－06). [2022－06－06]. https://mp.weixin.qq.com/s/JC6TuRDm－N8K7ni7ADRzUQ.

二、电子支付的分类

电子支付可以按电子支付指令发起方式分为网上支付、电话支付、移动支付、销售点终端交易、自动柜员机交易和其他电子支付，也可以根据服务对象的不同和支付金额的大小分为小额电子支付系统（又称零售电子资金支付系统）和大额支付系统（又称批发电子资金支付系统）等。

根据开展电子商务的实体性质，网上支付大致可分为两类：B2C、C2C 网上支付以及 B2B 网上支付。在 B2C、C2C 网上支付模式下，企业与个人、个人与个人之间进行网上交易的资金金额比较小，但交易次数较频繁。对于此类网上交易，交易的风险比较小，企业与个人对支付效率有较高的要求，而对支付流程的安全性要求不高。银行卡支付、电子现金支付、电子钱包支付、个人网上银行支付以及微支付均适用于 B2C 网上支付。而在 B2B 网上支付模式下，企业与企业之间进行网上交易的次数虽然远不及 B2C 网上支付模式下那么频繁，但每笔交易的资金额度非常庞大。在该模式下，企业要求所使用的支付工具具有非常高的安全性，而对支付系统效率方面的考虑则在其次。因此，电子票据类网上支付方式以及企业网上银行支付方式适用于 B2B 网上支付模式下的网络支付需求。

三、电子支付运作的基本原理

（一）电子支付的流程

常见的支付流程有两种，一种为货到付款，另一种为网上支付，这两种方式都存在一定的风险。采用货到付款的方式降低了买方的风险，提高了卖方的风险。在这种方式下，买方不用担心被卖方欺骗，但是增加了卖方的风险，一旦买方拒绝支付，卖方就可能拿不到货款。而采用专递的方式配送商品会增加交易成本，也完全抹杀了电子商务系统的特点和优势。由于货到付款不符合电子商务的要求，因此本节不进行过深的研究，仅对网上支付进行探讨。

网上支付的流程有两种：先支付后配送；先配送后支付。在不同形式的支付流程下，买方与卖方承担的风险各不相同。

1. 先支付后配送

（1）订购请求，买方通过网络向卖方提交商品订购申请（订购单）。

（2）支付请求，买方向银行提交向卖方支付的请求。

（3）验证支付，卖方收到买方的订单后向开户银行进行验证支付。

（4）支付确认，银行响应卖方的验证请求，对买方的支付情况进行确认，并反馈给卖方。

（5）配送商品，卖方收到货款后向买方配送商品。

（6）商品验收，买方收到货物后进行验货。

在这种支付流程下，由于支付在先、配送在后，因此买方将承担收不到商品的风险，很有可能遭到卖方的欺诈。

2. 先配送后支付

（1）订购请求，买方通过网络向卖方提交商品订购申请（订购单）。

（2）配送商品，卖方收到订单后向买方配送商品。

（3）商品验收，买方收到货物后进行验货。

（4）支付请求，买方向银行提交向卖方支付的请求。

（5）验证支付，卖方向开户银行提交验证支付的请求。

（6）支付确认，银行响应卖方的验证请求，确认买方的支付情况，并反馈给卖方。

在这种支付流程下，由于配送在先、支付在后，因此卖方将承担收不回货款的风险，很有可能遭到买方的欺诈。

（二）电子支付参与主体

电子支付是指通过电子信息化手段实现交易中的价值与使用价值的交换过程。电子支付参与主体涉及银行、买方、卖方、系统开发商、网络运营服务商、认证服务提供机构等。买方（电子支付的主体）通过协商与卖方（电子支付的主体）达成并确认订单，支付网关对订单进行审核确认，发卡银行审核批准完成支付活动。在此过程中，认证中心对电子支付的主体（买卖双方）及支付网关进行认证，确保支付的安全。电子支付的基本流程如图 6－1 所示。

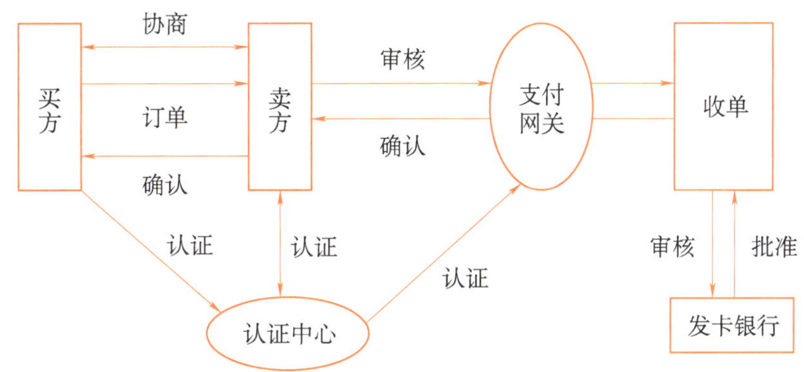

图 6－1　电子支付的基本流程

1. 支付网关

支付网关是银行金融网络系统和互联网之间的接口，是由银行操作的将互联网传输的数据转换为金融机构内部数据的一组服务器设备，或由指派的第三方处理商家支付信息和顾客的支付指令。

支付网关可确保交易在互联网用户和交易处理商之间安全、无缝地传递，并且无须对原有主机系统进行修改。它可以处理所有互联网支付协议、互联网安全协议、交易交换、信息和协议的转换，以及本地授权和结算处理。另外，它还可以通过设置来满足特定交易处理系统的要求。离开了支付网关，网络银行的电子支付功能就无法实现。

2. 认证中心

认证中心（certificate authority，CA）是电子商务的一个核心环节，是在电子交易中承担网上安全电子交易认证服务、签发数字证书、确认用户身份等工作的具有权威性和公正性的第三方服务机构。它是安全电子交易中的重要单位，是一个公正、公开的代理组织，接受持卡人和特约商店的申请，会同发卡及收单银行核对其申请资料是否一致，并负责电子证书的发放、管理及取消等事宜。它还是在线交易的监督者和担保人，主要进行电子证书管理，电子贸易伙伴关系建立和确认，密钥管理，为支付系统中的各参与方提供身份认证等工作。它类似于现实生活中公证人的角色，具有权威性，是一个普遍可信的第三方。

3. 电子支付系统

电子支付系统可以分为三类：大额支付系统、脱机小额支付系统、联机小额支付系统。

（1）大额支付系统。

大额支付系统又叫实时金额支付系统（real time gross settlement，RTGS），主要处理银行之间的大额资金转账，通常支付的发起方和接收方都是商业银行或在中央银行开户的金融机构。大额支付系统是一个国家支付体系的核心应用系统。现在的趋势是，大额支付系统通常由中央银行运行，采取大额支付系统模式，处理贷记转账；当然，也有由私营部门运行的大额支付系统，这类系统对支付交易可做实时处理，但要在日终进行净额资金清算。大额支付系统处理的支付业务量很少（1%～10%），但资金量超过90%，因此大额支付系统中的风险管理特别重要。

大额支付系统的“大额”是指在规定金额起点以上的业务，但目前对大额支付系统的规定金额起点未做规定，也就是说所有的贷记支付业务都可以通过大额支付系统处理。

小额支付系统的单笔金额上限贷记50 000元，实时贷记和借记业务不设限制。

（2）脱机小额支付系统。

脱机小额支付系统亦称批量电子支付系统，主要指自动清算所（automated clearing house，ACH），主要处理预先授权的定期贷记卡（如发放工资）或定期借记卡（如公共设施缴费)。支付数据以磁介质或数据通信方式提交清算所。

(3) 联机小额支付系统。

联机小额支付系统指销售点电子资金转账(point of sales electronic funds transfer, POSEFT)和自动柜员机(ATM)系统,其支付工具为银行卡(信用卡、借记卡或ATM卡等)。与前面的支付系统相比,这两个系统都是小额支付系统,其金额小,业务量大,交易资金采用净额结算,但在这两个系统中需要对支付实时授信。

案例6-1

中国人民银行四大支付清算系统

中国现代化支付系统是中国人民银行按照我国支付清算需要,利用现代计算机和网络通信技术开发建设的,能够高效、安全处理各银行办理异地、同城各种支付业务及其资金清算和货币市场交易资金清算的应用系统。它由大额实时支付系统(High Value Payment System, HVPS)、小额批量支付系统(Bulk Electronic Payment System, BEPS)、网上支付跨行清算系统(Internet Banking Payment System, IBPS)和境内外币支付系统等组成。

1. 大额实时支付系统

大额实时支付系统2002年10月投入使用,2013年10月升级为第二代,主要处理大额贷记支付业务和紧急的小额贷记支付业务。2015年参与机构清算账户归并完成后,商业银行全面实现了"一点接入,一点清算"。大额实时支付系统能够为银行业金融机构和金融市场提供快速、高效、安全、可靠的清算服务,有力支持了人民币跨境支付业务,实现了跨行资金清算零在途,是支持货币政策实施和维护金融稳定的重要金融基础设施。

2. 小额批量支付系统

小额批量支付系统2005年11月投入使用,2013年10月升级为第二代,为广大企事业单位和居民个人提供全天候不间断的支付服务。自2015年7月11日起,节假日期间,小额批量支付系统业务限额上调为50万元。工作日期间,小额批量支付系统可支持5万元以下的汇兑业务,以及不限金额的实时借记、定期借贷记、集中代收付等特色业务。居民个人可通过该系统方便地进行水费、电费、煤气费等日常缴费;企事业单位可以委托开户银行及时向不同地区、不同银行开户的员工发放工资和养老金等费用,为社会公众的居家生活带来实实在在的方便。

3. 网上支付跨行清算系统

网上支付跨行清算系统2010年8月投产，是第二代支付系统率先投产的业务系统，支持网上支付等新兴电子支付业务的跨行（同行）资金汇划处理，能满足用户全天候的支付需求。为进一步提升系统处理效率，中国人民银行2016年对网上支付跨行清算系统业务处理模式进行了优化，将“实时转发、实时轧差”改为“实时转发、定时轧差”，解决了大业务量参与者可能面临的热点账户问题，进一步改善了用户体验。用户通过网上支付跨行清算系统，可以足不出户办理跨行账户管理、资金汇划、资金归集等多项业务，并可实时在线获取业务的处理结果，有力支持了我国电子商务的发展。

4. 境内外币支付系统

境内外币支付系统2008年4月28日投产。中国人民银行委托中国银行、中国工商银行、中国建设银行和上海浦东发展银行为境内外币支付系统的四家结算行，分别代理港币、英镑、欧元、日元、加拿大元、澳大利亚元、瑞士法郎和美元8个币种的支付业务结算，支付指令逐笔发送，实时全额结算，满足了国内对多个币种支付的需求，提高了结算效率和信息安全。

资料来源：改编自建行广东中山分行. 看这里！五分钟带你看懂中国人民银行四大支付清算系统.（2022-06-10）.[2022-06-10]. https://mp. weixin. qq. com/s? src=11×tamp=1655191581&ver=3859&signature=H*T8a21b-VuVJmVbtDsKYnuVx4blsj8xVVZ0jfkQyJgeO1uvXQ1-PedRm3vnFiZoNuOXru*LQDExNIqpWUmxe1yD9826ekTGNb6WDMgSYlJUpsuLT1mg-nJZAUTJOydY&new=1.

思考：

中国人民银行四大支付清算系统是什么？

Section 2

第二节 电子支付工具

一、银行卡支付

（一）银行卡支付的概念

银行卡是支付工具的一种。银行卡按信用性质可以分为信用卡和储蓄卡。信用卡可以在发卡行规定的信用额度内先消费后还款，属于“延迟付款”类。储蓄卡支付方式不允许透支，属于先存款后消费的“预先付款”类。

银行卡支付分为线上支付和线下支付两种方式。银行卡线下支付即货到付款的支付。银行卡线上支付即在零售网站购买物品后，通过银行支付系统把货款支付给卖方的支付方式。

（二）银行卡支付的流程

消费者在网上选择好所需要的商品，确认付款时，用银行卡进行网络银行交易。交易过程中，相关银行需对消费者的资质进行认证，认证成功后，银行转账给商户，网上支付成功。银行常用的认证手段有五种：文件数字证书、动态口令卡、动态手机口令、动态口令牌和移动数字证书。以下通过五种认证手段分别介绍银行卡线上支付流程。

1. 文件数字证书

文件数字证书使用流程：

（1）付款人去银行办理网上银行，获得文件数字证书。

（2）付款人在需要进行网络交易的计算机上安装文件数字证书。

（3）付款人输入网上银行密码，经银行系统验证无误后，即可完成支付业务。

2. 动态口令卡

动态口令卡使用流程：

（1）付款人去银行办理网上银行，获得文字数字证书。动态口令卡卡面上有一个表格，表格内有几十个数字。

（2）当付款人尝试进行网上交易时，电子银行系统会随机给出一组口令卡坐标，付款人需要根据坐标从卡片中找到口令组合并输入电子银行系统。

（3）电子银行系统验证口令无误后，即可完成支付业务。

3. 动态手机口令

动态手机口令使用流程：

（1）当付款人尝试进行网上交易时，银行会向付款人手机发送短信。

（2）付款人正确地输入收到的短信，则可以成功付款。

4. 动态口令牌

动态口令牌使用流程：

（1）当付款人尝试进行网上交易时，银行付款系统提示付款人输入动态口令牌中的动态口令。

（2）动态口令输入正确，即可成功付款。

5. 移动数字证书

移动数字证书使用流程：

（1）安装移动数字证书驱动程序。

（2）下载证书信息。

（3）登录个人网上银行，按系统提示将移动数字证书设备插入计算机的USB接口，输入密码，经银行系统验证无误后，即可完成支付业务。

中国工商银行U盾（个人客户）的操作流程如图6－2所示。

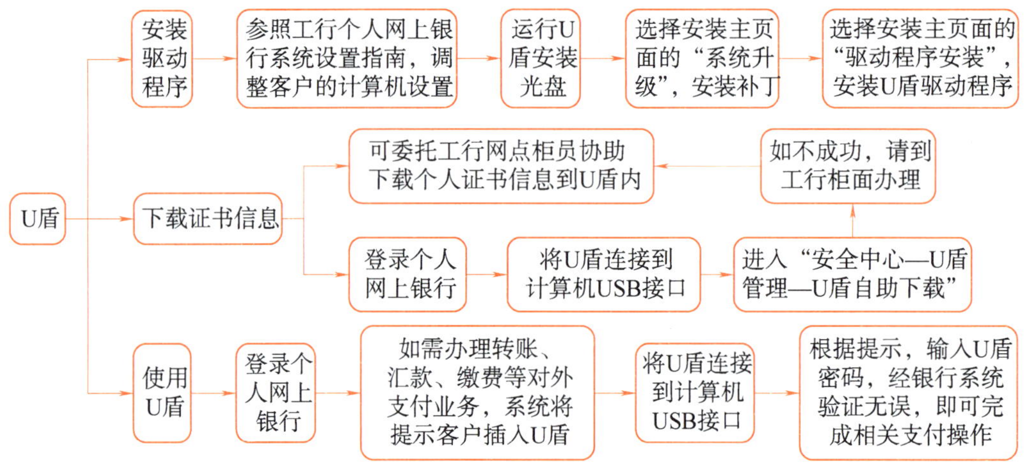

图6－2 中国工商银行U盾（个人客户）的操作流程

（三）银行卡支付的优缺点

银行卡支付的优点：①银行卡的覆盖面广，是相对于现金支付以外最广泛的一种支付手段。②我国银行基本是国有大型银行，人们非常信赖，因此有利于银行卡支付的推广。

银行卡支付的缺点：①银行卡支付申请有门槛，不管是用U盾还是用支付口令卡都需要去相应的银行柜台申请。②银行卡支付使用有门槛，使用网上支付必须有一定的软件操作能力，才能掌握U盾及口令卡的使用方法。③在网上支付时，钱款直接汇到卖方卡上，买方存在一定的风险。

下面介绍采用五种认证手段进行银行卡支付的优缺点。

1. 文件数字证书

优点：未安装文件数字证书的用户安装证书需要验证大量的信息，相对比较安全。

缺点：文件数字证书不可移动，对经常换计算机的用户来说不方便。

2. 动态口令卡

优点：动态口令卡可以随身携带，轻便，不需安装驱动，使用方便。

缺点：如果木马长期在计算机中，会渐渐地获取口令卡上的很多数字，当获知的数字达到一定数量时，资金便不再安全。动态口令卡如果在外使用，容易被人拍照。

3. 动态手机口令

优点：不需安装驱动，只需随身带手机即可，不怕偷窥，不怕木马，相对安全。

缺点：必须随身带手机，手机不能停机，不能没电，不能丢失。如果由于通信运营商服务质量的问题导致短信迟迟没到，会影响效率。

4. 动态口令牌

优点：不需安装驱动，要随身带就行，不怕偷窥，不怕木马。口令牌的编码一旦使用，立即失效。

缺点：多数动态口令牌都是通过时间同步来计算动态口令的，如果由于人为原因或其他原因使得时间不同步，会使整个买卖业务瘫痪。

5. 移动数字证书

优点：移动数字证书具有不可读取性，所以任何人都无法获取付款人的数字证书。并且银行每次都会发不同的防重放字串（随机字串）和时间字串，所以当一次交易完成后，刚发出的字串便不再有效。

缺点：支付时需随身携带移动数字证书。

二、手机银行卡支付

（一）手机银行卡支付的概念

手机银行卡支付是一项崭新的理财业务，它以手机为工具，以银行卡为依托，用户尽享个人理财方便。手机银行卡支付是中国移动通信集团公司与中国银联股份有限公司，联合各大商业银行推出的移动支付服务。

（二）手机银行卡支付方式

手机银行卡支付是把用户的手机号码与银行卡号进行绑定，通过手机短信息、语音、K-Java、WAP、USSD 等方式，随时随地为拥有银行卡的中国移动通信集团公司手机用户提供个性化的金融服务。手机用户可以通过银行营业厅、银行网站、语音、短信、USSD、K-Java 等方式开通服务，可办理查缴手机话费、动感地带充值、个人账务查询、手机订报、购买 IP 卡、手机捐款、远程教育、手机投保等多种特色金融服务。

三、电子现金支付

（一）电子现金支付的概念

电子现金又称数字现金，是纸质现金的电子化，是一种储值型的支付工具。其使用与纸币相类似，可在线处理，也可离线处理。电子现金兼有纸币与数字化的趋势，具有成本低、安全、可分、不可重复、匿名、不可追踪等特点。电子现金发行者发行电子现金供参与者使用，参与者可能是个人或商家，发行的电子现金有发行者的电子签字，保证在以此电子现金发行者为主的架构系统中此电子现金的有效性。付款人在使用电子现金付款前需要事先向电子现金发行者购买电子现金，再以此购买商品，商家可保留此电子现金，或者在向其他人购买时付款，或者向电子现金发行者换回实体的现金。

电子现金根据其存储介质的不同，可分为以下两类：卡基电子现金和硬盘数据文件形式的电子现金。硬盘数据文件形式的电子现金由于其存储在计算机硬盘中，故在线进行支付显得方便，但携带不方便；而卡基电子现金可离线使用，也可在线使用，但使用时由于需要安装读卡设备，故使用相对复杂，但其存储介质为一张薄薄的塑料卡，故携带十分方便。在安全特性上，卡基电子现金因为卡内存储的内容读写在物理上难以实现，因此比简单的读写硬盘有更高的安全性。另外，卡基电子现金因卡中嵌入的微处理器能力差于计算机微处理器的处理能力，难以进行高强度的加密运算，因此难以达到高度的逻辑安全性。

电子现金支付中最基本的参与者有付款人、收款人、电子现金发行者三方。电子现金发行者可能直接是银行等金融单位，也可能是公正的第三方机构。如果是公正的第三方机构，则架构系统中必须加入银行进行实体现金的交换。电子现金发行者可能不止一个，如果有多个电子现金发行者，他们可能发行各自的电子现金。如果需要这些电子现金能够通用，则电子现金发行者之间必须承认其他电子现金发行者发行的电子现金。最后，为了简化分账问题，可能还要成立清算中心，电子现金架构系统可以发展到非常复杂。

拓展阅读

银联卡闪付功能介绍

1. 什么是闪付？

“闪付”是指符合国家金融标准的非接触式支付规范，其使用非接触式（感应式）的方式，支持借贷记功能、电子现金功能和其他应用功能。

“闪付”主要应用于快餐、菜市场、景区和公共交通等小额快速支付和公共服务领域，物业社区、校园等集中使用领域以及便利店、超市等部分传统商户。

2. 怎样使用闪付？

用户在支持银联“闪付”的非接触式支付终端上，使用具备“闪付”功能的银联金融IC（integrated circuit，集成电路）卡或支持NFC（near field communication，近场通信）的手机，使用挥卡方式，把卡或手机贴在POS及其他具有银联“闪付”标识的机具上，听到“嘀”的一声即成功完成支付，无须输入密码和签名。其操作方式类似于公交车刷卡。

3. 什么是金融IC卡电子现金账户？

各银行发行的银联金融IC卡中的电子现金账户是为方便持卡人小额、快速消费设立的账户，卡片使用方法类似公交IC卡，通过“挥卡”的形式实现无须输入密码、无须签名的快捷支付。金融IC卡可以在特定消费环境下，如小型超市、快餐店、药店、交通工具、健身房、医院等具有电子现金消费机具上进行消费。电子现金账户中的资金不记名、不挂失。

4. 如何进行金融IC卡电子现金余额查询？

电子现金余额可以通过银行自动取款机、POS机以及支持NFC的手机App等进行查询，属于脱机操作，不需要输入密码。

5. 如何进行金融IC卡电子现金充值（圈存）？

电子现金充值（圈存）是指增加卡中电子现金余额的过程，具体包括：

（1）现金充值（圈存），是指以现金方式为金融IC卡的电子现金账户充值。

（2）指定账户充值（圈存），是把金融IC卡主账户的资金转换到本卡的电子现金账户。

（3）非指定账户充值（圈存），是指把其他借、贷记卡账户资金转换到金融IC卡的电子现金账户。

电子现金余额不能超过1 000元上限。

电子现金充值（圈存）的渠道和方式有：

（1）所有银联金融IC卡，可在任何一家银行的自动取款机上实现电子现金账户充值（圈存）。

（2）通过POS机等充值终端及NFC手机App，目前可以实现绝大部分银联金融IC卡的电子现金账户充值（圈存）。

资料来源：中国银联. 银联卡闪付功能介绍. (2017 -11 -02). [2022 -04 -29]. http://cn.unionpay.com/shaanxi/sxtese/col_55392/file_113823732.html. 引用时有修改

（二）电子现金支付的流程

应用电子现金进行网络支付，需要在客户端安装专门的电子现金客户端软件，在商家服务器安装电子现金服务器端软件，发行者需要安装对应的电子现金管理软件等。为了保证电子现金的安全性及可兑换性，发行银行还应该从认证中心申请数字证书以证实自己的身份，并利用非对称加密进行数字签名。电子现金支付的流程如下：

（1）付款人、收款人（商家）、发行者都要在认证中心申请数字证书，并安装专用软件。付款人在发行者处开设电子现金账号，并用其他电子支付方式存入一定数量的资金（如使用银行转账或信用卡支付方式），利用客户端软件兑换一定数量的电子现金。接受电子现金付款的商家也在发行者处注册，并签约收单行用于兑换电子现金。

（2）付款人与收款人达成购销协议，付款人验证收款人身份并确定对方能够接受相应的电子现金支付。

（3）付款人将订单与电子现金一起发给收款人。这些信息使用收款人的公开密钥加密，收款人使用自己的私钥解密。

（4）收款人收到电子现金后，可以要求发行者将电子现金兑换成实体现金。发行者通过银行转账的方式将实体资金转到收单行，收款人与收单行清算。

（三）电子现金支付的优缺点

电子现金支付的优点：①低成本。纸币的交易成本及运输成本与其交易金额成正比。而电子现金的交易成本比较低，几乎不存在运输成本。②支付过程不必每次都经过银行网络，成本低，适合小额支付。③可以匿名使用，使用过程具有不可追踪性。通过盲签名方式可以实现电子现金的匿名性，电子现金的发行者、商家都不知道付款人的身份。在匿名的基础上，电子现金的使用以及产生的交易也变得不可追踪，从而保证了交易的安全性，有利于保护消费者的隐私。④安全性较高。电子现金是高科技的产品，随着电子现金中加密强度的不断增大，认证、授权机制融于其中，这些都使得伪造电子现金变得不可行。⑤可分性。与现金相类似，电子现金支付也可以将大钱分为小钱。⑥不可重复性。付款人在使用某一电子现金后将不能使用第二次。电子现金发行机构都拥有庞大的数据库来记录电子现金的序列号（唯一标志某一电子现金），可有效地防止电子现金的复制与重复使用。

电子现金支付的缺点：①电子现金支付中真正的资金划拨还需要通过“实际支付过程”进行，如使用转账的方式从银行卡中划拨一定的资金购买电子现金。②电子现金支付的匿名性及不可追踪性使得电子现金的持有人一旦丢失相关资料就无法追回。③需要安装额外的软件，对于付款人来说初期设置比较复杂。

拓展阅读

中国人民银行规范发行磁条预付卡和电子现金

中国人民银行发布《关于规范银行业金融机构发行预付卡和电子现金的通知》（以下简称《通知》），对商业银行发行磁条预付卡和电子现金事项进行了规范。

《通知》要求，商业银行不得发行或与其他机构合作发行磁条预付卡和非实名单电子现金。未经批准，不得在银行卡上加载商业预付卡应用功能以及在银行卡卡面上增添商业预付卡发卡机构的标志和文字介绍。

《通知》同时提出，在下列情形下，商业银行经中国人民银行批准后可发行磁条预付卡或电子现金：一是商业银行发行实名单电子现金。二是省会（首府）城市及副省级城市承办全国或国际性经济、文化、体育等大型活动时，经活动组织方建议，与该活动组织方签署金融服务合作协议的商业银行，可向中国人民银行申请阶段性发行磁条预付卡或非实名单电子现金。三是通过中国人民银行发卡技术标准符合性和系统安全性审核的商业银行，经持卡人申请，可发行主账户复合电子现金，但应在正式发行30日前将有关业务事项书面报中国人民银行。

《通知》强调，不得在磁条预付卡或电子现金发行及真实的商品、服务交易发生前的任何环节向购卡人开具或变相开具发票，卡内资金余额不得超过1 000元。

资料来源：摘自高晨．央行规范发行预付卡和电子现金．京华时报，2012-01-21（29）．

四、电子钱包支付

（一）电子钱包支付的概念

电子钱包是客户用来进行安全网络交易，特别是安全网络支付，并且储存交易记录的特殊的计算机软件或硬件设备。就像生活中随身携带的钱包一样，电子钱包能够存放客户的电子现金、信用卡号、电子零钱、个人信息等，经过授权后，客户可方便地、有选择地取出使用的新式网络支付工具。电子钱包支付是指客户在网络平台上进行交易时，以电子钱包作为载体实现的在线支付。电子钱包中存放的是电子化的货币，电子钱包与现实中的钱包功能相仿。电子钱包支付主要遵循安全电子交易（secure electronic transaction，SET）协议机制，因此在使用时具有相当高的安全性，但支付流程比较复杂，且使用电子钱包时，客户须安装电子钱包客户端软件。

电子钱包除了可以存放电子货币、安全性较高，还可以存放多张信用卡并存放诸如个人信息、信用卡信息等信息。客户在使用电子钱包时，将有关的应用软件安装到电子商务服务器上，利用电子钱包服务系统把自己的信用卡或电子现金的数据输入进去。在发生收付款时，如果客户要用信用卡或电子现金付款，只需要单击一下相应图标即可完成。

（二）电子钱包支付的流程

在公共网络平台应用的电子钱包都是从电子钱包中取出信用卡进行支付。电子钱包支付的流程如下：

（1）客户去支持使用电子钱包的银行申请一张信用卡，并从银行网页上下载相关的电子钱包客户端软件。

（2）客户将下载的电子钱包客户端软件安装在自己的计算机上，设置相应的钱包用户名及密码。

（3）客户去商家的网站浏览、选中所需商品后，填写并提交订单，商家服务器接收到订单信息后发送订单确认信息给客户。

（4）客户确认订单信息后，打开自己的电子钱包，选择相应的电子货币支付方式。如为信用卡支付，则后续的支付流程遵循信用卡支付模式的相关规则；如采用电子现金支付，则后续的支付流程遵循电子现金支付模式的相关规则。

（5）认证中心对客户和商家的合法身份进行认证。

（6）商家向自己的开户行发出请求支付命令，开户行确认。

（7）商家开户行向客户发卡行发出请求支付命令，发卡行确认信用卡有效且经客户授权后，通过金融专用网络将相应的资金由客户银行卡账户划拨到商家的银行卡账户中，并将支付完成指令分别发送给客户和商家。

（8）商家根据客户的订单信息组织发货，与此同时，商家或银行的服务器记录下整个交易过程中发生的信息数据，以供客户的电子钱包客户端软件查询。

（三）电子钱包支付的优缺点

电子钱包支付的优点：①电子钱包用户的个人资料存储在服务器端，通过技术手段确保安全，不在个人计算机上存储任何个人资料，从而降低了资料泄露的风险。电子钱包内设众多商家站点链接，客户通过链接可直接进入商家站点进行购物。③电子钱包提供了一个电子交易记录器，客户通过查询记录器，了解自己的购物记录。

电子钱包支付的缺点：①电子钱包以电子形式储备真正的现金，客户因担心卡失窃，不会存放大笔资金。②电子钱包没有信用卡延期结算的优点，必须立即支付现金。

案例 6－2

在线支付渗透率已接近“天花板” 微信支付如何破局？

如今，扫码支付已成习惯，移动支付市场的竞争格局已经相对稳固。据艾瑞咨询数据，从 2017 年 6 月到 2020 年 6 月，支付宝在移动支付市场的市场占有率从 55%微升到 56%，财付通（包括微信支付等）的市场占有率从 40%微降到 39%。

但“稳固”的背后，意味着在线支付已经朝“天花板”逼近。德邦证券在 2021 年 5 月的一份研报中表示，2020 年以来，支付宝和财付通 MAU（月活跃用户数）同比增速都处于下行区间。

面对增长瓶颈，微信支付将如何破局？2022年1月6日，2022微信公开课PRO在广州正式开讲。微信支付零售负责人称，微信支付的定位已经从最早的“移动支付的工具”变成了今天的“商家经营连接的工具”。

腾讯公司副总裁、微信支付负责人表示，微信支付在过去几年一直致力于商家的数字化经营。未来三年，微信支付将继续在小微商店的补贴和数字化升级方面努力，计划补贴超过100亿元，帮助这些商户进行数字化升级。

在“互联网红利”将尽的当下，下沉市场已经成为微信和支付宝新增用户的主要来源。德邦证券一份研报称，2018年第一季度至今（研报发布时间为2021年5月18日），微信及支付宝下沉市场新增用户占比均超过50%。

那么，如果下沉市场的新增用户都在减少，就意味着微信已经面临用户增长的瓶颈。上述研报给出的数据显示，从2018年初到2020年底，下沉市场微信的新增用户数量呈下滑趋势，2018年，微信平均每季度下沉市场新增用户为320.75万，而2020年，微信平均每季度下沉市场的新增用户为158万。

当然，用户增长出现瓶颈，也是因为微信的用户群体已经十分庞大。根据腾讯公布的2021年第三季度财报，截至第三季度末，微信及WeChat的月活跃合并账户为12.6亿。但对微信支付来说，如何在微信面临用户“增长瓶颈”的背景下继续实现良好发展，的确是值得思考的问题。

为了破局，需要让微信支付获得更多的使用场景。为此，腾讯把目光放到了助力商家数字化经营上。什么是数字化经营？腾讯公司副总裁、微信支付负责人表示，“纸质优惠券变电子化”就是其中一种。

“事实上，这是非常困难的事情，首先商家要变成数字化收单，同时还要解决发券、核销、对账等一系列数字化升级的问题。”腾讯公司副总裁、微信支付负责人说。

截至2022年1月6日，微信支付已经覆盖超1 000万大中型商户，通过“优惠券”等功能实现了229亿元的实际核销优惠。而腾讯公司副总裁、微信支付负责人认为，这只是微信支付跟生态合作伙伴一起做数字化经营的开始，“这里面空间要比我们想象的大得多”。

如果说优惠券等功能主要面向大中型商户，为了打破增长瓶颈，微信支付也在进入小微经济领域。腾讯公司副总裁、微信支付负责人说：“以前大家经常会看到商户会把收款码打印在一张纸上，用塑料把它包起来。我问那些商户，你们为什么把它包起来呢？他们说，‘因为它对我很重要，风吹雨淋的时候它会脏，用户要扫的时候就扫不到了。’这件事情对我的感触特别大。”

为此，微信支付推出了给中小商户收款的统一码牌，并推出了“收款音响”和“小账本”，辅助小微商户日常经营。腾讯公司副总裁、微信支付负责人表示，过去几年，微信支付已经发放了5 000多万个收款码、1 100万个“收款音响”，“小账本”的月活跃用户数达到了4 800万人。

当然，凭微信支付自己的力量，很难实现上述成绩。腾讯公司副总裁、微信支付负责人称，整个微信支付的生态都是与合作伙伴共建的，微信支付和1 800多家银行和支付机构合作，每个月有2.3万家服务商服务着千千万万的消费者，微信支付生态的从业人员已经超过100万，而微信支付在线下97%的交易都是合作伙伴带来的。

资料来源：改编自每日经济新闻．在线支付渗透率已接近“天花板” 微信支付如何破局？https://baijiahao.baidu.com/s?id=1721309637779434170&wfr=spider&for=pc.

思考：

微信支付面临的盈利困境是什么？

五、电子支票支付

（一）电子支票支付的概念

电子支票支付是在互联网平台上利用电子支票完成商务活动中的资金支付与结算。电子支票使用方式模拟传统纸质支票，应用于在线支付。电子支票的签发、背书、交换及账户清算流程均与纸质支票相同，用数字签名背书，用数字证书验证相关参与者的身份，安全工作也由公开密钥加密完成。但与传统纸质支票不同的是，电子支票的处理速度非常快，可在银行收到支票后即验证出出票人的个人信息以及资金状况等，有效地杜绝了传统纸质支票经常发生的无效或空头支票的现象。电子支票的支付程序是消费者客户向商家发出电子支票，商家以电子支票向银行背书以兑付现金。

电子支票可以满足电子商务交易中商务各方大额资金往来划拨的需要。付款人向收款人发出电子支票以支付货款，收款人以电子支票向银行背书以兑付现金，这属于收款人启动支付的模式。电子支票支付要求付款人在银行必须有账户，且存有一定量的资金。

（二）电子支票支付的流程

电子支票支付按照参与银行的情况，可分为同行电子支票支付和异行电子支票支付两种。异行电子支票支付涉及两个或多个银行，以及中间的用于银行间资金清算的自动清算所。一个完整的异行电子支票支付流程如下：

（1）付款人（消费者）和收款人（商家）达成购销协议，并选择用电子支票支付。

（2）付款人利用自己的私钥对填写的电子支票进行数字签名后，通过网络发送给收款人，同时向银行发出付款通知单。

（3）收款人通过认证中心对消费者提供的电子支票进行验证，验证无误后将电子支票送交收单行索付。

（4）收单行把电子支票发送给自动清算所的资金清算系统，以兑换资金进行清算。

（5）自动清算所向付款人的付款银行申请兑换支票，并把兑换的相应资金发送到收款人的收单行。

（6）收单行向商家发出到款通知，资金入账。

（三）电子支票支付的优缺点

电子支票支付的优点：①电子支票在外观、支付流程等方面与传统票据类支付相类似，人们在观念上易于接受，这使得电子支票的普及应用变得相对容易。其可广泛应用于B2B模式下的大额网上交易。②电子支票具有可追踪性，所以当使用者支票遗失或被冒用时可以停止付款并取消交易，风险较低。③通过应用数字证书、数字签名及各种加密/解密技术，提供比传统纸质支票中使用印章和手写签名更加安全可靠的防欺诈手段。加密的电子支票也使电子支票比电子现金更易于流通，买卖双方的银行只要用公开密钥确认电子支票即可，数字签名也可以被自动验证。

电子支票支付的缺点：①需要申请认证，以及安装证书和专用软件，使用较为复杂。②不适合小额支付及微支付。③电子支票通常需要使用专用网络传输。

全国第一笔“跨境电子支票缴税”业务在深圳顺利办结

跨境电子支票缴税业务是深圳国家税务局、地方税务局深化税银合作，联合中国人民银行深圳中心支行、香港金融管理局共同推进，在“互联网+”政务服务框架下，优化服务流程，创新服务方式，推进数据共享，打通“信息孤岛”，推行公开透明服务，降低制度性交易成本，持续改善营商环境的又一改革举措，是境外人民币业务在税务领域的一个创新应用，标志着深港两地在金融税务融合领域又迈出了重要一步。

刚刚体验了跨境电子支票缴税业务的某公司负责人表示，只要在深圳市电子税务局选择“跨境缴税”，登录香港银行网银签发电子支票，就能完成缴税，非常便利。

跨境电子支票缴税推出前，纳税人从境外缴税到深圳市国家税务局，基本上是通过代理或邮寄方式进行税款申报，并主要通过国际汇路以美元或港币缴纳税款，整个纳税流程较为烦琐，耗费时间长，结算成本也相对较高。

现在，企业通过跨境电子支票缴税，利用深港两地电子支票票据同城清算工具，缴款时间缩短至24小时以内，且不需要额外支付手续费，直接使用外币进行人民币结算，不存在汇率差，企业缴款金额更精确。

深圳市国家税务局有关负责人总结了跨境电子支票缴税的“快、准、省、利”四大优势：

“快”是指缴款时间由两到三天缩短为一天。电子支票实现同城清算，节约了汇款过程资金审核时间，比传统跨境汇款节省2~3天的时间。

“准”是指缴款金额精确。传统跨境汇款由于存在汇率波动等因素，汇入资金往往大于待缴税金，扣缴之后往往留下“零头”。而纳税人签发电子支票可直接使用外币进行人民币结算，不存在汇率差。

“省”是指电子支票的签发目前不需手续费。传统跨境汇款每一笔汇款至少要交210元港币。

“利”是指跨境电子支票缴税实现了待缴库电子化，优化了待缴库税款资金账户管理。

资料来源：李强. 深圳国地税局首创“跨境电子支票缴税”.（2017-07-30）.［2022-04-29］. http://china.huanqiu.com/hot/2017-07/11055236.html. 引用时有修改

Section 3

第三节 第三方支付

第三方支付包括第三方支付平台支付和第三方线下支付。本节主要介绍第三方支付平台支付及第三方线下支付的概念、流程和优缺点。

一、第三方支付平台支付

（一）第三方支付平台的概念

第三方支付平台是指非银行第三方机构经营的支付平台，即第三方独立机构和国内外各大银行签约的具备一定实力和信誉保障的交易支持平台。作为网上支付服务的提供者，各商业银行先后推出了网上银行业务。但就交易信用问题而言，专业的网上银行虽然在理论上可以采用某种约束机制监督电子商务交易中买卖双方的交易行为，但从专业化与效率角度看，网上银行的约束机制未必能满足电子商务交易的要求。因此，网上银行针对交易信用问题无法给出行之有效的解决方案。另外，对于一些规模较小的网站来说，其还无法承担与多家银行接口的技术与建设维护费用。

第三方支付平台是介于客户与商家之间的第三方服务机构，它独立于金融机构、客户和商家，主要通过计算机技术、网络通信技术，面向开展电子商务的商家提供电子商务基础支撑与应用支撑服务。其目的是一方面约束买卖双方的交易行为，为买卖双方的信用提供担保，化解网上交易风险的不确定性，增加网上交易成交的可能性，确保交易中资金流与物流的双向流动；另一方面为商家开展 B2B、B2C 交易提供技术支持与其他增值服务，但其一般不直接从事具体的电子商务交易活动。第三方支付平台通过其平台在消费者、商家和银行之间建立连接，起到信用担保和技术保障的作用。第三方支付平台不是由以往的银行联合体建立的，而是由第三方机构自行或委托某一信息技术机构建设的，如 PayPal、支付宝、财付通等都属于第三方支付平台。

（二）第三方支付平台支付的流程

第三方支付平台支付的流程如下：

（1）买家选购商品后，使用在第三方支付平台上的账户进行货款支付，由第三方支付平台通知商家货款到达、发货。

（2）买家收到物品并检验后，通知第三方支付平台付款给商家，第三方支付平台将款项转至卖家账户。

采用第三方支付平台支付，既可以约束买卖双方的交易行为，保证交易过程中资金流和物流的正常双向流动，增加交易的可信度，又可以为开展 B2B、B2C、C2C 交易等提供技术支持和其他增值服务。

（三）第三方支付平台支付的优缺点

第三方支付平台支付的优点：①第三方支付平台采用与众多商业银行合作的方式，可同时提供多种银行卡的网关接口，从而大大地方便了网上交易。对于商家来说，不用安装各个银行的认证软件，在一定程度上简化了费用和操作；对于买家来说，网上交易将最低限度地受限于特定的银行卡，并且交易的信用度也更加有保障。②第三方支付平台作为中介方可以为商家以及银行节约运营成本。对于商家来说，第三方支付平台可以降低商家的运营成本，商家不必自行开发支付系统；对于银行而言，其可以直接利用第三方支付平台的服务系统提供服务，从而节省了支付网关的开发成本。③第三方支付平台能够提供增值服务，为交易双方的交易进行详细的记录，交易双方可通过第三方服务系统实时查询交易，从而防止交易双方对交易行为可能的抵赖，为后续交易中可能出现的纠纷提供相应的证据，并能通过信用等级等评估约束机制对交易双方的行为进行一定的评价约束，尽可能地避免网上欺诈行为的发生。

第三方支付平台支付的缺点：①支付资金会在第三方支付平台停留一定的时间，成为在途资金。这种在途资金使第三方支付平台具有了类似银行的部分功能，可能引起资金吸存行为，为非法转移资金和套现提供便利，形成潜在的金融风险。②第三方支付平台建立在开放的网络上，由于网络的开放性和应用系统设计可能存在缺陷，一旦被破解，将直接危害系统的安全，商业机密会被窃取，客户的账户资料会被泄密，甚至资金会被非法转移。

（四）第三方支付平台在途资金管理

客户备付金又称沉淀资金，中国人民银行对沉淀资金的界定是：支付机构持有的客户预存或留存的货币资金，以及由支付机构代收或代付的货币资金。客户备付金具体包括收款人或付款人委托保管的货币资金、收款人委托收取且支付机构实际收到的货币资金、付款人委托支付但支付机构尚未付出的货币资金等。

第三方支付平台通过虚拟账户和在途资金，可将沉淀的大量客户资金用于风险较高的投资活动，可能引发流动性风险、信用风险和操作风险，而且加大洗钱、套现、赌博和欺诈等非法活动的风险。

2016 年 7 月 1 日起施行的《非银行支付机构网络支付业务管理办法》按照统筹科学，把握鼓励创新、方便群众和金融安全的原则，结合支付机构网络支付业务发展实际，确立了坚持支付账户实名制、平衡支付业务安全与效率、保护消费者权益和推动支付创新的监管思路。主要措施包括：

（1）清晰界定支付机构定位。坚持小额便民、服务于电子商务的原则，有效隔离跨市场风险，维护市场公平竞争秩序及金融稳定。

（2）坚持支付账户实名制。账户实名制是支付交易顺利完成的保障，也是反洗钱、反恐融资和遏制违法犯罪活动的基础。针对网络支付非面对面开户的特征，强化支付机构通过外部多渠道交叉验证识别客户身份信息的监管要求。

（3）兼顾支付安全与效率。本着小额支付偏重便捷、大额支付偏重安全的管理思路，采用正向激励机制，根据交易验证安全程度的不同，对使用支付账户余额付款的交易限额做出相应安排，引导支付机构采用安全验证手段保障客户资金安全。

（4）突出对个人消费者合法权益的保护。基于我国网络支付业务发展的实际和金融消费的现状，《非银行支付机构网络支付业务管理办法》引导支付机构建立完善的风险控制机制，健全客户损失赔付、差错争议处理等客户权益保障机制，有效降低网络支付业务风险，保护消费者的合法权益。

（5）实施分类监管推动创新。建立支付机构分类监管工作机制，对支付机构及其相关业务实施差别化管理，引导和推动支付机构在符合基本条件和实质合规的前提下开展技术创新、流程创新和服务创新，在有效提升监管措施弹性和灵活性的同时，激发支付机构活跃支付服务市场的动力。

二、第三方线下支付

（一）第三方线下支付的概念

第三方线下支付是相对于网上支付而言的，传统线下支付方式有货到付款、邮局汇款、银行转账和当面交易等。

而现代第三方线下支付是指用户使用银行卡在线下利用电子终端进行非现场自助刷卡支付的电子支付方式。第三方线下支付属于金融服务领域，主管部门是中国人民银行。由于金融行业严谨、严格的特殊性，第三方线下支付有较高的进入门槛，我国的第三方线下支付也是21世纪初期发展起来的。

对消费者而言，第三方线下支付带来了极大的支付便利，并使消费者通过便利的支付提升生活的便利。对于发单机构来说，第三方线下支付会给传统的发单机构提供更多的选择。而对于我国支付体系来说，第三方线下支付为银行卡提供了更多的业务支持，同时第三方线下支付的大力发展也吸引了众多商户加入，从而进一步丰富了我国现有的支付体系。

（二）第三方线下支付的流程

第三方线下支付涉及付款人、线下支付设备、银行和商家。第三方线下购物支付流程如下：

（1）付款人挑选好商品，填好订单信息，生成订单。

（2）付款人购买商品结算时，选择线下支付方式。

（3）付款人获得线下支付账单号，找到线下支付设备。

（4）付款人使用线下支付设备刷卡付款。

（5）付款成功，订单确认后收货。

第三方线下信用卡还款流程如下：

（1）还款人在 POS 机屏幕上选择“信用卡还款”并点击“确认”。

（2）还款人按照屏幕提示刷信用卡，根据提示输入还款金额并确认。

（3）还款人输入还款金额和手机号码。

（4）还款人刷借记卡并输入密码。

（5）还款成功。

第三方线下缴费流程如下：

（1）缴费人在 POS 机屏幕上选择“缴费”并点击“确认”。

（2）缴费人按照屏幕提示刷信用卡，根据提示输入缴费金额并确认。

（3）缴费人输入缴费金额和手机号码。

（4）缴费人刷借记卡并输入密码。

（5）缴费成功。

（三）第三方线下支付的优缺点

1. 第三方线下支付的优点

（1）不需要上网就能够支付。

第三方线下支付是相对于网上支付来讲的。网上支付一般通过第三方支付平台实现，而第三方线下支付则是在网上或者其他场所消费后，消费者选择其他时间在线下利用电子终端自助支付。由于网银自身存在注册复杂、安全系数低等问题，许多消费者担心在网上支付会出现安全问题，第三方支付平台也有大量的交易因为网上支付的安全问题最终没有完成，第三方线下支付恰好弥补了这一缺陷。

（2）支付形式多样，支付空间没有限制。

在第三方线下支付点，消费者用任何一张带有银联标志的银行卡，就能为信用卡还款，还可以完成手机充值、公共事业缴费、支付宝交易号支付、银行卡余额查询等多种业务，能够实现信用卡积分兑换、期刊订阅、小额保险支付等业务，甚至能刷卡为公益慈善项目捐款。第三方线下支付的地点可由消费者自己安排，而不局限于现场或者网上银行。目前第三方线下支付可以在连锁便利店、超市、卖场，办公室、加油站、药店甚至家里进行，消费者可以选择自己最方便的地点进行支付，大大节约了支付的时间，提高了支付效率，为消费者带来了极大的便利。

（3）整合线上虚拟经济和线下实体经济。

第三方线下支付不仅可以为连锁便利店、超市、卖场、加油站和药店等商家提高客流量，还可以使商家在“不需进货，不需配送，不需改造收银系统”的情况下，迅速开展多种电子商务，极大地丰富了商家的销售品种，使线上虚拟经济和线下实体经济真正融为一体。

2. 第三方线下支付的缺点

（1）付款人实现线下支付，需要找到线下支付设备，而这些设备在公共场合安装的数量相对较少。

（2）付款人如果要购买相应的家庭版线下支付设备，目前还需要一笔不小的费用。

案例 6－3

刷脸支付概览

移动支付在过去几年快速发展，支付方式也多种多样，如 NFC 支付、二维码支付、指纹支付等。随着人脸识别技术的成熟和人们对支付便捷、安全性需求的提升，刷脸支付出现在大众视野。刷脸支付，是一种基于人脸识别技术的新型支付方式，指将用户面部信息与支付系统相关联，通过拍照把获取的图像信息与数据库中事先采集的存储信息进行比对来完成认证。国外刷脸支付出现较早，国内刷脸支付出现相对较晚。

2013 年 7 月，芬兰 Uniqul 公司推出全球首个基于面部识别技术的刷脸支付系统。消费者通过系统注册，将自己的面部信息与支付系统相关联，然后借助该系统进行结账。消费者需要在结账时面对收银台 POS 机屏幕上的摄像头，由系统自动拍照，扫描消费者面部，再把图像与数据库中的存储信息进行比对。等到身份信息显示出来后，消费者点击显示屏上的“OK”确认即完成支付。

国内大众对刷脸支付最早的认知始于马云在2015年向德国总理默克尔展示刷脸支付，目前，我国刷脸支付还没有大规模落地，但刷脸登录和刷脸取款已经开始应用。

很多人对刷脸支付给出了不同的意见，有的人比较期待刷脸支付的到来，而有的人担心刷脸支付的安全性。刷脸支付确实可以使支付更便捷、安全，但是落地仍然面临许多挑战。

刷脸支付作为一种新兴的支付方式，涉及诸多法律问题，从支付安全到个人信息安全，都需要制定一整套严谨的规则。同时，支付隶属金融领域，刷脸支付的应用还需要得到金融监管部门的认证，需要各金融机构合作整合资源，推出市场接受的产品和业务模式。

按照目前移动支付流程，刷脸支付的流程可分为刷脸确认、账户确认、输入密码和完成支付四个步骤，其中输入密码可能会像支付宝的应用一样，消费者可以选择在一定的额度内免密支付，如果担心安全，仍然可以输入密码支付。在这里，刷脸其实替代了刷卡和扫描二维码的过程。

刷脸支付之所以成为可能，主要依赖于人脸识别技术。人脸识别技术，是作为生物特征识别领域一种基于生理特征的识别，是通过计算机提取人脸特征，并根据这些特征进行身份验证的一种技术。

人脸识别技术发展历史悠久，1964年就已经出现，经历了机器识别、半自动化、非接触式和智能识别四个阶段。智能识别出现之前，人脸识别技术的识别率低于74%，并未得到大规模应用。2014年以前，学术界在FDBB① 人脸数据集上取得的最好检测精度是在100个误检时达到84%的检测率，而之后众多基于卷积神经网络算法的人脸检测器在相同条件下取得了90%以上的检测率。目前人脸识别系统最高的识别率可以达到99%以上，人脸识别精度已经超过了人眼。

目前智能识别阶段的人脸识别主要包括人脸识别、人脸匹配和人脸特征提取三部分。人脸识别，主要是确定检测到的是人，进而确定人脸的大小、位置等信息；人脸匹

---

① FDDB是全世界最具权威的人脸检测评测平台之一，包含2 845张图片，共有5 171个人脸作为测试集。测试集范围包括不同姿势、不同分辨率、旋转和遮挡等图片，同时包括灰度图和彩色图，标准的人脸标注区域为椭圆形。

配，即判定人脸是不是数据库中存在的，然后在数据库中找到匹配度最高的人脸；人脸特征提取，指的是通过精确定位面部关键区域的位置，进行特征点抓取。

据亿欧智库统计，目前我国人脸识别初创公司有三十多家，这些公司大部分在2012—2015年成立，它们从一开始就选择基于深度学习研究人脸识别技术。当然，还有许多像银晨科技、中科奥森这样老牌人脸识别技术提供商。以下是亿欧智库罗列的目前中国主要的人脸识别技术服务公司。

基于PitchBook独角兽标准，在这些人脸识别技术服务公司中有四家独角兽①，即旷视科技、依图科技、商汤科技和云从科技。在这四家独角兽中，旷视科技成立最早，2011年成立；云从科技成立最晚，2015年成立；依图科技和商汤科技分别于2012年和2014年成立。目前，这四家独角兽在金融人脸识别领域都有所涉及，但略有区分。

目前，依图科技人脸识别主要服务于安防，在金融领域主要落地的有刷脸取款和身份验证，合作机构有招商银行；商汤科技目前主要有应用于京东金融的人脸登录，以及应用于招商银行等机构的身份验证；旷视科技目前主要有应用于支付宝的刷脸支付和登录，以及主要服务于互联网金融公司的身份验证；云从科技与中国农业银行推出ATM机刷脸取款，与支付宝合作刷脸支付，以及为多家银行、证券等金融机构提供刷脸身份验证。

综上所述，随着人脸识别技术的不断成熟，以及相关政策法律的不断完善，刷脸支付将为消费者提供更加安全、便捷的支付方式。

资料来源：薄纯敏. 刷脸支付——人工智能落地金融领域的典型案例.（2017-08-24）.［2022-04-29］. http://www.cebnet.com.cn/20170824/102419268.html. 引用时有修改

Section 4

第四节 移动支付

一、移动支付的定义

移动支付是利用移动设备通过无线通信网络转移货币价值以清偿债权债务关系的一

① 独角兽是投资行业尤其是风险投资业的术语，指估值超过10亿美元的创业公司。

种支付方式。移动设备包括手机、掌上电脑、笔记本电脑等。目前手机是移动支付中使用最普遍的移动设备，利用手机进行支付的支付方式通常称为手机支付。与网上银行支付相比，移动支付主要面向个人用户。

中国人民银行对移动支付的定义是：移动支付是指单位、个人直接或授权他人通过移动通信终端或设备，如手机、掌上电脑、笔记本电脑等，发出支付指令，实现货币支付与资金转移的行为。

从以上定义可以看出，移动支付是采用手机或掌上电脑等移动通信设备付款的行为。狭义的移动支付也称为手机支付。

拓展阅读

中国移动支付交易规模和用户规模

近年来，移动支付得到广泛应用，且已经成为我国众多消费者日常的主要支付方式。数据显示，从2014年到2020年，中国移动支付交易规模呈持续上升趋势，2020年中国移动支付规模达到432.2万亿元。用户数量的增长和使用频率的增加，驱动着移动支付交易规模持续扩大。

数据显示，截至2021年6月，我国网络支付用户规模达8.7亿，占网民整体的86.3%。随着互联网技术的发展，人们消费水平的提高，网络支付业务规模持续增长，并带动移动支付行业发展，有效满足了消费者在不同场景的消费需求。

资料来源：改编自艾媒咨询. 2021年中国移动支付行业研究报告. (2022-03-22). [2022-04-29]. https://mp.weixin.qq.com/s/t0hnoLdXYXBeyIsVb6ZAJQ.

二、移动支付的发展阶段

根据移动支付的用户，可以将我国移动支付的发展阶段分为探索期、发展期和成熟期。第一个阶段是探索期。以支付宝和微信支付为代表的支付厂商，分别利用自己的优势进行业务推广，典型事件包括支付宝集五福、春节微信红包等营销活动，解决的主要问题是让用户建立支付账户，培养用户初步的移动支付使用意识。第二个阶段是发展期。这一阶段，移动支付进入各个垂直行业，拓展用户使用场景，如购物、出行、外卖等领域。移动支付技术在各个场景深化落地，消费者的移动支付体验得到极大提高。第三个阶段是成熟期。这一阶段，移动支付主战场从B2C转移到B2B，移动支付金额急速增长。

三、移动支付的分类

（一）根据支付金额的大小划分

根据支付金额的大小，移动支付可分为小额支付和大额支付。小额支付指运营商与银行合作，建立预存费用的账户，用户通过移动通信的平台发出划账指令代缴费用。大额支付指把用户银行账户和手机号码进行绑定，用户通过多种方式对与手机绑定的银行卡进行交易操作。

（二）按照支付时的技术选用划分

根据支付时的技术选用，移动支付可分为移动远程支付和移动近端支付。

（1）移动远程支付，主要是指通过移动网络完成的支付，如微信支付等。

（2）移动近端支付，主要使用射频识别，并通过智能手机完成，是近距离的数据交换。

移动远程支付和移动近端支付在依托技术、支付场景、支付金额、硬件安全级别要求、资金账户和应用场景上有明显的不同。移动远程支付和移动近端支付的对比见表6－1。

表6－1 移动远程支付和移动近端支付的对比

项 目	移动远程支付	移动近端支付
依托技术	远端互联网技术	近距离无线通信技术
支付场景	线上交易	线下交易
支付金额	无额度限制，由资金来源账户的余额和规定时间内的限额决定	额度较小，国内目前的相关产品对其账户余额均设上限，最高1 000元
硬件安全级别要求	无特别要求，可使用移动网络本身的SIM（subscriber identity module，客户识别模块）授权	要求较高，需金融机构授权
资金账户	话费账户、银行账户和支付运营商提供的专门支付账户	与银行账户绑定的支付账户

续表

项　目	移动远程支付	移动近端支付
应用场景	电子化程度高，购买过程简单的产品和服务	价格较低、购买行为频繁的商品和服务

拓展阅读

移动支付行业发展前景

一、线下支付领域创新，促进移动支付迅猛发展

移动支付的迅速发展使中国真正走向“无现金”时代，移动支付带来的不仅是支付方式的重大变革，还极大地降低了商户经营成本，提高了商户经营效率，使“无人超市”“智慧景区”“未来酒店”等概念成为现实，不仅为支付IT服务商带来了丰富的市场需求，还刺激收单机构加强在商户市场的投入，加速商户不断创新经营模式。移动支付已经为线下支付领域的创新打开了入口，未来线下支付领域的创新速度将不断加快，促进移动支付迅猛发展。

二、新兴技术与支付结合程度加强带动移动支付发展

支付业务是金融体系中对大数据、PC端互联、移动互联乃至物联网等新技术承载能力、吸收能力最强的业务，云计算、区块链、移动互联等技术最先在支付领域落地生根，目前新兴技术和支付的结合程度还不够深入，未来各种新兴技术有望加速在支付领域的应用，这将使电子支付市场不断发生变革，同时，也对支付IT服务商技术储备及持续创新有了更高的要求，预计随着新兴技术与支付结合程度日益加强，我国移动支付将得到进一步发展。

三、线下支付场景竞争激烈加速行业发展

目前，消费端用户已经基本被支付宝、微信等第三方支付机构瓜分完毕，但线下企业端商户互联网程度极低，还没有机构能够对其完全垄断，且企业端商户的商业价值巨大，因此银行及第三方支付机构纷纷加强对线下商户的争夺，这客观上加速了线下移动支付的发展和创新。

资料来源：改编自中商产业研究院．中国移动支付行业市场前景及投资机会研究报告．（2022-02-09）．[2022-04-29]．https://baijiahao.baidu.com/s?id=1724214169176801194&wfr=spider&for=pc.

四、移动支付的流程

移动支付是由移动运营商、移动应用服务提供商（mobile application service provider，MASP）和金融机构共同推出的构建在移动运营支持系统上的个人移动数据增值业务。移动支付系统将为每个移动终端用户建立一个与其手机号码相关联的支付账户，其功能相当于电子钱包，从而为移动用户提供一个通过手机进行身份认证和交易支付的途径。用户通过发送短信、拨打电话或者使用无线应用协议功能接入移动支付系统，移动支付系统将此次交易的要求传给移动应用服务提供商，由移动应用服务提供商确定此次交易的金额，并通过移动支付系统通知用户。在用户确认后，付费方式可通过多种途径实现，如直接转入银行、用户电话账单或者实时在专用预付账户上借记，这些都将由移动支付系统（或与用户和移动应用服务提供商开户银行的主机系统协作）完成。

移动支付是信息流到资金流之间的转换过程。在移动支付过程中，移动终端用户、移动运营商、银行、商家、认证机构等多个角色之间会发生关系。移动终端用户最关心的是安全性、使用便利性以及隐私权能否得到保护等问题；移动运营商关心的主要是系统的标准和交互功能，移动支付是移动运营商重要的增值业务，是移动网络经营者下一阶段重要的利润增长点；银行希望支付系统是完整的，并且能减少欺诈风险；商家则希望支付过程对消费者而言是透明的，因为这会鼓励更多人使用移动支付，另外，他们也希望支付系统能快速和便利地完成支付程序，以便及时获得支付。移动支付的流程如图6－3所示。

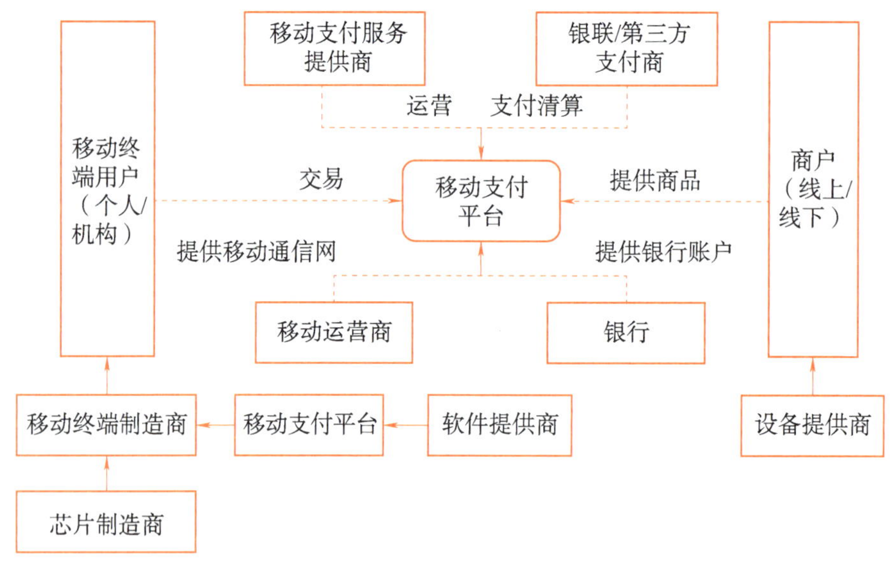

图6－3 移动支付的流程

五、移动支付的优缺点

（一）移动支付的优点

与传统支付方式相比，移动支付有移动性、实时性、快捷性三个优点。

（1）移动性，是指移动支付凭借移动通信的高度移动性和服务实现的随身性，使用户从长途奔波到指定地点办理业务的束缚中解脱出来。用户掏出手机即可不经意间实现支付及完成相关的金融业务服务，甚至已经实现了在外地甚至国外管理账户、商品信息，查找并实现支付的功能，支付完全摆脱了受特定地域的限制。

（2）实时性，是指手机终端和网络平台的交互替代了人工操作。这使得移动支付不再受相关金融机构、商业机构营业时间的限制。任何时候系统都持续运行，移动支付 24 小时可随心享用。

（3）快捷性，是指移动支付具有计时收费准确、不用找零钱、快捷、多功能、24 小时服务、服务点不用人值守等特点。随着移动支付业务的发展，支付实现越来越快捷，可以节省用户到营业厅、商家的路程耗时，使用户不必进行毫无价值的排队等候。

（二）移动支付的缺点

移动支付的缺点主要有：

（1）安全问题。用户挥之不去的安全疑虑难以消除，不仅是密码控制，除了在移动通信环节引入的安全问题之外，整个支付流程的各个环节都需要可靠、安全的技术保障。由于账户密码的确认信息是通过无线传输的，用户普遍都会有不同程度的安全担忧。另外，一旦丢失手机，与手机号码绑定的银行账户如何才能得到有效保护也是担忧之一。虽然移动运营商一再表示，万一用户丢了手机，可以立刻通知银行取消此项业务，捡到手机的人也会因为不知道密码而无法消费，但是用户的担心依然难以解除。更何况由于用户信息是通过无线传输的，加密手段相对简单，一旦被破解，用户的损失将很难挽回。

（2）技术平台需要成熟、完善和标准化。接触式、非接触式智能卡技术的发展为移动信用体系的建立提供了技术支撑，能够接受通信指令的自动售货系统也已经初步投入使用。所有这些技术的更新、应用和推广都需要移动运营商与设备厂商、金融机构建立统一的标准。只有实现了标准化，扩大了市场规模，真正易用、安全、廉价、标准化的移动支付技术产品才会日益丰富，并逐渐渗透到工作生活的方方面面。

（3）信用体系还不健全。信用体系不健全为恶意透支等欺诈行为留下了潜在的危机，坏账和欺诈的风险使得移动运营商和银行对此有所顾忌，影响其对移动支付业务推广的积极性。

总体来看，上述问题解决得越好，用户告别现金支付、使用移动支付的可能性就越大。

六、移动支付的主要商业模式

（一）以移动运营商为主体的商业模式

移动运营商独立运营的商业模式没有金融机构参加，产业链关系比较简单，移动运营商是该产业链中的唯一业务提供者。移动运营商既是移动支付业务数据传输网络的提供者，又是移动支付账户的管理者。移动运营商采用两种方式管理移动支付账户：一种是将移动支付款项直接记入电信账单；另一种是开设单独的账户专门结算移动支付款项，用户需要事先在账户中存入现金才能使用。

移动运营商的收益主要来自两方面：①从商家获得的每笔交易的服务佣金；②从消费者获得的通信费，包括短信费、WAP 浏览费等。

以移动运营商为主体的商业模式的优势是产业链关系简单，移动运营商有绝对的掌控权。但是这种商业模式的劣势如下：①移动运营商由于缺乏管理和运作金融类业务的经验以及处理金融风险的能力，支付额度受到极大的限制，只能开展支付额度较小的移动支付业务；②由于经营金融类业务受到严格管制，移动运营商通常只能经营与移动通信业务相关的业务；③移动运营商的资费账单结算周期通常是1个月，这样的结算周期对商家来说过长（传统支付业务金融机构和商家的结算周期通常是1天）。

以移动运营商为主体的商业模式流程如图6-4所示。

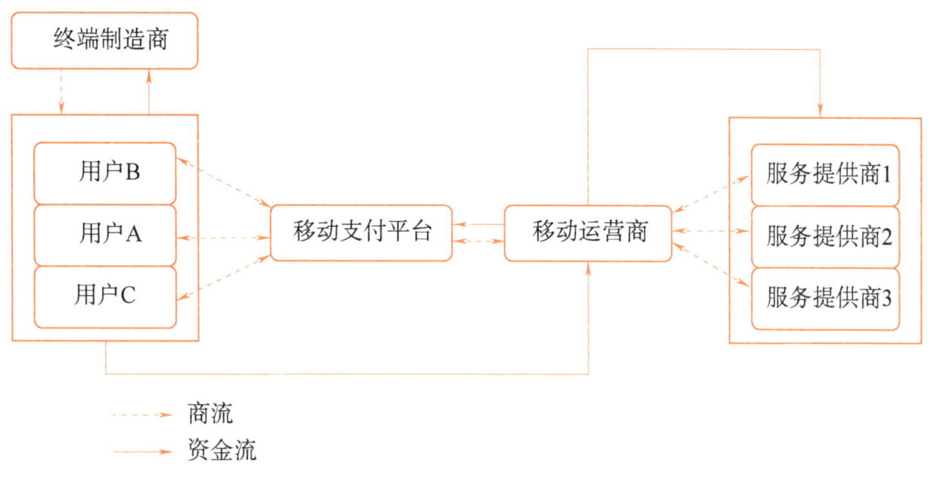

图 6-4 以移动运营商为主体的商业模式流程

拓展阅读

三大运营商发力移动支付

在三大运营商中，中国电信的翼支付发展路线清晰且最有成果。据官方公布数据：2019 年翼支付服务超过 5 000 万月活用户，承载每月 2.3 亿笔交易，年交易金额超 1.75 万亿元。“预计 2020 年翼支付将全力实现月活跃用户超 6 500 万，商户接入超1 000 万，年交易额超 2 万亿元，引入合作资金近 500 亿元的发展目标。”天翼电子商务有限公司总经理说。

2020 年初，翼支付公布 A 轮增资结果正式获得中国人民银行审批通过，将引入前海母基金、中信建投、东兴证券和中广核资本四家战略投资人，正式迈出混合所有制改革的关键一步。而随着 5G 的商用，翼支付又找到新的思路。天翼电子商务有限公司总经理表示：2020 年翼支付将围绕中国电信的核心产业和资源，持续发力支付、微贷、理财、保险四大融合业务，携手合作伙伴共同打造金融科技生态圈。

在三大运营商中，中国移动是最早开展移动支付业务的。2010 年，广东移动以 398 亿元认购浦发银行 20% 股份，成为浦发银行第二大股东。从此，中国移动拉开了进军金融领域的序幕。

2018 年 12 月 18 日，中国移动全资子公司中移动金融科技有限公司正式揭牌，欲打造成国内一流的“通信 + 消费 + 金融”综合服务商，主要业务涵盖融合支付、特色电商、金融科技三大板块。2019年6月，中移动金融科技有限公司完成了一轮消费分期业务合作方的招标，接入了超过60家金融服务机构，这被视为中国移动发力金融科技的重要信号。

目前，中国移动已经获取第三方支付牌照、保险牌照和互联网金额牌照。

相比中国电信和中国移动亮明态度和计划，中国联通显得颇为谨慎和低调。此前，联通支付有限公司副总裁表示："随着5G的到来，中国联通正在积极地实现互联网化运营，推出了以沃分期为品牌的金融分期业务。"据介绍，沃分期具有多种金融分期能力，通过与终端、套餐销售的有机结合，为联通自有厅/社会厅等场景下的用户提供方便、快捷的消费金融服务。

资料来源：改编自叶菁. 三大运营商发力移动支付，能否上演新格局？（2020－01－06）.［2022－04－29］. https://mp. weixin. qq. com/s/r2tq9M3R9XnxUQaGrdFWFg.

（二）以金融机构为主体的商业模式

金融机构主导的移动支付业务，相当于传统支付业务的延伸，数据通过移动通信网络传输。运营商只负责提供网络，不参与移动支付业务的管理和运营。

以金融机构为主体的商业模式在采用无线接入的方式时需要借助智能卡。智能卡由金融机构发布，能提高数据存储和传送的安全性。关于手机终端，有两种解决方案：①双插槽手机终端（一个插槽插SIM卡，一个插槽插金融机构发布的智能卡）；②将单独的芯片置于手机内。

在以金融机构为主体的商业模式下，金融机构的主要收入来源于从商家获得的每笔交易的服务佣金，移动运营商的主要收入来自消费者的通信费和金融机构支付的专网使用或租借费。

以金融机构为主体的商业模式的优势是：由于金融机构有足够在个人账户管理和支付领域的经验，交易安全性高。该模式的劣势是：不同金融机构之间移动支付业务的互联互通性差，使用户使用移动支付业务的成本增高。

以金融机构为主体的商业模式流程如图6－5所示。

拓展阅读

移动支付便民工程的实践

2017年，中国人民银行指导产业各方正式启动移动支付便民工程，在持续优化移动支付体验的同时，加速开展移动支付便民场景建设，努力将金融科技能力转化为

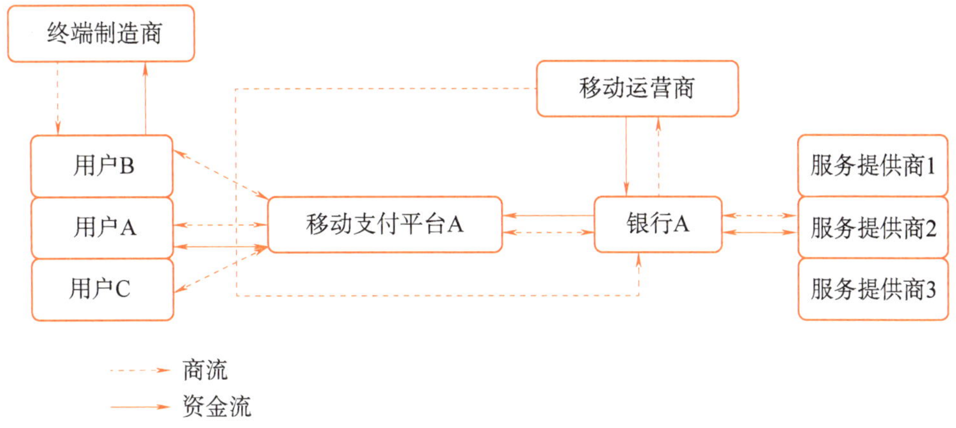

图 6-5　以金融机构为主体的商业模式流程

便民创新力量。两年多来，便民服务网络从 100 个示范城市向全国辐射，逐步渗透到交通、餐饮、零售、文旅、教育、医疗、公共缴费等与民生密切相关的日常生产生活领域，努力满足人民群众安全、便捷、高效的支付服务需求。中国银联与中国工商银行、中国农业银行、中国银行、中国建设银行、交通银行、中国邮政储蓄银行等 21 家银行共同对外发布移动支付便民工程宣传，记录了移动支付便民工程的普惠之路。

不论是城市还是乡村、街角还是田头，银联通过移动支付便民工程努力实现“便民无温差”，让不同地区的不同用户按需受惠，全民共享移动支付带来的红利，在支付领域以广泛、深入且公平的普及成果普惠用户。

1. 深度布局交通、零售、餐饮、文旅等场景，银联移动支付获用户青睐

目前，包含云闪付 App、银联手机闪付、银联二维码在内的各类银联移动支付方式已在全国范围内 1 800 余个商圈受理使用，涵盖机场、高铁、高速服务区、地铁站、购物中心等五大类交通生活关联的场景商圈。在交通领域，银联移动支付解决方案已在产业内形成领先优势。超 1 750 个地市及县区公交和 39 个城市地铁已实现银联移动支付产品受理覆盖。

除此之外，在零售、餐饮、文旅、数字政务等场景，银联移动支付也成为当前金融科技赋能实体商业、助力商圈经济蓬勃发展与推动移动支付便民工程建设的新亮点，并以全面覆盖线上、线下、吃喝玩乐等各个场景，实用便捷、优惠多多的优势获得越来越多用户的青睐。中国银联受理市场部负责人表示：“根据最新统计结果，累计超过 30 万家百货超市便利店的品牌门店、10 万家餐饮 TOP 品牌门店，约 1 700 个 5A 和 4A 级景区、150个酒店品牌及2.5万家门店已开通银联移动支付。”银联数据显示，2020年五一期间，重点在线旅行社平台的银联移动交易笔数较2019年同期笔数同比增长550%，金额同比提升613%。

2. 创新金融增值服务，助力乡村全面振兴

为深入贯彻落实乡村振兴战略，银联加速推进便民工程向县域农村延伸，打造了90个“移动支付引领县”，建设了近3万个惠农站，加快农村支付服务环境建设提档升级。推广农产品收购业务，协助完成交易金额超3 000万元。围绕农户需求精准打造助农产品，已发行3 220万张乡村振兴主题卡，为农民提供便捷贷款等服务，推进农村金融服务普惠进程。

未来银行业将深化支付为民实践，在新发展格局的构建中乘势而上，在百年初心的引领下砥砺前行，为支付产业发展和人民生活水平提高持续贡献力量。

资料来源：改编自中国金融杂志．银行业同心同力 移动支付便民工程融入百姓生活点滴．（2020－06－30）．[2022－04－29]．https://mp.weixin.qq.com/s/hupjbcak6XFk9DWJ7epLdw.

（三）以第三方支付服务提供商为主体的商业模式

在以第三方支付服务提供商为主体的商业模式下，第三方支付服务提供商是独立于银行和移动运营商之外的经济实体，其自己拓展用户，与银行及移动运营商协商合作，提供手机支付业务。

目前，以第三方支付服务提供商为主体的商业模式最成功的案例是手机支付宝。用户如果想使用手机支付宝的支付服务，需要注册手机支付宝账号，并将账号与自己的手机、银行卡绑定。用户在购买商品后进行费用支付时，直接向商家提供手机支付宝生成的付款二维码。商家通过扫描用户的付款二维码，经过用户确认后完成支付。第三方支付服务提供商的收益主要来自向商户收取的设备和技术使用许可费用。

以第三方支付服务提供商为主体的商业模式的优势是：第三方支付服务提供商可以平衡移动运营商和银行之间的关系；不同银行之间的手机支付业务实现了互联互通；银行、移动运营商、第三方支付服务提供商以及服务提供商之间的责、权、利明确，关系简单。该模式的劣势是：对第三方支付服务提供商的技术能力、市场能力、资金运作能力要求很高。

以第三方支付服务提供商为主体的商业模式流程如图6－6所示。

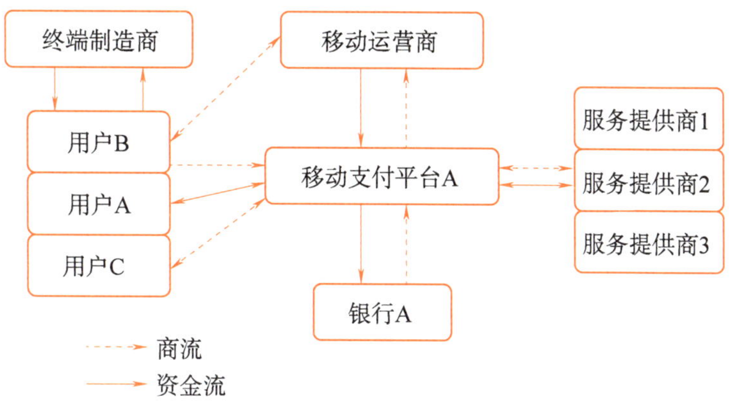

图 6-6 以第三方支付服务提供商为主体的商业模式流程

拓展阅读

从 4.1%到 20.0%微信支付到底是怎么崛起的?

当人们谈及微信支付的崛起，最直接的印象就是微信红包创世纪般的成功。但微信支付的崛起，从线上单纯的红包功能，到线下近 70 万商户的支持，成为移动支付一大巨头，其成功不仅仅是一个产品的成功，而是整个线下策略的成功。

1. 微信支付发布后的困难

在微信支付发布前期，2013 年第三季度，月活跃用户数量达到 2.72 亿，其中多于 1 亿是海外用户。巨大的用户量是微信支付的基础。此外，2013 年 8 月，微信公众账号数量已达百万级别。在商业团体、自媒体的入驻方面，微信也已经上量。

而在微信支付上线之前，2 月份，微信推出了微信会员卡功能。微信会员卡是微信商业化的第一个产品，为用户提供微信移动支付、微信会员卡优惠、微信会员卡储值，实现了微信的商业化转变。

2013 年 8 月 5 日，微信 5.0 正式推出，微信支付采取的是与银行卡绑定的方式，并主打快捷和安全牌。通过绑定的银行卡支付，用户输入微信支付密码，即可一键支付。此外，扫一扫功能是微信 5.0 重点强化的功能，这为未来的线下 P2P 支付奠定了基础。

此时上线的微信支付可谓内外交困。从自身情况来说，虽然微信拥有亿级用户，但是用户没有开通微信支付的必要性，微信支付推出之后，仅仅在易迅网接入，场景的缺乏很有可能让微信支付早夭；安全方面，二维码的支付方式一直备受质疑，日后中央银行对二维码的叫停也验证了这一点。

从外部环境来说，微信支付一上线，就遭遇各种封杀。2013年8月底，京东为了支持易信，终止了与财付通的六年合作，业界普遍认为直接诱因是微信支付的推出。此外，老对手阿里巴巴也在8月做出了一些封杀行动，以安全为由，淘宝全面停止二维码外链图片，而微信则以屏蔽淘宝链接反击。

对内，开卡用户不足，使用场景不足；对外，各种巨头的封杀，安全的指责，而后还有政策的不给力，微信支付开始并不顺利。

2. 场景拓展不分大小内外，问题逐一击破

微信支付没有好的开头，却有不错的市场策略。推出之后，微信支付逐渐打通各类支付场景，虽然在大的电子商务支付场景上碰壁，但是线下仍然想象空间巨大，并且通过各类措施解决了微信支付的内外交困情况：

（1）打车软件入驻。2013年8月底，摇摇招车接入微信支付。

（2）自动售货机入驻。2013年8月，微信与友宝合作，天津自动售货机可以微信支付，同年10月，北京也推出类似服务。

（3）电子商务入驻。除了在腾讯系的易迅网开通之时入驻之外，聚美优品在2013年9月16日接入微信支付。同年9月22日，唯品会也接入微信支付。

（4）公众号优势发挥。微信深刻地认知到自身的公众号优势，2013年9月22日，香港航空微信公众号正式推出“微信支付”功能。这也是微信公众号支付场景的开始，未来有越来越多的企业开通公众号内的微信支付功能，甚至包括政务部门。

（5）线下活动培养用户习惯。2013年10月10日，腾讯旗下的支付平台财付通在广州启动微支付的街头路演，在正佳广场、天河城、中华广场等重点商圈，可以体验微支付扫码购物。

（6）与中国人民财产保险股份有限公司合作，解决安全问题。安全一直是微信支付备受诟病的问题，无论是京东还是阿里巴巴，都以安全为由进行封杀。微信与中国人民财产保险股份有限公司合作，推出全额赔付保障，承诺“你敢付，我敢赔”，解决了消费者心理上的不安全问题。

（7）百货支付场景拓展。2013年10月24日，微信与新世界百货合作，由此开始了商户合作拓展。

（8）招募商户。由于微信自身缺乏力量进行推广，因此其招募商户来拓展场景。2013年12月，微信开始招募商户，其中包括综合型B2C商城、垂直型B2C商城和品牌商，支付费率最低0.6%，要求保证金5万元。在2014年3月，保证金又降低到2万元。同年9月，微信取消保证金，体现了微信招募商户的力度。

各个策略的成功实施，让微信支付有了较好的开局，从用户熟悉方式的营销活动推广，到安全保险的推出，再到商户招募，微信支付的2013年，一直在打造自己的基础。而微信支付的真正发力是打车软件大战，以及微信红包的出奇制胜。

3. 打车软件正面对抗阿里巴巴，红包功能获大量用户

2014年初的打车软件大战让人记忆犹新，就连新马泰等地也有司机“薅阿里和腾讯的羊毛”。2014年1月10日至2月9日，滴滴打车中平均日微信支付订单数为70万单，总微信支付订单约为2 100万单，补贴总额高达4亿元。与阿里巴巴的正面对抗，加上不错的补贴和良好的体验，微信支付在打车软件大战中获得了极高的知名度。

另外，微信支付最为成功的仍然是业界津津乐道的微信红包功能。在2014年除夕，微信推出了微信红包功能，从除夕到初八，微信抢红包深受广大百姓的追捧，超8 00万用户参与了抢红包活动，超过4 000万个红包被领取。微信红包的推出，让微信的绑卡量上升。

支付宝被微信红包功能打了一个措手不及，迫使支付宝在2015年也推出红包功能，然而微信直接封杀支付宝的红包入口。当初淘宝全面停止微信二维码外链图片，阿里巴巴一定想不到也会被微信封杀。

而在2015年春节，微信充分发挥了商户入驻的优势，也让商户可以发红包，微信红包成为一种营销方式。这又在商户入驻方面，给了支付宝一个下马威。

2016年春节期间，微信红包“毛玻璃照片”的创新，让微信朋友圈的“病毒”传播功能充分发挥。

4. 完善功能和机制，强攻移动支付

2014年，可谓是移动支付的元年，微信、支付宝，百度、京东、QQ等都推出了自己的移动支付应用，而这一年支付行业最受关注的则是中国人民银行对二维码的叫停。面对政策上的突变，微信除了放缓推进线下支付场景，将更多的精力投入自身功能和机制的完善。

2014年4月，腾讯成立微信事业群，这为后来的移动支付、O2O电子商务等领域布局提供了灵活的制度支持。

2014年6月，微信上线好友转账和零钱功能。好友转账奠定了P2P支付技术，而零钱让微信具有了存储的功能，为后来的免密支付和其他拓展应用做好了铺垫。

2014年8月，微信5.4推出面对面收钱、向别人转账等功能，让支付允许在陌生人之间发生。

2014年9月，微信钱包调整页面并发出公告，增加了“刷卡”功能，为未来的店内支付快捷性扫除了障碍。同月，微信5.5推出卡包功能，发力优惠券应用。

可以说，2014年微信都在对自身进行调整和完善，逐渐完善各种线下移动支付即将使用的功能。而且到2014年下半年，特别是9月在刷卡功能完善之后，微信首期接入天虹百货、卜蜂莲花等商家，并且逐渐在零售商超推广。值得一提的是，2014年9月也是Apple Pay发布的时间，可惜其不能第一时间进入国内，不然NFC支付或许还有机会首次便利消费者。也正是叫停二维码半年之后，政策的作用难以抗拒市场的倒逼，微信和支付宝都开始强推线下支付。

5. 丰富场景终成移动支付大家

在2014年的基础奠定之后，2015年到现在是微信支付彻底爆发的时期，其在各种零售商超开始推广合作。此外，微信支付还进入一些更加细化的领域，如地铁购票、政务罚款等。2015年8月8日的无现金日，微信也用补贴来吸引更多用户通过微信进行线下支付，不再局限于玩微信红包。

不过随着用户数量的增加，微信也在考虑如何向用户收费。2015年10月17日，微信支付开始逐步测试转账新规，用户在转账过程中，如果超出2万元，超出部分按0.1%收取手续费。而真正对每一个用户都有影响的，是2016年3月1日开始的微信支付调整手续费收费政策，从零钱到银行卡的超额提现需要收取一定的手续费。具体收费标准是指从2016年3月1日起计算，每位用户（身份证维度）有终身累计1 000元免费提现额度，超出1 000元部分按银行费率收取手续费，目前费率均为0.1%，每笔最少收0.1元。

到2016年，微信的战略也不再聚焦逐渐饱和的国内，更加专注跨界支付。2016年4月，微信支付团队公布将升级包括面对面账单、资金流系统、微信找零、“支付+会员”解决方案等产品能力，并表示将加速对各行各业输出更具深度的商业价值。

资料来源：慕楚．从4.1%到20.0%微信 支付到底是怎么崛起的？（2016－09－14）．［2022－04－29］．http://www.linkshop.com/news/2016358436.shtml.引用时有修改

（四）银行与移动运营商合作的商业模式

在银行与移动运营商合作的商业模式下，处于主导地位的依然是移动运营商，所不同的是有金融机构加入。在这个产业链中，移动运营商提供移动支付业务数据传输网

络，金融机构负责管理移动支付账户。

移动运营商推出的移动支付业务多采用信用卡或借记卡的方式支付。

在银行与移动运营商合作的商业模式下，移动支付的主要收入来源与以移动运营商为主体的商业模式相似，也是从商家获得的每笔交易的服务佣金和从消费者获得的通信费，但这部分收入要在移动运营商和金融机构之间分配，分配比例由移动运营商决定。

银行与移动运营商合作的商业模式的优势有：①由于有了金融机构的参与，移动运营商承受金融风险的能力极大增强，支付额度的限制大大减小，信用安全等级提高；②商家的销售款项由金融机构负责结算，使以移动运营商为主体的商业模式中结算周期过长的问题得到解决。

银行与移动运营商合作的商业模式流程如图 6－7 所示。

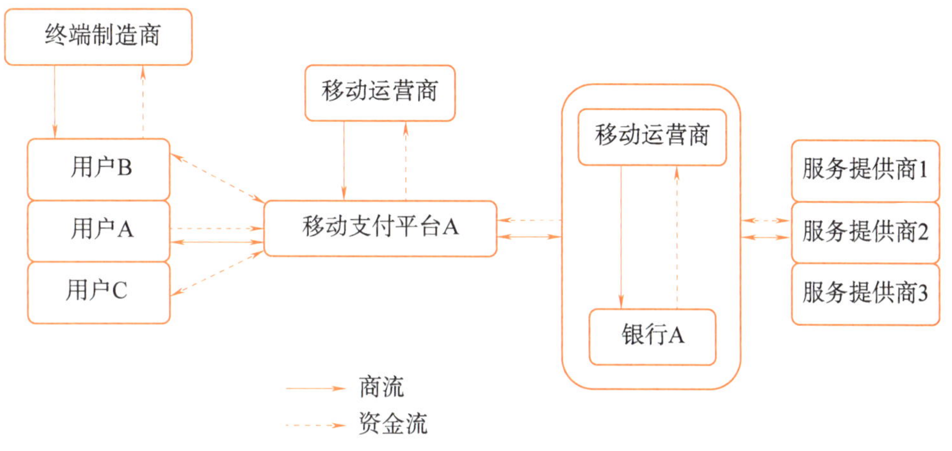

图 6－7　银行与移动运营商合作的商业模式流程

拓展阅读

网商银行助微计划推新举措：与中国移动为小微客户提供“先享后付”服务

9 月 28 日，中国移动旗下的中移动金融科技有限公司（简称中移金科）与蚂蚁集团发起成立的网商银行签署合作协议，共同为中国移动的小微客户提供 5G 网络及硬件设备的“先享后付”服务，并计划 2 年内服务 1 000 万小微企业。这也是通信业内首个面向小微企业且覆盖全国范围运营商客户的金融服务。

中移金科是中国移动的全资子公司，为客户及合作伙伴提供“通信＋消费＋金融”

的综合金融服务。此前中国移动面向个人消费者的信用购、购机直降等业务，就是由中移金科提供的。

通信行业内针对个人消费者的金融服务已经相对成熟，但此前在全国范围内，一直没有专门面向小微企业、降低小微企业通信服务和终端设备消费门槛的金融服务。以往小微企业在配备网络宽带/专线，以及办公用的投影、背投、打印机等设备时，都需要先在运营商办理宽带，再通过其他渠道采购硬件设备，但因多次办理、采购耗时且有一次性的大额投入，会占压经营所需的现金流。

根据协议，与网商银行合作的“小微购”服务上线后，小微企业法人在中国移动门店，或通过客户经理办理宽带服务时，只需选购所需的网络合约套餐，并承诺一定期限内在网，运营商就会把企业需要的硬件设备免费提供给企业使用。

据悉，网商银行是由蚂蚁集团发起成立，专为小微群体提供综合金融服务的互联网银行。成立六年，累计已有4 000万小微企业使用过网商银行数字信贷服务，其中超过80%的小微企业此前从未在银行获得过经营性贷款。

近年来，以服务小微企业为基础和纽带，中移金科和网商银行除了为移动的小微客户提供“小微购”服务，还达成了数字供应链金融合作，为中国移动几十万中小微代理商提供无抵押、纯信用、纯线上的信贷服务，累计授信金额超过百亿元。

2021年7月，全国工商联联合网商银行等6家银行共同发起“助微计划”，发挥金融力量“稳就业、振乡村、兴科创”。据网商银行介绍，此次和中移金科合作服务小微企业，也是为落实“助微计划”推出的最新举措，未来双方将在为小微企业赋能和农村发展两个领域进行进一步的合作探索。

资料来源：改编自央广网．网商银行助微计划又推新举措：与中国移动为1 000万小微客户提供“先享后付”服务．（2021－09－28）．[2022－04－29]．https://baijiahao.baidu.com/s?id=1712130846635771248&wfr=spider&for=pc.

七、移动支付发展趋势

近年来，我国通信业发展速度惊人，手机普及率相当高。2021年，全国电话用户净增4 755万，总数达到18.24亿。其中，移动电话用户总数16.43亿，全年净增4 875万，普及率为116.3部/百人，比2020年末提高3.4部/百人。这为手机作为移动商务的主要载体提供了强大的支持。手机的无线上网技术是手机支付能够与互联网结合的重要条件。运用无线上网技术，可以将互联网上的大量信息及各种各样的业务引入手机。

相对于有线上网，手机上网具有设备成本低、操作较为简单的优势。4G 移动电话用户为 10.69 亿，5G 移动电话用户达到 3.55 亿，二者占移动电话用户的 86.7%。手机支付从简单的短消息传递金融信息，逐步发展到用手机进行较大数额的网上即时交易。更多的支付体验将在手机上完成，使用移动支付可以更加节约时间与精力，使用户快速、便捷地完成支付。随着移动支付各环节的不断发展与完善，移动支付也将使产业链各方联手合作，从而更有利于行业发展。

移动支付覆盖范围将越来越广。移动支付推动了境外支付的发展，方便了国内居民出境旅游，更是带动了移动支付市场。移动支付下沉到农村，带动了农村实体经济发展，推动“三农”（农业、农村、农民）发展，为农村经济开辟了新的出路。

移动支付的用途越来越广泛。随着移动支付被市场认可，移动支付在各种场景被使用，如转账付款、生活缴费、机票预订、在线点餐、剧场影院订票等。移动支付具有随时、随地、不受地域限制等优势，与传统支付相比，其更具有便捷的优势。

免密支付成为趋势。移动支付为了进一步解决用户对便利的需求，提出了新的支付解决方案，如生物识别，指纹、人脸、虹膜等生物认证方式等，从而可以实现更多的交易。

总之，未来移动支付的趋势将是多场景、多用途、高频率的支付，移动支付将渗透在每个人的日常生活中，成为生活的必需品。

Summary of this chapter

本章小结

本章首先介绍了与电子支付相关的概念，解释了电子支付运作的基本原理，以及电子支付参与主体；接着详细论述了银行卡支付、手机银行卡支付、电子现金支付、电子钱包支付、电子支票支付五种电子支付工具；介绍了第三方支付平台支付和第三方线下支付，分析了它们各自的流程和优缺点；最后介绍了移动支付的定义、发展趋势、分类、流程、优缺点等内容。

思考与练习

一、不定项选择题

1. （　　）是在电子交易中承担网上安全电子交易认证服务，签发数字证书，确认用户身份等工作的第三方服务机构。

A. 电子银行　　B. 认证中心

C. 第三方支付平台　　D. 软件提供商

2. 下面关于第三方支付的说法，正确的是（　　）。

A. 第三方支付平台增加了商家以及银行的运营成本

B. 在途资金使第三方支付平台为非法转移资金和套现提供便利，容易形成潜在的金融风险

C. 第三方支付平台能够为买卖双方的信用提供担保，从而化解网上交易的不确定性，增加网上交易成交的可能性

D. 第三方支付平台可提供多种银行卡的网关接口

二、思考题

1. 简述电子支付的分类。

2. 尝试进行各种电子支付模式的支付操作，并说明其利弊。

3. 列举生活中使用移动支付的几种模式。

第七章

电子商务服务业

导　言

随着我国经济的持续发展，网络运行基础条件的不断改善，网民数量的快速增加，我国电子商务快速发展，电子商务规模急剧扩大，电子商务模式不断创新、分工不断细化，已经分解成电子商务交易、电子商务服务和电子商务环境几个联系紧密、相互依存的新业态。[①]电子商务服务业的快速发展，对于促进网络经济的繁荣、提高电子商务的服务水平、增加国民经济发展新的增长点具有重要的作用。本章主要阐述电子商务服务业的内涵和外延、主要门类以及电子商务服务业发展态势。

学习目标

1. 掌握电子商务服务业的内涵和外延、主要门类。

2. 了解电子商务信息服务业、电子商务信用服务业、电子商务运营服务业、电子商务营销服务业、电子商务咨询服务业、电子商务培训服务业的发展概况。

3. 理解电子商务服务业发展态势。

---

① 梁春晓，荆林波，孟晔，等. 电子商务服务业的界定、在中国的发展前景与政策建议. (2011-12-24). [2022-04-29]. http://www.aliresearch.com/index.php?m-cms-q-view-id-69299.html.

导入案例

阿里巴巴集团电子商务服务体系的形成

打通淘宝与阿里巴巴平台，形成 B2B2C（business to business，business to customer，供应商对企业，企业对消费者）商业链条，有效整合各类资源，是阿里巴巴大淘宝战略的重要内容。2010 年 3 月，阿里巴巴开通 1688. com 网站，定位“网上批发大市场”，着力开展国内批发业务。2010 年 4 月，淘宝网推出小额批发平台“淘批发”，淘宝卖家使用自身的淘宝账号就可以直接采购阿里巴巴供应商发布的小额批发商品。2011 年 1 月，阿里巴巴和淘宝网联合推出无名良品，无名良品由阿里巴巴的商城团队负责，面向外贸生产型厂家，开拓国内消费市场。2012 年 7 月，阿里巴巴集团将部分子公司调整为淘宝、一淘、天猫、聚划算、阿里巴巴国际业务、阿里小企业业务和阿里云七大事业群，并建立统一的数据、安全和风险防控以及技术底层，并以此为基础构建阿里巴巴集团 CBBS（consumer to business to business to service partners，消费者、渠道商、制造商、电子商务服务提供商）市场集群，加速推进 One Company（1 个公司）的目标。2012 年 9 月，阿里巴巴实现了阿里巴巴中国站和淘宝网的互通，淘宝网、天猫、一淘会员账号可以直接登录阿里巴巴中国站，并使用阿里巴巴中国站提供的服务。大淘宝电子商务服务系统逐步向 CBBS 市场集群升级。阿里巴巴集团大淘宝电子商务服务系统结构如图 7－1 所示。

为了更好地服务网商，阿里巴巴集团积极进入会展、金融、教育培训、研究咨询等行业，不断完善大淘宝电子商务服务系统。2009 年，阿里巴巴集团积极开展网货交易会，帮助淘宝卖家拓展货源，帮助参展商开拓网络销售渠道。为满足网商融资的需求，2010 年 6 月，阿里巴巴集团联合复星集团、银泰集团和万向集团成立浙江阿里巴巴小额贷款股份有限公司。2011 年 2 月，浙江阿里巴巴小额贷款股份有限公司成为全国唯一一家可以跨省经营的小贷公司。阿里学院和淘宝大学积极开展网商培训，先后推出“阿里巴巴电子商务认证”“阿里巴巴网商能力认证”“明日网商”、网商 MBA（网店老板）、网店经理人（店长及部门主管）、电商精英（网店一线员工）、网店运营专才（高校创业人员）等项目，提升网商素质，增强大淘宝电子商务服务系统的活力。

资料来源：荆林波，梁春晓. 中国电子商务服务业发展报告 No. 2. 北京：社会科学文献出版社，2013.

思考：

1. 电子商务服务业的服务对象是什么？

2. 电子商务服务业的服务范围包括什么？

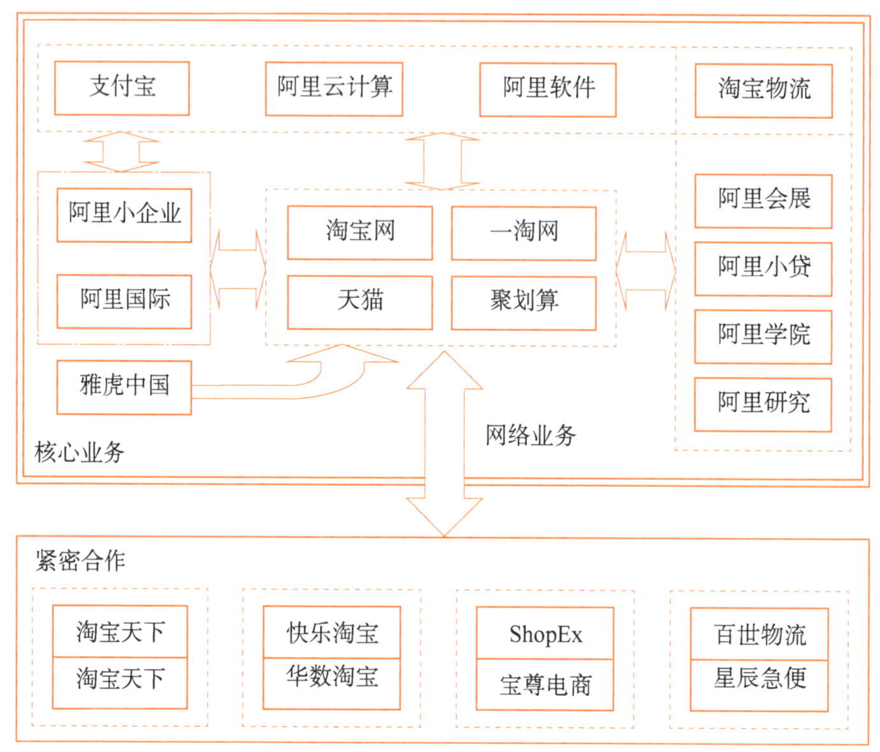

图7-1 阿里巴巴集团大淘宝电子商务服务系统结构

Section 1

第一节 电子商务服务业概述

一、电子商务服务业的内涵

在内涵上，电子商务服务业有两种理解：

（1）服务业自身的电子化，即传统服务业借助互联网信息技术优化升级后实现服务的电子化。该理解适用于服务业电子商务的一般（广义）概念，其实质是技术进步引起的产业自身的优化升级，属于应用新技术、产业改造升级的范畴。

（2）伴随电子商务的发展催生（衍生）出的专门为电子商务服务的新兴服务行业体系。该理解适用于电子商务服务业的概念，其实质是新技术应用下催生或衍生的新兴产业或行业，具有创新性和拓展性，富有广阔的发展前景，属于创新技术应用和衍生的范畴。

对电子商务服务业的这两种理解有着本质的区别，一般范畴的电子商务服务业是基于信息技术的服务业自身的改造、升级和优化。新兴电子商务服务业是在传统服务业电子化基础上衍生出的新生行业，是服务业基于信息技术的新拓展和服务业自身的延伸和深化。因此，新兴电子商务服务业在为电子商务提供服务的同时，也为传统服务业的提升改造提供服务支持，是电子商务发展的基础，是电子商务生态健康发展的保障，也是国家经济社会信息化、电子化发展的战略性基础产业。

本章所讨论的电子商务服务业，属于第二种理解。电子商务服务业是以电子商务平台为核心、以支撑电子商务运行的服务为基础，基于信息技术整合多种衍生服务的生态体系。它是伴随电子商务的发展而衍生出的为电子商务活动提供服务的各行业的集合，是构成电子商务系统的重要组成部分和新兴服务行业体系，是促进电子商务应用的基础和促进电子商务创新和发展的重要力量。

电子商务服务业面向企业和个人，以硬件、软件和网络为基础，提供全面而有针对性的电子商务支持服务。从现代服务业的角度看，电子商务服务业以互联网等计算机网络为基础工具，以营造商务环境、促进商务活动为基本功能，是传统商务服务在信息技术，特别是计算机网络技术条件下的创新和转型，是基于网络的新兴商务服务形态，位于现代服务业的中心位置，与传统服务业有着显著的区别。

二、电子商务服务业的外延

电子商务活动流程一般为：电子商务企业建立网站—商品展示和服务—关键词投放—广告推广（包括传统渠道和网络渠道）—网站流量提高—在线客服—流量转化—销售实现—网上支付—商家发货—物流送货—买家接货确认—买家卖家互评—售后服务等。这几个环节构成整个电子商务交易过程。电子商务服务业是伴随电子商务的发展而兴起的，是电子商务应用规模不断扩大、影响不断深化的结果。如果说起初企业要应用电子商务就必须自己从事注册域名、购买（或者租用）服务器、购买虚拟主机、制作网页等工作，那么电子商务服务业的兴起则意味着这一切都可以通过专业化的电子商务服务平台完成；如果说起初网上商店要开通网上支付就必须与各家银行分别洽谈、签约而且未必成功，那么电子商务服务业的兴起则意味着只要与一家网上支付平台合作就可以了。

可见，在电子商务活动中为电子商务提供建站、营销推广、流量转化、支付、物流服务及售后服务等均是为电子商务交易服务，其包含了大量专业服务行为，这些流程衍生的行业均可称为电子商务服务业，电子商务服务业是保证电子商务顺利完成的基础行业。

根据服务对象和服务内容，可以将电子商务服务业分成不同类型。

（一）根据服务对象分类

根据服务对象，可以将电子商务服务业分为生产者服务、消费者服务和社会服务。

1. 生产者服务

生产者服务包括信息及数据处理、研发设计、人力资源、财务管理及广告营销等服务。

2. 消费者服务

消费者服务包括购物比较、导购、穿搭等服务。

3. 社会服务

社会服务包括为会展、教育、文化、法律及其他非营利性组织（如网商协会、商盟）提供的服务。

（二）根据服务内容分类

根据服务内容，可以将电子商务服务业分为电子商务基础服务、电子商务交易服务和电子商务业务支持服务。

1. 电子商务基础服务

电子商务基础服务主要指支撑整个企业、个人电子商务应用的信息技术系统服务，包括开展电子商务活动所需的各项基础硬件、软件和数据服务，如电子商务信息服务、云计算服务等。

拓展阅读

云计算服务体系

云计算服务体系包含基于云计算的 IT 基础设施资源和云上软件开发服务所构建的

整体技术框架及服务体系，融合了分布式计算、虚拟化、数据存储和弹性计算等技术，围绕云计算与存储、云网络与连接、云安全、云上大数据分析处理与应用、云上企业业务管理与应用等，提供动态易扩展且虚拟化的服务。以云计算为核心的新型云服务体系正在形成，已经成为推动产业数字化转型、支撑数字经济发展的重要力量。云计算服务体系是现代化基础设施的关键支撑，它通过云平台为大数据、物联网和人工智能的多业态融合提供技术支撑，并以高连通性、高流动性和高共享性的平台能力，对隐性知识和非结构化信息进行破解、重构、融合和传递，高效且低成本地实现“信息和知识的数字化”，并将其以清晰、准确、可执行的数据和指令方式，传递给决策者、劳动者、消费者以及机器设备。云计算服务体系推动万千垂直领域中潜藏的隐性知识显性化，正成为高质量发展的创新底座，有助于加快技术创新的传播和溢出，减少各类主体的协同成本，以知识流带动人力流、商品流、资金流和技术流，实现各类资源大范围的空间配置和大跨度的时间配置，降低由信息不对称、不完全和不充分所造成的需求波动性、供应链中断风险、创新试错的不确定性。新型云计算服务体系正支撑数字经济新优势形成，也推动经济走上“高质高效、自主创新、包容普惠、绿色低碳和更富韧性”的发展之路。

资料来源：阿里研究院. 新型云计算服务体系支撑构筑数字经济新优势——云服务促进经济发展的机理研究. (2022 -03 -09). [2022 -04 -29]. https://www. aliyun. com/page - source/common/about/research/. 引用时有修改

2. 电子商务交易服务

电子商务交易服务主要指交易平台服务，其为产业链的横向和纵向连接提供支持，在企业与企业、企业与个人、个人与个人的交易过程中起连接、协调和规制作用，从而降低交易成本，提高交易效率，是电子商务服务业的核心内容。电子商务交易服务包括网络购买和销售服务、网络支付和身份认证等，如电子商务信用服务。

拓展阅读

2020 年我国电子商务交易服务发展概况

2020 年，面对新冠肺炎疫情挑战，电商交易服务依然保持良好增长势头，规模再上新台阶。2020 年，我国电子商务交易服务营业收入达 1.15 万亿元，其中 B2B、B2C 和 C2C 平台服务营业收入分别为 1 517 亿元、6 503 亿元和 3 449 亿元。

1. 企业间交易服务（B2B）

受新冠肺炎疫情影响，国内外大量企业经营陷入困境，线下销售和采购渠道不畅，促使众多企业卖家将销售行为转到线上，以无接触采购方式来满足下游买家的采购需求，倒逼企业形成线上销售与采购的习惯，从而促进了B2B电商平台交易服务的强劲反弹，全年实现高速增长。2020年，我国B2B电商交易服务营业收入达1 517亿元，增速40%。跨境电商B2B交易规模出现大幅度增长，艾瑞咨询数据显示，跨境出口B2B线上化交易渗透率逐步提升，线上交易额达到0.6万亿元。跨境出口B2B电商生态型平台日益成熟，为供需双方提供商品信息、广告宣传及在线交易服务，将仓储物流、推广营销、供应链金融等增值创新服务整合到以平台为核心的贸易活动中，为供应商提供一站式服务，提升贸易效率。

2. 网络零售交易服务（B2C和C2C）

2020年，网络零售平台服务营业收入进一步提升，达9 952亿元，其中B2C和C2C的交易服务营业收入分别为6 503亿元和3 449亿元，分别较2019年增长36.5%和34.5%。

资料来源：商务部电子商务与信息化司，《中国电子商务报告2020》。引有时有修改

3. 电子商务业务支持服务

电子商务业务支持服务主要指支持企业、个人电子商务具体业务的各项生产者服务和消费者服务，包括企业业务流程优化、人力资源管理、物流协同支持、金融与财务支持等，如电子商务运营服务、营销服务、咨询和培训服务等。

拓展阅读

大淘宝电子商务服务生态系统结构

从电子商务服务的角度看，大淘宝电子商务服务生态系统是服务广大商家与消费者的关系网络，涉及经济、社会、政治、技术等多个领域。尽管商家与消费者是大淘宝电子商务生态系统的重要组成部分，但是从电子商务服务的角度看，大淘宝电子商务服务生态系统的主体是各类电子商务服务提供商。根据与淘宝网和阿里巴巴集团联系的紧密程度，可以将大淘宝电子商务服务生态系统划分为核心层、紧密层、关联层三个层次（见图7-2）。

大淘宝电子商务服务生态系统的核心层无疑是秉承“让天下没有难做的生意”和“淘我喜欢”等理念的淘宝网、天猫、一淘网、聚划算等第三方交易平台。阿里巴巴集团的其他子公司如支付宝、阿里巴巴B2B公司、阿里软件、阿里云等，分别提供与网络零售交易相关的支付、采购、软件、搜索等服务，与淘宝网等第三方交易平台之间存在密切联系，因此也属于大淘宝电子商务服务生态系统核心层的组成部分。

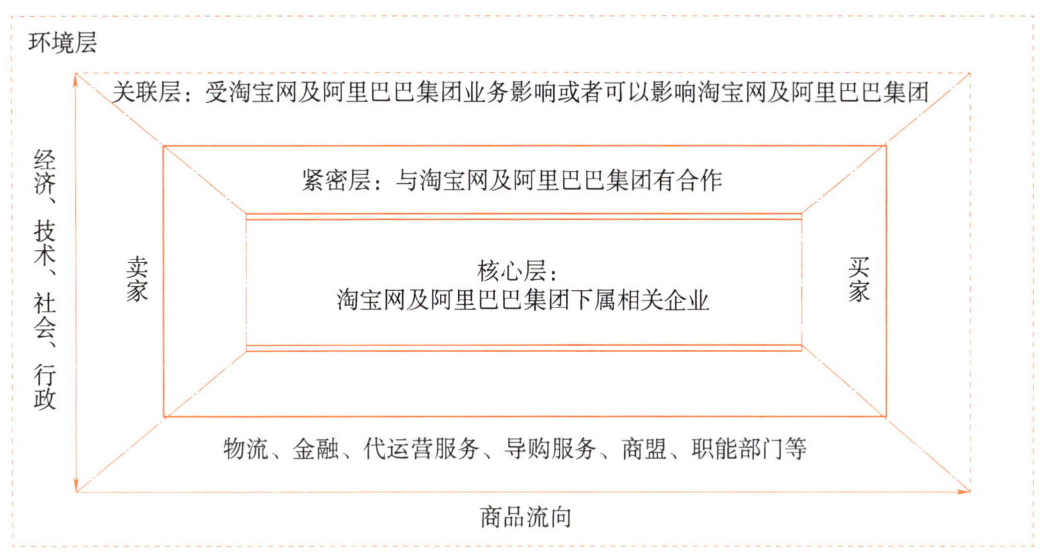

图 7-2　大淘宝电子商务服务生态系统结构

紧密层是与淘宝网和阿里巴巴集团存在合作业务的相关机构。网上交易的顺利进行离不开物流、信息、金融等产业的支持。随着交易规模的不断扩大，淘宝网在吸引越来越多卖家与消费者的同时，也吸引了大量为卖家与买家服务的关联企业和社会组织。其中既有转型服务电子商务的物流、信息、金融、会展、教育培训、咨询服务、法律等产业，又有新兴的电子商务代运营服务、导购服务等。除此之外，紧密层还涌现了一批基于淘宝网的相关社会组织，如商盟等。政府的一些职能部门（如工商、商务、税务）及相关政策，对大淘宝电子商务生态系统发展的影响也很直接。

关联层是与淘宝网和阿里巴巴集团不存在直接的业务合作，但是受淘宝网和阿里巴巴集团相关业务影响，或者能够影响淘宝网和阿里巴巴集团的相关组织机构的集合，主要包括淘宝网潜在的卖家和买家，传统批发市场、零售商业网点和网络 B2B、B2C、C2C 交易平台等与淘宝网存在竞争关系的各类流通组织，能够为淘宝网卖家、买家和服务供应商提供相关服务的企业、社会组织与政府部门等。

由于淘宝网经营的商品种类繁多，市场交易规模庞大，经济社会影响极为广泛，大淘宝电子商务服务生态系统事实上嵌入复杂的经济社会环境。国内外的经济发展态势、技术进步、政策法规、社会文化等因素都会影响大淘宝电子商务服务生态系统的发展。由于大淘宝电子商务服务生态系统各个主体因场景的不同，角色有时会有变换。同一个企业，有时是淘宝网上的卖家，有时是淘宝网上的买家。不同主体之间的关系也变化多端，如当当网与天猫之间，既是竞争对手，又是合伙伙伴。因此，大淘宝电子商务服务生态系统的核心层、紧密层与关联层之间的关系是弹性的，不同层次之间的边界也不是截然分开的，而是彼此交错、动态变化的。

资料来源：荆林波，梁春晓．中国电子商务服务业发展报告 No. 2．北京：社会科学文献出版社，2013.

此外，还可以根据电子商务活动的三要素对电子商务服务业进行分类。电子商务中的任何一笔交易，都包含信息流、资金流和物流，可据此将电子商务服务业分成信息网络服务（如交易平台服务、基础数据服务等）、物资网络服务（如物流等）以及资本网络服务（如支付、信用、保险等）。

电子商务服务业内容构成如图 7－3 所示。

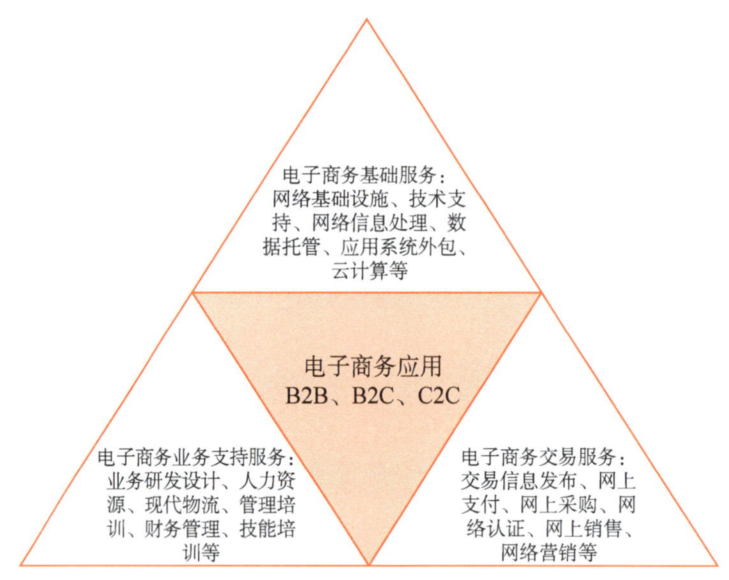

图 7－3　电子商务服务业内容构成

资料来源：梁春晓，荆林波，孟晔，等．电子商务服务业的界定、在中国的发展前景与政策建议．（2011－12－24）．[2022－04－29]. http://www.aliresearch.com/index.php?m－cms－q－view－id－69299.html．引用时有修改

Section 2

第二节　电子商务服务业的主要门类

随着电子商务的发展，电子商务服务业获得了快速发展，其构成也不断丰富。作为一个新兴领域，随着技术进步和商业模式的变革，电子商务服务业的功能和发展热点在

动态调整，行业之间的渗透也在逐步加强。本节主要介绍电子商务信息服务业、电子商务信用服务业、电子商务运营服务业、电子商务营销服务业、电子商务咨询服务业、电子商务培训服务业的内容。

一、电子商务信息服务业

（一）电子商务信息服务业的界定

信息服务业是利用计算机和通信网络等现代科学技术对信息进行生产、收集、处理、加工、存储、传输、检索和利用，并以信息产品为社会提供服务的专门行业的综合体。电子商务信息服务业是指为电子商务交易双方提供信息存储、信息传输、信息处理和信息应用的支撑行业。

电子商务信息服务包括五个基本要素：信息服务用户、信息服务者、信息服务产品、信息服务设施、信息服务方法。

（1）信息服务用户是信息接收者，是电子商务信息服务的对象，是电子商务信息产品的利用者，是电子商务信息服务业发展的需求动力，包括电子商务交易中的买方和卖方。

（2）信息服务者是从事电子商务信息服务的各机构及有关人员，是电子商务信息服务的主体。其通过选择、加工、提供电子商务信息产品来满足用户的信息需要。

（3）信息服务产品是指电子商务信息服务者收集、整理加工的各种已知的或潜在的与电子商务交易相关的数据。它构成了电子商务信息服务区别于其他服务的本质特征。

（4）信息服务设施是电子商务信息服务的物质基础和必要手段，包括计算机、通信设备、复印机、图书流动车等技术设备以及阅览室、情报咨询室等服务场所。

（5）信息服务方法是指开展电子商务信息服务中的各类操作技巧、方式、程序，如索引技术、软件技术、视频技术等。它是实现信息服务效能的必备条件。

（二）电子商务信息服务业的功能

我国电子商务发展到今天，无论是商家还是消费者，不仅需要比较价格服务，还需要获得各项评分、价格曲线、物流成本、物流时效、仓库所在地、促销力度、积分、返利、优惠券使用、销售占比等信息。电子商务信息服务业对商家和消费者分别具有不同的功能。

1. 服务于电子商务商家

2021年全国网上零售额130 884亿元，其中，实物商品网上零售额108 042亿元，增长12.0%，占社会消费品零售总额的24.5%；同时，网络购物用户规模8.42亿，占网民整体的81.6%。品牌商、渠道商及其他互联网巨头纷纷加大在电子商务行业的布局力度，对支撑交易所需的软、硬件平台的搭建，以及交易数据的存储、处理与应用的需求直线上升。电子商务信息服务业主要为电子商务商家提供交易来源信息、交易过程信息以及交易结果信息的采集、优化和应用功能。

2. 服务于电子商务买家

消费者对网络购物依赖程度进一步加深，也引致其对购物信息服务的需求上升。截至2021年上半年，商务大数据重点监测的网络零售平台店铺数量为2 152.5万家，较2020年同期增加183.7万家，其中实物商品店铺数量为1 066.7万家，较2020年同期增加171.4万家。面对几十亿元的产品信息和服务质量参差不齐的网上商城，消费者渴望得到各网上商城真实、全面的购物参考数据，甚至渴望知道购买不同类产品最合适去的商城。电子商务信息服务有助于电子商务买家更快地找到物美价廉的商品，更好地解决购前和购后遇到的种种问题。

（三）我国电子商务信息服务业的发展态势

1. 以沟通交易双方为主的供求信息服务

帮助电子商务的买家找到卖家、卖家找到买家，是电子商务信息服务业的最基本作用。

（1）提供主要面向企业的供求信息服务。

目前以阿里巴巴B2B、环球资源网、慧聪网等为代表的综合型B2B电子商务交易平台是较为成熟的信息服务商，以信息沟通和交易撮合为主要功能。这一类B2B电子商务交易平台的成功与我国世界工厂的基础性地位是分不开的。由于掌握了众多的中小企业作为供应商资源，B2B电子商务交易平台就吸引了国内外采购企业的目光。我国众多的中小企业通过这一交易平台，获得了更多的订单，支持了企业的进一步发展。此外，还有以中国化工网等行业网站为代表的专业性网站，这类网站由于专注行业内的产品和供求，信息的针对性更强，供求双方之间达成交易的可能性也更大。

对于B2B电子商务交易平台而言，其迫切需要避免信息不对称行为的发生。例如，阿里巴巴以黄页形式提供信息服务的弊端逐渐显露出来。2011年2月，新闻曝出阿里巴巴有约0.8%即1 107名“中国供应商”因在2010年涉嫌欺诈而被终止服务。简单的信息服务已经很难满足电子商务发展的需要。

（2）提供主要面向消费者的供求信息服务。

电子商务零售平台为买卖双方提供的网络店铺、产品展示，商品信息浏览和搜索服务是基础的电子商务信息服务。随着海量线上商品信息导致的搜索成本越来越高，消费者对电子商务信息服务有了更高的要求。因此电子商务信息服务在发展中从基础信息浏览展示向搜索、测评、导购服务发展，衍生出多种电子商务信息服务模式。阿里巴巴是我国领先的电子商务信息服务平台。为更好地提供全网商品搜索服务，淘宝网2010年推出一淘网，2011年阿里巴巴宣布把淘宝分拆为三家公司：一淘网、淘宝网和淘宝商城。一淘网以价格比较为起点，为消费者提供强大的商品信息搜索功能，其品牌定位是“最专业的购物网站搜索引擎”。在后续发展中，一淘网在业务不断调整中成为阿里巴巴旗下促销类导购平台。

拓展阅读

什么值得买：紧跟消费者需求的互联网分享平台

北京值得买科技股份有限公司（简称“什么值得买”）创立于2010年，总部设在北京，旗下运营综合型网站（www. smzdm. com）和相应的移动客户端App，主要面向消费者提供线上导购、媒体、工具、社区等服务。

一、内容驱动，提供中立的商品资讯信息

随着电子商务的飞速发展，行业参与者数量呈爆发式增长，电商所提供的商品与服务种类更加全面，相应的促销、宣传活动也愈加频繁，因此消费者从各类电商筛选甄别适合自身购物需求的信息难度急剧增加，网络购物时间成本不断增长，并且经常由于沟通偏差出现购买商品不符预期的情形，网络购物用户体验下降，如何降低风险买到好商品是消费者遇到的一大难题。另外，对电商和品牌商而言，随着行业竞争的加剧，各项营销信息很难有效地抵达终端消费者。

针对上述情形，什么值得买抓住机遇，建立了协助消费者进行电商购物决策的互动分享平台。在对电商营销的海量信息进行有效整理后，什么值得买通过门户网站和移动客户端App，向用户提供全面、精准、性价比高的电商促销资讯。

为了保持客观、中立性，什么值得买建立了严谨的信息筛选和推荐流程。平台上促销信息80%来源于互联网用户，在过滤掉商家提供的无效信息后，什么值得买通过

平台智能机器人比较得出优惠幅度最大、性价比最高的促销信息，再由专人核实其真实性与准确性；经过整理加工后，平台面向用户编辑出简明客观的推荐语和电商购物页面的产品链接，而相应促销内容的变更或结束也会被及时标明。在平台上，用户在获取促销资讯的同时，还可对推荐的产品进行评价和投票，对信息的准确性进行实时反馈和交流。

什么值得买通过电商导购中间平台连接用户和电商、品牌商，帮助三方进行电商大数据信息内容的整理。一方面，为用户提供了消费决策支持，节约了网购学习和时间成本；另一方面，为电商、品牌商增加了用户曝光和提供获取用户流量的渠道。

二、立足全球化趋势，布局“无境电商”业务

随着我国经济社会的迅速发展，人们对生活品质的要求不断提高，消费需求也随之增长，而世界经济、文化的融合，让全球范围内消费者的生活与消费方式呈现出强烈的趋同现象。另外，国内与海外电子商务及相关产业发展日趋成熟，使得国内消费者购买海外优质产品变得简单又快捷。

什么值得买抓住这一机遇，在运营平台建设了海外购物板块、设立全球商品导购，为国内消费者提供大量的国外优质商品的优惠促销资讯，帮助消费者实时选择和订购海外商品。同时，随着国家政策的不断完善和自身业务的发展，什么值得买着手战略布局消费全球化的“无境电商”业务，通过“全球买”和“全球卖”推动业务开展。

在推动“全球买”方面，什么值得买与全球支付技术公司VISA展开合作，双方整合多重资源，联合推出跨银行、跨平台、跨商户海淘消费奖励计划——淘金V计划，为中国海淘消费者提供大力度、多重返利的海淘激励。消费者只要在什么值得买平台注册并绑定VISA卡，就可以在eBay、梅西百货、SaSa（莎莎）等各类合作电商平台下单，便捷、安全又快速地购买到心仪的海外商品，大大优化了海淘购物体验。基于VISA在全球200多个国家和地区发行31亿张VISA卡以及4 000多万商户的数据优势，什么值得买通过这一合作丰富了自身电商大数据资源，同时也利用电商大数据帮助更多的海外商家通过精准营销走近中国消费者，让消费更加便捷、安全。

在推动“全球卖”方面，什么值得买不断加强和知名电商、品牌商的合作。2016年，什么值得买在新增旅游、金融、汽车等消费领域后，业务已基本覆盖了消费领域的全品种类。什么值得买的合作伙伴不仅包括阿里巴巴、京东、亚马逊、苏宁易购、国美在线、eBay、6PM、Ashford等知名电商，Linkshare、Viglink和Commission Junction等销

售联盟平台，还包括耐克、戴森、VISA、华为、中国银行、招商银行、玛氏、iRobot 和松下等国内外知名品牌商。2016 年“双 11”购物节期间，从什么值得买平台导向电商、品牌商的净交易额达到 4.45 亿元。

资料来源：商务部 2017—2018 年度电子商务示范企业案例集. http://dzsws.mofcom.gov.cn/anli17/detal_3.html. 引用时有修改

2. 以“云计算”为方向的数据处理服务

信息技术的广泛应用，使得过去经济活动中易逝、难以记录、难以追溯、不可量化评价的部分被赋予新生。数据成为电子商务服务创新中最重要的资源。企业应对市场和消费者的快速变化，不再只依赖服务者的经验与直觉。企业生产、经营、销售、竞争中的所有行为轨迹，都可以通过数据变得可视化，从而帮助企业锁定目标客户、剖析动态竞争、实现个性化服务，有效控制成本。

云计算是一种资源交付和使用模式，指通过网络获得应用所需的资源（硬件、平台、软件）。提供资源的网络被称为“云”。“云”中的资源在使用者看来是可以无限扩展的，并且可以随时按需购买和使用。通过这项技术，网络服务提供者可以在数秒之内，处理数以千万计甚至亿计的信息，透过网络将庞大的计算处理程序自动分拆成无数个较小的子程序，再交由多部服务器组成的庞大系统经搜寻、计算分析之后将处理结果回传给用户，提供与“超级计算机”具有同样强大效能的网络服务。

云计算是一个非常热门的话题，国际信息技术巨头 IBM、谷歌等均对云计算情有独钟。国内则以阿里巴巴集团为代表。2009 年 9 月 10 日，在阿里巴巴十周年庆典晚会上，阿里巴巴云计算团队以独立身份出现，命名为“阿里云”的子公司正式成立。其目标是打造以数据为中心的先进云计算服务平台，致力于提供完整的互联网计算服务，包括电子商务数据采集、海量电子商务数据快速处理和定制化的电子商务数据服务，助力阿里巴巴集团及整个电子商务生态链成长。阿里巴巴作为国内电子商务第三方交易平台的绝对领先者，对市场交易信息已经积累到了相当的规模，以交易行为判断供求趋势，分析市场行情，已经成为其不可比拟的优势。企业只有借助云计算才能处理和分析海量数据，从而应用好现有的信息资源。

案例 7-1

CNZZ“第三只眼”数据服务

2010 年，国内独立的第三方数据统计分析服务提供商 CNZZ（中国站长）推出一款名为“CNZZ 第三只眼看行业”的拳头产品。CNZZ 是一家专门为网站提供流量统计服务的公司，2010年在其注册网站数已经突破200万家。据中国互联网络信息中心（CNNIC）最新官方数据显示，中国总共拥有323万家网站，中国站长已经覆盖了2/3。可以说，CNZZ达到这一绝对垄断性的覆盖量是完全可以给业内相关人员提供值得信赖的参考的。

据CNZZ市场公关部负责人透露："CNZZ的主要业务一直是网站流量统计，这也是公司立足的根本。当数据积累到海量时，无疑变成极具参考价值的财富。由于数据处理量的不断增加，我们再次购进了一大批服务器。"当谈到即将上线的"CNZZ第三只眼看行业"时，她形象地比喻说："此款产品的面世无疑是给我们的数据找到了一个家，而且绝大多数人都对本行业甚至整体互联网具备主动性较强的求知欲，这款产品的设计初衷也是希望把CNZZ打造成中国互联网数据领域的数据专家，为更多的人提供便利。"

即将上线的"CNZZ第三只眼看行业"主要关注的领域集中在"电子商务""旅游"以及"网络游戏"。以"电子商务"为例，其样本来源于使用CNZZ服务的所有中国电子商务网站。依托CNZZ领先的数据采集技术，根据其得到的数据进行图表分析、多维分析、商业预测、数据相关性分析、多维线性回归以及更多的专业性数据深度挖掘，可以为电子商务网站相关从业者以及其他关注此行业的人员提供他们最需要的网站规模、访客行为、行业趋势走向等关键的行业数据。而针对电子商务网站的特点，CNZZ更看重对网站访客来源和访客特征的研究。CNZZ的数据分析师告诉我们："面对不同的行业，用来反映它变化的指标是不一样的。比如，对于网络游戏网站，访客平均页面访问时长和游戏被打开次数就更能反映这个行业的情况。当然，对于大家不是很熟悉的专业指标词汇，我们在网站中都会有清晰的注解。"据介绍，除了各热点行业的走势分析以外，网站还会提供目前互联网行业的最火关键词等新亮点。

CNZZ执行总裁是这样解读"第三只眼"的："之所以给产品起这样一个名字，顾名思义，就是希望我们的数据能够从一个第三方和旁观者的角度解读一些行业发展状况，这样所做出的分析将更加客观、独到而且犀利。"

资料来源：中国电子商务研究中心. CNZZ"第三只眼"数据服务即将上线.（2010-05-07）. [2022-04-29]. http://b2b.toocle.com/detail-5142714.html. 引用时有修改

思考与讨论：

请分析案例中"第三只眼"对电子商务企业所起的作用。

二、电子商务信用服务业

（一）电子商务信用服务业的界定

电子商务信用服务业是指基于电子商务交易的需求产生的，以克服电子商务市场的信用障碍和信用风险，专门从事电子商务信用信息的采集、整理和加工，并提供相关信用产品和服务的企业和中介机构的总称，包括电子商务信用调查、电子商务信用评级、电子商务信用信息服务与管理等。

（二）电子商务信用服务业的功能

伴随着电子商务的快速发展，在电子商务活动中违法经营和侵害消费者权益的行为日益增多，严重影响了电子商务活动的正常秩序。据中国电子商务投诉与维权公共服务平台监测数据，货到迟缓、退款问题、售后服务、产品质量、网购诈骗、退换货、虚拟交易诈骗、物流快递、订单单方面取消以及虚假促销，是网友投诉最多的十大问题。纵观各类电子商务投诉纠纷与欺诈案例，诚信缺失无疑是投诉产生的根源所在。电子商务信用问题已成为我国电子商务行业健康发展的障碍。

电子商务活动既有传统交易活动的相关特征，存在传统交易活动的信用风险问题，也具有特定环境下的特殊性，买卖双方拥有的产品信息和支付信息非常不对称，双方缺乏达成交易的诚信基础。仅仅依靠传统的信用服务业提供的信用产品难以解决电子商务活动中的信用问题。从电子商务诚信体系的发展来看，我国电子商务诚信体系以 C2C 电子商务平台的信誉评价机制为支撑，电子商务诚信环境仍远远滞后于电子商务实践。我国虽然开发了一些针对电子商务活动的信用服务产品，这些信用服务产品在电子商务实践中发挥了助推和矫正作用，但是电子商务信用服务在我国还处于初始阶段。因此，针对电子商务特点设计和开发专门的信用服务产品，大力发展电子商务信用服务业，通过在法律法规等制度框架范围内，提供交易双方的历史交易记录等信息，提高在线描述信息的真实度，保证在线购物公平交易，提高消费者的信心，就有其必要性。

（三）我国电子商务信用服务业的发展态势

1. 电子商务信用信息服务与管理

电子商务信用信息服务与管理主要是为电子商务交易的参与主体提供信用信息服务

和信用管理。在我国，现阶段最典型、最全面的电子商务信用信息管理服务是由中国中小企业协会、中国信息协会以及中国电子商务协会联合发起并支持的电子商务信用管理工程——信用之星计划（以下简称“信星计划”）来实现的。“信星计划”将所有中小企业都置于统一的信用管理体系下，提供面向中小企业及电子商务的信用管理工具。该计划建立在国家电子商务信用标准（如《基于电子商务活动交易主体企业信用档案规范》《基于电子商务活动交易主体企业信用评价方法和表示规范》）的基础上，借鉴和吸收传统信用管理的经验，结合电子商务特点研发的，包括信星备案、信星核实、信星年限、信星评价、信星统计、信星授信等。概言之，“信星计划”是一个第三方在线信用管理体系，重点通过“信星计划”对发布的信息及网店进行质量管控，加大对用户的保护力度；使用“信用之星”电子标志，为中小企业的电子商务市场活动、交易行为等提供一个基础的在线信用管理服务；建立信星积分制度，将企业信用度等因素设置为具体分值，创造更加诚信和活跃的交易氛围。

同时，中国互联网协会信用评价专家委员会和信用评价中心经过多年研究和实践，开创性地提出了“123 信用管理”，即“1 个机构，2 个机制，3 个体系”。123 电子商务信用管理体系如图 7－4 所示。

1 个机构：电子商务企业聘请一个独立、权威的第三方信用评价、认证和管理机构，与企业内部的信用管理机构或相关部门建立无缝链接关系。

2 个机制：对电子商务平台及其关联企业的信用进行全程跟踪管理，即建立电子商务信用监测评价机制、消费纠纷先行赔付机制。由第三方信用管理机构实施这两个相互联系、不可分割的信用管理机制，为消费者建立了一个网上消费保障体系。

3 个体系：电子商务平台的 3 个组成体系，即网店/安全/IDC（internet data center，互联网数据中心）技术体系、在线支付体系和物流配送体系。

此外，有些电子商务网站还利用自身优势，建立了交互式电子商务信用管理系统。比较典型的是阿里巴巴网站建立的“诚信通”，其为每个使用该项服务的企业建立网上信用档案，包括 A&V 认证（认证机构对“被认证公司是否合法存在”的认证以及“认证申请人是否属于被认证公司”的查证）、证书与荣誉、业务伙伴推荐、反馈中心、阿里活动记录五项。其中，A&V 认证由阿里巴巴的合作伙伴、著名的资信机构邓白氏、澳美资讯、华夏信用等第三方机构进行实地考察和认证后得出；业务伙伴推荐列出曾与该会员合作的企业及其联系方式，供其他企业参考；反馈中心记录贸易伙伴的客观评价。

2. 电子商务信用担保

在传统商务模式中，担保作为一种获得交易方信任的制度保障被广泛采用。在现代

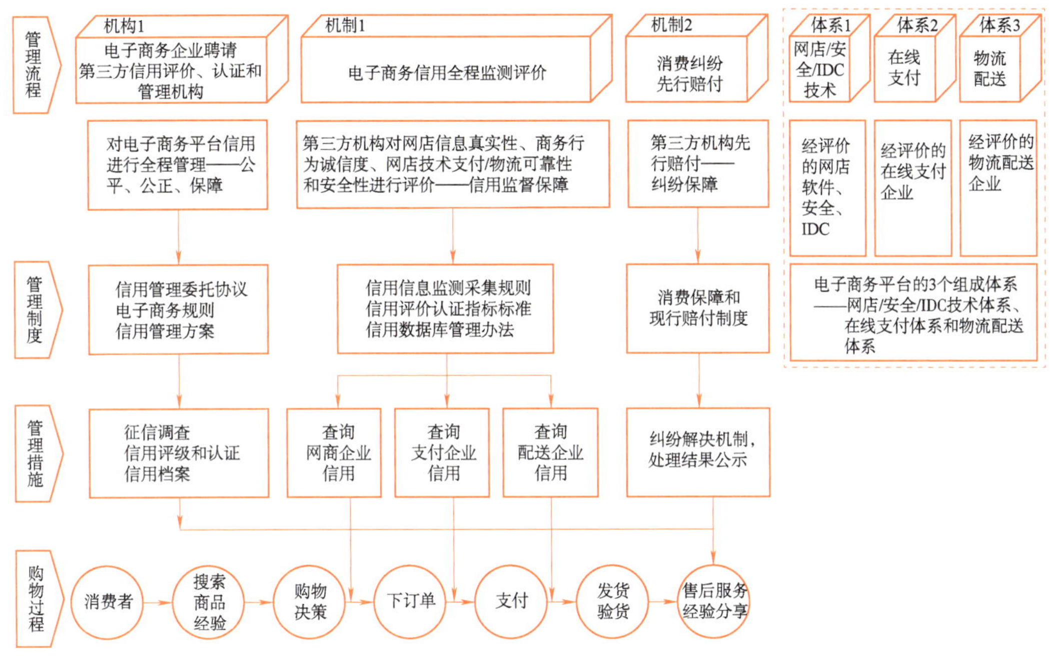

图 7－4　123 电子商务信用管理体系

资料来源：中国互联网协会信用评价中心．开启电子商务的金钥匙——123 电子商务信用管理模式．(2012－06－22)．[2022－04－29]．http://www.itrust.org.cn/html/credit/shop/2010/0622/451.html.

电子商务中，这种担保方式被广泛采用。目前，主要由电子商务网站本身和商业银行或企业组成独立的第三方，参加交易的买卖双方通过第三方完成交易，如易趣的"安付通"、淘宝网的"支付宝"、金银岛的"硬信用"等。第三方支付平台，主要针对 B2C 和 C2C 模式，其原理就是买卖双方达成付款意向后，由买方将款项汇至第三方平台的账户，第三方支付平台接到汇款后通知卖方发货，买方收到货物后通知第三方支付平台，第三方支付平台将款项汇至卖家账户，至此，交易完成。这种电子商务信用担保形式在一定程度上解决了电子商务的信用问题。国内领先的第三方支付平台的基本情况见表 7－1。

表 7－1　国内领先的第三方支付平台的基本情况

第三方支付平台	基本情况
支付宝	支付宝成立于 2004 年，是国内的第三方支付平台，致力于为企业和个人提供"简单、安全、快速、便捷"的支付解决方案
财付通（微信支付）	财付通（微信支付）是腾讯公司于 2005 年 9 月正式推出的专业在线支付平台，致力于为互联网用户和企业提供"安全、便捷、专业"的在线支付服务

续表

第三方支付平台	基本情况
银联在线支付	银联在线支付是中国银联倾力打造的互联网业务综合商务门户网站，致力于面向广大银联卡持卡人提供“安全、便捷、高效”的互联网支付服务
快钱	快钱是国内领先的独立第三方支付企业，旨在为各类企业及个人提供安全、便捷和保密的综合电子支付服务
拉卡拉支付	拉卡拉支付是国内领先的独立第三方支付企业，旨在为各类企业及个人提供安全、便捷和保密的综合电子支付服务
网银在线（京东支付）	网银在线（京东支付）是京东集团旗下的第三方支付服务商、国内领先的电子支付解决方案提供商，专注于为各行业提供安全、便捷的综合电子支付服务

资料来源：根据公开资料整理。

3. 电子商务信用评级

电子商务信用评级即对电子商务的参与主体履行商业合约和社会责任的能力和意愿进行综合评价。信用等级能够反映企业的整体信用状况，为交易伙伴提供决策参考依据。

中国互联网协会作为工业和信息化部、商务部和国有资产监督管理委员会三大部委同时批准授权开展互联网企业信用评价工作的行业协会，负责建立互联网行业信用体系，开展行业信用评价工作。中国互联网协会把信用等级分为三等九级（AAA、AA、A；BBB、BB、B；CCC、CC、C）。经初评获得A级以上信用的企业将被受理，评价结果有效期为3年。

中国国际电子商务中心制定了团购网站诚信资质认证和评级标准，规定申请认证的团购网站必须如实填报相关材料；再由中国国际电子商务中心根据网站各方面的综合实力进行评测，给予1级到10级（10级最高）不等的信用级别评定，并在中国商务信用平台设专栏向社会予以公示。

随着电子商务交易规模的扩大，一些民间资信评级机构逐渐将其业务范围扩展到电子商务公司。阿里巴巴（中国）网络技术有限公司拥有全球最大的网上贸易市场，得到了广泛的认同。江苏安博尔信用评估有限公司（ABE）根据相关评级标准给予阿里巴巴AAA信用等级，这种AAA信用等级充分表明了阿里巴巴的良好信用质量，对于国内电子商务公司树立国际形象具有重要的意义。

4. 电子商务交易信用评价

易趣网、淘宝网等建立了信用评价模型，该模型让买家与卖家在交易结束后，就本次交易为对方做出评价，评价结果以信用指数形式公开，网上其他买家和卖家都可以看到，并作为交易参考。这些网站试图通过自身的信用评价体系和网民的互动，对电子商务交易提供信用方面的评价和参考。淘宝网等网站的信用评价模型如图 7－5 所示。

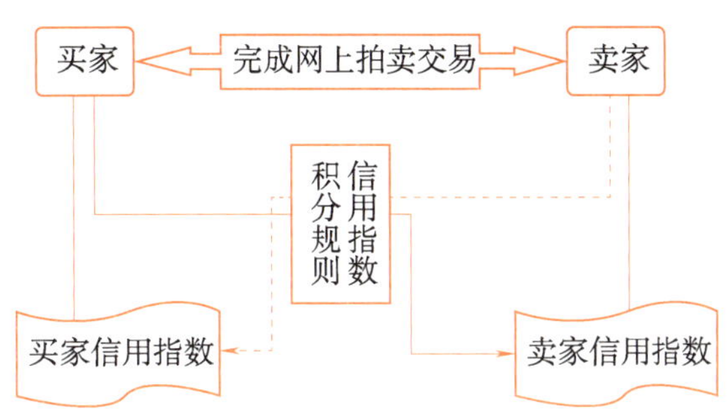

图 7－5　淘宝网等网站的信用评价模型

案例 7－2

阿里巴巴诚信体系

阿里巴巴诚信体系包括消费诚信体系和企业诚信体系。

消费诚信体系以安全可靠的第三方担保交易系统——支付宝为基础，结合买卖双方信用评价、“消费者保障计划”等安全交易机制，建立了覆盖交易双方和交易全过程的诚信体系。

2003 年支付宝“第三方担保交易模式”的推出，解决了买卖双方的信任问题，将我国在线购物行业推入快车道。市场规模从 10 亿元飙升至 2009 年的约 2 447 亿元。在支付宝交易机制中，买卖双方在网上达成交易意向后，买方将款项先支付给支付宝暂时保管，待收到货品并确认后，支付宝将款项再支付给卖方，交易完成。这一创新服务模式，实际上是以支付宝的信誉作为担保，解决了买方付款和卖方发货两个环节的信任问题。在信用评价体系基础上，淘宝网推出在线购物安全交易系统，主要包括“消费者保障计划”“运营监督系统”“风险控制系统”“消费者监督系统”等，重点保障消费者交易安全。淘宝网还在行业内率先提出“先行赔付”理念，推出“如实描述”“七天无理由退换货”“假一赔三”和“正品保障”等多项消费者信用保障服务，提升了买方的购物信心和消费体验。

2015 年，蚂蚁集团旗下第三方征信机构——芝麻信用成立，进一步完善了阿里巴巴消费诚信体系。芝麻信用通过云计算、机器学习等技术客观呈现个人的信用状况，已经在信用卡、消费金融、融资租赁、酒店、租房、出行、分类信息、学生服务、公共事业服务等上百个场景为用户、商户提供信用服务。

企业诚信体系是阿里巴巴2016年6月16日正式推出的企业诚信体系。该体系是阿里巴巴集团电子商务领域推动建设的提升全球中小企业信用价值的服务体系，旨在搭建包括广大内外贸企业、数据提供商、海内外征信、金融、学术、企业社交平台、搜索引擎、政府监管以及其他第三方机构的生态体系，以企业贸易数据为核心，帮助中小企业汇集社会经济活动中的孤岛数据，运用大数据技术实现阿里巴巴诚信体系建设，提升企业间协同效率，降低企业获取订单、融资的成本，帮助第三方机构控制信用和欺诈风险等，为更快、更好地实现“互联网＋”的新经济模式贡献力量。阿里巴巴企业诚信体系由电子通行码、诚信等级、诚信档案、诚信管家四个部分组成，并通过内贸、外贸、金融、企业服务等四大应用领域，被广泛运用于企业各个商业场景，让企业信用成为未来商业时代的通行证。

资料来源：阿里研究中心. 电子商务服务业及阿里巴巴商业生态的社会经济影响.（2011－01－12）.［2022－04－29］. http：//www.aliresearch.com/index.php？m－cms－q－view－id－68555.html. 引用时有修改

思考与讨论：

1. 结合案例，谈谈我国电子商务信用服务业发展的必要性。
2. 谈谈我国目前主要的电子商务信用服务的具体内容。

三、电子商务运营服务业

（一）电子商务运营服务业的界定

伴随着电子商务的快速发展，很多企业已经开始应用电子商务拓展市场、降低经营成本和提高生产经营效率，电子商务对于企业竞争力的提升作用日益明显。一方面，越来越多的企业希望运用电子商务提升竞争力；另一方面，企业又受到电子商务专业人才缺乏、投入成本高、经验缺乏等问题的限制。在此背景下，电子商务运营服务应运而生。

近年来，电子商务运营服务企业以其良好的业绩表现突出。根据客户需求和自身特点，电子商务运营服务企业的经营范围差异很大。市场上既有负责全部信息技术、产品或服务功能的全程运营服务企业，如兴长信达；也有提供部分业务的专业运营服务企业，这类企业以网站建设、网站推广或网上贸易为重点，如偏向信息系统建设、兼顾服务的上海商派和维富友。

拓展阅读

电子商务代运营鼻祖——GSI Commerce

GSI Commerce 是美国知名的电子商务解决方案及服务公司，是电子商务代运营鼻祖，其企业核心理念是让传统品牌商专心做自己擅长的产品设计和生产，而将网络前端营销、后端 IT 信息处理、客户关系管理（CRM）和供应链管理交给 GSI Commerce 打理。

GSI 成立于 1995 年，最初做体育品牌的经销业务，之后转型电子商务运营，在纳斯达克上市，后被 eBay 收购。2010 年，GSI 曾在 15 个行业为 200 多家品牌提供电子商务运营服务。在美国前 500 名的 B2C 企业中，超过 70 家为 GSI 的客户。截至 2011 年，GSI 管理着 180 多家零售商的网站和库存，包括牛仔裤生产商李维斯、玩具反斗城公司等。GSI 通过其数据中心管理零售商的电子商务网站进行营销并管理库存。由于它的存在，许多零售商已停止在亚马逊网站销售商品，转而将电子商务外包给 GSI。

资料来源：李静颖. 电商延伸新产业链条外包服务业现机会. 第一财经日报，2011－05－24（C03）. 引用时有修改

（二）电子商务运营服务业的服务对象

使用电子商务运营服务的企业主要有两类：①到网络寻找新的商机的线下成熟的传统企业；②纯粹通过电子商务成长起来的网商（新兴网商）。

1. 到网络寻找新的商机的线下成熟的传统企业

传统企业涉足电子商务是企业自身变革的需求，也是整个市场、政策和最终用户的共同需求。随着网络购物用户规模不断扩大和渗透率持续升高，一些具备创新能力的传统企业开始开展电子商务业务，并且获得成功。这为其他传统企业创造了“示范效应”，如今网络渠道已经成为企业发展的重要渠道。在传统企业纷纷希望在网络交易市场分得一杯羹的同时，客观上并非所有传统企业都熟悉电子商务交易，具有足够经济实力、技术实力、人力资源支撑独立的电子商务运营平台。尤其是中小企业，渴望开展电子商务业务，又苦于缺乏资金和专业人才。因此，有很多传统企业选择将官方网站全权委托给比较成功的电子商务运营企业，期待以最小的成本获取网络购物上的最大收益，如摩托罗拉、诺基亚、HTC、苏泊尔、安踏等知名品牌企业的 B2C 业务均由电子商务运营企业负责代为运营管理。

2. 纯粹通过电子商务成长起来的网商（新兴网商）

纯粹通过电子商务成长起来的网商（新兴网商）是指从创建伊始就以无店铺业态

形式存在的企业或个人网商。比如，在淘宝上成长起来的网货品牌，在业务量达到一定规模后，其内部运营的自动化、流程化、精确化、智能化要求进一步提升，在无法用传统方式实现时，它们选择了与电子商务运营企业合作，将产品拍摄、图片处理、产品编辑、网店装修、在线销售、在线客服、订单处理等外包，进一步促进了业务的发展。

（三）我国电子商务运营服务业的发展态势

电子商务运营企业是传统企业和新兴网商涉足电子商务的重要依靠力量，在我国发展迅速。国内典型的电子商务运营企业见表7－2。

表7－2　国内典型的电子商务运营企业

公司名称	业务模式	服务客户
宝尊电商	品牌独立官方商城的搭建、运营、推广、销售、仓储、物流等服务，第三方平台旗舰店的搭建、运营、推广、销售、仓储、物流等服务，为品牌方提供过季货品清货网络平台	耐克、宏碁、飞利浦、惠普、露华浓、立顿、接吻猫等
易积	淘宝商城营销服务、淘宝商城旗舰店运营托管、在线客户服务、淘宝平台数据分析、淘宝商城专卖店授权合作、淘宝客户关系管理	美的、九阳、格兰仕、贝因美等
兴长信达	电子商务渠道规划、电子商务网站建设、营销规划、数据分析、商品管理、订单处理、客户管理、仓储、物流配送服务、客户服务/呼叫中心、企业资源规划系统集成等全程电子商务服务	诺基亚、摩托罗拉、HTC、其乐、圣玛田、苏泊尔、罗技等
四海商舟	海外电子商务营销服务、海外社会性网络服务、搜索引擎优化、付费点击广告等	李宁、爱国者、德力西等
五洲在线	定位于为品牌商家提供电子商务外包服务，协助品牌商家打通全球电子商务销售链条，建设垂直领域电子商务渠道品牌的直复式营销公司，提供B2C电子商务运营外包	爱慕、天语、探路者等
上海商派	电子商务软件及服务提供商，提供品牌企业客户全网全程电子商务解决方案、中小企业电子商务解决方案、网络分销服务、淘宝商家服务、外贸商家服务等	李宁、背靠背、百事、百丽、蒙牛、麦包包等

资料来源：李立威，薛万欣．中小企业电子商务服务外包模式及影响因素剖析．商业时代，2012（1）．

下面以兴长信达为例进行介绍。兴长信达是我国最早的全程电子商务运营商，其提供的服务包括电子商务渠道规划、电子商务网站建设、营销规划、数据分析、商品管理、订单处理、客户管理、仓储、物流配送服务、客户服务/呼叫中心、企业资源规划系统集成等。由于较早从事电子商务，兴长信达的运营经验和信息系统建设能力突出，因此获得包括诺基亚、摩托罗拉、其乐等厂商的信任，这些企业授权其全权负责自己的官方网站、天猫旗舰店的运营。

电子商务运营企业的成功者并不是国际知名的商业巨擘，而是随着中国电子商务一起成长的专注于电子商务服务的本土中小企业。一方面，随着中国电子商务交易的强劲增长，必将有更多的电子商务运营企业涌现，它们以自己的专业优势为广大企业尤其是中小企业开展电子商务服务。另一方面，随着企业越来越熟悉如何开展电子商务，对电子商务运营企业也提出了新的挑战。企业有可能更多地选择深入电子商务运营的具体环节，而不是全程外包；也有可能会在自己足以把控电子商务业务后将运营企业抛弃，或者仅仅将运营企业作为网上经销商。这就需要电子商务运营企业在目前形势较好的情况下，注重发展自身在某些运作环节的特长，将业务做深做透。

案例7－3

宝尊电商：全渠道电子商务服务提供者

上海宝尊电子商务有限公司（简称宝尊电商）成立于2007年，总部位于上海，是一家专门为品牌和零售企业提供IT解决方案、店铺运营、数字营销、客服、物流、数据化管理等服务的电子商务服务企业。

一、围绕品牌商需求，提供多种电子商务服务

电子商务行业高速发展带来的红利使得电子商务周边的产业顺势而起，根据艾瑞咨询的数据，2016年国内品牌电子商务服务市场达到690亿元，并始终保持60%的年复合增长率。面对这一趋势，宝尊电商围绕品牌商需求，在运营服务、IT技术服务、客户服务等方面多方位为品牌商提供电子商务发展所需要的服务。

在运营服务上，宝尊电商有别于一般的单纯的运营服务，为品牌商提供定制化的全渠道运营服务，为品牌商配备专属的电商运营团队，通过应用数据分析、商业智能、人工智能等手段，通过店铺基础信息维护、视觉设计、商品上下架、活动管理、订单管理、报表分析、退款处理等运营工具，为品牌商提供覆盖全线的渠道运营服务，整合品牌官网、微信商城、线上线下的不同渠道，以及天猫、京东、小红书、亚马逊等平台店铺，帮助品牌商提高运营效率和消费者体验。

在IT技术服务上，宝尊电商以全渠道为核心，在官方商城系统、商业智能等领域提供相应的IT技术服务。例如，利用线上集市、品牌官方商城、移动网站和应用、微信，以及线下门店的各种屏幕，支持市场营销、IT实施、集成和服务、销售运营、客户服务及仓储物流等多环节。目前，宝尊电商的技术中心拥有超过400名工程师，已开发出拥有自主知识产权的包括官方商城解决方案NEBULA+、全渠道智能工具驻店宝等一系列品牌电商IT技术服务。

在客户服务上，宝尊电商在满足客户咨询、售后服务需求和投诉处理的基础上，通过两方面措施提供实时客户服务。一是宝尊电商为品牌商提供专属的客服团队，服务品牌官方商城和天猫、京东、微信等平台店铺，为消费者提供商品导购、信息咨询、订单跟踪、售后支持等服务，确保服务团队在每一个品牌属性、产品特点及相关流程方面的专业性，保障消费者体验，传递品牌信息，保护品牌形象。二是宝尊电商对客服团队进行集中化管理。通过统一管理制度、系统化的绩效管理、标准化培训、服务质检跟踪监控和客诉升级管理机制，客服管理更简便、公平、有效，从而提升整体线上运营效果。

二、全渠道运营，整合全链路营销

随着电子商务迅猛发展，平台流量红利触顶，渠道日渐趋向融合，各大品牌零售商也纷纷将全渠道开放作为首要战略实施规划。线上线下供应链、物流、用户的打通，使得实体零售与电子商务的商业形态不再对立，品牌在全渠道中不断成熟。消费者的决策路径已发生改变，他们可能在销售渠道仅仅了解品牌信息或是与品牌互动，也可能在媒体渠道完成购买。品牌商对消费者的踪迹、行为已不再像过去那样容易捕捉，断裂的营销现状已无法满足现今的营销需求。

面对这一趋势，宝尊电商以全渠道营销服务为核心，建立个性化服务体系，通过整合消费者数据，建立新的消费者行为分析模型，构建自身的整合营销策略。

在数据整合上，宝尊电商推出数据营销中心ShopCat驻店猫，整合全渠道与全链路消费者数据，包括广告投放、内容营销、线上线下活动、媒体等数据。ShopCat驻店猫数据营销中心设有前台、中台、后台，实现数据整合、数据管理、数据营销。一方面，Shopcat驻店猫从底层整合的数据出发，通过分析机制进行数据的管理与洞察，从而支持全链路营销。另一方面，ShopCat驻店猫将消费者行为数据收回记录并与原有数据进行整合与沉淀。通过ShopCat驻电猫服务，品牌商可以实现天猫和线下店会员权益共享、积分共享。同时介入数据银行之后，所有天猫里的数据活动，包括自转的投放系统、超级品牌日，包含参加过直播的消费者，都可以用来分析后续的购物行为和发展行为。

在消费者行为分析模型上，宝尊电商基于对数据的理解提出“X－RFM”四维消费者分析模型。在传统记录最近一次购买的时间、购买的频率和金额的 RFM（Recency，Frequency，Monetary）模型的基础上，增加一个维度“X”，形成 X－RFM 数据模型，X 通过追踪消费者在整个营销中的行为数据获得。例如，消费者在线下看了哪一则广告、喜欢什么样的内容、站在哪个货架前对产品产生兴趣，或是在线上看到了哪个 banner，对哪个产品产生好感前来购买，从最初的认知阶段到产生兴趣、再到购买全链路的数据都能够被记录下来。通过这些分析，宝尊电商把营销的环境和销售的环境相结合，指导品牌商的前端营销活动。

在宝尊电商的整合营销策略中，后端打破多方壁垒整合底层专属于品牌的“大数据”中心，中心以 X－RFM 数据模型作为连接进行数据管理，实现对消费者行为的分析与洞察、营销数据的可视化、全渠道销售诊断与 CRM 维护，帮助品牌提炼数据价值，最终以数据为导向将销售和营销有机结合并契合消费者的生命周期，形成后台有销售力的营销策略。

资料来源：商务部 2017—2018 年度电子商务示范企业案例集. http://dzsws. mofcom. gov. cn/anli17/detal_16. html. 引用时有修改

思考与讨论：

1. 请结合案例，分析什么是电子商务运营服务。
2. 电子商务运营服务业面临的机遇和挑战是什么？

四、电子商务营销服务业

（一）电子商务营销服务业的界定

电子商务营销以互联网为媒体，以新的方式、方法和理念实施营销活动，以便更有效地促进个人和组织交易活动的实现。

电子商务营销企业提供服务的范围，涉及网站设计、用户体验分析、广告效果分析、转化率分析、促销活动、定价、市场调研、网货照片拍摄处理、搜索引擎优化、搜索引擎营销，以及博客、微博、论坛、社交网站、邮件等线上线下整合营销等。面对网上资源的稀缺，电子商务营销企业可以提出有针对性的解决方案。电子商务营销企业可以协助企业在互联网时代做好营销环境分析，制定电子商务营销战略和策略，整合价格体系、营销渠道和促销策略，占领新兴市场。

（二）电子商务营销服务业的功能

技术和互联网正在逐渐改变商品交易模式，也改变了消费者对企业的期望。网络作为一种新型的信息交互平台，在信息容量、信息传递速度、信息交互性等方面相比传统的信息传递渠道更具优势。通过互联网，价格和产品的信息弹指之间就可获得，消费者可以轻而易举地达成理想的交易。网上购物群体数量持续增长，网上交易量的增长速度已经大大超过传统零售业的增长速度，无论是新兴的电子商务企业，还是传统的实体企业，都不能对此视而不见。电子商务营销是对现有营销体系的有利补充，电子商务营销服务能够突破传统营销的时间、空间限制，实现制造商、零售商和消费者的实时互动，帮助企业更好地适应社会经济发展状况、人们消费习惯及偏好的变化。

网络的特性使电子商务企业在营销推广上与传统企业有很大的不同。如何在用户规模庞大的电子商务交易平台中脱颖而出，吸引用户对网站访问，让用户成功转化为购物者并完成最终交易，形成用户的重复购买等，成为困扰电子商务企业的关键问题。传统的线下营销、广告难以为电子商务企业提供切实可行的解决方案，以往的经验不可复制。因此，电子商务营销服务应运而生。

（三）我国电子商务营销服务业的发展态势

1. 现有主要电子商务营销服务状况

（1）提供网站推广服务。网站推广的最终目的是让尽可能多的潜在用户了解并访问网站，从而利用网站实现向用户传递营销信息的目的，用户通过网站获得有关产品和公司的信息，为最终形成购买决策提供支持。具体包括：通过传统的广告、企业形象系统做宣传；通过网络技术的方式，如链接、网络广告等做宣传。目前电子商务网站推广服务主要是指将企业的网站推广到国内各大知名网站和搜索引擎。随着搜索引擎技术的日渐成熟，其提供的简单有效的推广方式将越来越成为企业的首选，用户可以方便、快速地通过搜索引擎找到企业的产品和服务。为企业提供搜索引擎推广服务的范围也越来越广，包括广告的定向投放、按点击计费、统计等。百度以占有国内七成以上的市场份额雄踞电子商务搜索推广第一位。

（2）提供第三方营销平台。除了拥有独立的网站，一个权威的、诚信的第三方营销平台不可或缺，该平台可帮助中小企业实现可信、海量、精准、有效的营销推广。诚信的第三方营销平台对企业进行推荐，将会使企业营销达到事半功倍的效果。由中国电子商务协会可信电子商务推进中心发起成立的可信电子商务联盟具备一定的代表性。可信电子商务联盟集中代表电子商务领域内的可信民意力量，不仅可以向企业提供覆盖数百家国内顶尖行业垂直门户、B2B 电子商务网站的置顶推荐位，还可以向企业提供权威的可信电子商务联盟"推荐企业"标志。作为新一代网络营销工具，可信电子商务联盟兼具营销平台与垂直搜索的特性，具有推广渠道海量、推荐力权威、一对一推荐等特征，可有效规避同质竞争，能有针对性地提升中小企业的核心竞争力。

2. 未来电子商务营销服务重点

（1）推动网站流量转化。网站流量转化是电子商务过程中最重要的一个环节，网站流量转化率也是电子商务营销服务最重要的衡量指标。在电子商务发展初期，企业仅仅在网站上放置产品和服务信息，就简单地认为这就是电子商务了。后来企业开始在网站上放置公司固定电话号码或者手机号码、个人即时通信工具等联系方式，但是网络话费诈骗及个人即时通信工具的私密性特点阻碍了销售，网站流量转化率极低。只有真正提高网站流量转化率，才能实现真正意义上的电子商务化。这也是未来电子商务营销服务的重点，因为电子商务营销与传统营销一样，都需要为提高效率、节约成本、赢得顾客、获取利润而努力。

（2）重视客户关系管理。每一个企业都有一定数量的客户群，企业只有对客户的需求进行深层次研究，才有可能带来更多的商业机会。在实施客户关系管理过程中，系统会产生大量有用的客户数据，企业利用智能的分析工具即可发现很多客户的潜在需求，实现有针对性的营销策略。客户关系管理虽然仅仅是电子商务营销服务的一个子集，但是它把客户放在了核心位置，帮助企业更了解现存和潜在的客户，准确、及时地判断竞争对手的行为，追赶日新月异的信息技术，多方面提高利润、客户忠诚度和客户满意度等。

案例 7-4

巨量引擎

巨量引擎是字节跳动旗下数字化营销综合服务平台，致力于让不分体量、地域的企业及个体都能通过数字化技术激发创造、驱动生意，实现商业的可持续增长。

巨量引擎依托字节跳动旗下今日头条、西瓜视频、抖音、穿山甲、懂车帝、Faceu 激萌、轻颜相机、幸福里、番茄小说、皮皮虾、住小帮、图虫、剪映等应用，形成了自身的营销优势：

1. 规模化用户

基于移动互联趋势，巨量引擎以极具竞争力的用户产品生态聚拢了规模化的高黏性、高活跃度用户。用户在产品平台上沉浸式的体验与互动，助力巨量引擎实现全用户圈层的全时长覆盖，为客户提供更高质、更高价值的注意力资源池。

2. 智能化技术

承接字节跳动的技术基因，“技术＋”营销全面升级，驱动解决复杂业务场景下的生意诉求。以数字化的投放手段、工具化的创意提效构建系统极复杂却操作极简单的智能营销生态，带给企业前沿的创新的营销服务体验，助力企业实现规模化增长。

3. 科学化评估

基于科学的算法模型，巨量引擎提供的所有业务均可衡量可优化，让企业客户实现营销效果的最大化。同时以全营销链路的科学度量和行为归因，助力企业做出更正确高效的营销决策。

4. 一站式营销服务

巨量引擎以横跨多场景的数字化营销能力，和支持多业务模式的专业服务体系，提供从曝光、引流到深度转化乃至新商业模式构建等一站式营销服务，为企业提供全营销链路的解决方案。

5. 全内容生态

巨量引擎涵盖图文、短视频、中长视频、直播等全内容形态，涵盖资讯、娱乐、知识、垂类信息等全内容类别，巨量引擎以多内容渠道的布局，配合具备强UGC（user generated content，用户生成内容）与互动属性的内容模式，构筑从大事件到全民创作的共建生态，为企业的商业信息提供最多元、最适合的载体。

资料来源：百度百科，《巨量引擎》，https://baike. baidu. com/item/巨量引擎/,2022－05－13. 引用时有修改

思考与讨论：

1. 请结合案例分析什么是电子商务运营服务。
2. 电子商务运营服务业面临的机遇和挑战是什么？

五、电子商务咨询服务业

（一）电子商务咨询服务业的界定

电子商务咨询服务业是电子商务服务业的重要组成部分，它隶属于电子商务产业集

群，也是咨询服务业的一个分支，因此具有咨询行业的基本特征。同时，由于其专门服务于电子商务的应用，因此与其他类型的咨询服务相比有不同的特点。电子商务咨询服务是由具有电子商务专业知识和丰富电子商务应用经验的专业人士提供的一种顾问服务，旨在帮助电子商务管理人员辨识和解决电子商务应用中的管理和业务问题，并为这些问题推荐切实可行的解决方案，从而促进企业的电子商务应用。从事电子商务应用专业咨询活动的企业（组织）的集合称为电子商务咨询服务业。

通过对概念的界定，可以发现电子商务咨询服务是管理咨询的一个分支（种类），它可以帮助主管人员优化组织电子商务的应用。电子商务咨询顾问和客户通过合约进行短期合作，改进组织在电子商务应用方面的工作。在此过程中，电子商务咨询顾问运用知识将电子商务的专业技能和经验带给客户，帮助他们认识和解决相关的电子商务问题。客户通过咨询增长了解决类似问题的知识和才能。根据顾问推荐，客户决定自己单独或在顾问帮助下履行方案，并据此获得经济和社会效益的提升。而电子商务咨询顾问则通过提供咨询服务丰富了自己的工作经验，并不断优化自身在电子商务领域的知识结构。

电子商务咨询机构积累的知识和经验能够帮助企业拓展应用电子商务的广度和深度。

（二）我国电子商务咨询服务业的发展态势

1. 电子商务咨询服务业市场结构分析

现代咨询业在纵向可以划分为三个层次：信息咨询业、管理咨询业和战略咨询业。与现代咨询业的体系结构相对应，电子商务咨询服务业包括电子商务信息咨询、电子商务管理咨询和电子商务战略咨询三个部分的细分市场。

目前，电子商务信息咨询市场中的企业较少，它们主要提供电子商务产业的环境、政策、用户行为等方面的咨询，侧重于宏观政策和市场规律的分析，主要有赛迪咨询、艾瑞咨询、易观国际、BDA 中国、中国互联网数据中心（DCCI）等企业。这些咨询公司是随着互联网和电子商务的发展而涌现出来的新型咨询企业，它们以互联网和电子商务咨询为主营业务。2000 年成立的赛迪顾问（CCID，赛迪集团）可提供定期研究报告和专项咨询、在线数据服务；2000 年成立的易观国际公司，也是国内互联网等行业的专业研究和咨询机构，可以提供电子商务市场追踪、热点分析和顾问式专项咨询服务；2002 年成立的艾瑞咨询集团，则专注于网络经济咨询，可提供数据产品服务、网民用户行为研究、网络广告在线查询、网民品牌消费等研究咨询服务。

电子商务管理咨询服务主要由管理咨询公司提供。电子商务管理咨询市场包含的企业众多，但是以电子商务咨询为主营业务的企业很少，它们的咨询服务侧重于为企业提供应用电子商务的具体策略和方法，帮助企业在电子商务的环境下实现新的经营管理方法和商业模式。这些企业分为两类：一类是传统的管理咨询公司，如埃森哲、新华信、AMT 咨询等，它们通过开发电子商务咨询业务进入电子商务咨询服务市场；另一类是以电子商务咨询为主营业务的企业，它们拥有专业化的专家团队，熟悉网商的创业、发展之道，对传统企业转型网商的问题也非常了解，通过咨询项目、长期顾问、培训班等模式为传统企业、大网商提供更贴身、高效的服务。

电子商务战略咨询服务主要侧重于根据电子商务发展的前沿趋势，协助企业制定发展电子商务的战略规划，由科研机构、大专院校和传统的战略咨询机构提供。这些咨询机构的专家多数是学院派人士，具有扎实的理论知识，熟悉电子商务运作的基本原理，能够把握企业电子商务应用的发展趋势。在企业应用电子商务的早期阶段，专家可以为企业引入电子商务的相关概念，灌输电子商务应用的理念，并且帮助企业制定电子商务发展的战略规划。

电子商务咨询服务业市场结构分析见表 7－3。

表 7－3　电子商务咨询服务业市场结构分析

项　目	电子商务信息咨询	电子商务管理咨询	电子商务战略咨询
代表企业/组织	赛迪、艾瑞、易观、中国互联网数据中心（DCCI）等	埃森哲、新华信、北大纵横、AMT 咨询等	大专院校、科研院所、战略咨询机构
主要的咨询服务类型	电子商务的产业环境、政策咨询，电子商务用户行为咨询，电子商务市场咨询等	企业应用电子商务的方法、策略咨询	企业发展电子商务的战略咨询
特点	侧重宏观政策和市场规律的分析	侧重电子商务在企业层面的具体应用方法	侧重帮助企业制定发展电子商务的战略规划

2. 电子商务咨询服务业市场需求分析

（1）电子商务咨询服务业市场需求的动力分析。随着电子商务应用模式与电子商务管理方法日趋复杂，企业越来越需要借助专业化的咨询公司实现电子商务的经营战略，通过专业的电子商务咨询服务，降低企业向电子商务转型的成本，同时提高企业应用电子商务的效率。

一般而言，企业需要电子商务咨询服务的原因包括：①对于处于电子商务应用早期阶段的企业，其不具备应用电子商务所必需的基本认知和技能，也无法通过自身知识、经验的积累快速实现既定的目标，而一些特定的电子商务咨询机构通过咨询服务向客户传授电子商务相关的知识和应用经验，能够快速、低成本地帮助企业进入电子商务领域。②对于已经开展电子商务的企业，由于其缺乏专业的电子商务管理力量，经营管理过程中会遇到无法解决的问题，一些特定的电子商务咨询服务可以通过专业顾问对电子商务应用中存在的问题进行诊断，提出解决方案，并对电子商务管理人员进行培训，使之掌握必要的电子商务管理技能。③一些企业有电子商务应用的专业团队，但内部决策意见往往受到各种主观因素的干扰，无法做到客观、公正，而外界的电子商务咨询机构可以从第三方的角度提供客观公正的电子商务应用解决方案。总之，企业寻求电子商务咨询的根本目的是帮助企业解决应用电子商务中的问题，一般要求电子商务咨询服务能够提供具体的解决方案和分析报告。

（2）电子商务咨询服务业市场需求的来源。电子商务咨询服务业的市场需求主要来源于大型企业和中小型企业应用电子商务过程中对专业服务的需求，企业借助这些咨询服务，可以顺利地在电子商务模式下从事商务活动。

（三）我国电子商务咨询服务业的发展对策

1. 发展行业协会，形成行业合力

我国应成立独立的电子商务咨询协会，通过行业协会的方式将电子商务咨询服务业纳入规范的管理轨道，形成行业合力。协会的主要职责是：加强电子商务咨询企业之间的交流、联合与合作；拟定电子商务咨询机构的管理制度及咨询顾问的专业准则；组织管理电子商务咨询顾问的业务培训和考核；共同研究电子商务发展中产生的新问题，提高咨询业务水平。这些措施都将从整体上增强电子商务咨询服务业的竞争力。

我国还应通过发展行业协会，完善电子商务咨询业的行业规范，健全行业标准，推动行业规范运作，使市场运作有法可依，维护市场各方主体的合法权益，树立良好的行业形象，为电子商务咨询服务业的发展营造一个良好的外部环境。

2. 加强电子商务咨询人才培养

电子商务咨询市场的需求日益增长，蕴藏着巨大的发展能量。当前，如何提高人才的素质以提供专业化的咨询服务成为电子商务咨询市场发展的关键。因此，电子商务咨询企业首先应充分认识人才的重要性，积极开展企业员工的培训，为人才培养创造良好的环境。其次，高等院校应成为电子商务咨询人才培养的主力军，电子商务的高等教育要面向企业需求，改革教学模式和课程体系，为电子商务咨询机构输送合格的电子商务咨询人才。最后，整个行业必须完善电子商务咨询人才的资格认证体系，推行从业人员资格准入制度，提

高电子商务咨询市场从业人员的人才素质，从而保证电子商务咨询机构的服务质量。

3. 重视电子商务理论研究，推动实践发展

长期以来，电子商务咨询企业只是引进、吸收其他专业领域的理论，对电子商务的应用进行指导，很少进行相应的理论创新，形成自己独特的理论体系，这使得目前的电子商务咨询业务只能从属于管理咨询或者信息化咨询，无法真正实现独立发展。但是，由于互联网的技术特点，电子商务颠覆了许多传统的商业规律，致使其他理论无法直接运用到电子商务发展的实际情况上。因此，电子商务咨询服务机构应注重电子商务理论和方法的研究，通过深入实践，发现电子商务应用中的新问题，并进行总结、提炼，形成电子商务的理论体系，指导企业应用电子商务。理论和方法的研究不仅可以帮助咨询机构树立在电子商务领域的权威性，还可以提高咨询顾问的专业能力，使电子商务咨询服务业从根本上获得竞争优势。

4. 强化以信誉度为主的市场工作

由于行业门槛较低，目前的电子商务咨询服务提供商以中小企业居多，这些企业鱼龙混杂，提供的服务质量参差不齐，对电子商务服务业的整体信誉产生了不小的影响。另外，电子商务咨询服务在一定程度上提供的是无形的知识产品，无形知识产品的难以观测性使得在市场交易中表现出较为明显的信息不对称特征。信息不对称容易导致信用危机，电子商务咨询服务市场容易出现逆向选择的问题。

因此，从维护市场长期健康发展的角度出发，整个行业应该强化以信誉度为主的市场工作，建立电子商务咨询机构的信誉评审制度，采用科学的方法对电子商务咨询机构的业绩、知名度、咨询能力、业务水平以及职业道德等做出客观、公正的评估。信誉评审制度的建立将促进电子商务咨询服务市场的良性发展，同时为客户选择电子商务咨询机构提供衡量标准。

案例7-5

上海网策管理咨询有限公司

2006年，淘宝网成立了为卖家做培训服务的部门——淘宝大学，由一群发展较快、乐于分享的卖家担任会员讲师。淘宝大学成立后发展迅速，至2009年已拥有近300位讲师，在全国各地培训十几万人次。自2008年起，淘宝大学陆续接到一些传统企业和大卖家的一对一服务的需求，他们希望讲师能上门服务，担当企业电子商务发展的顾问。2009年，大淘宝战略启动，淘宝大学鼓励讲师市场化，以更加灵活的方式服务网商。于是，一群淘大讲师，以徐某地为首，于2009年成立了网策管理咨询公司，希望通过咨询项目、长期顾问、培训班等模式为传统企业、大网商提供更贴身高效的服务。像徐某地这样有十余年的传统企业工作经验，曾做过生产、渠道、商业模式等各类工作的咨询师，对传统企业转型网商的问题非常了解，他们提出了传统企业发展电子商务的八大困境；同时，众讲师有多年的网商经验，对网商的创业、发展之道了如指掌。两方面相结合，就诞生了这样一个全新的咨询细分市场——网销市场拓展咨询。

成立之初，一个为期一个月的整体咨询项目，网策管理咨询公司仅报价3万元左右，原因就是对自己的咨询服务究竟能为企业带来多少效益没有把握。然而很快客户的业绩就证明了一切：东莞大地通讯公司，接受网策管理咨询公司的咨询服务后，短短半年时间业绩达到2 000万元，提升幅度超过100倍。类似的案例越来越多，也坚定了网策管理咨询公司的信心。如今，网策管理咨询公司承接整体咨询服务时，都会为客户制定一个年度几百万元到千万元的业绩目标，相应的咨询服务费也升到了较为合理的几十万元到百万元，同时项目费用与销售业绩直接挂钩。虽然服务费用提升了十几倍，但网策管理咨询公司完全面向业绩的实战式服务仍然受到了企业的热烈欢迎。同时，网策管理咨询公司也获得了广泛的合作，淘宝大学覆盖全国的30多家培训合作机构，都已经成为网策管理咨询公司的忠实合作伙伴，负责网策管理咨询公司业务在当地的拓展与维护。另外，很多传统咨询公司，如互联网领域的艾瑞咨询公司，国内服装咨询业最大的中研公司等都与网策管理咨询公司进行了战略合作。

资料来源：佚名. 上海网策管理咨询有限公司.（2012－05－01）.［2022－04－29］. http://www.aliresearch.com/dengta/index.php?doc－view－637. 引用时有修改

思考与讨论：

试通过网策管理咨询公司案例分析我国电子商务咨询服务业的现状，并为电子商务咨询服务的发展提供对策。

六、电子商务培训服务业

（一）电子商务培训服务业的界定

现代经济社会生活中的“培训”是指主要采用不同于正规学校教育的形式，以增进受培训者的劳动技能、提高生产能力或满足素质提升、休闲娱乐等需要为目的的各种学习和训练活动。[①] 围绕电子商务产业链开展的培训服务活动即电子商务培训服务。本书所指的电子商务培训服务业主要集中于电子商务的继续教育及各类培训服务，不包括与电子商务专业相关的学历教育。

（二）发展电子商务培训服务业的必要性

首先，培养适用人才是促进电子商务发展的前提条件和根本基础。任何产业的发展都以丰富的人力资源作为依托。飞速发展的信息技术革命引发了生产力、生产关系和生产方式的变革，从而形成新的商业文明范式。在这一背景下，加快发展电子商务培训产业培养适用人才，是促进我国信息技术和电子商务不断升级发展的根本基础。

其次，电子商务培训可以提升劳动力素质，扩大社会就业。电子商务培训既可以培养信息技术专业的人才，又可以培养信息网络使用人才，从而提升劳动力素质，扩大社会就业途径。例如，伴随着网络购物的兴起，不少人经过相应的电子商务培训后通过网上开店的方式成为网商。

最后，电子商务培训助推经济发展方式转变。当前，我国正在转变经济发展方式，电子信息产业被列为新兴战略产业。开展电子商务培训与我国要求促进经济增长由主要依靠增加物质资源消耗向主要依靠科技进步、劳动者素质提高、管理创新转变是内在统一的。

拓展阅读

电子商务人才分类

电子商务人才分为技术型人才、商务型人才、综合管理型人才和电子商务理论研究型人才（见表7－4）。

表7－4　电子商务人才分类

人才类别	工作内容	备　注
技术型人才	①商务平台设计、平台规划、网络编程、安全设计；②商务网站设计、网页设计、数据库、程序设计、站点管理（技术维护）；③美工设计、颜色处理、文字处理、图像处理、视频处理	这类人才应具有扎实的计算机根底。由于最终设计的系统是为解决企业的管理和业务问题服务的，因此该类人才需要分析企业的客户需求，还应对企业的企业流程、管理需求以及消费者心理有一定了解。这是电子商务人才的特色

① 蒋士强．北京培训服务业发展政策研究．北京城市学院学报，2008（2）：41，46.

续表

人才类别	工作内容	备　注
商务型人才	①企业网络营销业务：利用网站为企业开拓网上业务、网络品牌管理、客户服务等；②网上国际贸易：利用网络平台开发国际市场、进行国际贸易；③新型网络服务商的内容服务：频道规划、信息管理、频道推广、客户服务等；④电子商务支持系统的推广：负责销售电子商务系统和提供电子商务支持服务、客户管理等；⑤创业：利用虚拟市场提供产品和服务，也可以直接为虚拟市场提供服务	这类人才在传统商业活动中有原型，不同之处在于他们是网络虚拟市场的使用者和服务者，一方面他们是管理和营销的高手，同时也熟悉网络虚拟市场下新的经济规律；另一方面他们必须掌握网络和电子商务平台的基本操作
综合管理型人才	企业电子商务整体规划	这类人才对计算机、网络和社会经济有深刻的认识，而且具备项目管理能力。这类人才难以直接从学校培养，是市场磨练的产物
电子商务理论研究型人才	从事电子商务理论专业研究	这类人才既具有经济学、管理学等学科理论研究背景，又了解电子商务行业的发展情况

资料来源：荆林波，梁春晓，孟晔．中国电子商务服务业发展报告 No. 1．北京：社会科学文献出版社，2011.

（三）电子商务培训服务业发展现状分析

1. 电子商务培训不断普及

随着电子商务普及应用，电子商务就业岗位需求量大增，电子商务相关培训需求持续增长。以信息技术作为基础，兼具管理、营销等学科应用知识的电子商务培训成为非电子商务就业人群掌握新职业技能，以及在岗电子商务就业人员更新职业技能的重要职业培训。电子商务培训对促进我国电子商务发展、普及应用发挥着积极的作用。

2. 电子商务专业人才紧缺，培训需求空间大

快速发展的电子商务市场使得社会对电子商务人才的需求加大。有分析指出，当前我国大学和职业学校培养的人员基本上都是电子商务操作人员，而能够规划、组织和管理电子商务的中级人才，以及真正懂得电子商务的高级管理人才非常紧缺。因此，电子商务培训服务业应立足于这一现实，有针对性地开展职业培训：对高级管理人员培训的重点是基于电子商务平台的战略规划、组织、管理、商业模式、运营等方面；对企业中层管理者培

训的重点包括企业电子商务的规划、组织、管理和实施；对电子商务基层人员培训的内容是基于电子商务平台的网络销售、物流、客服、财务等方面的操作技能。①

3. 电子商务培训市场混乱，培训机构良莠不齐

目前，在我国从事电子商务培训的机构主要有三类：①政府相关部门及高校举办的电子商务培训，如电子商务师培训等；②各电子商务企业自办的专业培训，如阿里巴巴的阿里学院、淘宝网的淘宝大学等；③其他社会培训机构开展的电子商务培训，还有一些不具备培训资质和实力的公司也参与分享电子商务培训这块蛋糕。培训市场的混乱和培训机构的良莠不齐，一定程度上阻碍了电子商务培训服务业的健康、有序发展。

（四）我国电子商务培训服务业的发展趋势

1. 电子商务培训服务业将迎来良好的发展机遇

近年来，电子商务服务呈现出普及化、常态化趋势，已全面覆盖经济社会生活的各个方面，为服务业、工业、农业等不同产业以及不同的社会组织或个体提供网络化与信息化的支持服务。电子商务人才是我国专业技术人才的重要组成部分。《国家中长期人才发展规划纲要（2010—2020年）》明确提出，要“加大现代物流、电子商务、法律、咨询、会计、工业设计、知识产权、食品安全、旅游等现代服务业人才培养开发力度，重视传统服务业各类技术人才的培养”。包括电子商务人才在内的高技能人才培养在国家人才发展指标中占据重要地位。同时，《中国的人力资源状况》（2010年9月）指出：“构建分层分类的专业技术人才继续教育体系，充分发挥各方面积极性，逐步形成以需求为导向，政府主导与单位自主相结合，个人履行义务与自觉自愿学习相结合的继续教育运行机制……针对不同群体就业需要和劳动者职业生涯发展不同阶段需要，国家开展相应的职业培训，建立了以技工学校为骨干、职业培训机构为补充的职业培训体系。”在此背景下，电子商务培训服务业将迎来良好的发展机遇。

2. 电子商务培训服务业将依托更完善的法律法规有序发展

我国培训行业经历了从萌芽、启动到繁荣的发展历程，为我国社会主义现代化建设提供重要人才保障。2022年修订的《中华人民共和国职业教育法》进一步明确把职业教育定为“与普通教育具有同等重要地位的教育类型，是国民教育体系和人力资源开发的重要组成部分，是培养多样化人才、传承技术技能、促进就业创业的重要途径”。电

---

① 段积超. 中国电子商务教育培训必须走倒金字塔培养模式.（2011-08-23）.［2022-04-29］. http://www.100ec.cn/detail--5901095.html.

子商务培训行业在经历了初期的粗放式发展后，随着不断完善的电子商务安全、信用体系建设、法律法规及行业自律机制的建立，将拥有更加健全的制度保障，并将更加有序、规范发展。

3. 电子商务培训主体更加多元化

电子商务技术人才是企业实现电子商务的关键。为此，电子商务企业应更加重视培养适应自身发展的专业人才。例如，阿里巴巴的阿里学院、淘宝网的淘宝大学、敦煌网的敦煌大学都承担着为中小企业培养电子商务人才的任务。环球市场的环球大学，为制造商提供营销战略培训以及为外贸人才提供全方位的外贸培训。

电子商务具有很强的知识性和技术性。美国的电子商务专业教育得到了大公司的积极赞助，它们协同高等教育机构共同建设电子商务学科，使得电子商务培训既有雄厚的资金支持，又具备优越的实践环境。合作公司涉及范围广泛，包括思科、AT&T、IBM等。通过大公司和高校的联盟，学生可以接触处于新数字经济前沿的公司，并有可能获得进入其中工作的机会，从而积累丰富的电子商务经验。校企联盟将成为我国电子商务教育的重要发展方向。

4. 电子商务企业的国际化推动电子商务培训国际化

电子商务培训服务业的国际化主要体现在两个方面：①学习借鉴国外电子商务人才的培养模式。如美国著名的卡耐基梅隆大学在1998年创建电子商务学院，1999年宣布设立世界上第一个电子商务硕士学位。该校的电子商务专业对经济管理和技术课程采取并重的态度，力图使毕业生成为未来企业中电子商务应用方面合格的经理、规划人、分析家和编程人员。教学内容涵盖所有的商务模式，有一套完整的教学计划，具体涉及电子化市场研究、电子目录、网站管理、自动化合同、安全电子交易、分布式贸易处理、订单执行、消费者满意度、数据合成及分析等。国外成功的电子商务人才培养模式将为我国电子商务培训的国际化视野提供借鉴。②积极将电子商务培训企业引入国际资本市场，拓展电子商务的发展空间。国内众多的培训企业成功进入国外资本市场。随着一些教育培训企业纷纷赴美国挂牌上市，这些跨国上市的中国教育培训企业大部分都有电子商务培训业务。

拓展阅读

电子商务师资格认证简介

电子商务师资格认证简介见表7-5。

表7-5　电子商务师资格认证简介

项　目	简　介
背景	电子商务师资格认证制度由原国家劳动和社会保障部于2002年12月正式在全国推行，目的是规范电子商务从业人员的职业行为，希望由此改变各学校培养、输送的电子商务人才就业率低的现状
电子商务师的含义	劳动部对电子商务师的定义：利用计算机技术、网络技术等现代信息技术从事商务活动或相关工作的人员，即融信息与商务于一身的高素质复合型人才。 要求：既要具备一定的信息技术，又要掌握良好的商务运作能力，其中包括电子商务操作、网站建设（非技术性建设）与维护、商务信息分析处理、网络营销、丰富的商务知识和系统规划等方面的能力，并且具备包括计算机网络应用、电子商务、电子支付、电子商务物流配送、电子商务安全等在内的基础知识
培训对象	电子商务师资格认证培训面向所有有意从事电子商务方面工作的人员，无论是在校学生还是在职人员都能参加，其学习方式和时间比较自由，培训费用也不算太高，所以适用人群比较广泛，特别是对有电子商务相关从业经验的人士来说，参加这种认证的培训能够更加明确自己的工作方向。可以说，参加电子商务师资格认证培训并通过考试，是拿到电子商务师资格认证证书的唯一途径。这种培训具有针对性和直接性，较高校的电子商务教学来说，其实用性更强、效率更高

资料来源：荆林波，梁春晓，孟晔．中国电子商务服务业发展报告No.1．北京：社会科学文献出版社，2011．

拓展阅读

典型电子商务培训机构简介

表7-6简单介绍了三个典型的电子商务培训机构。

表7-6　典型电子商务培训机构简介

培训机构	简　介
阿里学院	阿里巴巴于2004年创立阿里学院，学院秉承“把电子商务还给商人”的目标，全心致力于电子商务人才培养，立志服务千万网商及高校学子。阿里巴巴董事局主席说：阿里学院就是一个平台。阿里学院人正在致力于构建集教材研发、在线学习、技能认证、人才交流、网商培养等多位一体的开放式电子商务教育培训平台。近年来，阿里学院对阿里巴巴近千万企业会员多年商战中积累的经验进行了研究、总结和加工，设计成适合中小型企业的电子商务管理和实战课程，帮助更多企业走上电子商务之路，更好地应用电子商务。另外，阿里学院还与国内著名高校合作，编写出版了一批有关电子商务的专业教材、书籍，填补了国内高校电子商务教材中本土案例的空白

续表

培训机构	简 介
淘宝大学	阿里巴巴旗下的淘宝网在网上开设了淘宝大学，是有意在淘宝网上开拓自己新天地的人的学习交流的平台。通过构建网店运营、拍照作图、商家工具、网店推广、企业卖家及网店客服等一系列完整的网络课程，帮助网商在淘宝网上提高电子商务运用的能力
义乌工商职业技术学院	该校注重培养学生的创业能力。自 2009 年 9 月开设电子商务创业班以来，已形成“互促共进，同学同创”的良好创业氛围。120 名创业班学生中，具有钻石信誉的学生超过 110 人，3 钻以上信誉 15 人，其中更有日收入达四位数的创业明星。在 2010 年的招生简章中，要求电子商务创业班学生经过三年的理论学习和创业实践活动达到月平均收入 10 000 元的目标。并号召：人人皆能创业，人人皆能网上创业，贵在坚持！还特别提醒没有足够信心和决心者慎报此班

资料来源：荆林波，梁春晓，孟晔. 中国电子商务服务业发展报告 No. 1. 北京：社会科学文献出版社，2011.

Section 3

第三节 电子商务服务业发展态势

一、电子商务服务业发展现状

当前，我国电子商务进入大规模高速发展阶段，电子商务已经成为影响经济和社会发展的关键因素，成为推动我国进入信息社会的一大加速器。随着电子商务的大规模发展以及应用和运营的成熟，电子商务服务业必将进一步快速成长，崛起为重要的新兴产业，吸引海量电子商务用户向电子商务应用和服务平台集中，认证、信用、物流和电子支付等支撑体系和相关产业必将进一步扩展。

（一）电子商务服务业基础环境条件趋于成熟

电子商务服务业的发展状况与基础环境条件是高度相关的。改革开放以来，我国的基础环境条件，特别是经济基础、设施基础、制度基础等发生了翻天覆地的变化。

1. 经济基础

“十三五”时期，经济年均增长 5.8%，其中前四年年均增长 6.7%。2020 年，受新冠肺炎疫情影响，经济增长2.3%，我国在全球率先控制住疫情蔓延，实现经济正增长，国内生产总值突破100万亿元，占全球比重的14.7%。人均国内生产总值超过1万美元，稳步迈向高收入国家行列。

2. 用户基础

“十三五”期间，我国网络基础设施不断改善，用户规模快速增长，截至2021年12月底，网络用户10.32亿，较2020年12月增加4 296万，互联网普及率达73.0%。其中，手机网民规模达10.29亿，较2020年12月增加4 373万，网民使用手机上网的比例为99.7%；农村网民规模达2.84亿，占网民整体的27.6%；城镇网民规模达7.48亿，占网民整体的72.4%。① 网络服务能力不断提升，资费水平不断降低。全社会电子商务应用意识不断增强，应用技能得到有效提高。

3. 制度基础

在我国，相关部门协同推进电子商务发展的工作机制初步建立，围绕促进发展、电子认证、网络购物、网上交易和支付服务等主题，国家出台了一系列政策、规章和标准规范，对构建适合国情和发展规律的电子商务制度环境进行了积极探索。

（二）电子商务服务业的市场规模不断扩大，专业化分工日益加深

我国电子商务交易规模持续扩大，2020年已经突破37万亿元，网络零售规模超过11万亿元。电子商务交易规模的持续扩大带来了电子商务服务业市场的不断扩大，专业化分工日益加深。

中小企业电子商务应用普及率提高，2010年，应用网上交易和网络营销的中小企业比例达到42.1%。② 2003年通过电子商务平台达成的交易额占我国网络零售总额的67%，此后逐年上升，2008—2011年通过C2C、B2C平台完成的交易额占比连续超过90%，占全国社会消费品零售总额的比例超过2.7%，电子商务平台已经成为网络零售的主流模式。截至2011年底，我国电子商务服务企业突破15万家，电子商务服务业收入达到1 200亿元，支撑了我国电子商务交易规模中的3亿元，市场规模不断扩大。

中小企业和个人消费者对电子商务服务的多样化需求开始喷发，电子商务服务领域

① 中国互联网络信息中心. 第49次中国互联网络发展状况统计报告. (2022-02-25). [2022-04-29]. http://cnnic.cn/hlwfzyj/hlwxzbg/hlwtjbg/202202/P020220407403488048001.pdf.

② 中华人民共和国商务部. 商务部“十二五”电子商务发展指导意见. (2011-10-07). [2022-04-29]. http://www.mofcom.gov.cn/aarticle/b/d/201110/20111007788024.html.

专业化分工加深，不同专业领域的交叉将使越来越多第三方服务商出现。至2010年底，电子商务发展环境、支撑体系、技术服务和推广应用协调发展的格局基本形成，电子商务服务涉及技术、金融、品牌等各个领域，已经成为重要的新兴产业，国民经济和社会发展各领域电子商务应用水平大幅提高并取得明显成效。

（三）网商和消费者对电子商务服务业需求意愿强烈

根据阿里研究中心2010年8月发布《2010年度网商发展研究报告》，“网商”的定义从个人进一步扩展到企业，即从自然人扩展到法人。扩展后的“网商”的定义为：网商是指持续运用电子商务方式从事商务活动的个人和企业，其中，个人包括企业负责人、商人、个体经营者和业务操作者。网商定义的扩展既是对网商实践发展的及时反映，也是对“网商”内涵理解的进一步深化。随着电子商务的普及应用，越来越多的企业成为电商，电子商务已经成为商业发展的主流。爆发成长的网商引发了电子商务服务业市场的快速增长。尤其对于中小网商，如果自建电子商务，会涉及渠道规划、建站、营销推广、客户关系管理、售后服务等纷繁庞杂的运营环节，起步没有几千万元资金很难做到。为了控制成本，降低风险，更好地发挥核心竞争优势，企业对电子商务服务外包的需求激增。

与此同时，网民用户快速增长，网络购物渗透率快速提升，网购网民数量快速提升，网购已经成为一种重要的消费模式。根据中国互联网信息中心统计数据，2021年中国网络购物用户8.4亿，网民使用率81.6%。他们注重个性，强调品质，直接对电子商务的承载和服务能力提出了要求，间接对电子商务服务企业提出了更高要求，对个性化、多元化、细分化的个人消费服务需求增加。

（四）新兴信息技术助推电子商务服务业发展

以云计算、大数据、人工智能、物联网、区块链等为代表的新兴信息技术快速发展，并加快应用于电子商务服务业，进一步提高了电子商务服务水平。2016年以来，在新兴信息技术的推动下，电子商务模式创新进入新阶段，直播电商、社交电商、内容电商、社区电商等电子商务模式快速发展。电子商务的发展也对电子商务服务业提出了新的要求，同时在新兴信息技术赋能下，电子商务服务业为新兴电子商务模式提供全方位支撑，提供包括数据分析、流量导入、内容制作、虚拟场景体验、云服务等在内的服务，也进一步推动了电子商务的发展。特别是新冠肺炎疫情发生以来，电子商务服务企业运用5G、云计算和新一代视频技术为客户提供云逛街、云购物，云展览、云直播、云体验、云办公及智能物流等在线数字服务，为无人超市、无人仓、无人配送、在线医疗、在线教育和社区团购等领域提供技术支撑，助力中国数字经济快速复苏。①

（五）电子商务服务业进一步发展面临一些制约

电子商务服务业的发展需要国家层面的资金支持。电子商务服务业是技术密集、资金密集型产业，前期需要大量的资金投入，用于基础设施建设、网点铺设和基础运营等。

电子商务生态体系相对于电子商务发展需求来说仍需要进一步完善，同时，电子商务服务业在发展中也面临反垄断挑战。

二、电子商务服务业发展前景

（一）电子商务服务业将是信息经济时代的新兴基础设施产业

在农业经济时代，土地和运河是重要的基础设施；工业经济时代，公路、铁路和电网是重要的基础设施；到了信息经济时代，互联网成为重要的基础设施。信息经济的主题是大规模整合和应用信息，基于信息技术的新兴基础设施是国家现代经济增长模式的基础。电子商务引起的社会经济变革使信息这一核心生产要素广泛应用于经济生产，加快了信息在商业、工业、农业中的渗透速度，极大地改变了消费行为、企业形态和社会创造价值的方式。

电子商务服务业的功能是为电子商务市场交易提供基础设施，有效地降低社会交易成本，促进社会分工协作，促进社会创新，提高社会资源的配置效率，从而深刻地影响零售业、制造业、物流业等传统行业。2008 年金融危机爆发后，电子商务服务业对经济发展的“乘数效应”显现，有力地拉动了经济增长。为了应对金融危机和经济发展战略调整，全球新一轮基础设施建设正在展开，其中电子商务服务业基础设施建设是重要内容。我国电子商务服务业经过十几年的发展，已经汇聚海量生产信息、交易信息与消费者信息，已经成为目前国内信息经济的重要生产要素，正在成为信息经济重要的基础设施产业。

---

① 商务部. 中国电子商务报告 2020. http://dzsws.mofcom.gov.cn/article/ztxx/ndbg/202109/20210903199156.shtml.

（二）电子商务服务业将成为国家新兴战略产业

电子商务服务业在降低社会交易成本、促进社会分工协作、提升社会创新机会、提高社会资源配置效率以及促进新商业文明发展方面作用显著，将有效增加就业，促进中国经济发展模式转型，提升产业结构竞争力，促进区域协调发展。作为信息经济的基础设施，电子商务服务业将成为提升国际竞争力，引导经济发展的国家战略性新兴产业。电子商务服务业必然将在国家发展战略和国民经济协调发展中发挥重要的作用。

未来的互联网领域，来自产业链的分工协作、角色互补和利益共享将创造巨大的价值。电子商务服务将在未来几年里服务更多的企业，为企业在网络上创造更大的价值。电子商务服务业将成为经济增长的新动力，引领未来经济发展的方向和模式。

（三）电子商务服务业将成为国民经济发展新的增长点

电子商务服务业蓬勃发展，将成为国民经济发展新的增长点。技术创新加速社会专业化分工，为电子商务服务业提供了广阔的发展空间。基于网络的交易服务、业务外包服务、信息技术外包服务规模逐渐扩大，模式不断创新。网络消费文化逐步形成，面向消费者的电子商务服务范围不断拓宽，网上消费服务模式日渐丰富。电子商务服务业将成为国民经济发展新的增长点，推动经济社会朝集约化、高效率、高效益、可持续方向发展。

（四）电子商务服务业将成为我国服务贸易新的经济增长点

20 世纪 60 年代以来，全球产业结构由工业型向服务型转型，出现了以电子商务服务为特征的新型服务业。电子商务通过建立全球化的交易规则、标准和服务体系，在不同国家和地区贸易商之间、贸易商和政府之间形成高效的电子化业务流程，进而实现跨境电子化贸易和贸易高效化。

目前，我国正处于电子商务服务业的快速成长期，未来 20 年，电子商务服务业将成为我国服务贸易新的经济增长点，并加速国际贸易服务领域的变革，这也是全球贸易服务领域变革的必然趋势。

我国电子商务服务业并不是一种自然演化的自发过程，而是一种面对国际竞争压力的追赶结果。国际环境以及经济和社会发展水平决定了我国不可能完全重复先行国家和地区走过的道路。我国电子商务发展的当务之急是：树立创新意识，结合国情，选择低成本、见效快、可持续发展的有效模式。近年我国电子商务服务业出现爆发式增长的势头，可以预见，电子商务服务业必将成为我国服务贸易新的经济增长点。

（五）电子商务服务业的全球化时代即将到来

电子商务服务的出现，突破了传统贸易的单向物流动作格局，实现了以物流为基础、信息为核心、商流为主体的全新战略。这意味着只要市场开放并纳入一定的规范，电子商务就具备进入国际贸易领域的条件。目前，随着国际电子商务环境逐步完善，贸易条件日趋成熟，国际电子商务服务正从区域、经济体成员内信息聚合向跨区域、跨境和全球化电子商务交易服务发展，电子商务服务也从经济体内向跨经济体、跨区域及全球化服务延伸。可以预言，电子商务服务业将带动全球电子商务发展，成为新时期国际电子商务发展的焦点，预示着电子商务服务业的全球化时代的到来。

（六）电子商务服务业进入品牌时代

电子商务服务企业从提供的业务属性来看，属于电子商务领域的“重工业”，在资金流转和人力支出上压力很大，在硬件条件上需要持续投入，其所得的利润非常有限。目前，国内电子商务服务企业大多为中小企业，服务能力有限。规模化的服务能力成为制约电子商务服务企业发展的瓶颈。运营费用对电子商务服务企业而言是主要的支出，其中电子商务专业人才的缺乏是一块不小的短板，每个服务的品牌商都需要组建几个人到十几个人的团队，后端客服人员的数量也会随着服务品牌商数量的增加而递增，人力成本成为巨大考验。如何在合作商增加的基础上降低自己的边际成本是个难点。电子商务服务业竞争比拼的是供应链整合与管理能力，而非合作品牌商的数量，如果后端服务跟不上，很容易导致失败。

到“十三五”末，电子商务服务业经过多年发展，在平台交易服务、代运营服务、物流服务等领域开始呈现“金字塔”式行业分布结构，龙头企业凭借资金、技术、规模、数据和管理等优势占据了较高市场份额，品牌优势较为突出，而中小企业数目众多但市场份额低。

电子商务服务企业未来的发展取决于企业自身的长远战略目标和自身的运营服务能力，也与传统品牌企业的电子商务战略选择息息相关。电子商务外包服务企业未来或许转型成为传统品牌企业的一个网络经销渠道，服务的客户对象也会逐渐从一些传统大品牌企业转向中小品牌企业，这一块的长尾市场需求会逐渐释放出来。与此同时，电子商务服务企业之间的竞争也会日益激烈，企业需要充分发挥自己优势抢占市场先机，塑造服务品牌。

案例 7 - 6

传统企业"触网"背后的帮手

消费者在网上品牌旗舰店里挑选、购买商品时，可能未必知道是谁在背后提供导购、下单等服务。实际上，众多知名品牌的网络官方旗舰店都不是自己在打理，而是外包给第三方。目前，美的、苏泊尔、安踏、诺基亚、HTC 等企业的 B2C 业务均由电子商务外包服务企业代为运营管理。

易观国际电子商务分析师告诉记者，其实电子商务外包服务企业早在 21 世纪初就已萌芽，发展初期的不少企业都是从易趣、淘宝等大平台中的大卖家转型而来，不少企业都有从事 B2C 电子商务的从业经验。

"面对电子商务巨大的市场空间，传统品牌企业一方面迫切希望能通过网络开展电子商务，另一方面又受到经验少、专业人才缺乏和成本高的限制。外包是加快传统企业涉水电子商务的捷径。"易观国际电子商务分析师表示。

"传统品牌如果自建电子商务，会涉及电子商务渠道规划、建站或平台开店、店铺运维、营销推广、仓储物流、客户关系管理、数据挖掘、售后服务等纷繁庞杂的运营环节。如果传统企业想要直接开展 B2C 业务，起步没有几千万资金很难做到。"某电子商务资深人士告诉记者。

事实上，很多知名品牌起初都自己尝试过组建独立的团队运作电子商务，但大多收效甚微。

电子商务外包服务企业的存在无疑弥补了这一缺憾。然而，由于这个行业的进入门槛相对较低，目前业内扎堆着大量的小服务商，他们大多组建几个人的团队，靠几万元的创业资金起家，服务内容也单一有限。

某业内企业高层也向记者坦言，虽然电子商务外包服务企业发展速度快，进入门槛低，但竞争门槛颇高。

"只有品牌团队的配备、网络分销渠道的搭建、仓储物流的跟进等供应链体系聚集，才能确保稳定的品牌合作，而这对企业本身的要求极高。目前业内销售额达到亿元级规模的企业屈指可数。"上述人士说，"那些提供单一服务的企业服务不容易产生用户黏性，难以确保持续的高速增长。"

据记者了解，目前国内较为成熟的电子商务外包服务企业的主要业务包括：帮助传统行业的品牌商在网上开店，并负责店面装修、运营、推广、仓库物流、售后服务；将品牌商的商品放在与服务商有合作的分销渠道销售；为品牌商提供技术支持，包括品牌B2C商城搭建、企业资源规划系统、客户关系管理系统开发等。

上述业内人士告诉记者，电子商务外包服务企业目前的收入主要来自向品牌商收取的基础服务费以及销售佣金的分成。其按照服务企业所处行业的特性，分成比例略有区别，一般比例为10%～30%。

资料来源：李静颖．第一财经日报．（2011－05－24）．［2022－04－29］．http://tech.163.com/11/0524/01/74PI342G000915BF.html.引用时有修改

思考与讨论：

试结合案例分析电子商务服务业发展的基础和前景。

本章小结

Summary of this chapter

本章首先阐述了电子商务服务业的内涵和外延，对电子商务服务业进行了界定，根据服务对象和服务内容对电子商务服务业进行了分类。接着讲述了电子商务服务业的主要门类，分别介绍了电子商务信息服务业、电子商务信用服务业、电子商务运营服务业、电子商务营销服务业、电子商务咨询服务业以及电子商务培训服务业的定义、功能、发展态势等。最后阐述了电子商务服务业发展态势。

思考与练习

一、不定项选择题

1. 某电子商务网站对不同脸型的人购买眼镜设计了一个网上试戴环节，用户只要上传照片头像就可以在线试戴并选择适合自己的框架眼镜。此服务属于（　　）类型。

A. 生产者服务　　B. 消费者服务　　C. 资金网络服务　　D. 社会服务

2. 电子商务信息服务包括下列五个基本要素，其中核心是（　　）。

A. 信息服务用户　　B. 信息服务者

C. 信息服务产品　　D. 信息服务设施

E. 信息服务方法

3. 电子商务咨询服务是由具有电子商务专业知识和丰富电子商务应用经验的专业

人士提供的一种顾问服务，旨在帮助电子商务管理人员辨识和解决电子商务应用中的（　　）问题，并为这些问题推荐切实可行的解决方案，从而促进企业的电子商务应用。

A. 管理　　B. 业务　　C. 软件　　D. 硬件

二、思考题

1. 简述电子商务服务业的内涵和分类。
2. 谈谈我国电子商务咨询服务业存在的问题。
3. 谈谈我国电子商务服务业的发展现状。
4. 为什么说电子商务服务业的竞争和品牌时代即将到来？

第八章

电子商务相关社会问题

导　言

电子商务企业的经营活动不应仅仅以盈利为目标，而应承担起更多的社会责任；电子商务在我国快速发展，也对电子商务相关法律、税制等社会问题提出了新要求。只有将企业经营与社会责任相融合的电子商务企业才能在竞争中获得持续发展的动力。企业社会责任不是一个新名词，企业社会责任有相对成熟的定义，但不同行业的企业的社会责任会因行业特性而有所差异。只有营造既能规范电子商务行业发展，又能支持其发展的法律法规环境，才能确保我国电子商务持续发展。本章具体探讨电子商务企业的社会责任、法规问题。

学习目标

1. 掌握电子商务企业的社会责任。
2. 了解网络交易规则的一般规定，我国电子商务税收政策。
3. 熟悉我国电子商务立法的现状。

导入案例

互联网企业应承担更多社会责任

互联网作为一种新的生产力，给传统的企业社会责任理论带来新的挑战。互联网企业生存在社会之中，不能只讲经济责任、法律责任，还要讲社会责任、道德责任。

企业社会责任是指企业在创造利润、对股东承担法律责任的同时，还要承担对员工、消费者、社区和环境的责任。就像美国经济学家弗里德曼所说：商业的本质是盈利，但盈利的前提是遵守底线。传统企业的社会责任更强调员工权利、环保、慈善等内容，这些内容对互联网企业同样重要，但互联网技术的社会特性，要求互联网企业承担更多、更重要的社会责任。

互联网技术天生的社会属性要求企业必须更加重视社会责任。互联网不是一个简单的技术和工具，它是信息发布平台、信息交互平台、信息利用平台和交易平台，具有媒体属性、社交属性、商品交易属性，这些社会属性随着网络边界的扩大，正在影响每一个人的生活。人类正处于生存与生活方式由线下到线上、由物理空间向网络空间迁移的阶段，这是由传统社会向互联网时代网络信息化社会的一次集体大迁徙。在这个过程中，互联网企业一定要深刻意识到自己的地位高了，责任也必然更大，权责必须对等。

互联网是新生产力的代表，更应成为新文明的带头人。互联网以不可思议的发展方式迅速而深刻地改变了人们的思维方式和生产生活方式，引发了全世界政治、经济、社会变革。除了技术创新和应用创新之外，互联网企业还应成为文化创新和文明创新的带头人，而不应被功利思想同化，不应为短期利益诱惑，让伦理与道德、秩序与制度为技术护航，更好地服务社会、造福人类。

互联网企业要担当商业文明创新的责任。互联网既是先进生产力的代表，也是先进生产关系的代表。互联网技术以其强大的渗透性、创新性，改变、解构了工业时代原有的价值链条和产业格局，创造出全新的产业生态和经济模式，让存在千年的传统社会组织呈现出自组织、扁平、多元和碎片化的趋势。

互联网技术作为一种崭新的、“破坏性”的技术，正在通过与传统行业融合的方式改变传统企业的运作和管理模式，涌现出电子商务、O2O、生态圈整合、分布式协同等全新商业模式。在这个过程中，互联网企业有义务也有能力创造出一套全新的商业模式、商业伦理，为商业文明的创新贡献力量，推动经济的转型升级。

互联网企业还要担当传播社会正能量的责任。网络空间乌烟瘴气、生态恶化，不符合人民群众的利益。谁都不愿生活在一个充斥着虚假、诈骗、攻击、谩骂、恐怖、色情、暴力的空间。只有营建一个干净、舒服的网上家园，人民群众才有更多获得感，才有幸福感。这需要企业主动过滤掉有害信息，做到不传谣、不造谣、不生事，自觉肩负起传播正能量的责任，为经济发展和社会稳定和谐做出自己应尽的贡献。唯有如此，企业才能做大做强，发展之路才会越走越宽广。

互联网企业也负有国家信息安全责任。随着互联网快速发展，信息空间已成为领土、领海、领空之外的“第四空间”，是国家主权延伸的新疆域。

就中国而言，信息安全问题可以归结为五个主要方面：一是互联网上的内容安全，即涉及政治、道德、文化等方面的内容；二是广播电视播出的安全；三是重要信息系统运行的安全；四是国家机密和公民隐私的安全；五是信息战与信息霸权。国家信息安全是整个国家、社会的事，互联网企业在其中地位非常关键，负有主体责任。它们既是确保内容安全的重要力量，也是打赢信息战的关键力量之一。

资料来源：张显龙. 互联网企业需承担更多社会责任.（2016 -05 -17）.［2022 -04 -29］. http://b2b.toocle.com/detail -6332800. html. 引用时有修改

思考：

1. 互联网企业应当如何理解自身的社会责任？
2. 互联网企业应承担哪些社会责任？

Section 1

第一节 电子商务企业的社会责任

一、电子商务企业社会责任的范围

（一）企业社会责任概述

企业社会责任（corporate social responsibility，CSR）的概念从20世纪20年代在西方发达国家产生到现在已有近百年的时间。西方发达国家尤其是美国对于企业社会责任的研究起步较早。一般认为，现代企业社会责任的概念是美国学者谢尔顿提出来的，他把企业社会责任与经营者满足产业内外各种需要的责任联系起来，认为企业不能把获取利润作为唯一的目标，还应该照顾雇员、消费者、债权人、社区、环境、社会弱势群体及整个社会的利益。美国著名管理学教授卡罗尔1979年提出的概念被广为引用，即“企业社会责任包含了在特定时期内，社会对经济组织经济、法律、伦理和自愿的慈善责任的期望”。①

卡罗尔认为：第一，经济责任是企业最基本也是最重要的社会责任，但并不是唯一责任；第二，作为社会的一个组成部分，社会支持企业承担生产性任务，赋予其为社会提高产品和服务的权利，同时也要求企业在法律框架内实现经济目标，因此，企业肩负着必要的法律责任；第三，虽然企业的经济和法律责任中都隐含着一定的伦理规范，但是公众社会仍期望企业遵循那些尚未成为法律的社会公认的伦理规范；第四，社会通常还对企业寄予了一些没有或无法明确表达的期望，是否承担或应该承担什么样的责任完全由个人或企业自行判断和选择，这是一类完全自愿的行为，卡罗尔将此称为自愿的慈善责任。以企业考虑的先后次序以及重要性而言，卡罗尔认为这是金字塔结构（见图8－1），经济责任是基础，占有最大的比例，法律责任、伦理责任以及自愿的慈善责任所占的比例依次向上递减。

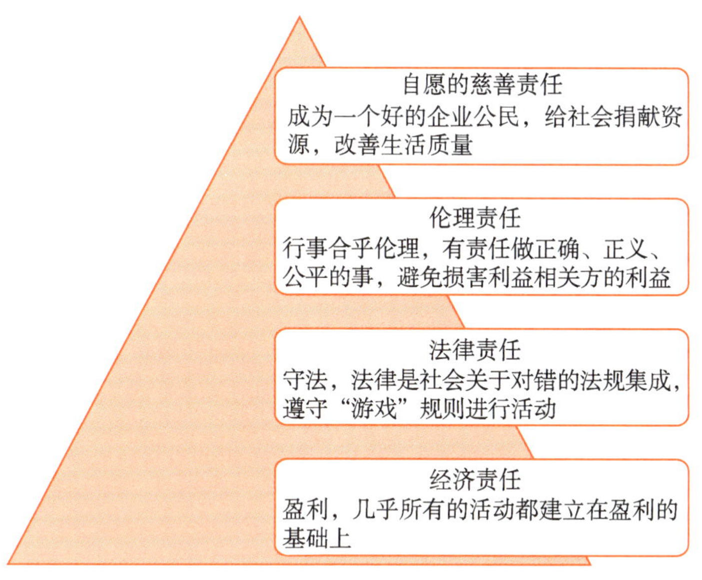

图8－1　企业社会责任的金字塔结构

资料来源：CARROLL A. A three－dimensional conceptual model of corporate performance. Academy of management review，1979（10）：497－505

① CARROLL A. A three－dimensional conceptual model of corporate performance. Academy of management review，1979（10）：497－505.

本书认为，首先，企业在市场和社会中的行为必然要受到一定的约束，背负一定的期望，必须要达到经济底线、法律底线和道德底线。其次，自愿的慈善责任其实也是受道德调整而非法律调整的行为。因此，企业社会责任是指，企业作为市场主体、社会公民，作为各种资源的索取者与使用者，应当对其所处的社会环境和自然环境负起经济责任、法律责任与道德责任。企业不仅要对股东负责，还要对其他非股东利益相关者负责。其中，最主要的非股东利益相关者有债权人、消费者、员工、商业伙伴与竞争者、政府与非政府组织、社区与环境等。

拓展阅读

重要国际组织对企业社会责任内容的界定比较

重要国际组织对企业社会责任内容的界定各有侧重，相关比较见表8－1。

表8－1　重要国际组织对企业社会责任内容的界定比较

倡议组织	主要内容
联合国	要求跨国企业重视人权、劳工标准、环境保护和反腐败，以克服全球化进程带来的负面影响
欧洲联盟	企业在自愿的基础上把对社会和环境的关切，整合到自己的经营运作中以及与其利益相关者的互动中
世界银行	企业社会责任是企业与关键利益相关者的关系，价值观，遵纪守法，尊重人，与社区和环境有关的政策和实践的集合，是企业为改善利益相关者的生活质量对于可持续发展的一种承诺
世界经济论坛	作为企业公民的社会责任包括：①好的企业治理和道德标准；②对人的责任；③对环境的责任；④对社会发展的广义贡献
国际标准化组织	社会责任是指一个组织在开展任何活动时都要负责任地考虑对社会和环境的影响，其活动应当满足社会和可持续发展的需要，符合社会道德标准，不与法律和政府间协议相抵触，且全面贯穿到该组织开展的活动之中

资料来源：佚名．企业社会责任定义．（2011－01－07）．［2022－04－29］．http://wenku.baidu.com/view/4e984736f111f18583d05a27.html.

拓展阅读

利益相关者理论与企业社会责任

1963年，斯坦福大学研究所明确地提出了利益相关者的定义：利益相关者是这样一些团体，没有其支持，组织就不可能生存。这个定义在今天看来是不全面的，它只考虑到利益相关者对企业单方面的影响，并且利益相关者的范围仅限于影响企业生存的一小部分。但是，它让人们认识到，除了股东以外，企业周围还存在其他一些影响其生存的群体。

1984 年，弗里曼出版了《战略管理：利益相关者管理的分析方法》一书，明确提出了利益相关者管理理论。利益相关者管理理论是指企业的经营管理者为综合平衡各个利益相关者的利益要求而进行的管理活动。与传统的股东至上主义相比，该理论认为任何一个企业的发展都离不开各利益相关者的投入或参与，企业追求的是利益相关者的整体利益，而不仅仅是某些主体的利益。弗里曼认为，利益相关者由于所拥有的资源不同，因此对企业产生了不同影响。他从三个方面对利益相关者进行了细分：①持有企业股票的一类人，如董事会成员、经理人员等，称为所有权利益相关者；②与企业有经济往来的相关群体，如员工、债权人、内部服务机构、雇员、消费者、供应商、竞争者、地方社区、管理结构等，称为经济依赖性利益相关者；③与企业在社会利益上有关系的利益相关者，如政府机关、媒体以及特殊群体，称为社会利益相关者。

利益相关者理论认为企业存在于一定的组织环境和社会关系中，企业必须对其行为可能产生影响的团体负有一定的责任，并积极履行之，否则会危及企业的生存和发展。利益相关者利益最大化取代了股东利益最大化，是社会经济发展的必然选择。企业的终极目标不仅仅是盈利，而是将企业及社会价值最大化结合起来，实现企业价值最大化和社会价值最大化的统一。企业在追求盈利的同时，应该为所有利益相关者的利益服务，而不应该仅仅为股东的利益服务，必须考虑社会的整体利益和长远发展，自觉承担相应的社会责任。

资料来源：整理自百度百科. 利益相关者理论.（2011－11－24）.［2022－04－29］. http://baike.baidu.com/view/970800.htm.

（二）电子商务企业社会责任的范围界定

根据利益相关者理论，结合电子商务行业特征，电子商务企业的主要利益相关者有股东、债权人、顾客、员工、商业伙伴、竞争者、政府、非政府组织、社区与环境等（见图 8－2）。

1. 电子商务企业对股东的社会责任

股东是企业的出资人，对企业享有知情、表决、收益等权利。尽管不同行业的产业模式、经营方式有所不同，但是企业对股东的社会责任基本上是一致的。

电子商务企业对股东的社会责任主要表现在经济责任领域，具体包括：保障股东的合法权益，持续为股东获得利润；保证股东财产的安全性，控制企业的经营风险；如实

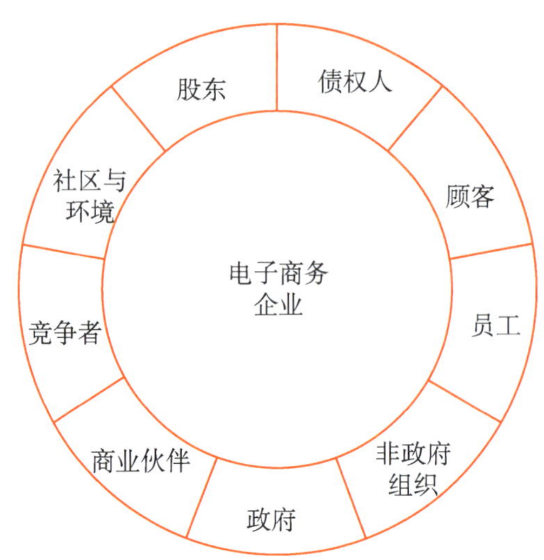

图8－2　电子商务企业的主要利益相关者

向股东提供企业经营状况，向股东报告内部的成本、管理、运营状况等信息。

2. 电子商务企业对债权人的社会责任

同股东一样，电子商务企业的债权人与一般企业的债权人类似，包括银行、信贷机构、企业债券的持有人等。无论企业利润如何，其对债权人均负有到期偿债的责任。

3. 电子商务企业对顾客的社会责任

对顾客的社会责任是电子商务企业社会责任的核心内容。在B2B、B2C、C2C三种常见的电子商务中，对于顾客的界定有所不同。对于B2B电子商务而言，顾客是作为买方的企业或机构。对于B2C电子商务而言，顾客主要是指网络购物消费者。而对于C2C电子商务而言，作为买方的消费者是对方的顾客。电子商务企业对顾客负有信息安全、交易安全、资金安全、产品质量、服务质量五大责任。

4. 电子商务企业对员工的社会责任

电子商务企业在员工维度的社会责任与其他行业相似。电子商务企业对员工的社会责任首先是经济与法律层面的，包括员工安全、就业机会均等、反对歧视和薪酬不公平、社会保险等。除此之外，关注员工的心理健康、为员工提供培训和职业发展通道，也是企业社会责任的重要组成部分。

5. 电子商务企业对商业伙伴与竞争者的社会责任

电子商务企业的合作伙伴是指其供应链上的企业，教材第七章中所讲的电子商务服务业，均可视作电子商务企业的商业伙伴，最主要的有金融机构、第三方支付平台、物流企业以及企业网络基础设施提供者与搭建者。与商业伙伴建立平等、诚信、共赢的合作关系，有助于电子商务企业良性发展。

电子商务企业的竞争者既包括其他电子商务企业，也包括实体业态的销售商。面对竞争者，企业需要遵守市场经济本身的游戏规则和相关法律法规，避免不正当竞争。

6. 电子商务企业对政府及非政府组织的社会责任

政府是指在电子商务企业经济活动中对其行为进行规范的各级政府机构、部门。和其他行业一样，电子商务企业对政府的社会责任主要体现在遵守各种法律的要求，如合理纳税、合法经营等。

非政府组织主要是指对电子商务企业有一定约束力的非政府团体，如行业协会、消费者协会等。电子商务企业应当遵守行业自律准则，响应相应的建议和号召。

7. 电子商务企业对社区与环境的社会责任

在社区与环境方面，电子商务企业的社会责任主要体现在节能减排和社会公益事业上。作为现代服务业的组成部分，电子商务企业具有低污染、低能耗的特点，但其仍然需要持续不断地革新技术，提升效率，减少对电能、硬件设施、网络资源的损耗。作为朝阳产业，电子商务企业在拉动就业、服务社区，从事慈善事业、公益活动方面，需要发挥应有的作用。

案例 8－1

阿里巴巴的社会责任观

发布社会责任报告是时代潮流和重要的商业规范，是企业与利益相关者沟通的又一张名片。2022 年阿里巴巴集团发布了新的社会责任报告。

阿里巴巴的社会责任观包括以下方面：

（1） 可持续发展：行动就会改变。

可持续发展已成为全球共识，也是当前我国发展的主基调，在阿里巴巴，我们坚信对社会负责是我们商业模式的一部分。在可持续发展的时代背景下，无论是国家实施乡村振兴战略，还是新冠肺炎疫情防控成为常态化工作，或是践行“绿水青山就是金山银山”的理念，在生态文明建设上展现新作为，都让阿里巴巴对自身的责任有了更深刻的思考。我们发挥技术和生态协同力量，在巩固脱贫成果的基础上，助力乡村振兴；我们用数字化技术提升社会疫情防控能力，用数字新基建激发疫后经济发展活力；我们用科技加码“减排减塑，通过自然教育唤 醒更多人的环保意识，带动全民环保。我们希望将阿里巴巴的能力转变为助力可持续发展的动力，这是阿里巴巴的责任所归、价值所依”。

（2）人人公益：让公益成为一种生活方式。

2017年95公益周开始，阿里巴巴联合国内多家公益机构、企业等，向社会发出“人人3小时，公益亿起来”的倡议，并正式上线“人人3小时”公益平台，这份倡议是阿里巴巴将人人公益的理念推向全社会的努力。在阿里巴巴看来，公益不是一个人做很多，而是很多人做一点点。阿里巴巴秉持“人人参与，才是公益”的理念，打造数字化公益基础设施，将“人人参与公益，人人因公益而受益”作为“人人3小时”公益平台的美好期待，以期唤醒更多人的善意、善心和善行，让每个人都能用点滴行动为世界带来微小而美好的改变。

（3）公益传承：带上热爱，一起出发。

阿里巴巴创立伊始，就确定了富有激情和梦想的使命、愿景和价值观，并以创业者的姿态，应对瞬息万变的互联网行业。作为一家使命驱动型企业，阿里巴巴坚持通过公益文化的培育与传承，凝聚一群有情有义的人，并和客户、合作伙伴等一起做有价值、有意义的事情。

思考与讨论：

1. 电子商务企业有哪些社会责任？
2. 阿里巴巴的社会责任观包括哪些内容？

二、电子商务企业社会责任的履行

（一）电子商务企业履行社会责任的现状

近年来，越来越多的互联网企业参与服务社会、承担社会责任的实践。2022年6月，快手公布了2021年度企业社会责任报告。报告介绍了过去一年，快手在乡村振兴、守护儿童与青少年成长、促进无障碍建设、助力残障人士创业就业、关爱银发群体、关爱退役军人、应急响应和灾后重建等社会责任领域的价值体系和创新举措，也于快手启航下一个十年之际，再次向外界传递快手“用科技连接善意，创造长期价值，打造最有温度、最值得信任的数字社区”这一使命愿景。2021年8月，阿里巴巴发布《2020—2021年度社会责任报告》。随着电子商务生态圈的完善和发展，网商群体和互联网诚信机制日渐完善，诸如阿里巴巴B2B诚信体系、淘宝C2C诚信体系等先后建立，电子商务企业用实际行动捍卫电子商务生态圈的健康发展，履行社会责任。与此同时，越来越多的电子商务企业投身于公益、慈善事业，以实际行动回馈社会。

但由于我国电子商务起步较晚、基础薄弱，在实现爆发式增长的同时，网上交易的配套服务体系不健全，出现了市场交易秩序混乱、物流成本过高等问题，货到迟缓、退款忽悠、售后滞后、钓鱼欺诈、网络传销等影响用户购物体验的现象纷纷出现。2021年受理的与电子商务相关的投诉案件数比2020年明显减少，呈现负增长。2021年受理海量用户投诉中涉及413家主流电子商务平台，相较于2020年980家，同比减少28.79%。其中，数字零售类投诉占全部投诉的66.54%，比例最高；金融科技投诉占比为7.8%，跨境电子商务投诉占比为7.27%，数字生活投诉占比为5.07%，电子商务物流投诉占比为2.21%。

（二）电子商务企业履行社会责任的路径

（1）加强电子商务企业社会责任意识的教育，培养企业的责任理念。电子商务企业的社会责任理念与其成功有着不可分割的联系。不少成功的电子商务企业的创业者倡导社会责任第一，利益、利润第二。

（2）建立企业社会责任评价体系。在西方发达国家，经济指标仅仅被认为是企业最基本的评价指标，而有多种针对企业社会责任的评价指标，如道琼斯可持续发展指数、多米尼道德指数等都将企业社会责任纳入评价体系，但我国对电子商务企业还没有形成统一的评价体系。

（3）完善与我国电子商务企业社会责任相关的法律制度。从总体上看，我国电子商务企业社会责任缺少法律的约束力，因此我国政府和立法部门应加快制定有关企业社会责任的法律，使电子商务企业的行为有法可依。

（4）整合电子商务企业社会责任于企业的商业模式之中。电子商务企业在从我国高速发展的互联网产业中获益的同时，更需要加大相应的诚信保障，承担起必要的社会责任，并将社会责任完美地植入自身的商业模式中，使消费者能够和经营者站在同一起跑线上，真正做到诚信公平和利益共享。

案例8-2

京东社会责任探索实践

2021年6月18日，京东发布《2018—2020年可持续发展报告》，对2018—2020年京东在可持续发展领域的举措和阶段性成果进行系统披露，全面展示了京东以“技术为本，致力于更高效和可持续的世界”为企业使命和社会责任的核心战略，依托数智化社会供应链，持续为经济发展、环境友好、社会和谐发展创造价值，在推动乡村振兴、提升社会效率、带动高质量消费、助力实体经济数字化转型、推动供给侧结构性改革等方面积极履行社会责任，构建更高效和可持续的美好未来。

面向产业互联网，京东充分发挥数智化社会供应链能力，持续助力实体经济，同时更好地服务商业伙伴，促进数字技术与实体经济深度融合。

通过为零售业、制造业、物流业等提供一系列解决方案，京东持续优化行业成本、效率与体验，为各行各业带来新的增长势能。京东通过布局 C2M（反向定制），推动中国制造业数字化转型，目前京东已与超过 1 000 个品牌进行 C2M 合作，覆盖超过 900 个商品品类；京东物流推出了一体化供应链解决方案和物流科技解决方案，推动物流行业全面降本增效，截至 2020 年底，京东物流仓储总面积约 2 100 万平方米，已经拥有及正在申请的自动化和无人技术相关专利和知识产权超过 2 500 项；京喜发布“京喜产业带厂直优品计划”，通过搭建高效全链路零售系统，实现供给端和消费端的双通路拉动。

京东也充分发挥自身的核心能力，推动双循环新发展格局。京东企业业务联合国内知名商用品牌启动“国产品牌联合计划”，在上游商用品牌和下游企业客户之间搭建出一条数字化“高速公路”；京喜开启“内销行动”，投入价值 20 亿元资源，帮助外贸企业搭建转内销通道；京东科技为服贸会打造“云上服贸会”数字平台，服务全球超过 2 万家企业……

京东还积极发挥“就业稳定器”的作用，仅 2020 年一年就新增员工 10 万人。截至 2020 年 12 月 31 日，京东体系内上市公司及非上市公司员工数达 36 万人，间接带动 1 800 万人就业。

秉持正道商业价值观，京东通过全面开放数智化社会供应链，积极抗击疫情，推动乡村振兴，助力智慧化社会治理，持续为提升社会效益而努力，为社会和谐发展创造价值。

2020 年，面对突如其来的疫情，京东积极承担社会责任，全面开放多年来锻造的供应链、物流、技术等核心能力，累计投入十几亿元用于抗疫情、保民生、撑经济、稳就业。疫情发生后，京东率先行动，第一时间向湖北省慈善总会及武汉医院捐赠大量口罩及医疗物资；宣布投入价值 15 亿元资源，推出“春雨计划”，扶持受疫情影响的品牌和商家；借助科技力量为抗疫提供解决方案，推出疫情问询机器人、AI 机器人和智能快递车“无接触配送”模式等举措。

响应国家乡村振兴战略，京东发挥供应链优势，落实精准扶贫，覆盖产业扶贫、用工扶贫、创业扶贫、金融扶贫、健康扶贫、公益扶贫等诸多领域。截至2020年9月30日，京东已帮助全国贫困地区上线超过300万种商品，实现扶贫销售额1 000多亿元，直接带动100多万户建档立卡贫困户增收。京东也为乡村振兴全面展开“奔富助长计划”，2020年10月发布“三年带动农村一万亿产值成长”的目标，帮助更多农民实现共同富裕。

京东还以多种方式推动经济高质量、稳健发展和社会高效治理，包括建立智能风控体系，以智慧科技守护企业安全；搭建以“一核两翼”体系为基础的市域治理现代化平台，提升社会治理水平。

响应中国气候目标，京东努力构建更低碳和绿色的供应链，致力于成为引领碳中和的中国企业，并借助供应链的影响力辐射更多商业伙伴参与推动中国碳中和目标的实现。

2019年10月，京东物流宣布加入“科学碳目标”倡议，成为国内首家承诺设立科学碳目标的物流企业；2020年11月，京东确定了2030年的减碳目标：与2019年相比，到2030年碳排放总量减少50%。而在2021年京东618，京东也明确表示2021年京东618碳排放的目标同比下降5%，通过丰富而全面的举措推动实现减碳目标。

京东通过低碳绿色数据中心、绿色采购、绿色办公、绿色出行，努力让自身的运营更绿色低碳。作为京东集团自主设计、自主筹建的第一座大型数据中心园区，京东云华东数据中心获得工业和信息化部、国家发展和改革委员会、商务部等六部门批准，成功入选“2020年度国家绿色数据中心”；2020年，京东对服务器核心部件进行采购，在绿色采购管理规定下，新部件和方案引入实现了15%的单机柜电能节约。

京东以“青流计划”作为其可持续发展战略，基于绿色高效的供应链，在运输、仓储、包装、回收等方面进行低碳节能实践，致力于建立全球商业社会可持续发展共生生态。从2017年到2020年，京东物流在全国50多个城市投放新能源车，此举能够实现每年约12万吨的二氧化碳减排。同时，京东推动“原发包装”被写入行业包装标准中，推动几百个企业加入绿色制造倡议，联动全行业已减少一次性包装用量近100亿个。2020年7月6日，京东物流“青流计划”推出物流行业首个环保日。截至2020年12月，已经有超过20万商家和亿万消费者参与到“青流计划”之中。

未来，京东将继续秉持“技术为本，致力于更高效和可持续的世界”的使命，不断挖掘和释放数智化社会供应链的商业价值和社会价值，携手消费者和合作伙伴，共创高效和可持续发展的世界。

资料来源：东方财富网. https://finance.eastmoney.com/a/202106181965617616.html. 引用时有修改

思考与讨论：

电子商务企业如何基于自身商业模式履行社会责任？

三、电子商务企业社会责任评价

当企业为社会责任做出努力后，如何评价其社会责任绩效就成为重要命题。目前，关于我国企业社会责任的评价，较为权威的有由中国社会科学院经济学部企业社会责任研究中心编著的《企业社会责任蓝皮书》，以及由北京大学民营经济研究院发布的“中国民营企业社会责任评价体系”。针对电子商务企业的社会责任评价体系有助于电子商务企业进行社会责任绩效的评价和管理，帮助企业高效率地完成社会责任。

根据电子商务行业特点和电子商务企业社会责任的范围，本教材将电子商务企业社会责任分解为7个维度25项评价指标（见表8-2）。

表8-2 电子商务企业社会责任评价指标

序号	指标名称	指标释义	责任指向
1	净资产收益率	公司税后利润除以净资产得到的百分比率，反映股东权益的收益水平	股东
2	每股收益	税后利润与股本总数的比率，反映公司获利能力	
3	主营业务利润率	主营业务利润与主营业务收入的百分比，反映企业主营业务的获利能力	
4	净利润增长率	净利润是指利润总额减所得税后的余额，净利润增长率=当期净利润/基期净利润×100%-1	
5	信息披露	企业是否完整、合理地向股东报告企业的内部经营状况	
6	资产保证	在财务上通常用资产负债率（负债/总资产）体现企业的偿债能力，资产保证越低则企业偿债能力相对越好	债权人
7	流动比率	流动资产/流动负债×100%，表明企业短期偿债能力	
8	债务偿付比例	（1-逾期未付债务/总负债）×100%	

续表

序号	指标名称	指标释义	责任指向
9	信息泄露比例	被泄露的信息条数/企业所拥有的客户信息总条数×100%，用以衡量信息的保密性	顾客
10	支付安全	支付不安全事件发生率	
11	交易记录完整性	追溯期内丢失了交易记录	
12	退货保证比例	承诺退货保证的商家的总交易额/总商家的总交易额×100%	
13	投诉率	投诉人数/顾客总人数×100%	
14	劳动合同覆盖率	签订正式劳动合同的人数/员工总数×100%	员工
15	工资支付率	实际已付工资/应付工资×100%	
16	平等雇用制度	主观评价指标，涉及员工是否认为自己没有受到性别、年龄、种族、外貌等因素的歧视	
17	工作环境安全卫生	主观评价指标，参考办公设施和办公环境进行评价	
18	员工培训经费比例	本年度用于员工培训的金额/本年度员工工资总额×100%	
19	违约比例	违约合同金额/所有合同总金额×100%	商业伙伴与竞争者
20	公平竞争	是否有垄断行为，有无恶意诋毁竞争对手	
21	纳税比例	企业年度实际纳税额/应纳税总额×100%	政府与非政府组织
22	政策响应	指企业是否积极配合各项国家政策和行业组织号召	
23	公益投入	年度投入公益事业的经费/年度营销费用×100%	社区与环境
24	环保宣传	在交易主页上进行环保宣传的天数/365	
25	节能减排	能耗、废旧设备处理情况	

拓展阅读

互联网企业的社会责任

近年来，随着网络技术的高速发展，互联网产业逐渐融入并不断改变人们的生产生活方式。互联网企业拥有的海量数据以及用户端口使其可以更快速、准确地连接个人、团体与社会，掌握数据霸权，其行为会对社会产生深远影响。尽管在政府政策的引导、消费者和媒体的舆论监督下，我国互联网企业承担社会责任的意识有所上升，但是失责行为依然频频发生。部分互联网企业只顾眼前得失，将数据、资金优势大材小用，与民争利，忘记身为大企业的追求。在此背景下，对互联网企业承担社会责任的影响因素进行研究，对唤起互联网企业的责任心与使命感，促进互联网企业良性发展具有重要意义。

企业社会责任在社会发展中是动态变化的，并且应当契合时代发展主题，所以互联网企业的社会责任是指在互联网时代背景下，依托互联网发展壮大的企业在搭乘网络顺风车的同时，兼顾好经济、法律、道德、慈善责任，对网民、政府等利益相关者负责。虽然互联网企业承担社会责任尚在探索阶段，但是，近年来不少互联网企业仍进行了积极尝试，利用自己的专业优势和企业资源，为解决社会问题出力出策，制定并实施了很多各具特色的承担社会责任的项目，取得了较好的社会反响和成果，为我国全面建成小康社会、打赢疫情防控阻击战、早日建成社会主义现代化强国贡献了力量。同时，也有一部分互联网企业选择积极承担社会责任，成为互联网行业承担社会责任的先行者和模范，对推动全行业强化责任意识，加强战略思考，承担社会责任具有重要意义。

2020年4月至2021年3月，《南方周末》中国企业社会责任研究中心收集并筛选了878件企业社会责任警示事件，并评选出120件月度十大企业社会责任警示事件，其中与互联网企业相关的有45件。互联网企业存在恶性竞争、虚假宣传、欺骗用户流量、传播负面有害信息、侵犯公民隐私、非法使用个人信息、侵犯用户权益等问题。互联网企业不负责任的行为不仅损害了公众的利益，也制约了互联网企业的发展。

资料来源：钟志新. 互联网企业承担社会责任的现状与影响因素研究. 互联网周刊，2022（10）：16－18. 引用时有修改

四、电子商务企业履行社会责任的意义

（一）电子商务企业履行社会责任能够促进企业自身发展

经济全球化进程使世界经济进入无国界经济、跨国界竞争时代。电子商务的出现，适应了经济全球化进程。电子商务企业要想壮大自身，就必须适应和遵循国际竞争规则，更加有效地履行企业社会责任，增强自身的国际竞争力和影响力。电子商务企业在承担社会责任时也能够寻找到获得利润的机会，从而实现企业与社会的双赢。从短期看，承担社会责任往往不能带来直接的经济效益，表现为当年成本增加、利润减少。但电子商务企业承担社会责任会给企业带来良好的广告效应，企业通过关注公益事业，主动承担社会责任，满足了社会公众的期望，塑造了良好的形象。通过大众喜欢的形象发

挥品牌效应，从独立垂直型 B2C 企业发展成为吸纳中小电子商务商家共生的平台型 B2C 企业，使企业取得长期利润，并保持长久发展。通过重视利益相关者的利益来降低企业与这些利益相关者之间的交易费用，为企业创造良好的成长环境，包括市场环境、融资环境、投资环境，促使企业不断扩大规模。

（二）电子商务企业履行社会责任能够优化消费环境

截至 2021 年 12 月，我国网民规模达 10.32 亿，较 2020 年 12 月增长 4 296 万，互联网普及率达 73.0%，较 2020 年 12 月提升 2.6 个百分点。商务交易类应用持续高速增长，网络支付、网上购物和网上外卖分别增长 4 929 万元、5 969 万元和 1.25 亿元。网络购物市场消费升级特征进一步显现，用户偏好逐步向品质、智能、新品类消费转移。[①] 随着互联网的迅速发展，越来越多的交易活动在网上进行。目前网络上的团购商品更多的是以餐饮、娱乐、服务等小宗商品为主，而随着电子商务这一模式被越来越多的人认可，大件商品逐渐走上了网络平台，如电器、家具、装修板材，甚至房子。电子商务对居民衣、食、住、行各方面的生活性消费和企业生产性消费的影响日益深入。电子商务企业履行企业社会责任，能够优化消费环境，为最终用户提供更加合理的购买价格、更为优质的购买体验和更加可靠的购物保证。

（三）电子商务企业履行社会责任能够放大社会效应

电子商务企业能在信息技术支持下跨越时空障碍实现交易。电子商务企业可借助新技术、新手段履行社会责任，放大社会效应。例如，公益事业可以借助电子商务平台实现“行动网络化”，支付宝曾号召支付宝用户为地震灾区捐款，并且和国内外多家慈善机构合作，免费帮助它们实现在线捐赠，为慈善机构带来了便捷、安全的捐款通道。网络捐赠方便快捷、保护隐私、监管透明，展示了独特的公益价值，同时也给网络平台的公益行为提供了一个新的可能。

此外，电子商务企业能够带动为数众多的诸如信息技术、渠道、服务、营销、仓储物流等电子商务生态链的各个环节共同发展，间接带动就业。

电子商务企业作为社会财富的重要经营者，只有树立和谐发展的新理念，正确处理企业与各利益相关者的关系，实现企业全面、协调、可持续发展，不断提高企业社会信

---

① 中国互联网信息中心. 第 49 次中国互联网发展状况统计报告. (2022-03-17). [2022-04-29]. https://wk.askci.com/details/6ead475c943840aba48aaa69e57d7c23/.

用，降低交易成本，才能不断满足社会发展的需要。

案例8-3

字节跳动发布社会责任报告：应急救灾、乡村发展、数字公益成重点

2022年3月16日，字节跳动发布2021年企业社会责任报告。报告呈现了该公司过去一年在践行社会责任方面的行动与思考，包括应急救灾、乡村发展 、数字公益等领域。

过去一年，疫情出现局部反复，部分省份遭遇暴雨灾害，给当地居民带来多重挑战，众多社会力量参与其中。其中，字节跳动医务基金持续开放申请，截至2022年1月，累计为3 738名防疫医务工作者提供人道救助。河南、山西暴雨后，北京字节跳动公益基金会向两地灾区捐赠1.5亿元，保障当地儿童生活学习，帮助学校灾后修缮和当地古迹修复。

字节跳动依托平台技术和产品，积极助力救灾和重建。抖音、今日头条等平台上线"河南暴雨紧急寻人"救助通道，累计处理3 110多条寻人信息；抖音电商为河南商家提供定向扶持和补贴，帮助河南卖出598万单当地好物。此外，小荷为河南用户提供义诊服务，懂车帝为暴雨事故车辆提供免费检测服务。

在乡村发展方面，字节跳动推出一系列计划，通过人才培养、文旅推广、产业发展、古村保护等措施，推动乡村可持续发展。其中，"乡村守护人"计划为934个乡村带来36.78亿次精准曝光，使众多村落成为热门打卡地。此外，抖音电商推动179.3万款农特产品卖向全国，抖音"三农"相关视频日均播放超过42亿次。

报告显示，字节跳动致力于推动科技创新，并推动开放技术社区搭建。截至2021年12月，字节跳动在全球范围内申请专利超过16 000个。仅过去一年，字节跳动开源了30余个重要项目。

字节跳动持续借助技术优势，凝聚社会善意，延伸平台价值。2021年11月，字节跳动公益平台在抖音、今日头条、西瓜视频上线，借助短视频和直播，助力公益。截至2022年2月，平台共上线154个公益项目，吸引超过345万人次捐款。此外，头条寻人项目通过地理位置弹窗推送技术，帮助超过18 000个失散家庭团聚。

2021年，字节跳动持续优化技术和产品，面向重点人群，提升用户体验。抖音升级未成年模式，建立防沉迷和内容审核机制，并通过搭建技术模型，增加青少年优质内容供给。

同时，字节跳动旗下各产品进行适老化改造。其中，抖音推出“长辈模式”、今日头条上线“大字模式”，帮助老年用户群体享受数字生活便利。

此外，面向障碍群体，各产品持续开展无障碍改造，弥合数字鸿沟。截至2022年1月，西瓜视频无障碍影院已上线100多部无障碍电影，满足障碍群体的“观影”需求。

2021年，字节跳动持续推动知识普惠和文化传承。其中，抖音联合中国科协“科创中国”，打造科普栏目《院士开讲》，并与中国少年儿童出版社合作推出《十万个为什么》系列短视频。目前，双一流高校入驻抖音比例达到92%，高校公开课总时长合计145万小时。在1 557个国家级非遗项目中，抖音涵盖率达99.42%，相关视频播放量3 354亿次。

除上述内容外，报告还呈现了字节跳动在内容治理、知识产权保护、绿色生活、员工公益等方面的实践。截至2021年12月，字节跳动已成立25个员工公益社团，吸引超过8万名员工参与其中，总时长接近9万小时，捐款总额近2 500万元。

资料来源：经济参考网，http：//www. jjckb. cn/2022 -03/16/c_ 1310516959. htm. 引用时有修改

思考与讨论：

分析电子商务企业履行社会责任的层次和范围。

Section 2

第二节 电子商务相关的法规问题

一、网络交易规则

（一）网络交易规则的概念

网络交易规则是指各市场主体通过网络进行交易活动所必须遵守的行为准则与规范。它一方面要求交易双方规范地进行交易活动，禁止各种非正当交易；另一方面为网络商品交易及有关服务行为提供公平、公正、规范、有序的市场环境，保护消费者和经营者的合法权益。

1. 广义的网络交易规则

广义的网络交易规则是指网络商品交易及有关服务行为规范，涉及电子商务交易双方以及为电子商务提供交易平台的第三方，覆盖网络商品交易及有关服务行为的全部过程和各个环节。例如，2005年4月18日第八届中国国际电子商务大会发布的《网络交易平台服务规范》即可视为广义的网络交易规则。

2. 狭义的网络交易规则

狭义的网络交易规则是指不同类型的网上交易市场对交易主体、交易方式、交易行为、交易价格、交易秩序等的规范。例如，淘宝网专门有一个栏目为“淘宝规则”（http://rule.taobao.com/），即可视为狭义的网络交易规则。

（二）网络交易规则的一般规定

近年来，我国网络交易蓬勃发展，“社交电商”“直播带货”等新业态、新模式不断涌现并快速壮大，为网络经济增添了新的活力，在稳增长、促消费、扩就业方面发挥了重要作用。与此同时，也出现了不少问题，社会各界呼吁完善相应的监管规则。2018年8月31日，第十三届全国人民代表大会常务委员会第五次会议表决通过《中华人民共和国电子商务法》，该法自2019年1月1日起施行。国家市场监督管理总局2021年3月15日制定出台《网络交易监督管理办法》。该办法是贯彻落实《中华人民共和国电子商务法》的重要部门规章，对相关法律规定进行了细化完善，制定了一系列规范交易行为、压实平台主体责任、保障消费者权益的具体制度规则，对完善网络交易监管制度体系、持续净化网络交易空间、维护公平竞争的网络交易秩序、营造安全放心的网络消费环境具有重要的现实意义。

1. 网络交易的一般规定

从事网络商品交易及有关服务的经营者，应当依法办理工商登记。

从事网络商品交易的自然人，应当通过第三方交易平台开展经营活动，并向第三方交易平台提交姓名、地址、有效身份证明、有效联系方式等真实身份信息。具备登记注册条件的，依法办理工商登记。

从事网络商品交易及有关服务的经营者销售的商品或者提供的服务属于法律、行政法规或者国务院决定规定应当取得行政许可的，应当依法取得有关许可。

已经工商行政管理部门登记注册并领取营业执照的法人、其他经济组织或者个体工商户，从事网络商品交易及有关服务的，应当在其网站首页或者从事经营活动的主页面醒目位置公开营业执照登载的信息或者其营业执照的电子链接标识。

网上交易的商品或者服务应当符合法律、法规、规章的规定。法律、法规禁止交易的商品或者服务，经营者不得在网上进行交易。

网络商品经营者向消费者销售商品或者提供服务，应当向消费者提供经营地址、联系方式、商品或者服务的数量和质量、价款或者费用、履行期限和方式、支付形式、退换货方式、安全注意事项和风险警示、售后服务、民事责任等信息，采取安全保障措施确保交易安全可靠，并按照承诺提供商品或者服务。

网络商品经营者销售商品或者提供服务，应当按照国家有关规定或者商业惯例向消费者出具发票等购货凭证或者服务单据；征得消费者同意的，可以以电子化形式出具。电子化的购货凭证或者服务单据，可以作为处理消费投诉的依据。

消费者索要发票等购货凭证或者服务单据的，网络商品经营者必须出具。

网络商品经营者、有关服务经营者提供的商品或者服务信息应当真实准确，不得做虚假宣传和虚假表示。

网络商品经营者、有关服务经营者在经营活动中收集、使用消费者或者经营者信息，应当遵循合法、正当、必要的原则，明示收集、使用信息的目的、方式和范围，并经被收集者同意。

网络商品经营者、有关服务经营者收集、使用消费者或者经营者信息，应当公开其收集、使用规则，不得违反法律、法规的规定和双方的约定收集、使用信息。

网络商品经营者、有关服务经营者及其工作人员对收集的消费者个人信息或者经营者商业秘密的数据信息必须严格保密，不得泄露、出售或者非法向他人提供。网络商品经营者、有关服务经营者应当采取技术措施和其他必要措施，确保信息安全，防止信息泄露、丢失。在发生或者可能发生信息泄露、丢失的情况时，应当立即采取补救措施。网络商品经营者、有关服务经营者未经消费者同意或者请求，或者消费者明确表示拒绝的，不得向其发送商业性电子信息。

针对网络经营主体登记问题，国家市场监督管理总局 2021 年 3 月 15 日制定出台《网络交易监督管理办法》，对《中华人民共和国电子商务法》规定的“便民劳务”和“零星小额”两类免于登记情形进行了具体界定，即个人通过网络从事保洁、洗涤、缝纫、理发、搬家、配制钥匙、管道疏通、家具家电修理修配等依法无须取得许可的便民劳务，或者年交易额累计不超过 10 万元的依法无须进行登记。

2. 第三方交易平台的特别规定

第三方交易平台，是指在网络商品交易活动中为交易双方或者多方提供网页空间、虚拟经营场所、交易规则、交易撮合、信息发布等服务，供交易双方或者多方独立开展交易活动的信息网络系统。

第三方交易平台经营者应当对申请进入平台销售商品或者提供服务的法人、其他经济组织或者个体工商户的经营主体身份进行审查和登记，建立登记档案并定期核实更新，在其从事经营活动的主页面醒目位置公开营业执照登载的信息或者其营业执照的电子链接标识。

第三方交易平台经营者应当对尚不具备工商登记注册条件、申请进入平台销售商品或者提供服务的自然人的真实身份信息进行审查和登记，建立登记档案并定期核实更新，核发证明个人身份信息真实合法的标记，加载在其从事经营活动的主页面醒目位置。

第三方交易平台经营者应当与申请进入平台销售商品或者提供服务的经营者订立协议，明确双方在平台进入和退出、商品和服务质量安全保障、消费者权益保护等方面的权利、义务和责任。

第三方交易平台经营者应当建立平台内交易规则、交易安全保障、消费者权益保护、不良信息处理等管理制度。各项管理制度应当在其网站显示，并从技术上保证用户能够便利、完整地阅览和保存。

第三方交易平台经营者应当采取必要手段保护注册商标专用权、企业名称权等权利，对权利人有证据证明平台内的经营者实施侵犯其注册商标专用权、企业名称权等权利的行为或者实施损害其合法权益的其他不正当竞争行为的，应当依照《中华人民共和国侵权责任法》采取必要措施。

第三方交易平台经营者应当建立消费纠纷和解和消费维权自律制度。消费者在平台内购买商品或者接受服务，发生消费纠纷或者其合法权益受到损害时，消费者要求平台调解的，平台应当调解；消费者通过其他渠道维权的，平台应当向消费者提供经营者的真实的网站登记信息，积极协助消费者维护自身合法权益。

第三方交易平台经营者在平台上开展商品或者服务自营业务的，应当以显著方式对自营部分和平台内其他经营者经营部分进行区分和标记，避免消费者产生误解。

第三方交易平台经营者应当审查、记录、保存在其平台上发布的商品和服务信息内容及其发布时间。

第三方交易平台经营者应当审查、记录、保存在其平台上发布的商品和服务信息内容及其发布时间。平台经营者的营业执照或者个人真实身份信息记录保存时间从经营者在平台的登记注销之日起不少于两年，交易记录等其他信息记录备份保存时间从交易完成之日起不少于两年。

第三方交易平台经营者应当采取电子签名、数据备份、故障恢复等技术手段确保网络交易数据和资料的完整性和安全性，并应当保证原始数据的真实性。

第三方交易平台经营者拟终止提供第三方交易平台服务的，应当至少提前三个月在其网站主页面醒目位置予以公示并通知相关经营者和消费者，采取必要措施保障相关经营者和消费者的合法权益。

鼓励第三方交易平台经营者为交易当事人提供公平、公正的信用评价服务，对经营者的信用情况客观、公正地进行采集与记录，建立信用评价体系、信用披露制度以警示交易风险。鼓励第三方交易平台经营者设立消费者权益保证金。消费者权益保证金应当用于对消费者权益的保障，不得挪作他用，使用情况应当定期公开。

案例 8-4

监管网上卖食品 北京出台网络食品经营备案规程

随着网络食品购买力的提高，网络食品经营业迅速发展，出现了大量网络食品交易第三方平台、食品经营自建网站。北京市食品药品监督管理局 2017 年 8 月 11 日表示，在北京市注册的网络食品经营企业在通信主管部门批准后 30 个工作日内到北京市食品药品监督管理局办理备案，此举旨在优化监管方式，同时也便于消费者进行查询和监督。

为引导网络食品经营业态良性发展，更好地规范管理网络食品经营行为，营造良好的网络食品经营环境，北京市食品药品监督管理局出台了《网络食品经营备案事项办理规程》，要求在北京市注册的网络食品经营企业在通信主管部门批准后 30 个工作日内到北京市食品药品监督管理局办理备案。这是根据《网络食品安全违法行为查处办法》（国家食品药品监督管理总局令第 27 号）有关规定开展的。

北京市食药监管局食品市场处副处长表示，本着“放管服”的工作原则，《网络食品经营备案事项办理规程》将企业备案事项确定为即时办理项目，网络食品交易第三方平台和自建网站开展食品经营活动的食品生产经营者，网上申报备案信息后，向相应的备案办理部门提交材料，材料审核通过，当场就可以完成备案事项办理，通过备案的网络食品经营企业信息将在北京市食品药品监督管理局网站公布。“这样既精简审核备案流程，提高工作效率，又有利于监管部门掌握网络食品经营动态，优化监管方式，同时也便于消费者进行查询和监督，更好地保障网络食品安全，保障消费者的合法权益。”

按《网络食品经营备案事项办理规程》要求办理备案的企业，既有京东、亚马逊、美团、百度这样的第三方电子商务平台和订餐平台，也有像呷哺呷哺、吉野家、必胜客等自建网络平台的餐饮服务单位。

资料来源：杜燕．监管网上卖食品 北京出台网络食品经营备案规程．（2017－08－11）．［2022－05－13］．https://www.cqn.com.cn/cj/content/2017－08/10/content_4706700.htm.引用时有修改

思考与讨论：

目前网络订餐存在哪些问题？

二、电子商务税收

税收是国家为实现其职能，凭借政治权力参与社会生产的再分配，强制无偿获取财政收入的一种手段。政府制定的税收政策对一个产业或行业的发展起着直接的作用。电子商务税收政策如何制定，是电子商务能否快速发展的重要影响因素。电子商务作为一种新的有别于传统商务的贸易方式，难以确定买卖双方、交易地点，也给税收征管带来了挑战。

（一）电子商务税收的种类

按照商务活动的性质，电子商务税收可分为三类。

第一类是对通过互联网进行的实体商品交易征税，如电子购物、网上市场交易等。网店征税的问题要区分具体情况，无论是天猫的品牌商家，还是淘宝集市上的卖家，只要是企业、公司等法律实体在经营网店，就必须依法承担纳税义务，这是没有争议的。但对于个人卖家，国家出于鼓励就业、活跃经济的目的，在电子商务发展早期一直没有明确要求个人卖家办理营业执照，进行缴税。根据《中华人民共和国电子商务法》，电子商务经营者应当依法办理市场主体登记。但是，个人销售自产农副产品、家庭手工业产品，个人利用自己的技能从事依法无须取得许可的便民劳务活动和零星小额交易活动，以及依照法律、行政法规不需要进行登记的除外。这一类商务活动和传统的商务活动在本质上没有大的区别，国家完全可以按照传统的征税方式进行征税，而不应由于交易方式的变化而让企业承担额外的税赋，或让国家损失大量的税金。例如，一个通过网上购物系统营业的商场，可以像普通商场一样，根据其营业额、利润等进行纳税。电子商务经营者应当依法履行纳税义务，并依法享受税收优惠。

依照规定不需要办理市场主体登记的电子商务经营者在首次纳税义务发生后，应当依照税收征收管理法律、行政法规的规定申请办理税务登记，并如实申报纳税。

第二类是对伴随电子通信手段进步发展起来的一些新兴信息服务业征税。这类商务活动在商家和消费者之间并不进行任何有形物的交换，提供信息的商家通过把信息发布在自己服务器上等待消费者查询，或者按照一定的原则和约定把信息定期发送给特定的消费者，虽然这类信息商品的买卖是通过无形的方式，但伴随着信息商品的流转，也有现金的流转。这类活动的征税，可以根据现金流量的大小确定一个合适的标准。

第三类是对数字化信息产品征税。比如，通过互联网销售计算机软件、书籍、音乐、图片、音像资料等都应纳税。这种交易所得，应属于特许权费、产品销售收入还是服务收入，从计算机软件业兴起就一直在讨论之中，到目前为止各国还没有达成一致的意见。

（二）国际电子商务税收政策

1. 发达国家的电子商务税收政策

发达国家普遍以保持税收中性为基本原则，对电子商务企业和传统企业进行公平课税，英国早在 2002 年就制定了《电子商务法》，明确规定所有在线销售商品都需缴纳增值税，税率与实体经营一致，实行“无差别”征收；美国也在 2013 年通过了开征在线销售税的《市场公平法案》，这是美国第一个全国性互联网消费税提案，它使美国各州政府能对远程销售的电子商务进行跨区征税。在美国，以亚马逊为代表的电子商务企业普遍被要求代征销售税。截至 2022 年 4 月，亚马逊已在美国 45 个州代征销售税，覆盖了美国一半以上的人口。

拓展阅读

美国电子商务征税判例

美国为它复杂的联邦税和州销售税做了一个判例，可以避免按照已经有的交易税法征税造成的重复课税。美国是个联邦国家，联邦政府和州政府都可以立法纳税，一个人在旧金山购买总部在西雅图的亚马逊网站的图书，到底是按照西雅图的含税价结算，还是按照旧金山的含税价结算？所以，有个简化判例。这个判例曾经遭到美国地面图书零售商的上诉。

2000年，美国当地时间6月2日报道，世界最大的网上书店亚马逊公司总裁兼首席执行官杰夫·贝索斯在美国图书博览会上发表措辞激烈的讲话，抨击了网上售书须缴销售税的意见，他的这番讲话激起了许多传统书商的不满。贝索斯指出："我的公司在华盛顿州，受到这里警察和消防的保护，并享受到公共学校的福利，因此缴纳销售税理所应当。但我们通过网上售书把书卖到了北卡罗来纳州，北卡罗来纳州凭什么还要求我们缴税，我看不出任何道理。"当时，美国高等法院做出判定，凡是公司实体不在某个州的，消费者如果通过邮寄或网上订购发生买卖关系，则该州不得对这家公司征收销售税。美国高等法院的这一判定引起了传统书店的不满，认为它们与网上书店处于不平等的竞争地位，因此一致要求对像亚马逊这样的网上零售商普遍征税。

资料来源：佚名. 美国的电子商务真的免税?.（2007－03－08）.［2022－05－13］. http://www.e－gov.org.cn/dianzishangwu/guojidianzishangwu/200703/52489.html. 引用时有修改

2. 经济合作与发展组织的电子商务税收政策

经济合作与发展组织是税务领域处于领先地位的国际组织，具有制定国际税务规范的专业经验。1997年，经济合作与发展组织提出《电子商务：税务政策框架条件》的报告。该报告制定了电子商务的税务原则：中立、高效、明确、简便、有效、公平和灵活；概述了税务政策框架公认的条件，其中包括纳税人服务机会、身份确认、信息需求、税收和税管、消费税以及国际税务安排和合作等内容。1998年9月9日，经济合作与发展组织在伦敦召开的关于欧洲新数字化经济的会议上宣布了经济合作与发展组织的两条原则：一是电子商务必须遵守现行税法，才能避免经济畸形发展，并能使长期精心制定的税收政策和法规在电子商务环境中得以运用，商业界也不必适应新的法规或改变经营策略；二是必须通过公平和简化做法，将现行税收措施应用于电子商务，反对任何厚此薄彼的税收政策。

拓展阅读

国外对电子商务怎么征税？

国际社会对C2C电子商务模式税收政策在很大程度上具有一致性和可操作性，各国都努力减少征税对经济的扭曲，建立和维护公平公正的线上线下交易环境。在不区别对待纳税人、坚持税收公平原则的基础上，适当给予C2C电子商务模式卖家一定的税收优惠，结合各国实际条件划分税收管辖权，实名工商注册、税务登记，实行有效的税收监管。

1. 保持税收中性，不开征新税种

大多数国家都同意对C2C电子商务交易征税，并达成征税时不应开征新税种的基本共识，即保持税收中性。欧盟在1997年的《欧洲电子商务动议》和《波恩部长级会议宣言》中一致通过对电子商务征税要保持税收中性，认为开征新税种没有必要。经济合作与发展组织国家于1997年通过的《电子商务对税收征纳双方的挑战》同样指出不会开征诸如比特税、托宾税等新税种。

2. 区分征税对象，合理选择税种

新加坡对电子商务征税对象区别对待，但税法没有对C2C电子商务税收问题进行具体规定。新加坡2000年通过的电子商务税收原则规定网上销售有形货物与线下销售货物等同纳税，网上提供无形服务和数字化商品按3%课税。澳大利亚与新加坡类似，对网上提供有形货物课征销售税，对网上提供劳务等无形货物课征劳务税。

3. 法定税收优惠，促进经济繁荣

韩国2006年开始对C2C电子商务模式征税，但是其《税收例外限制法》有一定的税收优惠规定，《电子商务基本法》同时也规定，对促进电子商务所必需的基础设施建设项目支出的费用，在预算内给予部分补贴。新加坡规定卖家从互联网上以非新加坡币取得的对外贸易所得按10%优惠税率课税，相关资本设备可享受50%的资本减免。

4. 规范网络注册，线下实体登记

英国2002年制定的《电子商务条例》规定C2C电子商务模式中个人卖家在网上进行货物销售时要提供线下登记证明、真实注册机构、姓名、地址和商品含税信息（是否包括增值税和运费等）。

5. 划分税收管辖权，防止税源流失

税收管辖权的划分是以属人原则为主还是以属地原则为主，各国规定不尽相同。美国早在1996年通过的《全球电子商务的选择性税收政策》中就提出以属人原则对电子商务征税，克服网络交易地域难以确定的问题。加拿大规定提供货物或劳务的卖家居住地税务当局对C2C电子商务模式中的卖家负有征税义务。

6. 成立专门机构，加强税收监管

日本早在2000年就成立了电子商务税收稽查队，该稽查队隶属于东京市税务局，分设个人线上卖家、公司线上卖家等15个部门，涉及B2B、B2C、C2C三种主流电子商务模式，有效地实现了对电子商务征税，合理监督税收流向。同样，法国也成立专门的电子商务税收监察部门，有效地解决了电子商务税收监管问题。澳大利亚整合C2C电子商务模式个人卖家、买主和税务机关三方资源，建立电子税务平台，方便电子商务税收的征管，及时、便捷地进行信息交换。

资料来源：吴秋余，李丽辉．电商，到底该如何缴税？（2017－04－24）．［2022－05－13］．http://society.people.com.cn/n1/2017/0424/c1008－29230729.html．引用时有修改

（三）我国电子商务税收政策

1. 我国电子商务税收政策的发展与现状

国务院办公厅2005年出台的《关于加快我国电子商务发展的若干意见》明确提出要“加快研究制定电子商务税费优惠政策，加强电子商务税费管理”。

国家发展和改革委员会（简称国家发改委）、国务院信息化工作办公室2007年6月1日联合发布的我国首个电子商务发展规划——《电子商务发展“十一五”规划》也指出，相关部门需研究制定包括网上交易税收征管在内的多方面的电子商务法律法规。

与传统纸质发票相比，电子发票具有无纸化、低能耗、易保存、易查询等优点。早在2013年6月，京东就曾开出内地第一张电子发票，但是当时只能作为收付款凭证，并不能用于报销。此后，电子发票的推进一直比较迟缓。进入2017年，随着移动支付的普及，作为打通“最后一公里”的电子发票开始正式得到应用。

电子发票的推广，得益于政策层面的“松绑”和鼓励。2015年12月1日起，国家税务总局开始推行通过增值税发票管理新系统开具增值税电子普通发票。电子发票都是增值税发票，在“营改增”正式落地后，包括酒店业、餐饮业在内的服务业商户真正被纳入电子发票的开票范围。2017年3月，国家税务总局发布《国家税务总局关于进一步做好增值税电子普通发票推行工作的指导意见》，进一步明确重点在电子商务、金融、快递等行业做好增值税电子普通发票推行工作。

电子发票是互联网时代的产物，同普通发票一样，采用税务局统一发放的形式给商家使用，发票号码采用全国统一编码，采用统一防伪技术，分配给商家，在电子发票上附有电子税局的签名机制。

我国目前对企业的税收管理是以税务登记为基础，2014年国家工商行政管理总局出台的《网络交易管理办法》规定，从事网络商品交易的自然人，应当向第三方交易平台提交其姓名、地址等真实身份信息，具备登记注册条件的，依法办理工商登记。

2019年1月1日，《中华人民共和国电子商务法》施行，规定对电子商务依法征税。电子商务交易只是改变了交易场所，并未改变交易的本质，因此，电子商务经营者应当依法履行纳税义务，并依法享受税收优惠。从法律规定看，并未对电子商务平台经营者单独设立税种，但明确了作为经营者无论是线上还是线下，只要生产经营满足征税

要件，就应当缴纳税款。

根据我国的电子商务法，电子商务经营者应当依法办理工商登记。但是，销售自产农副产品、销售家庭手工业产品、个人利用自己的技能从事依法无须取得许可的便民劳务活动以及依照法律、行政法规不需要进行工商登记的除外。电子商务平台应当对申请进入平台的经营者的身份、行政许可等信息进行审查、登记；电子商务平台经营者应当按照规定向工商行政管理部门、税务部门报送平台内经营者的身份信息和经营信息。报送平台经营者身份信息，有助于监管机关对电子商务经营者进行监管以及依法征税，加强税收管理。

2. 我国电子商务税收政策的制定原则

我国电子商务税收政策的制定应该遵循国际上公认的电子商务税收的最基本原则：

（1）合理公平。税收中性原则是税收的基本原则之一，电子商务不应因贸易方式不同而有所不同，这也是税收公平性的体现。税收政策的制定要有利于促进电子商务的规范化发展。

（2）简易透明。网上税收手续应简便易行，便于税务部门管理和征收；网上税收应当具有高度的透明性，便于用户了解和查询。

（3）接轨国际。对电子商务的课税应与国际税收的基本原则相一致，避免不一致的税收管辖权和双重征税。

3. 我国电子商务税收政策的制定建议

（1）明确征收电子商务税。电子商务作为一个朝阳产业，目前发展并不完善，对纳税人、纳税时间、税率等问题，都有待周密研究，否则，将有越来越多的企业和消费者通过电子商务避税，而资本通过网络进行国际流动也将导致大量税收流失或转移。

（2）区别对待不同种类的电子商务交易行为。对于不同类型的电子商务交易行为，应视具体情况区别征税。对于 B2B 和 B2C 交易，由于出售商品一方本身就是企业实体，电子商务不过是为其提供了新的销售平台，因而应按照国家现行税法纳税，生产经营型企业应缴纳 17%的增值税。对于 C2C 交易，由于成本低是目前吸引个人从事网上业务的主要因素，淘宝网的 100 多万卖家中个人卖家超过了 99%，这对促进就业起了积极作用。为鼓励该新兴行业发展，我国可借鉴国外经验暂缓征税，但要有所准备，如一般买进卖出的店家缴纳 4%的增值税，二手物品的买卖可减半征收或不收税。在所得税方面，企业和个人均应依法缴纳企业所得税和个人所得税。

（3）建立网络商贸登记制度。工商和税务部门对从事电子商务的单位和个人应做好全面登记工作，可与相关网站合作，掌握相应网络贸易纳税人的交易情况，网上卖家必须在工商、税务部门备案才有网络交易的资格。有传统经营行为又开辟了电子商务的纳税人也应将其所开展的网上业务报予税务机关，以便后者监管。企业应对通过网络提供的服务、劳务及产品销售等业务，单独建账核算，以便税务机关管理审查。

（4）完善相关法律法规。国家应根据电子商务的实际情况完善相关税法，将电子商务涉及的内容写入有关法律法规，明确电子商务适用的税法、相关主体的权利义务关系和法律责任、电子商务行为税收征管的界定标准等。国家应在法律法规中赋予税务机关在网上主动稽查的权力，使税务机关可以合法地在网上对纳税人的交易行为进行监控，检查纳税人的电子账目，追踪检查商务主体的支付行为，对网上纳税人进行税收强制执行等。国家应堵塞电子商务涉税行为监管的漏洞，加大对电子商务涉税违法行为的打击力度，提高电子商务涉税违法行为成本。国家应要求税务机关为纳税人保密，否则应承担法律责任。

（5）改进税收征管工作。信息技术为税务系统升级换代提供了契机，相关行政部门等应大力推进电子税务工程建设，通过电子网络方式完成电子纳税、电子缴税等各项税收事宜。相关行政部门等可选择社会条件较为成熟的地区作为试点，对网上交易进行税收征管、分析，为建立健全电子商务涉税征管制度探索技术支持。相关行政部门等应加强国际间业务交流，了解国际税收政策变化形势，培养一批既精通税收专业知识，又精通外语和计算机网络知识的高素质、应用型的税收专业人才，不断提高税务征管队伍的综合素质。

案例8-5

电子商务，到底该如何缴税？

世界上大多数国家在对电子商务是否征税问题上都比较谨慎。例如，美国为促进电子商务发展，保持电子商务在世界的领先地位，选择不征新税的政策；而欧盟国家对电子商务征税，选择只征旧税、不加新税的政策。相比而言，我国电子商务尚处于发展阶段，国家在税收政策上给予一定的鼓励和扶持。

（1）在近期，我国应选择“不增加新税”的电子商务税收政策。

在近期，对税收政策涉及电子商务方面且问题较突出的，做局部性调整，对电子商务的整体性税收政策进行调查研究。我国现有税收征管技术不高、能力不强，尽管电子商务与现实的货物交易一样应该征税，以体现税收的公平、效率原则，但是不增加新税的政策应该是我国近期对电子商务的税收政策选择。

加快税收信息化建设。增大利用现代化手段的幅度，提高税收征管水平和效率，实现适应信息时代的网络化税收征管新模式，以适应电子商务税收征管的新情况。加强国际税收协作，通过多边协议以及单边税收规定，减少重复征税。

（2）中长期，我国应选择“据情征税”的电子商务税收政策。

随着电子商务的发展，一个国家乃至各国、国际性组织之间，将对电子商务税收问题发生较大的争议，由电子商务引起的国际税收利益问题将会更加突出。所以，从长远看，对电子商务征税是电子商务发展到一定程度必然要发生的事情。从一个国家或地区角度来看，电子商务越发展，税收原则问题、常设机构定义问题、税收征收管理问题将越突出。国家间将不得不对电子商务的税收问题进行协商，以减少分歧，达成共识，采取普遍征税和较为一致的税收政策。

因此，我国在近期内，虽然选择对电子商务不征新税的政策，但是，应该对电子商务及其发展积极关注，调查研究，制定中长期的电子商务税收政策，待条件成熟时普遍实施。

资料来源：佚名. 电子商务法关于我国电子商务税收的政策选择.（2021－12－20）.［2022－05－13］. https://www.gongsibao.com/article－7054.html. 引用时有修改

思考与讨论：

1. C2C 电子商务企业不纳税是否会造成电子商务企业和实体店竞争的不公平？
2. 实际中对电子商务企业征税的难点在什么地方？
3. 对电子商务企业征税是否会导致消费者网购成本上升？

三、电子商务立法

（一）电子商务立法的意义与内容

1. 电子商务立法的意义

近年来，我国电子商务发展迅速，市场规模不断扩大，新业态、新技术层出不穷，同时也带来很多问题。为了保障电子商务活动中各主体的合法权益，规范市场秩序，促进电子商务持续健康发展，出台统一的电子商务法势在必行。2019 年 1 月 1 日《中华人民共和国电子商务法》正式施行。

2. 电子商务立法的内容

《中华人民共和国电子商务法》共 7 章 89 条款，已于 2019 年 1 月 1 日正式施行。《中华人民共和国电子商务法》的颁布和施行是我国电子商务发展史上的里程碑，使电子商务行业的发展有法可依。国家鼓励发展电子商务新业态，创新商业模式，促进电子商务技术研发和推广应用，推进电子商务诚信体系建设，营造有利于电子商务创新发展的市场环境，充分发挥电子商务在推动高质量发展、满足人民日益增长的美好生活需要、构建开放型经济方面的重要作用；国家平等对待线上线下商务活动，促进线上线下融合发展，各级人民政府和有关部门不得采取歧视性的政策措施，不得滥用行政权力排除、限制市场竞争；电子商务经营者从事经营活动，应当遵循自愿、平等、公平、诚信的原则，遵守法律和商业道德，公平参与市场竞争，履行消费者权益保护、环境保护、知识产权保护、网络安全与个人信息保护等方面的义务，承担产品和服务质量责任，接受政府和社会的监督。

（二）国外电子商务立法实践

在全球性电子商务的发展浪潮中，美国一直处于领先地位，欧盟国家紧随其后。欧盟国家意识到在信息社会中电子商务将提供重要的就业机会，为广大中小企业提供新的发展空间，促进经济增长和技术创新方面的投资，增强企业的竞争力，因此，欧盟一直致力于促进电子商务的发展。欧洲议会 1999 年 12 月 13 日通过了《电子签名统一框架指令》，2000 年 5 月 4 日又通过了《电子商务指令》。这两部法律文件协调并规范了电子商务立法的基本内容，构成了欧盟国家电子商务立法的核心和基础。其中《电子商务指令》更是全面规范了关于开放电子商务的市场、电子交易、电子商务服务提供者的责任等关键问题。欧盟成员国已在自 2000 年 5 月起的 18 个月内，将《电子商务指令》制定成为本国法律。欧盟的“指令”与一般的国家法律不完全相同，它们具有地区性国际条约的性质。从全球电子商务立法的角度来看，欧盟的电子商务立法无论是立法思想、立法内容还是立法技术都是非常先进的。

新加坡是发展电子商务较早、较快的国家。在联合国国际贸易法委员会 1996 年颁布《电子商务示范法》之后，新加坡即开始了相关的立法研究与起草工作。1998 年新加坡为了推动本国电子商务的发展，颁布了一部有关电子商务的综合性法律文件，即《电子交易法》。由于新加坡的这部法律颁布时间较欧盟的《电子签名统一框架指令》和《电子商务指令》及美国的《统一计算机信息交易法》和《电子签名法》都早，而且在内容和体例上具有独到之处，因此在世界范围内产生了较大的影响。

美国出台了一系列的法律和文件，这些法律和文件在不同的角度和程度上相互关联，从而在整体上构成了电子商务的法律基础和框架。其中包括以信息为主要内容的《电子信息自由法案》《个人隐私保护法》《公共信息准则》等，以基础设施为主要内容的《1996 年电信法》，以计算机安全为主要内容的《计算机保护法》《网上电子安全法案》等，以商务实践为主要内容的《统一电子交易法》《国际国内电子签名法》，还有属于政策性文件的《国家信息基础设施行动议程》《全球电子商务政策框架》等。2000 年 10 月 1 日，《全球电子签名法与国内贸易法案》正式在美国生效。美国作为联邦制国家，拥有二级立法体系，到 20 世纪末，美国已有 44 个州制定了与电子商务有关的法律。美国 2013 年通过了开征在线销售税的《市场公平法案》，这是美国第一个全国性互联网消费税提案。

拓展阅读

世界各地的电子商务立法

俄罗斯是世界上最早进行电子商务立法的国家，1994 年俄罗斯开始建设俄联邦政府网，1995 年俄罗斯国家杜马审议通过《俄罗斯信息、信息化和信息保护法》；1996 年通过《国际信息交流法》；2001 年通过《电子数字签名法》草案，规定了国家机构、法人和自然人在正式文件上用电子密码进行签名的条件、电子签名的确认、效力、保存期限和管理办法等。

欧盟于 1997 年提出《欧洲电子商务行动方案》，为规范欧洲电子商务活动制定了框架；1998 年颁布《关于信息社会服务的透明度机制的指令》。1999 年末，欧盟制定《电子签名统一框架指令》。该指令由 15 个条款和 4 个附件组成，主要用于指导和协调欧盟各国的电子签名立法。

此外，还有德国 1997 年的《信息与通用服务法》、意大利 1997 年的《数字签名法》、法国 2000 年的《信息技术法》等。

1999 年加拿大制定《统一电子商务法》，正式承认数字签名和电子文件的法律效力。此后，通过制定具体的政策、法规，实现电子商务发展，通过及时更新法律法规，消除电子商务的障碍。与此同时，加拿大创立了世界上第一个全国性研发高速光纤网络，率先实现了国家所有的学校与图书馆全部联机。

1999 年澳大利亚颁布《电子交易法》，确定了电子交易的有效性，并对适用范围进行了适当限制，对“书面形式”“签署”“文件之公示”“书面信息的保留”“电子通讯发出、接收的时间和地点”“电子讯息的归属”进行了规定。

新加坡是世界上积极推广电子商务的国家。早在1986年新加坡政府就宣布国家贸易网络开发计划，1991年全面投入使用EDI办理和申报外贸业务。1998年新加坡制定《电子交易法》，并逐步建立起完整的法律和技术框架。

马来西亚是亚洲最早进行电子商务立法的国家。20世纪90年代中期马来西亚提出建设“信息走廊”的计划；1997年颁布《数字签名法》，该法采用以公共密钥技术为基础，并建立配套认证机制的技术模式，极大地促进了电子商务发展。

韩国1999年制定的《电子商务基本法》是典型的综合性电子商务法。该法包括以下内容：关于电子信息和数字签名的一般规定；电子信息；电子商务的安全；促进电子商务的发展；消费者保护及其他；对电子商务的各方面做出基础性的规范。日本2000年制定的《电子签名与认证服务法》，主要篇幅用于规范认证服务，从几个方面对认证服务进行了全面、细致的规定；明确了指定调查机构的权利与义务，形成了独特的监管模式。

资料来源：佚名. 世界各地区电子商务立法概括.（2012-012-27）. [2022-05-13]. https://china.findlaw.cn/jingjifa/dianzishangwufa/swzs/lfqk/6835.html. 引用时有修改

（三）我国电子商务立法实践

1. 我国电子商务立法的现状

我国政府高度重视电子商务的立法工作。现阶段我国涉及电子商务的立法包括：《中华人民共和国合同法》《计算机软件保护条例》《中华人民共和国计算机信息系统安全保护条例》《中华人民共和国计算机信息网络国际联网管理暂行规定》《商用密码管理条例》《互联网信息服务管理办法》《中华人民共和国计算机信息网络国际联网管理暂行规定实施办法》《中国互联网络域名注册暂行管理办法》《中国互联网络域名注册实施细则》《中文域名注册管理暂行办法》等。但是以上的立法只在某一方面对电子商务做出了规范，缺乏一个总体的法律构架规范电子商务的发展。

我国已成为全球电子商务第一大市场，但立法滞后和监管不力等问题使电子商务发展面临诸多难题。我国2013年底正式启动电子商务法立法工作，2014年开展了16项电子商务立法专题研究，2015年拟定了草案。2018年6月19日，电子商务法草案三审稿提请第十三届全国人民代表大会常务委员会第三次会议审议。2018年8月27日至8月31日举行的第十三届全国人民代表大会常务委员会第五次会议对电子商务法草案进行四审。2018 年 8 月 31 日《中华人民共和国电子商务法》由第十三届全国人民代表大会常务委员会第五次会议通过。

2021 年 8 月 31 日，国家市场监督管理总局起草《关于修改〈中华人民共和国电子商务法〉的决定（征求意见稿）》（简称《征求意见稿》），向社会公开征求意见。此次修改主要拟对第四十三条、第八十四条做出修改，目的是加强知识产权保护、规范平台经济秩序。同时，《征求意见稿》还加强了相关的违法责任力度，规定电子商务平台经营者对平台内经营者实施侵犯知识产权行为未依法采取必要措施的，法律责任中增加"情节特别严重的，有关部门可以限制其开展相关网络经营活动，直至吊销网络经营相关许可证"。

2021 年 11 月 26 日，商务部、中央网信办、国家发展和改革委员会印发《"十四五"电子商务发展规划》，其中明确，推动修订《中华人民共和国电子商务法》，制定数据安全、个人信息保护等相关法律的配套规定，完善平台治理规则。

拓展阅读

《中华人民共和国合同法》与电子商务

2018 年 8 月 31 日，第十三届全国人民代表大会常务委员会第五次会议表决通过《中华人民共和国电子商务法》，该法自 2019 年 1 月 1 日起施行。其中，电子商务合同的涉及重点有：

第四十七条　电子商务当事人订立和履行合同，适用本章和《中华人民共和国民法总则》《中华人民共和国合同法》《中华人民共和国电子签名法》等法律的规定。

第四十八条　电子商务当事人使用自动信息系统订立或者履行合同的行为对使用该系统的当事人具有法律效力。在电子商务中推定当事人具有相应的民事行为能力。但是，有相反证据足以推翻的除外。

第四十九条　电子商务经营者发布的商品或者服务信息符合要约条件的，用户选择该商品或者服务并提交订单成功，合同成立。当事人另有约定的，从其约定。电子商务经营者不得以格式条款等方式约定消费者支付价款后合同不成立；格式条款等含有该内容的，其内容无效。

第五十三条　电子商务当事人可以约定采用电子支付方式支付价款。

电子支付服务提供者为电子商务提供电子支付服务，应当遵守国家规定，告知用户电子支付服务的功能、使用方法、注意事项、相关风险和收费标准等事项，不得附加不合理交易条件。电子支付服务提供者应当确保电子支付指令的完整性、一致性、可跟踪稽核和不可篡改。电子支付服务提供者应当向用户免费提供对账服务以及最近三年的交易记录。

2. 我国电子商务/互联网行业出台的法律法规

随着数字技术的快速发展，电子商务新模式和新业态不断出现。近年来，在电子商务及互联网领域，我国立法速度明显提高，说明国家对互联网和电子商务的重视。

数字化改革推动我国生产模式变革，随着经济数字化、政府数字化、企业数字化的建设，数据已经成为我国政府和企业最核心的资产。合资企业、跨境贸易、多厂商全球合作的模式变迁，数据开始在企业与企业之间、政府与企业之间以及国与国之间流转、融合、使用甚至泄露。2021年6月10日，第十三届全国人民代表大会常务委员会第二十九次会议通过《中华人民共和国数据安全法》。这部法律是数据领域的基础性法律，也是国家安全领域的一部重要法律，自2021年9月1日起施行。随着数字经济的快速发展，2021年以来我国各省份相继出台了数字经济促进条例。

国家市场监督管理总局2021年3月15日制定出台《网络交易监督管理办法》。该办法共5章56条，对网络经营主体登记、新业态监管、平台经营者主体责任、消费者权益保护、个人信息保护等重点问题做出了明确规定。这是贯彻落实《中华人民共和国电子商务法》的重要部门规章，对完善网络交易监管制度体系、持续净化网络交易空间、维护公平竞争的网络交易秩序、营造安全放心的网络消费环境具有重要现实意义。

2020年国家互联网信息办公室发布《网络信息内容生态治理规定》，该规定自2020年3月1日起施行。该规定的出台对健全网络综合治理体系、维护广大网民的切身利益、动员全社会共同参与网络信息内容生态治理、营造良好的网络生态具有积极的意义。

案例8-6

浙江淘宝网络有限公司诉周某网络侵权责任纠纷案

被告周某用其身份注册了两个淘宝账号，这两个账号经常在淘宝平台通过输入某一类型商品，然后根据搜索结果在同一时间大批量快速下单购买，买入商品后不久，即以“假货”“商品品牌与实际不符”等理由向卖家发起仅退款不退货申请。经统计，2018年6月7日至2018年7月31日，被告周某发起了624笔仅退款不退货申请，退款总金额达32 697.07元，期间退款申请率、退款成功率分别达到98%、96%以上。处理退款过程中，淘宝平台接到相关卖家反馈，被告周某有通过微信向卖家索要赔偿以及发送虚假退货物流等情形。

经审理，杭州互联网法院判决被告周某赔偿原告淘宝公司经济损失，并赔偿原告合理支出（律师费）1 万元。本案被称为全国首例“职业吃货”案。与电子商务的发展同步，以“职业吃货”为代表的网络黑灰产业随之兴起，严重危及互联网商业生态环境的健康发展。同时，由于第三方平台经营者在交易中所处的独特地位，“职业吃货”不仅损害了正常经营者的合法利益，还会侵害平台经营者的正当权益。本案通过支持第三方平台的诉讼维权行动，判决恶意的“职业吃货”败诉，充分体现了人民法院服务和保障数字经济健康发展，推动构建诚信、有序互联网营商环境的重要作用。

资料来源：北大法宝．浙江高院发布首批优化营商环境典型案例．（2021－01－04）．[2022－05－13]．https://www.pkulaw.com/pal/a3ecfd5d734f711de7c41b4073227263320f8bae05e1394fbdfb.htm.引用时有修改

请结合案例分析如何完善我国电子商务法律法规，促进电子商务发展。

Summary of this chapter

本章小结

本章从电子商务企业应承担的社会责任谈起，阐述了电子商务企业社会责任的范围、电子商务企业社会责任的履行、电子商务企业社会责任评价、电子商务企业履行社会责任的意义；讨论了在电子商务发展过程中，网络交易规则、电子商务税收、电子商务立法等社会问题，深入分析了我国电子商务的网络交易规则，对我国电子商务立法和税收征管现状等做了具体分析。

思考与练习

一、不定项选择题

1. 我国电子商务税收政策的制定应该遵循国际上公认的电子商务税收的最基本原则，即（　　）。

A. 合理公平　　B. 简易透明　　C. 接轨国际　　D. 全面免税

2. 以下属于电子商务企业主要利益相关者的是（　　）。

A. 股东　　B. 债权人

C. 顾客　　D. 社区与环境

3. 电子商务立法的核心，主要围绕（　　）的法律效力展开。

A. 电子签名　　B. 电子合同　　C. 电子记录　　D. 电子货币

4. 在电子商务企业社会责任评价指标体系中，用来评价电子商务企业对顾客责任的指标有（　　）。

A. 劳动合同覆盖率　　B. 交易记录完整性

C. 退货保证比例　　D. 投诉率

二、思考题

1. 简述电子商务企业履行社会责任的路径。

2. 电子商务企业履行社会责任的影响有哪些方面？

3. 什么是网络交易规则？网络平台服务经营者应遵守哪些规则？

4. 简述我国电子商务立法现状。

5. 谈谈你对我国电子商务税收政策的建议。

第九章

电子商务发展新动向

导　言

不断创新是互联网的突出特点，无论是博客、维基还是社交网络，都已经得到广泛应用。云计算和物联网技术也获得了很大的发展。这些新的应用和技术与电子商务结合，推动了电子商务创新。

学习目标

1. 理解 Web 2.0 的基本内涵和典型应用。
2. 熟悉 Web 2.0 在电子商务中的应用。
3. 了解物联网在电子商务中的应用。

导入案例

社交网络持续提升美妆行业的互联程度

在社交商务中，消费者、网红、专业人士、美容顾问或销售顾问可以通过直接购买或直播等形式在社交网络推销某品牌或某产品。美妆行业的互联程度如今已达到前所未有的新高度，堪称美妆3.0时代，这一新兴趋势正在YouTube、Facebook、Instagram、微信、TikTok等平台加速发展，而欧莱雅集团也积极参与其中。在这种新模式下，一批富有影响力的美妆达人转变为品牌大使和在线销售者。有的已经成为真正的网络明星，拥有大批粉丝 。

社交网络可以向用户提供即时回应和个性化建议，因此加强了用户与品牌的信任关系，上述新兴网络明星也为品牌添加助力。在中国，欧莱雅集团对美妆顾问开展了直播技能培训，使他们能够在抖音、微信、天猫等平台进行视频直播。在短短11天内，兰蔻成功地让2 300名美妆顾问掌握了与微信联合开发的应用程序。结果如何？这些“电商美妆顾问”受到了近35万消费者的关注，进行了大量的线上交流，有力推动了网上以及传统实体商店的销售业绩。

思考：

企业应如何利用新媒体开展电子商务活动？

Section 1

第一节 Web 2.0与电子商务

一、Web 2.0的基本理念

（一）Web 2.0的基本内涵

维基百科把Web 2.0这一词条描绘成万维网的运用和设计过程中产生的新潮流，它的目标是在用户之间激发创造性、信息共享，促进用户合作。这些概念引导了网络社区和网络服务的一系列发展变革，如社会化网络服务、维基、博客和社会化标签等。虽然Web 2.0为万维网带来了新视角，但是它没有提出技术的新标准，只是改变了软件设计者和网络终端用户使用网络的方式。

中国互联网协会认为，Web 2.0是互联网的一次理念和思想体系的升级换代，由原来自上而下的由少数资源控制者集中控制主导的互联网体系转变为自下而上的由广大用户集体智慧和力量主导的互联网体系。其内在的动力是将互联网的主导权交还个人，从而充分发掘个人的主动性、积极性，极大地解放了个人的创作和贡献的潜能，使得互联网的创造力上升到新的量级。

（二）从Web 1.0到Web 2.0

自互联网诞生以来，在相当长的时间里，其主要是作为一种信息发布工具或平台而存在，网民只能被动地接受信息，在信息传递的过程中处于信息流的末端。随着时代的发展，网民的数量急剧攀升，这一方面是由于个人计算机的价格不断降低，另一方面是由于各种软件的应用日益平民化。当网民数量达到一定程度后，互联网用户不再满足于仅仅作为信息的接受方，而是开始主动地提供、生产信息，互联网逐渐转变为一个交互平台，这个时候Web 2.0也就应运而生了。

对比Web 1.0和Web 2.0，可以发现Web 1.0是网络用户被动接受网络信息，以“读”为主要吸纳信息的方式，而在Web 2.0中，网络用户自行为互联网提供信息内容，参与网络内容建设，并且逐渐成为网络发展主流；Web 1.0的内容单元是网页，由门户网站等网络管理者编辑、发布，而Web 2.0的内容单元是网络用户自行发布的帖子和记录。Web 1.0的内容形式主要是静态的，而Web 2.0的内容由网络用户创建，也可由网络用户修改，著名的维基百科就是由成千上万的网络用户共同编撰和修订的。在Web 1.0下，网络用户使用浏览器浏览网络信息，而在Web 2.0下，网络用户可以使用RSS（really simply syndication，简易信息聚合，也叫聚合内容）等新型网络工具，自主订阅自己感兴趣的网络信息，这体现了以个人为中心的特点。Web 1.0代表了互联网的传统存在基础，它封闭、集中的特点制约了互联网经济的发展，而Web 2.0体现了互联网发展的新思想，更加侧重于开放、融合、贯通，为互联网经济提供了新的发展方向。

（三）Web 2.0的主要理念

1. 去中心化

Web 2.0发挥个人力量，张扬个性，网民深度参与互联网的内容建设，而不只是被动地接受信息。Web 2.0 绝大部分服务基本上都在一个个人标志明确的页面上，网络用户是信息源，网站对信息的控制削弱了，信息传播的渠道因而发生改变。当然，个人不是孤立的个人，而是彼此相连的。个人与个人之间、个人创造的内容与内容之间以及个人汇聚的群体与群体之间，都以不同的自组织方式架构起来。以自组织的方式让人、内容和应用等充分“活动”起来，力量才能最大限度地发挥。

2. 参与、互动和分享

Web 2.0 应用的基本特征就是参与、互动和分享。参与是指网站的内容由网络用户提供，但网络用户愿意提供内容的基础是网络用户有收藏这些内容的需要。互动是指网络用户之间的互动、网络用户与公众的互动，其基本形态是朋友圈、文章评注等。互联网最初也有互动性，如论坛上的交流，但是受技术限制，这种互动性不够强。现在，人们通过 Web 2.0 做自己的博客，阅读自己想读的内容。分享是指对网络用户收藏的内容进行各种形式的输出、交换，使内容的价值最大化。

3. 真实化

在 Web 1.0 时代，网络上是虚拟社区、虚拟个体，但 Web 2.0 的基本原则是真实，这在社会性网络服务中体现得更加明显。随着 Web 2.0 应用范围的扩大，它的内容的真实性和引导性会表现出来。当网络用户长时间地使用社会性软件聊天或发表内容时，通常只用一个固定网名，其实这也是为自己的网上身份建立声誉。在过去的网络时代，只有发文者才有声誉，但现在所有的网络用户都可以参与进来，并建立声誉。未来网络评价这种社会性的诚信方式将有可能引发商业变革。

二、Web 2.0 的典型应用

（一）博客

博客（blog）的英文全称是 web log，中文意思是“网络日志”，后来缩写为 blog，而博主（blogger）就是写博客的人。博客是继电子邮件、论坛（也称电子公告板）、即时通信工具之后出现的第四种网络交流方式，它是网络用户按照时间顺序在互联网上所做的一种在线记录，类似网上日记的形式。博客之间，可以通过引用通告、留言/评论和 RSS 订阅的方式进行交流。博客作者既是博客内容的创造者，也是个人博客的管理者。博客本身代表着互联网新的工作方式、学习方式、生活方式和交流方式。博客鼓励网络用户表达个人思想，博客间的交流使作者、读者、编辑这几种身份在同样的博客人群中不停地转换。

博客主要起到了以下三种作用：①发布想法。博客能让个人在网上表达自己的心声。这是一个收集和共享任何感兴趣事物的地方，职业和业余新闻记者使用博客发布新闻，而有写日记习惯的人则会在博客中表达自己内心的想法。②获取反馈。博客体验不仅是在网上发布自己的想法，而且包括获得志同道合者的反馈并与其交流。博客可以让来自世界各地的网站读者就博客上的共享内容发表反馈意见。可以选择是否允许按帖子发表评论，也可以删除不喜欢的评论。③查找网友。通过博客资料可查找到与自己志趣相投的人和自己感兴趣的博客，而别人也可通过你的资料找到你。博客资料中会列出你近期发表的帖子以及其他信息。单击感兴趣的内容或位置可转到其他人的资料，从中你可能会发现自己感兴趣的博客。

（二）维基

维基的英文Wiki来源于夏威夷语“wee kee wee kee”，原本是“快点快点”的意思，被译为“维基”。维基是一种多人协作的写作工具，维基站点可以由多人（甚至任何访问者）维护，每个人都可以发表自己的意见，或者对共同的主题进行扩展或者探讨。维基这种超文本系统支持面向社群的协作式写作，同时也包括一组支持这种写作的辅助工具。有人认为，维基系统属于一种人类知识网格系统，人们可以在网络的基础上对维基文本进行浏览、创建、更改，而且创建、更改、发布的代价远比HTML（hyper text markup language，超文本标记语言）文本小；同时维基系统还支持面向社群的协作式写作，为协作式写作提供必要帮助；维基的写作者自然构成了一个社群，维基系统为这个社群提供简单的交流工具。与其他超文本系统相比，维基具有使用方便及开放的特点，所以维基系统可以帮助人们在一个社群内共享某领域的知识。维基主要的应用是在知识积累方面，还有一些是专题类的积累应用，如购物经验、项目管理这种专题知识库，其特点包括强大的内容建设、庞大的主题社区、清晰的知识关联和索引。

在维基系统中，用户可通过搜索引擎访问并获得知识。链接跳转为用户提供了相关性信息和相似性信息，用户可以极低的代价分享自己的知识，并在公众前予以展示。此外，用户也可以通过维基协作方便地与同行交流。针对不同的领域，维基也有不同的应用，包括大型维基（如Wikipedia，即维基百科）、行业维基（如专业维基）以及小型维基（如开源项目）。人们可以采用维基建立企业项目组之间的项目管理和跟踪，以条目为中心的意见表达和知识积累促进了广泛的协同工作。在企业内部，维基可以让知识轻松共享，一个新员工可以通过内部维基熟悉工作技能，了解企业文化，便于企业内部的知识管理。

拓展阅读

百度百科介绍

百度百科是百度推出的一部内容开放、自由的网络百科全书，其测试版于2006年4月20日上线，正式版于2008年4月21日发布。截至2020年10月，百度百科已经收录了超过2 100万个词条，参与词条编辑的网友超过717万人，几乎涵盖所有已知的知识领域。

“世界很复杂，百度更懂你”，百度百科旨在创造一个涵盖各领域知识的中文信息收集平台。百度百科强调用户的参与和奉献精神，充分调动互联网用户的力量，汇聚上亿用户的头脑智慧，积极进行交流和分享。同时，百度百科实现与百度搜索、百度知道的结合，从不同层面满足用户对信息的需求。

（三）社交网络

SNS（social network service）通常被译为“社交网络”或“社会性网络服务”，在Web 2.0蓬勃发展之中，社交网络服务引导了互联网社会化的发展趋势。建立社交网络的依据是六度分隔理论，它由美国心理学家米格兰姆于20世纪60年代提出。该理论的通俗解释是，在人脉网络中，最多通过六个人你就能够认识任何一个陌生人。六度分隔理论揭示了人际关系世界中不可否认而又令人震惊的特征，社会学上的许多研究也给出了令人信服的证据。美国哥伦比亚大学社会学系瓦茨教授领导的电子邮件试验再次证明了这一惊人的规律。然而，正是互联网才使得全世界的居民紧密地相互关联成为现实。

在互联网发展初期，关于网络虚拟性和网民社会性之间的关系，引发了人们的讨论。互联网促进了社会群体的虚拟性发展，网络的虚拟性是否会影响人们的实际人格，使社会个体逐渐与社会疏离，最终与现实社会性完全脱离备受争议。在网络用户将互联网作为生活、工作的组成部分，网络用户本身就有强烈地将互联网应用与现实生活结合的社会化需求。依靠即时通信工具（QQ）和电子邮件进行的社会化联系不再能满足大众需求，建立在真实社会化关系之上的社会化网络开始出现并快速发展。在Web 2.0时代，网络用户的特性已经发生了巨大的变化，人们乐于在网络上表达自我、张扬个性、展示才华、宣传思想。尤其是年轻的新一代网络用户，有着极为强烈的表现欲，他们娴熟地运用个人博客、播客、社交网络，将自己的个人信息、资料、照片全方位地公开。

三、Web 2.0 在电子商务中的应用

（一）利用微信开展企业经营活动

个人或企业可以通过微信建立自己的微店或公众号，向客户宣传产品信息。与其他网络平台类似，微信也是一个开放的信息架构，消费者不仅可以了解企业，还可以通过微信与微店店主或企业互动，从而有利于店主或企业掌握消费者的需求，改进产品和服务。微信让店主或企业更好地管理自己的客户，降低了营销成本，改善了营销效果。但是，微信作为一种社交工具，利用它从事商业活动还需要探索成功的商业模式。

案例 9－1

微信去哪儿？

微信拥有众多忠实的用户，不但人数众多，而且黏度极高，有一种说法是平均每三分钟用户就要打开一次微信。利用微信强大的支付功能，微店的出现使原本就难解难分的电子商务平台大战又多了几分悬念。

可是，与此同时，人们对微店的疑虑也越来越多：除了微信用户流量外，微店还有什么优势？微信的用户流量能够有效转化为微店的购买吗？腾讯宣称微店是去中心化，去中心化的微店购物体验会比中心化的购物体验更好吗？对微信的用户而言，带有微店的微信与传统的微信有什么不同？用户体验还一样吗？人们对微信的认知会有怎样的改变？带有微店的微信还是微信吗？

都说互联网的游戏是用户流量的游戏，只要有流量，一切都好办。微信开微店，可能也是这样想的：借助微信众多活跃的用户，迅速建成移动电子商务平台。可是，微信的用户流量能够成就微店吗？

首先来看看传统个人计算机端的电子商务。在个人计算机的互联网世界里，谁的流量最大？除阿里外，毫无疑问就是百度和腾讯。可是，百度的电子商务去哪里了？腾讯电子商务的命运又如何？看来有流量就能成就电子商务的判断是有问题的。或许，又有人会说：如果是精准流量，那就肯定没问题。我们再来看看家居行业的电子商务。新浪家居板块有个家居商城，搜房网有个家天下家居商城，搜狐焦点也有个家居商城，都有流量，而且绝对是精准流量，然后呢？然后或许就没有然后了。

腾讯声称微店的一大特点是去中心化，即没有像淘宝那样的中心化平台，每个企业都通过自己的微店独立销售自己的产品，不再受电子商务平台的控制。这该多美好啊！可是这个去中心化考虑过用户体验吗？如果我要买一台电扇，去京东商城一搜，出来一大批商品，然后慢慢挑选。现在去中心化了，我注册一个企业的微店公众服务号只能看到一个企业的商品，如果我想挑选，我还得去注册其他企业的微店公众号。可是我怎么知道其他企业的微店公众号呢？我又怎么在不同的微店公众号之间比较产品呢？然后腾讯的微店系统就势必开始中心化了。微店就成为又一个京东、天猫的手机端商城。所以说微店就是一个粉丝店：我要很相信你家的产品，而且会经常购买你家的产品，所以我才会关注你家的微店公众号。可是，有几个企业是靠粉丝能够活得自在的？

再来看看微信用户的体验在微信开满微店后有什么变化。

现在我们用微信，在朋友圈里“煲鸡汤”，“打鸡血”，谈理想，发牢骚，或在群里唠嗑、私语甚至打情骂俏。今后却是微店的店小二无处不吆喝。微店越难开，店小二就越活跃。打开微信朋友圈，到处是店小二的吆喝……如果你打开微信到处见微店的店小二在吆喝，你还会每隔三分钟看一次微信吗？原本属于私密的社交圈变成了喧闹的集市，微信原来的社交环境被彻底改变了。微信用户的体验也将被彻底改变。

凡事要从用户的角度来看问题，要从用户体验的角度看商业模式的发展。我们往往口口声声谈用户体验至上，但是一遇到可能赚钱的机会，就把用户体验抛到脑后了。想想看，在支持微店的理由里，有多少是考虑用户体验的？如果一个商业模式一句话说不清楚，那这个商业模式就会有问题。带有微店和支付功能的微信是什么？一句话说得清楚吗？这关乎一个网站的功能定位问题。百度是搜索，腾讯是即时通信。这是用户对它们的认知，要改变这样的认知是很困难的。所以这可能是百度腾讯即使拥有最多的流量也做不成电子商务的根本原因。新浪、搜狐和搜房都是媒体属性，它们的流量也无法有效地转化为购买。因此，如何利用微信开展商业活动还需要不断探索。

资料来源：佚名．微信去哪儿．IT 经理世界，2014（12）：19．引用时有修改

思考与讨论：

1. 谈谈目前企业如何通过微信开展经营活动？
2. 你认为微信的商业化对于它的社交功能有利还是有弊？

（二）利用维基实现企业知识的协同创作与共享

维基的用户既是内容的订阅者，又是内容的创作者，无论是企业的内部员工还是企

业的客户，都可以参与企业的电子商务进程，他们提供的内容越多，企业越有可能从中发掘出有价值的信息，使人尽其才，共同创建知识与数据，并实现分享，从而加强企业内外部协作。每个人都可以创建新的内容，修改已有的内容，并对共同的主题进行探讨和扩展。对于企业各部门特别是技术开发部门来说，这就像是在网络上经常举行头脑风暴会议，有助于灵感与火花的产生。维基作为一种深度交流沟通的网络方式，经过不断积累、修改、总结和整理，可以有效地聚积起那些本来难以结构化的隐性知识，将其变成可以共享的知识，促进隐性知识的显性化。

中国小商品城网的“小商品词典”就是一个维基式栏目，类似百度百科，让企业会员通过发布自己产品的小商品词条，逐渐积累汇集成具有海量词条的小商品网上百科全书，在丰富相关内容的同时，还充分体现了网站的小商品行业定位与特色。技术为市场和运营服务，“小商品词典”不仅提供技术功能，宣扬某种理念，让企业会员发布公益词条，更是将发布词条行为与其商业动机结合起来。企业会员为自己的产品发布新词条时，可以同时发布企业名称及销售区域。词条可供修改和检索，客户检索某一词条，就能看到发布此词条的企业和此产品的销售区域，这是企业会员发布小商品词条的初始动力。基于此，“小商品词典”将用户参与行为与营销动机紧密结合起来。此外，还设置了词条贡献榜，贡献越大的企业排名越靠前，这也在某种程度上鼓励企业积极参与。为了确保企业会员发布的词条质量，中国小商品网有专人负责审核小商品词典内容，对用户制造的内容进行规范和引导。

（三）社交网络与电子商务的结合

社交网络是一个平台，可以容纳各式各样的应用。社交网络不是内容，而应该是手段。社交网络通过与其他社区、博客和电子商务网站合作（通过朋友推荐），派生出商业模式。例如，含有SNS因素的豆瓣网以相同兴趣为交友媒介，这使得豆瓣交友更有针对性，加入友邻的往往是不认识但趣味相投的朋友，可以理解为一种以书等具体物体为媒介的人脉关系网；然后通过友邻推荐链接到电子商务网站（豆瓣目前已经有十几家网站的比价），完成交易后，豆瓣从卖方那里分成。

案例 9－2

豆瓣网的经营方式

豆瓣网是一个以 Web 2.0 的方式满足人们对一系列文化产品（书、音乐、电影）

进行交流，进而结交朋友、交流思想的精神需求的网站。豆瓣网是一个把“人”和“物”放在同等重要地位的网站，信奉“大众是多样的”，这就是 Web 2.0 的精神。豆瓣是很少的几个原创网站之一。豆瓣上有一个围绕书、电影、音乐等组织起来的社会网络，豆瓣上的每一本书你都能看到它所有的读者，即通过书你可以找到人。豆瓣上的每一个人你都能看到他或她在看什么书，即通过人你可以找到书。豆瓣成立之前世界上没有这种模式的网站。豆瓣身上有些元素来自传统网站，但是另外一些元素如社会网络和标签则是 Web 2.0 网站所使用的。豆瓣不仅内容来自用户，而且把包括筛选在内的所有事情都交给用户去做。有些网站不敢让用户来筛选，不相信大众的智慧比编辑强大。豆瓣网一开始就着眼于数据挖掘的“推荐技术”。比如根据你看过的书、喜欢的电影、听过的音乐，从上百万品种中，找到一些你可能还没看过但会感兴趣的产品，给每个人推荐的东西都不一样。这种过滤技术越来越重要，是继搜索之后下一个最重要的技术。豆瓣的另一项重要技术是聚类技术。有一个栏目叫“豆瓣九点”，通过用户行为，每天从成千上万的中文博客里找出最值得各类用户阅读的文章，分享给他们。豆瓣并非根据博客的内容而是根据用户的行为来划分频道。

资料来源：岳国庆．浅析 Web 2.0 与电子商务 2.0 相结合模式及其应用．电脑知识与技术，2008（6）：1164－1166．引用时有修改

思考与讨论：

1. 查找相关资料，分析豆瓣网的商业模式。
2. 社会网络与电子商务有哪些结合方式？

Section 2

第二节 云计算与电子商务

一、云计算的内涵

云计算概念是由谷歌提出的，但目前业界对云计算这一概念的定义千差万别，各不相同。这一方面说明了对这一概念理解存在差异，另一方面反映了所有人都从自身的角度出发理解云计算。维基百科认为云计算是一种基于互联网的计算新方式，通过互联网

服务为个人和企业用户提供按需即取的计算。

谷歌的云就是由网络连接起来的几十万甚至上百万台的计算机，这些大规模的计算机集群每天都处理着来自互联网的海量检索数据和搜索业务请求。从亚马逊的角度看，云计算就是在一个大规模的系统环境中，不同的系统之间相互提供服务，软件是以服务的方式运行，当所有这些系统相互协作，并在互联网上提供服务时，这些系统的总体就成了云。IBM认为，云计算是一种计算风格，其基础是用公有或私有网络实现服务、软件及处理能力的交付。云计算也是一种实现基础设施共享的方式，云服务的使用者看到的只有服务本身，而不用关心相关基础设施的具体实现。

总的来说，狭义的云计算是指信息技术基础设施的交付和使用模式，通过网络以按需、易扩展的方式获得所需的资源；广义的云计算是指服务的交付和使用模式，通过网络以按需、易扩展的方式获得所需的服务。这种服务可以是与信息技术和软件、互联网相关的其他的服务，它具有超大规模、虚拟化、可靠安全等独特功效。云计算是并行计算、分布式计算和网格计算的发展，或者说是这些计算机科学概念的商业实现。云计算是虚拟化、公用计算、基础设施即服务、平台即服务、软件即服务等概念混合演进并跃升的结果。

云计算的好处主要表现在：①安全。云计算提供了可靠、安全的数据存储中心，用户不用担心数据丢失、病毒入侵等。②方便。云计算对用户端的设备要求最低，使用起来很方便。③数据共享。云计算可以轻松实现不同设备间的数据与应用共享。④无限可能。云计算为使用网络提供了无限多的可能。

二、云计算的分类

按照云计算服务的方式和服务对象的范围，云计算可分为三类，即公共云、私有云和混合云。公共云是由云服务提供商运营，为最终用户提供从应用程序、软件运行环境，到物理基础设施等各种各样的信息技术资源。在该方式下，云服务提供商需要保证所提供资源的安全性和可能性等非功能性需求，而最终用户不关心具体资源由谁提供、如何实现等问题。私有云是由企业自建自用的云计算中心。相对于公共云，私有云可以支持动态灵活的基础设施，降低信息技术架构的复杂度，使各种信息技术资源得以整合、标准化，更加容易地满足企业业务发展需要。同时，私有云用户完全拥有整个云计算中心的设施（如中间件、服务器、网络及存储设备等）。混合云是把“公共云”和“私有云”结合在一起的方式。用户可以通过一种可控的方式部分拥有，部分与他人共享。用户可以根据其需求，选择适合自己的云计算模式。

按照服务类型，云计算可分为基础设施即服务、平台即服务、软件即服务三类。基础设施即服务提供给客户的是存储、网络和其他基本的计算资源，用户能够部署和运行任意软件，包括操作系统和应用程序。客户不管理或控制底层的云计算基础设施，但能控制操作系统、储存、部署应用，如 IBM 的无锡云计算中心。平台即服务将应用程序平台功能作为服务提供给用户，为用户提供基于互联网的应用开发环境，包括应用编程接口和运行平台等（如数据库、文件系统和应用运行环境等），如谷歌的 App Engine。软件即服务是目前最为常见的一种形式，用户通过浏览器来使用互联网上的软件，服务提供商负责维护和管理软硬件设施，根据按需租用的方式为用户提供服务。

三、云计算对电子商务的影响

国外的各大行业巨头纷纷推出自己的云计算战略，如亚马逊的简单存储服务和弹性云计算、谷歌的 App Engine、微软的 Windows Azure、IBM 的蓝云。国内方面，阿里巴巴集团筹建了多个电子商务云计算中心，专注于云计算在电子商务领域的研究和发展；中搜把从硬件、网络、软件、构架系统、平台等应用服务开放给用户，遵循合作经营的模式，与用户共同进军行业电子商务领域。

（一）云计算为电子商务提供了便利

首先，云计算使得中小企业不必花很多成本在基础设施建设上。云计算为电子商务提供了具有自我维护和管理功能的虚拟计算资源——大型服务器集群，可以利用云的计算能力来补充或取代电子商务企业内部的计算资源。

其次，云计算使得电子商务企业之间和企业内部的信息共享与协作更加方便。在项目上进行合作的电子商务企业可以利用云计算进行密切协作，尽管位于不同的地理位置，但由于有基于云的项目管理，企业项目成员可以随时随地查看项目的主文件、项目任务和项目进展情况，这就实现了不同企业和企业内部数据的应用共享。

（二）云计算改善了企业电子商务应用的安全性

随着企业规模的扩大，企业积累的信息资源越来越多，但与此同时病毒和黑客的攻击也随之而来，严重威胁企业数据存储的安全性，使得企业在信息安全上的投入越来越大。随着云计算的发展，企业可以将数据存储在云端，由云服务提供专业、高效而又安全的数据存储，从而使企业不必再担心重要数据因各种安全问题而丢失或被窃取。因此，云计算可以为企业提供可靠和安全的数据存储中心。

（三）云计算改善了企业电子商务应用的专业性和灵活性

云计算可以为企业提供经济可靠的电子商务系统定制服务，软件即服务是云计算提供的一种服务类型，它将软件作为一种在线服务提供。基于云计算技术的电子外包就是企业电子商务服务的重要应用之一。企业利用云计算可以更加方便地使用网络构架和应用程序，电子外包实际上就是随需而变电子商务的一种形式。企业采用云计算服务，对于电子商务系统进行开发和升级已经不再需要花费大量的资金和人力。作为客户端的企业可以更方便地使用云计算提供的各种服务，其只需要安装网络浏览器即可，从而减少了企业为维护和升级电子商务系统而投入的费用。由此可知，云计算使企业电子商务应用更具专业性和灵活性。

（四）云计算为电子商务企业带来经济效益

大量的计算机和网络设备是企业构建电子商务系统必须配备的。值得注意的是，企业为了满足越来越多的商务需求，还必须定期更换计算机和网络设备。电子商务系统建立的成本较大，开发和维护的后期需要较高的费用，这对于资金相对有限的中小企业而言是难以承担的，而且与快速成长的网络服务和商务应用要求难以匹配。云计算在电子商务中的应用能够减少企业电子商务系统的建立成本。企业通过云计算再也不用购买昂贵的硬件设备，也不用负担高额的维护费，这主要是因为云计算能够提供信息技术基础架构，此时企业只需要租用云端的设备就可以了。由此可见，云计算能够为电子商务企业带来良好的经济效益。

案例9-3

电子商务云计算的兴起

十年前，无论是在美国、欧洲还是中国，无论是大公司还是初创公司，布局企业信息技术架构的思路都是一模一样的——购买服务器，部署一套信息技术系统，为公司的业务和战略提供信息支撑。信息技术对于企业来说，与其说是战略，不如说是一项必要的支出。

如今，硅谷或北京的初创公司除非是“疯了”才会购买信息技术基础设施，因为它们可以通过租用“公有云”的云计算服务来获取信息技术能力。

所谓“公有云”，是指第三方通过互联网为用户提供计算能力、数据库存储、应用程序和其他信息技术资源，用户无须自建信息技术基础设施，按需向第三方购买信息技术服务即可。2006 年底，全球最大电子商务企业亚马逊在解决了管理超大型数据中心和复杂软件系统的问题之后，开始酝酿将这些能力和经验输出。AWS（Amazon web services，亚马逊网络服务）应运而生。

AWS 的逻辑很简单，推出公有云服务，让创业公司绕过一次性数百万美元的信息技术硬件投入，转而通过多次小额支付从亚马逊获取信息技术能力。这个模式大获成功，硅谷超过 80%的初创公司都成了 AWS 的忠实用户。

在太平洋的另一端，亚马逊的中国学生阿里云也成长飞快。阿里云复制了 AWS 的商业模式，占中国超过 31%公有云市场份额，2015 年爆发式增长，年增长率超过三位数。2016 年，阿里云开始酝酿走出中国，与 AWS 直接交锋，为此在全球新建了 8 个数据中心。

云计算正在成为新一代商业基础设施。阿里云学习亚马逊从底层信息技术服务向上整合。但阿里云懂得借力，不仅推出当时在国内替代亚马逊存储等的产品，而且兼容亚马逊 API（application programming interface，应用程序编程接口）接口，方便用户迁移。

阿里云当时所瞄准的客户主要包括淘宝、阿里 B2B 等内部电子商务卖家、移动应用开发者和中小企业、网页游戏开发商为代表的需要相关增值服务的客户。

2012 年的“双 11”，阿里实现日交易额 191 亿元，被视为神话般的成就。2016 年“双 11”，这个数字是 1 207 亿元。但在当时，阿里云处理了淘宝和天猫 20%的订单。弹性部署计算需求，帮助商家应对瞬间涌入的超过日常数倍的消费者，实现了零漏单。

2012 年以后，随着移动互联网创业潮的兴起，阿里云的客户延展到了移动 App 开发者。阿里云改变了新一代创业者的信息技术需求，这些人从一开始就没想过购买服务器和带宽。阿里巴巴和亚马逊均有电子商务基因，在那个电子商务平台迅速膨胀的阶段，解决内部平台稳定的需求令阿里不得不做云计算；亚马逊在云服务上的初步成功，也为阿里云提供了借鉴路径。

资料来源：梁辰，谢丽容．云上之战．财经，2016（11）：26．引用时有修改

思考与讨论：

1. 亚马逊是如何发展出云服务的？
2. 中小企业是如何利用云服务开展电子商务的？

Section 3

第三节 物联网与电子商务

一、物联网的内涵

物联网最早是1999年在美国召开的移动计算和网络国际会议提出的概念，当时还被称为传感网，美国《技术评论》在21世纪初把物联网相关技术作为未来改变人们生活的十大技术之首。

物联网概念最早由美国麻省理工学院的学者提出。他们主张将射频识别技术和互联网结合起来，为每个产品建立全球唯一的标志，采用射频技术实现对产品的非接触式自动识别，然后通过互联网实现产品信息在全球范围内的识别和管理，这是物联网发展初期提出的设想，其强调用物联网来标示物品的特征。早期物联网的定义覆盖范围较窄，仅仅指基于射频识别技术的实物互联。

2005年国际电信联盟（International Telecommunication Union，ITU）发布《国际电信联盟互联网报告2005：物联网》，正式确定了物联网的概念。物联网的定义是：通过射频识别技术设备、红外感应器、全球定位系统、激光扫描器等信息传输设备，通过一定的网络协议，把任何物品与互联网连接起来，进行信息交换和通信，以实现智能化识别、定位、跟踪、监控和管理的一种网络。与早期对物联网的定义相比，该定义强调的是物联网互联物品的特征，向我们展示了它的发展愿景：人们通过物联网的应用获得了一个新的沟通维度，即从任何时间、任何地点的人与人之间的沟通连接，扩展到人与物、物与物之间的沟通连接。

物联网从本质上说，可以被称为“物与物相连的互联网”。这样说包含了两点：首先，物联网的本质和根基其实还是互联网，它是在互联网发展的根基上进行的成长和进化；其次，物联网作用于相互连接的任意事物，并让它们之间能够交换数据和通信。

欧盟在2008年《从互联网到物联网》的报告中提出，物联网是由具有标示、虚拟个性的物体或对象所组成的网络，这些标示和个性等信息在智能空间中，使用智慧的接口与用户、社会和环境进行通信。

IBM公司首席执行官在“智慧的地球”理念中对物联网这样描述：运用新一代的

信息技术（如射频识别技术、传感器技术、超级计算机技术、云计算等）将传感器嵌入或装备到全球的电网、铁路、公路、桥梁、建筑、供水系统等各种物体中，并通过互联形成物联网，而后通过超级计算机和云计算技术，对海量的数据和信息进行分析与处理，将物联网整合起来，实施智能化的控制与管理，从而达到全球的智慧状态，最终实现“互联网＋物联网＝智慧地球”。

二、发展物联网的意义

每次重大的科学技术进步都会使社会生活发生巨变，技术变革的成果渗透在政治、经济、文化、社会等各个层面。物联网作为一种新兴的技术力量，将极大地促进社会生产力发展，丰富社会生活。

首先，物联网的出现和发展能够促使生产方式发生改变。在物联网生产方式下，如何生产以及为谁生产都将发生变化。传统的借助机器生产的方式将升级为借助强大的物联网技术，社会经济结构将发生变革。其次，物联网的出现和发展能够促使生活方式发生改变。物联网用途广泛，遍及智能交通、环境保护、公共安全、工业监测、老人护理、个人健康等几乎所有的领域，具有非常广阔的发展前景。物联网的广泛应用将使人们充分感受到智能化的力量。未来，司机出现操作失误时汽车会自动报警，公文包会提醒主人忘带的东西，衣服会“告诉”洗衣机对颜色和水温的要求。另外，物联网的出现和发展能够促使生存方式发生改变。物联网时代是一个智能化的时代。物联网使人们的生活拟人化，使万物都成了人的同类。人们可以通过智能化的控制与管理系统实现对物体的操控，提高对物体的利用效率，从而节约能源，实现对各种物品的智能化管理。一方面，人们在这样的社会环境下可以更方便地了解物品信息；另一方面，物联网的发展更加注重人性化，人们的行为方式将变得更加简便与智能。

三、物联网的特点

物联网融合了基于传感器网络的多元信息采集，基于互联网、电信网的信息传递，以及基于信息服务网络的新兴业务与应用，其特点主要表现在以下三方面：

（一）全面感知

传感器网是信息感知和处理的末梢，是物联网发展的引擎。利用射频识别技术、传感器、二维码以及未来可能的其他类型传感器，物联网能够随时地采集物体动态，接入对象更为广泛，获取信息更加丰富。当前的信息化，接入对象虽然也包括个人计算机、手机、传感器、仪器仪表、摄像头、各种智能卡等，但主要还是需要人工操作，所接入的物理世界信息也较为有限。未来的物联网接入对象包含了更丰富的物理世界，不但包括现在的个人计算机、手机、智能卡、传感器、仪器仪表、摄像头和扫描仪，而且其他设备也会得到更为普遍的应用，从中获取和处理的信息不仅包括人类社会的信息，还包括更为丰富的物理世界信息，如长度、压力、温度、湿度、体积、重量、密度等。

（二）可靠的信息传递能力

物联网的出现使信息种类的丰富性和服务质量保证的差异性比原有网络更加复杂，“信息服务”将替代“连接服务”成为未来物联网运营的特征。此外，物联网作为建设泛在信息社会的基础设施和支撑环境，在各种现有网络融合与协同的基础上，需要可靠、有效的传输技术适应智能服务的需要，为人们提供丰富的现实世界信息。未来的物联网，不仅需要完善的基础设施，更需要随时随地的网络覆盖，信息共享、互动以及远程操作都要达到较高的水平，同时信息的安全机制和权限管理需要更高层次的监管和技术保障。

（三）高效的信息应用能力

物联网区别于原有网络的另一个特点在于其业务的智能特性。对海量感知信息进行加工和利用，为社会、行业以及大众用户提供新的业务模式和业务体验，尤其是提供情境自适应的泛在服务、业务运营模式和管理体系将成为物联网的主要特征。

物联网的智能处理是利用云计算等技术及时对海量信息进行处理，真正达到人与人的沟通和物与物的沟通。信息处理能力更强大，人类与周围世界的相处更为智慧。未来的物联网，不仅能提高人类的工作效率，改善工作流程，而且通过云计算，借助科学模型，广泛采用数据挖掘等知识发现技术整合，深入分析收集到的海量数据，以更加新颖、系统且全面的观点和方法看待和解决特定问题，使人类能更加智慧地与周围世界相处。

四、物联网的应用层次

物联网大致被划为三个层次：感知层、网络层和应用层。感知层可以看作人体的感知器官，像眼睛、耳朵用来感知周围信息、识别事物。感知层包含电子标签和相关识读器、二维码标签和相关读取器、各类终端、定位系统、传感器、摄像装置、传感器网络等，其作用与人体感知器官等的作用非常相似。网络层可以看作人脑和神经，用来对采集的外界数据进行传送和处理。这个层次包含网络的管理中心、信息中心、融合网络和智能处理中心。网络层的作用是传送并处理感知层得到的数据，它的工作非常像人脑和神经中枢的工作。应用层可以说非常类似于人类社会的"分工"。应用层是物联网和相关领域的专业技术的高度合并，和领域的需要结合，从而达到相关领域的智能化。

在通常情况下，物联网相关应用的方式如下：①分特性对物品做信息标志，如动态或者静态的特性，其中动态的特性要借助传感器进行实时探测，静态的特性则能够方便地存进电子标签；②相关的读取识别装置要成功读取出物品的属性，然后把数据变为网络传输所需要的格式；③把相关的数据借助互联网送至信息处理中心（信息处理中心分为两种：分布式信息处理中心和集中式信息处理中心，前者如移动电话或者个人计算机，后者如数据中心等），最后做完物品互联通信所需要的相关计算。

五、物联网在电子商务中的应用

（一）优化供应链管理

在线商店售出一件商品，物联网可以立刻定位相关商品的库存以及位置，通知离用户最近的仓库进行商品出库，仓库在传感器的帮助下，维持相对安全的仓储环境，商品状态良好，具备出库条件。射频识别技术能够指出需要出库商品在仓库中的位置，仓库管理人员按所示位置找到商品、打包、送到待运车辆，不需要手工扫描，射频识别技术系统就可以了解商品出库信息。另外，在运输途中，采用传感器技术监控商品的状态以防损坏，全球定位系统技术可以将车辆的实时位置通过远距离无线技术传递至电子商务物流系统。如果用户需要了解商品在途状态，系统可将商品的位置、状态信息提交给用户，用户甚至可以通过视频技术看到货物运输车辆的现场状态。

（二）完善产品质量监控

在网络购物被人们接受的今天，仍有许多消费者尤其是老年消费者对这种"看不见、摸不着"的购物方式望而却步。究其原因，除了操作不熟练、购买习惯等因素外，对产品质量不放心也是主要原因之一。相比而言，消费者感觉在实体店那种"看得见、摸得着"的购物比较踏实。消费者对网络购物商品质量的疑问在物联网中将得到有效的解决。通过从产品生产（甚至原材料生产、采购）开始，就在产品中嵌入电子产品编码（electronic product code，EPC）标签，记录产品生产、流通的整个过程。消费者在网上购物时，只要根据卖家所提供的电子产品编码标签，就可以查询产品从原材料到成品，再到销售的整个过程，以及相关的信息，从而决定是否购买，这就彻底解决了目前网上购物中商品信息仅来自卖家介绍的缺陷。消费者可以主动了解产品信息，而这些信息是不以卖家的意志而改变的。

（三）改善电子商务营销环境

和实体店相比，网店的商品离消费者更远，消费者既看不见，也摸不着。消费者对商品信息的获取全凭商家的文字描述和图片展示，一些不法商家便利用这一点，对商品进行大量不真实的宣传，甚至“挂羊头卖狗肉”欺骗消费者，使广大消费者蒙受损失。消费者与商家之间的信息不对称，使有的消费者对网上购物望而却步，严重束缚了电子商务的发展。而物联网的应用能改善这一状况，消费者只需在网上查到商品的射频识别技术芯片，即可明白无误地了解商品的型号、材质、颜色、大小、配料等相关信息。这样就消除了商家与消费者之间的信息不对称，避免了消费者被虚假广告误导。

案例9-4

从互联网到物联网

从商品入库到用户下订单、拣货打包，从商品出库再到用户手中，整个物流过程都在京东商城自主研发的信息系统控制之下完成，电子商务实现了由互联网到物联网的升级换代。

家住北京市西城区的王先生在京东商城选中了一套松下迷你音响作为送给老婆的生日礼物。上午10时，王先生上网点击了“提交订单”。

同一时刻，位于通州五环外2万多平方米的京东商城北京3C仓库里，两台高速打印机正在不间断地打印着新到的订单。王先生的订单很快出现在其中。

记者在这间巨大的库房里看到，十万余种商品并没有按常规做法依类别摆放。据介绍，京东商城自主研发的信息系统，将整个仓库“切割”成了几十万个虚拟方格子，每个格子有自己的编号，而所有商品都由这套系统根据销量等数据摆放进这些格子里面，最畅销的货品通常都摆放在靠近通道的货架上。

“我们这叫看似无序，实则有序。”10时10分，拣货员进入库房，他需要一次性拣出约40份订单的货品，其中就有王先生的订单。而计算机已经为这些订单设计好了一条最短路线，并通过拣货员手中的PDA告知。

“我其实更像机器人，因为PDA会一一告诉我下一步怎么做。”拣货员举例说，PDA上首先显示订单中距离他最近的一份商品所处货架，在取出这一商品后，PDA又会根据他所处的新位置定位出另一份最近商品的货架。

10分钟后，王先生的订单已经完成了整个库房内的流程，被分配到相应的配送站点，和上万单商品一起等待配送车辆前来。从订单打印，到拣货员将其处理完毕送到发货区，只花了大约35分钟。

属于京东自己的配送车辆“211限时送”前来取走了这批货。与此同时，王先生收到了京东商城的电子邮件，被告知“您的商品已经出库”。

17时，配送员小李来到位于北京市西城区西直门附近的配送点，提走了他所负责辖区的所有货品，王先生订购的迷你音响就在其中。每隔半分钟，小李身上的GPS设备就会将他当前的位置发回到总部的GIS（geographic information system，地理信息系统）中，王先生可以在网页上实时看到迷你音响一步一步接近他家。由于受到第三方物流能力的限制，目前只有部分京东商品实现了可视化配送。在春节高峰时期，一些商品也难免出现配送延迟。

就在2011年，京东商城完成了第三轮15亿美元的融资，这是中国互联网市场迄今为止单笔金额最大的融资。这说明投资者对京东商业模式的认可，对于正在发展的京东商城乃至中国电子商务行业具有非常积极的意义。

资料来源：佚名．京东模式：电子商务从互联网到物联网的换代．（2011－08－22）．［2022－05－13］．http://www.21ic.com/news/control/201108/92117.htm. 引用时有修改

思考与讨论：

1. 物联网对于物流配送有什么好处？
2. 物联网对于电子商务有哪些影响？

Summary of this chapter

本章小结

本章首先介绍了Web 2.0的基本理念及其典型应用，分析了Web 2.0在电子商务中的应用；介绍了云计算的内涵、分类及其对电子商务的影响；最后论述了物联网的内涵、特点、应用层次，发展物联网的意义，以及物联网在电子商务中的应用。

思考与练习

一、不定项选择题

1. 维基有不同的应用，包括（　　）。

A. 大型维基　　B. 行业维基　　C. 小型维基　　D. 维基百科

2. 社会性网络服务（SNS）所基于的主要理论是（　　）。

A. 网络理论　　B. 长尾理论

C. 六度分割理论　　D. 人际关系理论

3. 按照云计算服务的方式和服务对象的范围，可以将云计算分为（　　）。

A. 软件即服务　　B. 公共云　　C. 私有云　　D. 混合云

4. 物联网的特点主要表现在（　　）。

A. 全面感知　　B. 高效的信息生成能力

C. 可靠的信息传递能力　　D. 高效的信息应用能力

5. 下列（　　）属于网络交流方式。

A. 博客（blog）　　B. 论坛（BBS）

C. 即时通信工具（如QQ）　　D. 电子邮件

二、思考题

1. 简述Web 2.0的基本理念。
2. 谈谈如何利用Web 2.0开展电子商务。
3. 简述云计算的内涵。
4. 云计算对电子商务的影响体现在哪些方面?
5. 谈谈什么是物联网。
6. 物联网在电子商务中的应用方式有哪些?

参考文献

［1］刘方宁. 浅谈新一代物联网在电子商务中的应用. 数字技术与应用，2011（10）：89.

［2］周建良. 物联网环境下浙江电子商务发展探索. 企业经济，2010（11）：130－132.

［3］徐春燕，黄倩. 物联网助力电子商务发展的思考. 科技创业月刊，2010（6）：59－60.

［4］黄迪. 物联网的应用和发展研究. 北京：北京邮电大学，2011.

［5］周世杰. 物联网的应用及产业链分析. 北京：北京邮电大学，2011.

［6］郑欣. 物联网商业模式发展研究. 北京：北京邮电大学，2011.

［7］刘力然. 电信运营商物联网商业模式研究. 北京：北京邮电大学，2011.

［8］常勇. 云计算对电子商务的影响. 现代经济信息，2011（2）：81.

［9］周畅. 基于云计算的电子商务探讨. 现代商贸工业，2011（16）：243－244.

［10］丁清典. 基于 Web 2.0 的互联网新模式研究. 北京：北京邮电大学，2006.

［11］何俊. 电子商务企业的社会责任. 网络与信息，2011（6）：10.

［12］王梦月. 电子商务企业社会责任指标体系研究. 北京：北京师范大学，2010.

［13］荆林波，梁春晓，孟晔. 中国电子商务服务业发展报告 No. 1. 北京：社会科学文献出版社，2011.

［14］李立威，薛万欣. 中小企业电子商务服务外包模式及影响因素剖析. 商业经济研究，2012（1）：44－45.

［15］中国民主建国会中央委员会. 大力发展电子商务服务业. 中国产业，2011（6）：10－11.

［16］特伯恩，金，李，等. 电子商务：管理新视角. 王理平，张晓峰，译. 2 版. 北京：电子工业出版社，2003.

［17］荆林波. 阿里巴巴集团考察：阿里巴巴业务模式分析. 北京：经济管理出版社，2009.

［18］中华人民共和国商务部．中国电子商务报告（2008—2009年）．北京：清华大学出版社，2010.

［19］张润彤．电子商务．北京：科学出版社，2009.

［20］宋文官．电子商务实用教程．3版．北京：高等教育出版社，2007.

［21］覃征，刘晓艳，王利荣，等．电子商务案例分析．西安：西安交通大学出版社，2001.

［22］特班，金，麦凯，等．电子商务：管理视角（原书第5版）．严建援，等译．北京：机械工业出版社，2010.

［23］沙海林．上海市电子商务蓝皮书：2009—2010．上海：学林出版社，2010.

［24］陈炜．网络直销研究综述．北方经贸，2009（8）：69－71.

［25］李婷．浅析B2C网上零售业的市场细分．经营管理者，2009（11）：334.

［26］钟燕．网上零售业消费者行为分析．经营管理者，2010（15）：253.

［27］严立浩，李健强．网络零售中介代理研究——以淘宝网为例．中国市场，2010（49）：83－85.

［28］万梦涵．浅谈第三方网络团购的利与弊．信息通信，2011（2）：112，42.

［29］刘同山．网络团购的经济学分析．江苏商论，2011（1）：43－45.

［30］艾瑞学院．蜕变：传统企业如何向电子商务转型．北京：清华大学出版社，2012.

［31］胡军．eBay中国实践之启示．北京：电子工业出版社，2009.

［32］黎继子．供应链管理．北京：机械工业出版社，2011.

［33］陈畴镛．电子商务供应链管理．大连：东北财经大学出版社，2002.

［34］周艳军．供应链管理．上海：上海财经大学出版社，2004.

［35］兰伯特．供应链管理：流程、伙伴、业绩．王平，译．2版．北京：北京大学出版社，2007.

［36］刘红．供应链牛鞭效应建模与仿真．上海：上海交通大学出版社，2008.

［37］彭扬．物流信息系统．北京：中国物资出版社，2006.

［38］刘永胜，杜志平，白晓娟．供应链管理．北京：北京大学出版社，2012.

［39］范丽君，郭淑红，王宁，等．物流与供应链管理．北京：清华大学出版社，2011.

［40］刘欣．电子商务环境下我国企业供应链管理研究．济南：山东大学，2008.

［41］何流．基于电子商务的供应链管理研究．武汉：湖北工业大学，2010.

[42] 桂寿平，吕英俊，桂程飞. 供应链管理的核心在“思想”——基于五链合一与电子商务的供应链研究. 中国物流与采购，2004 (6)：30－33.

[43] 中国人民银行支付结算司. 中国支付体系发展报告：2010. 北京：中国金融出版社，2011.

[44] 洪涛. 高级电子商务教程. 北京：经济管理出版社，2011.

[45] 帅青红. 网上支付与电子银行. 北京：机械工业出版社，2010.

思考与练习参考答案

第一章

一、不定项选择题　1. B　2. BCD

二、思考题（略）

第二章

一、不定项选择题　1. D　2. ABCD　3. ABD

二、思考题（略）

第三章

一、不定项选择题　1. ABCD　2. AB　3. ABC　4. ABCD　5. ABD

二、思考题（略）

第四章

一、不定项选择题　1. D　2. ABCD　3. B

二、思考题（略）

第五章

一、不定项选择题　1. ABCD　2. D　3. ABD　4. B　5. ACD

二、思考题（略）

第六章

一、不定项选择题　1. B　2. BCD

二、思考题（略）

第七章

一、不定项选择题　1. ABCD　2. C　3. AB

二、思考题（略）

第八章

一、不定项选择题　1. ABC　2. ABCD　3. ABC　4. BCD

二、思考题（略）

第九章

一、不定项选择题　1. ABC　2. C　3. BCD　4. ACD　5. ABCD

二、思考题（略）

后　记

借此次修订的机会，与各位分享一下我对电子商务发展以及电子商务未来发展趋势的思考。

一、一个著名的赌约

2012 年阿里和万达的掌门人有个著名的赌约：到 2022 年揭晓是不是线上的零售额能占到全社会零售额的 50%？学术界和实体界对这个答案都有争论，很多人认为线上的零售额会超过 50%，我在不同场合也说到了，结果正好相反。

我们首先回顾一下“十一五”到“十三五”，重点从国内贸易发展的总体目标与具体目标来对标分析，看看哪些目标完成了，哪些目标没有完成。按照“十三五”国内贸易发展规划，我国的社会消费品零售总额要接近 48 万亿元，年均增长 10%左右，然而受疫情影响，2020 年我国全年社会消费品零售总额为 391 981 亿元，比 2019 年下降了 3.9%。2016—2020 年我国社会消费品零售总额的情况如图 1 所示。

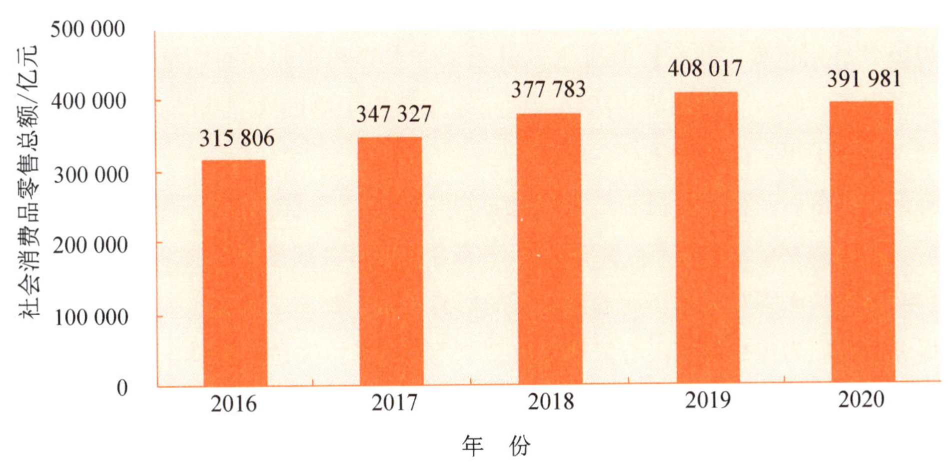

图 1　2016—2020 年我国社会消费品零售总额

2020 年我国批发、零售、住宿、餐饮业的规划目标是增加值达到 11.2 万亿元，年均增长 7.5%左右。而实际完成情况是，2020 年我国全年批发和零售业增加值为 95 686

亿元，比2019年下降1.3%。这个指标也没有达到“十三五”国内贸易发展规划的目标。

2020年我国电子商务交易额的规划目标是达到43.8万亿元，年均增长15%左右；网上零售额达到9.6万亿元，年均增长20%左右。而实际完成情况是，2020年我国全年实物商品网上零售额为97 590亿元，超过了“十三五”国内贸易发展规划的目标，占社会消费品零售总额的24.9%，比2019年提高4.0个百分点。按可比口径计算，比2019年增长14.8%，年均增长速度并没有达到“十三五”国内贸易发展规划的20%左右。

2021年我国全年社会消费品零售总额为440 823亿元，比2019年增长12.5%。同期全年实物商品网上零售额为108 042亿元，按可比口径计算，比2019年增长12.0%，占社会消费品零售总额的24.5%。

2022年上半年疫情再次给我国的经济发展与社会发展带来巨大的挑战，疫情对消费市场短期影响较大，市场销售明显下降，1—4月，全国实物商品网上零售额同比增长5.2%，占社会消费品零售总额的23.8%，比1—3月提高0.6个百分点，但是仍然没有达到2021年全年的比重。综上所述，我们认为，到2022年底，全国实物商品网上零售额与社会消费品零售总额的比重不可能超过50%。

二、新零售，何去何从？

2016年，阿里提出新零售的概念，引起了学术界和实业界的广泛关注和争议，之后国美提出了“6+1”的新零售战略，而京东则提出了第四次零售革命以及无界零售，这个观点引起了再一次的旋风。

腾讯不甘落后，腾讯的提法是“智能零售”或者“智慧零售”。为此，腾讯做了很多投资，比如和家乐福、永辉、京东、苏宁等合作或者共同投资，这是最近比较热的话题。目前整个腾讯系在大零售涵盖意义下的所有投资，都非常鲜亮，而且范围非常广。

那么，我们为什么要别出心裁地提出“智慧商务”？这是因为学术界有个WKID金字塔（见图2），即“智慧-知识-信息-数据”。我们经常说的“数据”，处在WKID金字塔的最底层。最底层的大量数据，对于企业而言，就是进行“数据集成”，就像沃尔玛平均每小时接待100万人次的消费者，积累的数据量有2.5P。我估计现在大多数企业积累的数据量已经达到T级，如何进行“数据集成”从而为企业提供全面的决策支持，是企业面临的一个难题。WKID金字塔的第二层是“信息”。对于企业而言，这就是内部信息化和外部信息化的问题。WKID金字塔的第三层是“知识”，“知识”对应的是E－commerce和E－business，IBM最早对这个词做了清楚的界定，电子商务和电子商业是不一样的，所以我们倾向于用电子商务而不是电子商业。WKID金字塔的最高层是“智慧”，人类之所以能不断进步，是因为人类能从最原始的数据中提取信息形成知识，进而加工创新形成新的智慧，而“智慧”对应的是“智慧商务”。

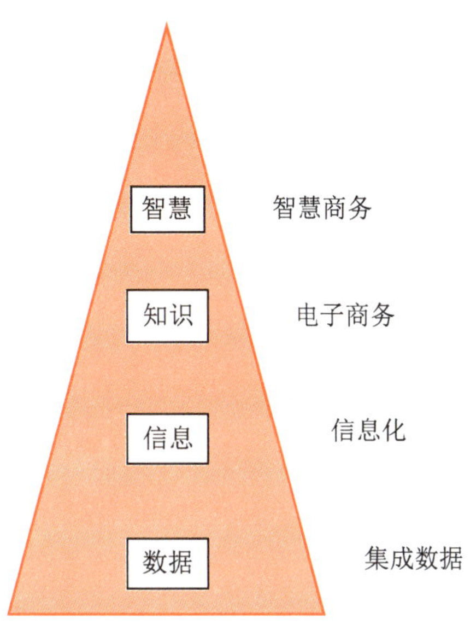

图2　WKID金字塔结构

再来看看“新零售”这个概念。我们不赞成使用“新零售”这个词进行表述，为什么呢？因为新和旧是相对于时间而言的，今天的零售相对于昨天的零售是“新零售”，但是相对于明天的零售就成为“旧零售”。所以，我们倾向于从功能角度将零售区分为传统零售与现代零售。再者，从涵盖的业务内容角度，我们可以划分出“零售”与“商务”，这里所说的“商务”，是指涵盖零售以及超越零售的所有相关增值业务，这样就形成了一个矩阵（见图3），也就是说，零售将从传统零售走向现代零售，商务将从传统商务走向现代商务、智慧商务。

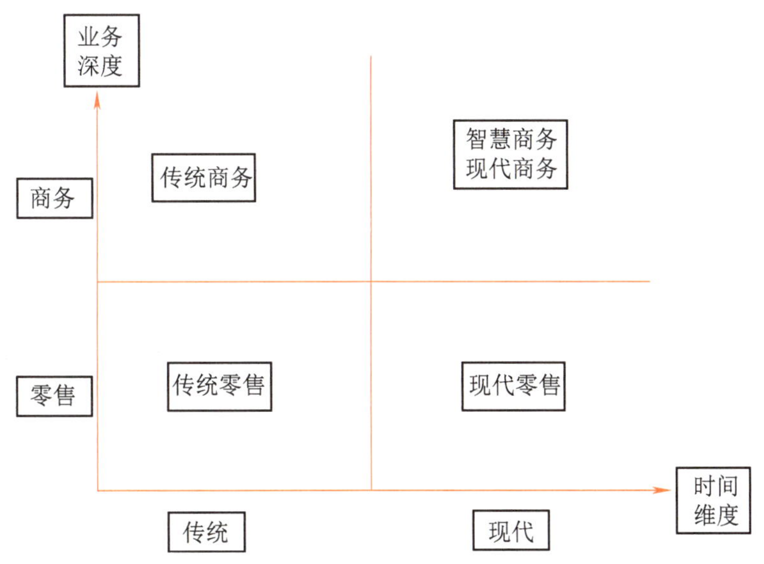

图3　智慧商务矩阵

智慧商务怎么做？我们认为，有五个基点需要考虑：

第一，战略基点的转化。智慧商务的战略基点是从传统的商业、零售、百货所关注的商品品类、品质、品牌向服务转变，关注售后服务，关注线上线下的服务，进而关注体验，企业服务的内涵发生了巨大变化。同样地，在经营层面，“营销”从关注4P转向关注4C。所谓4C，就是我们所说的一致性、内容、便利性和上下内容相关的贴切性。今天大家在说商务的时候，已经不是简单地在网上比价格了，实际上现在很多商品线上卖得比线下贵，但还是有很多人愿意在线上购买，这是因为大家追求的内容已经发生变化。

2015年以来的跨界革命使零售业也出现了产品的快速迭代。比如“体验为王”的产品，其功能不一定是最好的，但体验一定是最好的，从而得到了众多消费者的认可，这实际上体现出消费者追求的点已经发生变化。具体来讲，现在零售、商务，线上线下所有的竞争，全部是围绕搜索成本、信息成本、议价成本、决策成本、监督成本以及违约成本的处理展开的。企业要想做得更好，下一步应当怎么做？企业应当是快速展示自己的产品，让消费者更快地找到自己的产品，同时在线下提供更好的退货服务。我们已经看到，2018年为了响应消费者权益保护活动的开展，很多线下企业开始提倡无理由退货，关于这一做法，浙江、杭州的一些企业已经实行一段时间了，其他地方的一些企业也积极推行。再比如“服务至上”理念，大家都对天猫线下店推出的服务场景感到很新鲜，如为女士提供，如化妆的应急服务等。如同上面所列举的例子，企业可以在很多点上围绕自己的战略基点、中心消费者的需求变化开展创新活动。

第二，线上线下的融合化。很显然，今天我们已经很难找到一家百货店是纯线下的，也很难找到一家线上的网店没有线下的支撑和配送，线上线下的融合在中国乃至世界都是大势所趋。

我们几年前就预测，中国的实体店1/3会倒闭，而实体店倒闭后的廉价商业地产一定是BATJ（百度、阿里巴巴、腾讯、京东）去接盘，今天这个预言已经验证了。BATJ为什么会跳到线下？很重要的一个原因是，BATJ代表的这些网店，线上获客成本已经达到很高的水平。在过去5年时间里，BATJ每个季度获客成本都会发生变化，从一开始的七十多块，涨到八九十块，再到后面的超过500块。面对如此高的获客成本，BATJ显然没有办法持续保持业务量的增长，所以它们会跳到线下和实体店合作。实体店掌握场地、掌握场景、掌握着新的流量，而这个流量的变现、转换率远远高于线上，BATJ这样做是有利可图的。

第三，业态的升级化。原来商务部给国内的商业业态定义了17种，但是随着这些业态的不断创新，到今天，业态种类实际上已经远远超过教科书上告诉我们的种类。京东所提的第四次零售革命实际上是一个混合的概念，不是一个业态的渐进概念。传统零售理论有四大理论学说可以用来解读业态的变迁。接下来是业态自己的革命。百货业态？首先要告别“二房东”模式，积极拓展新业态，如百货的奥特莱斯、百货的购物中心等。比如，南京中央商场，结合自身特色，明确了战略发展方向——经营由传统百货向购物中心转变、资产由重资产向轻资产转变、消费模式由传统购物向“互联网+”O2O体验互动模式转变，走出了一条适合自身特色的发展之路。银泰商业被阿里收购以后，推行全渠道发展战略，借助大数据和云计算，实现线上线下商业活动的融合互补。中友百货更名为汉光百货以后，这几年做得风生水起，化妆品单品销售在国内屈指可数，完全是单品品类杀手的做法。此外，还有两个企业的做法值得关注，一个是天虹百货的多业态布局，尤其是它的虹领巾App。天虹百货过去有十几个收银员，现在只有两三个收银员，消费者使用手机，通过虹领巾App自助扫码结算非常方便。另外一个就是SKP。它的创新是把传统的联营、租赁柜台、自营、直营全部整合在一起，实现了多种模式的混合经营，连续两年销售量位居全球第一。

第四，平台化。我们今天在说百货零售的时候，实际上已经跳出一个新概念——平台化。今天所有的企业一定是走向平台化的企业，大家通过合作能得到什么？能获取多少数据？能获得多少和消费者接触的界面？能获得多少上下游资源？这种平台的转化使得传统的零售理论没法解释今天百货零售这种业态，传统的零售理论把零售企业当成连接上下游的中介，如今零售企业需要打通所有的上下游渠道将自己做成平台。

零售企业要做什么？从供应链开始做，整合上下游，最后衍生到研发、贸易，衍生到终端客户。这就是共享价值链理论。企业如果只是单点的，只抓住一个点是没有办法盈利的，只有把整个产业链全部连起来，才有可能盈利。百货零售企业未来面临的是怎么把自己的平台延展出来，把产业链拉得更长。企业不一定参与产业链的所有活动，但是要有联系能力、协同能力，让所有价值链的参与者都进来，最终走向定制化。百货零售企业最终走向平台化就是要具有构建连通C2B的能力，从设计开始，到大规模的定制生产、加工、协同、网络化经营管控。

第五，大型化和垄断化的趋势会进一步加剧，虽然这不是我们希望看到的。这里面有两个力量在推动，一是资本的力量，二是技术的能量。资本和技术这两个杠杆会进一步融合，进一步推动行业整合。麦肯锡曾经预言的十二项技术，在未来将推动全球的行业整合。几年前我们觉得这些技术还离我们很远，但是今天看，无人技术、AR技术、云技术离我们已经很近了。

总结一下，我们认为，无论智慧商务走向哪里，商务的本质必须回归，百货业、零售业的本质必须回归。那么商务的本质是什么？三个点，一是以顾客为中心，从过去服务全体顾客走向服务有价值的顾客，大多数企业是不可能为所有顾客服务的。企业一定要把目标顾客定位好，一定要选择附加值高、回报率高的顾客也就是主流顾客，这是很重要的。要想服务所有顾客，这个很困难。二是从关注成本走向关注效率，从过去简单的服务走向体验，这要求企业价值链条的整合要围绕服务和体验去做。三是现在所有的工作是基于零售，但一定要超越零售，构建全商务链条。只有价值链条的整合、平台化的运作，企业才有可能获得盈利；只有构建全商务链条，企业才有可能走得远。

最后，我想和大家分享行业最流行的一句话，即大润发创始人说的一句话，也供大家思考。他说：我用19年打败行业所有竞争者，但是输给了一个时代，所以我希望我们企业家共同努力，要赢得这个时代给予的机遇，而不要输给这个时代。

企业要保持领先，就必须时刻否定并超越自己，只有行业的前三名甚至前两名才能够存活。正如《重新定义公司：谷歌是如何运营的》一书的序言所言：这是一个革命的时代，而不是一个渐进的时代！让我们拭目以待吧！

荆林波

2022年6月15日